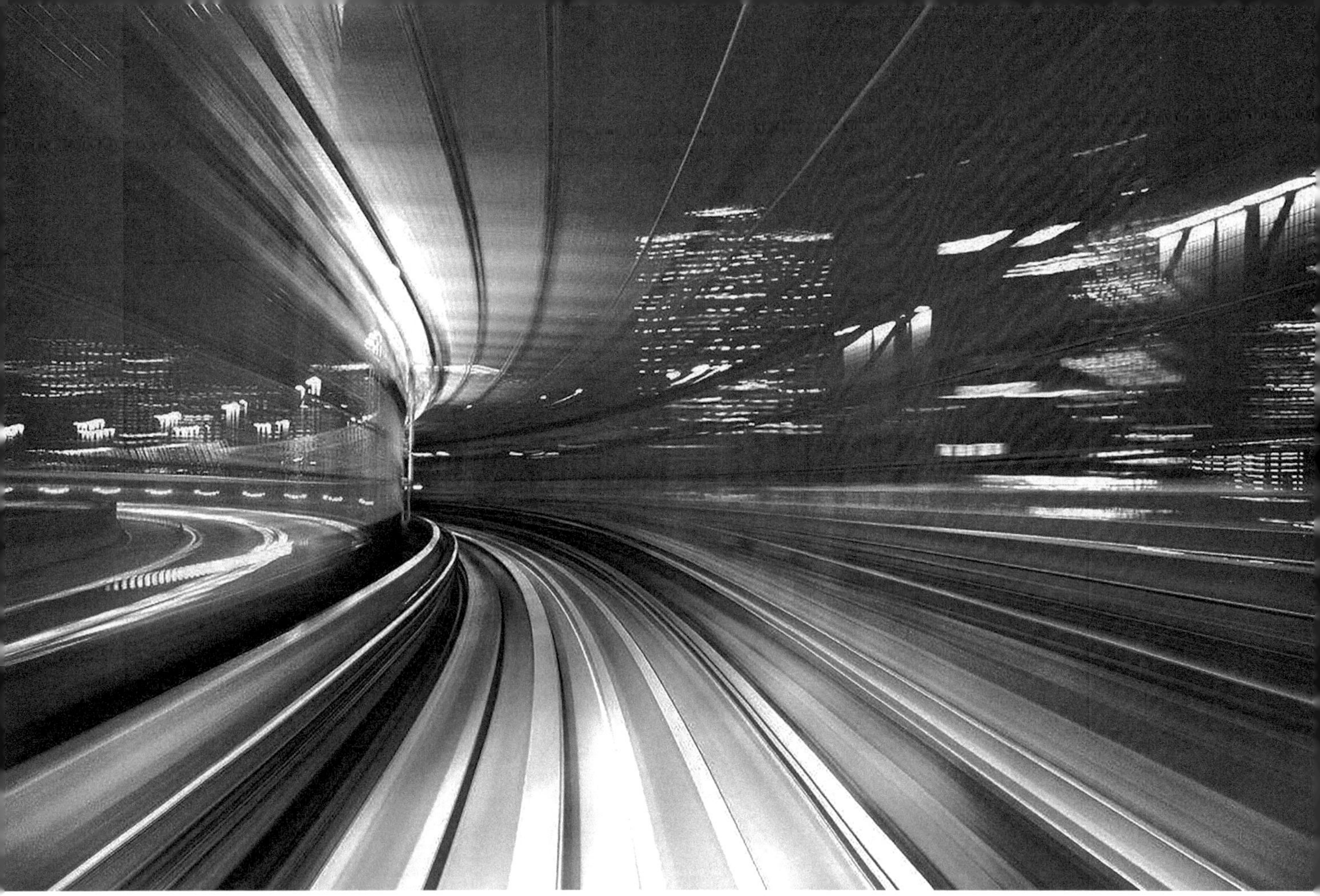

中国城市科学研究会数字城市专业委员会轨道交通学组 编

智慧城市与轨道交通

2018

图书在版编目(CIP)数据

智慧城市与轨道交通.2018/中国城市科学研究会数字城市专业委员会轨道交通学组编.—北京:中央民族大学出版社,2018.7

ISBN 978-7-5660-1531-0

Ⅰ.①智… Ⅱ.①中… Ⅲ.①现代化城市—城市铁路—轨道交通—研究 Ⅳ.①U239.5

中国版本图书馆 CIP 数据核字(2018)第 170131 号

智慧城市与轨道交通(2018)

编　　者	中国城市科学研究会数字专业委员会轨道交通学组
责任编辑	舒　松
责任校对	赵　静
封面设计	布拉格
出 版 者	中央民族大学出版社
	北京市海淀区中关村南大街 27 号　邮编:100081
	电话:68472815(发行部)　传真:68932751(发行部)
	68932218(总编室)　68932447(办公室)
发 行 者	全国各地新华书店
印 刷 厂	北京建宏印刷有限公司
开　　本	880×1230(毫米)　1/16　印张:20
字　　数	480 千字
版　　次	2018 年 7 月第 1 版　2018 年 7 月第 1 次印刷
书　　号	ISBN 978-7-5660-1531-0
定　　价	108.00 元

版权所有　翻印必究

《智慧城市与轨道交通》编委会

顾　　问　许溶烈　陈祥福　李　迅

主任委员　李爱敏

副主任委员　（按姓氏笔画为序）

王志刚　朱敢平　李　京　肖培龙　吴学增　吴煊鹏　余　乐　张　波　张建全
张艳英　邵　斌　林必毅　赵　炜　段旭初　廖龙英　薛晨洋

主　　编　段祥明

副 主 编　廖龙英

编　　委　（按姓氏笔画为序）

丁德云　马海军　王　晟　王枫博　王家树　田　军　田佳霖　冯华会　吕　鑫
朱　力　朱宏飞　刘　尧　刘　欣　刘　克　刘春洋　刘艳艳　孙　虹　孙阳松
孙连勇　孙伯旺　孙树亮　杜　飞　李　明　李加男　李红亮　杨文茂　杨永晓
杨志奋　杨　健　杨　航　余承英　宋双双　张小春　张小彦　张立明　张建强
张　睿　陈佳伟　周迎春　赵　辉　赵晨亮　胡　雪　侯云浇　侯振波　徐　天
徐腾云　郭红梅　郭树旺　黄立新　龚　齐　崔晓坤　韩　健　程　斌　鲁晓红
温法庆　谭展军　戴华明

前　言

全国智慧城市与轨道交通学术会议已成功举办了四届，为学术界和实务界搭建了理论和实践交流的平台，邀请了国际国内的著名专家学者分享技术创新成果和规划建设经验，为促进智慧城市和轨道交通协同发展做出了贡献。

在我国城市轨道交通日益发展之际，为加强业内的学习交流、合作共赢，推进我国智慧城市与城市轨道交通可持续发展，中国城市科学研究会数字城市专业委员会轨道交通学组定于2018年4月26—28日在青岛市举行“第五届全国智慧城市与轨道交通科技创新学术年会”，会议自2017年开始征集论文，广大会员积极参与撰写论文。截至目前，共收到论文78篇，经专家审核本次论文集收录64篇。其中有部分质量很高的论文，我们选为优秀论文，拟在会上进行表彰。我们希望通过学术交流和论文征集活动，使轨道交通学组更具有活力，并通过轨道交通学组活动推动整个行业发展。同时，也希望轨道交通学组成员通过学术活动和撰写论文，在事业上有收获、有进步。

《智慧城市与轨道交通2018》的形成是轨道交通学组成员集体智慧的结晶。其间，编委会投入了大量的时间与精力，轨道交通学组成员单位给予了积极的支持和帮助，专家顾问提出了宝贵的意见和建议。在此，我们对他们表示衷心的感谢。

轨道交通学组

2017年5月

目　录

第一部分　研究分析报告篇

第二部分　设计与施工篇

第三部分　应用篇

1

第一部分

研究分析报告篇

轨道交通安全保护区风险因素及应对措施研究

张立明[1] 郑习羽[1] 杨振丹[1] 赵超颖[2]

（1 天津轨道交通集团有限公司；2 天津环通电子工程有限公司）

摘 要：基于轨道交通安全保护区管理工作，对相关国家及地方法规、技术规范进行总结，对轨道交通安全保护区内的风险因素进行分析，并指出各类工程的控制要点。基于对轨道交通安全保护区内的风险因素分析，提出了一些风险应对措施，以期能为相关领域从业人员提供参考。

关键词：轨道交通；安全保护区；风险因素

1 引言

目前，我国已经进入了城市轨道交通大发展的时代。截至 2016 年初，已经有 40 个城市的轨道交通建设项目获得国家批准，运营总里程已突破 3000 公里。地铁的正常运营直接关系到乘客的人身安全，一旦出现事故，造成的危害和社会影响极大。

轨道交通是线性工程，周边影响因素较多，常有因为工程事故影响地铁正常运营的事件见诸报端。

因此，轨道交通线路运营后，为保证地铁运营安全，必须加强对线路周边的管理。通常需要从现场管理和技术方案两方面入手，确保地铁运营安全。

有学者[1,2,3] 对近期各种外部因素引起的轨道交通事故进行总结，并对轨道交通保护区内各类工程和各类管理措施控制以及控制要点和难点进行分析，并开发了基于信息技术手段的管理系统[4]。

还有学者[5,6,7] 依托地铁运营线路周边工程，从技术角度研究邻近工程实施对运营地铁的影响，并研究保证地铁运营安全的各种技术措施。

本文基于天津地区轨道交通保护区工作情况，对相关政策、技术规范、风险因素进行研究，并结合相关技术要点，对如何防范轨道交通保护区的风险因素进行探讨。

2 相关制度规定和技术规范

2.1 国家及地方规定

国家和地方政府非常重视轨道交通运营安全，出台相应法规加强对轨道交通保护区的管理。

住房和城市建设部于 2005 年 6 月颁布了《城市轨道交通运营管理办法》[8]（建设部令第 140 号），在第二十条中明确提出“控制保护区”的概念：

（1）地下车站与隧道周边外侧 50 米内；

（2）地面和高架车站以及线路轨道外边线外侧 30 米内；

（3）出入口、通风亭、变电站等建筑物、构筑物外边线外侧 10 米内。

《城市轨道交通运营管理办法》中还明确规定，在城市轨道交通控制保护区内进行下列作业的，作业单位应当制定安全防护方案，在征得运营单位同意后，依法办理有关行政许可手续。

继建设部颁布《城市轨道交通运营管理办法》后，北京、上海、广州、深圳等多个城市都颁布了地方性的管理规定。

天津市在 2006 年颁布了《天津市轨道交

通管理规定》[9]（政府令等101号），并在2014年对原管理规定进行修改，于2015年2月施行（津政令第13号）。

新颁布的《天津市轨道交通管理规定》中明确提出，轨道交通安全保护区作业项目实施期间，需要对轨道交通结构进行动态监测。

国家和地方政府出台的相关法规为轨道交通保护区管理工作提供了依据，为确保地铁运营安全提供了法律和政策保障。

2.2 相关技术规范

由于我国大多数城市轨道交通起步较晚，最早的时候此类工程主要为地铁换乘车站工程，近年来才出现大量的邻近地铁物业开发项目。国家发布的此类技术标准较少，相关的技术规范主要有《城市轨道交通工程监测技术规范》[10]（GB50911—2013）和《城市轨道交通结构安全保护技术规范》[11]（CJJ/T 202—2013）。

《城市轨道交通工程监测技术规范》主要适用于轨道交通新建、改建、扩建工程及工程运行维护的监测工作，其中涉及轨道交通运营线路的主要有对既有轨道交通结构监测的相关内容。

《城市轨道交通结构安全保护技术规范》主要适用于已建成和正在修建的轨道交通结构的安全保护工作，主要目的是避免或降低外部作业对既有轨道交通造成不利的影响。其中涉及对于轨道交通既有结构保护的相关管理要求和技术要求，涉及内容较全面，是轨道交通保护区内工程实施的行业标准。

3 交通安全保护区风险因素分析

3.1 勘查作业项目

工程实施前首先要进行勘察工作，对场地工程地质和水文地质条件进行了解。勘察过程中需要进行向地下钻孔取样、原位测试等工作，并且因工程类别不同，钻孔深度不一，高层建筑的勘察钻孔深度可达到上百米。

广州、深圳等地均发生过勘察钻孔将隧道打穿并导致停运的事故。天津地区也发生过勘察钻孔打断供电电缆的事故，所幸地铁有多条线路供电，未造成停运事故。

在轨道交通安全保护区内进行勘察工作，对于运营地铁线路安全风险较高，易造成突发事故，轨道交通安全保护区管理部门应提起一定重视。

对于此类工程，轨道交通安全保护区管理控制要点：首先，在报批过程中准确核实钻孔与地铁结构相对位置关系，并确保钻孔与地铁结构有一定安全距离；其次，在现场实施中应严格控制钻孔精度，不得随意变更钻孔位置。

3.2 周边物业开发项目

轨道交通运营线路周边地块通常价格较高，要充分进行开发并满足规划配建指标要求，一般要进行地下部分开发。并且如果建设高层、超高层建筑，通常对地下结构的嵌固深度有一定要求。所以此类工程通常要进行基坑开挖。

地铁周边很多物业开发的项目为吸引客流，常采用将地铁出入口引入商场的模式，由于防火的要求地铁通道长度不能过长。地铁车站附属结构通常会进入周边地块用地红线范围内。

以上两方面原因造成了城市中心区轨道交通安全保护区内存在大量的深基坑工程。此类工程会引发周边土体位移、水位变化等现象，导致地铁结构发生隆起、水平位移、收敛变形、结构渗水等不良现象，严重可导致道床脱空、结构开裂等问题。

轨道交通安全保护区内的基坑工程如控制不好容易造成重大事故，国内有城市曾经发生过因为临近地铁基坑漏水导致地铁结构变形、开裂，并导致全线停运的重大事故。此类工程是轨道交通安全保护区管理工作的重中之重。

对于此类工程，轨道交通安全保护区管理

控制要点：严格方案审查，采用可靠的围护结构，杜绝渗漏水事故发生，一旦发生事故立即采取稳妥可靠的周边环境变形控制措施；进行安全评估，严格控制允许变形指标；加强地铁监测，实时了解地铁结构变形情况；采取主动变形控制措施；强化现场管理，进行信息化施工。

3.3　桥梁跨越项目

轨道交通地下线路的规划通常沿着城市主干道进行，随着市政道路的逐步完善，经常出现桥梁工程跨越地铁线路的情况。

桥梁跨越地铁地下线路的工程对地铁的主要影响因素是桥梁桩基础的施工和施工期间地面荷载。此类工程可能会造成地铁结构发生沉降，严重可能导致地铁结构渗漏、开裂，甚至停运等。国内也曾出现过地面堆土导致地铁结构渗漏、开裂的事故。

桥梁跨越地上地铁线路对地铁的主要影响因素是上跨桥梁施工期间坠落问题和运营期间抛物问题。此类工程可能会造成地铁高架线路设施破坏，严重可能导致发生停运甚至出轨等事故。

对于此类工程，轨道交通安全保护区管理控制要点：严格控制桥梁桩基础与地铁结构的距离，尽量保证一倍隧道直径以上；严格控制地面超载在隧道设计承受范围内；加强地铁监测，实时了解地铁结构变形情况；控制上跨桥梁与地铁设施间的净距；施工期间严防高架线路上方物体坠落；设置防抛设施，防止运营期间上跨桥面有人抛物。

3.4　邻近违章建筑

对地铁运营造成较大影响的邻近违章建筑主要在地面及高架线路周边，尤其是在高架桥下进行违章建筑、停放机动车、堆放杂物等，一旦发生火灾等事故可能会危及地铁正常运营。

此类工程的责任主体通常是社会个体人员，沟通难度大，治理后容易发生反复的问题。

对于此类工程，轨道交通安全保护区管理控制要点：加强现场管理，加大执法力度，对违章建筑和杂物及时清理，并采取有效措施进行防护。

3.5　市政管线工程

轨道交通地下工程和市政管线工程通常沿着市政道路地下敷设，大量的市政管线需要在轨道交通安全保护区内进行敷设。

市政管线大多埋设较浅，除燃气管线外，其他管线埋设后对地铁运营和结构影响较小。

对于此类工程，轨道交通安全保护区管理控制要点：燃气管线工程需要控制安全距离；其他管线核实相互位置关系，严禁超挖破坏地铁结构。

4　轨道交通安全保护区风险应对措施

4.1　加强宣传工作

在很多城市中，轨道交通属于新兴事物，对于轨道交通安全保护区的认识不足。

轨道交通安全保护区管理部门应加大对公众的宣传，并对轨道交通线路周边单位、大型施工企业、市政建设单位和房地产开发企业等相关单位进行宣传，提高社会对轨道交通的重视程度。

4.2　加大线路巡查及执法力度

轨道交通安全保护区管理部门应设立专门巡线队伍，保证对运营线路的高频率巡查，发现问题立即进行处置并上报上级单位和政府主管部门。

对于处理难度较大的问题，运营管理单位应及时与建设主管部门和城市管理执法部门联系，及时处理，消除安全隐患。

4.3　严格方案审查

对于各类型的工程，方案审查是轨道交通安全保护区管理工作的关键。技术方案和防护措施安全可靠与否关系到保护区工程成败，应在方案审查过程中仔细研究工程实施可能对地铁结构造成的影响，并针对可能造成影响采取对应的加强措施。严格执行安全评估、专家论证等制度，确保技术方案和防护措施的安全可靠。

4.4 强化自动化监测

监测是地下工程的眼睛，对轨道交通安全保护区影响较大的工程均需要对地铁结构进行实时监测。对于风险较高的工程应加大布点密度；同一工程需要对主要影响区域重点加大布点密度进行监测。

监测数据实时上传监控平台，实行自动报警机制，出现险情迅速做出反应。

4.5 加强现场管理

一个好的设计方案需要现场精心组织实施才能实现，对于轨道交通安全保护区内地铁结构的变形控制也同样如此。

对轨道交通安全保护区内工程进行现场监管非常有必要。一是要保证各种防护措施到位；二是要实现动态设计、信息化施工，根据现场工程进度和地铁结构变形情况随时调整设计和施工方案，确保地铁运营和结构安全。

4.6 建立应急联动机制

轨道交通线路是城市的生命线，一旦出现事故会影响重大，为确保地铁运营和结构安全，需要建立健全的应急联动机制。

轨道交通安全保护区内项目建设单位、施工单位、轨道交通管理单位以及政府主管部门应形成联动机制，一旦出现险情，各单位联合行动，排除险情，确保地铁运营和结构安全。

5 结语

轨道交通是线性工程，周边可能存在的风险因素较多，管理难度大。对轨道交通安全保护区的主要风险因素、控制要点进行总结和研究，并提出一些风险应对措施。

轨道交通安全保护区管理工作的重点还是提起社会的重视，需要规划、建设、执法等不同层面的相关部门共同努力，只有保障轨道交通运营和结构安全，才能确保城市生命线工程的长治久安。

参考文献

[1] 龙百画. 城市轨道交通控制保护区管理要点［J］. 都市快轨交通，2014，27（2）：39-42.

[2] 梁青槐，周世惊. 城市轨道交通控制保护区内安全因素分析及对策［J］. 都市快轨交通，2012，25（5）：48-52.

[3] 徐树亮. 地铁保护区内外界工程施工的安全管理［J］. 都市快轨交通，2009，22（4）：67-69.

[4] 聂鑫路. 基于GIS的城市轨道交通控制保护区管理系统［J］. 都市快轨交通，2013，26（4）：112-115.

[5] 丘建金，高伟，周赞良，等. 超深基坑及超大直径挖孔桩施工对临近地铁变形影响分析及对策［J］. 岩石力学与工程学报，2012，31（6）：1081-1088.

[6] 戴宏伟，陈仁朋，陈云敏. 地面新施工荷载对临近地铁隧道纵向变形的影响分析研究［J］. 岩土工程学报，2006，28（3）：312-316.

[7] 张治国，张孟喜，王卫东. 基坑开挖对临近地铁隧道影响的两阶段分析方法［J］. 岩土力学，2011，32（7）：2085-2092.

[8] 中华人民共和国住房和城乡建设部. 城市轨道交通运营管理办法［Z］. 2005-6-28.

[9] 天津市人民政府. 天津市轨道交通管理规定［Z］. 2015.

[10] GB50911-2013 城市轨道交通工程监测技术规范［S］.

[11] CJJ/T 202-2013 城市轨道交通结构安全保护技术规范［S］.

地铁预应力桥梁隐蔽病害检测方法探析

朱 力[1] 安小诗[1] 刘书铭[2] 朱建伟[2]

(1 北京市地铁运营有限公司地铁运营技术研发中心；2 北京环安工程检测有限责任公司)

摘 要：地铁桥梁多采用预应力混凝土结构作为其主要形式，而预应力孔道灌浆不密实和杂散电流等环境因素所导致的钢筋锈蚀等影响结构耐久性的情况时有发生。通过调研和采用试验研究手段开展地铁预应力桥梁隐蔽病害检测，对比4种无损检测方法在试验梁体的应用，找出适合地铁预应力桥梁隐蔽病害检测的方法，为应急处置及耐久性加固的方法及位置提供依据。

关键词：地铁；预应力桥梁；隐蔽病害；无损检测

1 引言

北京地铁预应力混凝土桥梁数量众多，而在日常的检查中已经发现了不同程度的病害。已有的研究成果表明，耐久性导致的预应力混凝土桥梁事故往往造成很大的社会影响。目前针对预应力混凝土桥梁耐久性加固技术的研究还很少。因此提高对预应力桥梁病害的认识程度，掌握和储备应急处置技术，分析影响地铁预应力桥梁耐久性的相关因素，制定相应的提高耐久性和治理相关施工质量病害的维护措施，可提高既有预应力桥梁的使用寿命，避免重大安全事故的发生，确保地铁运营的安全可靠。

2 检测

目前，现有的混凝土内部结构损伤的探测技术，如地质雷达、超声波探伤等，无法准确地对预应力混凝土桥梁结构中的预应力孔道灌浆缺陷进行检测。这对预应力结构的损伤程度、耐久性的评定及加固造成了巨大的影响。因此，成功实现对预应力孔道灌浆缺陷的准确探测是关键技术之一。通过对比不同检测方法在地铁预应力混凝土桥梁结构不同病害类型中的优劣性，可为预应力桥梁预应力孔道灌浆密实度检测新技术的研究提供数据支持。

2.1 探测范围

(1) 针对目前已有混凝土结构检测技术的特点，考虑不密实区域大小（边长1—10cm的立方块泡沫）对检测的影响，在试验梁内埋置泡沫块进行隐蔽病害模拟。针对目前已有混凝土结构检测技术的特点，考虑钢筋含量和间距对检测的影响，设置不同配筋的试验梁（箍筋间距设置5cm、10cm、15cm）进行检测分析。布置形式如图1所示。

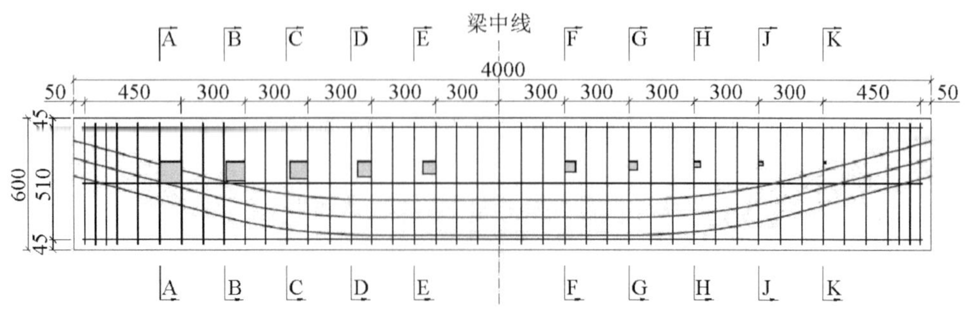

图1 L1—L9号梁体试验梁内埋置泡沫位置图

（2）针对目前已有混凝土结构检测技术的特点，考虑预应力孔道材料对检测的影响，设置不同成孔方式进行检测分析。如图 2 所示。

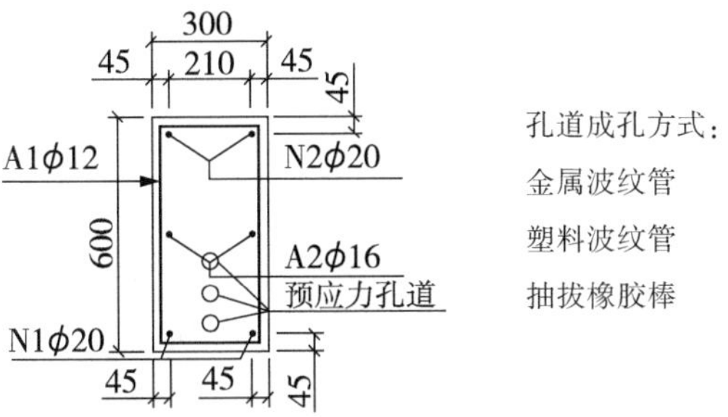

图 2　不同成孔方式预应力孔道设置图

（3）针对预应力混凝土梁由于施工等因素造成的预应力孔道内灌浆不密实等问题，在试验梁的预应力孔道内设置泡沫块进行隐蔽病害模拟。如图 3 所示。

2.2　方法原理

本工程选用超声法、冲击回波法、雷达法、红外成像法四种方法进行对比检测。

2.2.1　超声无损检测法

混凝土超声法非破损检测是近年来在国内推广应用的一种新型非破损检测方法。由于超声波通过混凝土时的声速、振幅和波形等超声参数的变化与混凝土的密实度、均匀性和局部缺陷的状况密切相关，因而可以运用超声法来检测混凝土的缺陷。

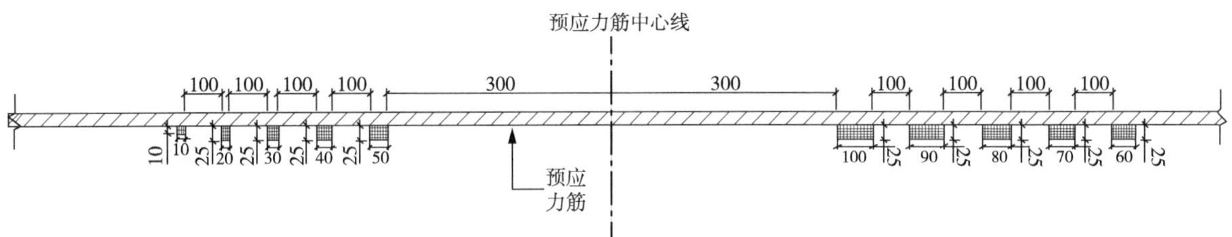

图 3　钢绞线上泡沫定位布置示意图

2.2.2　冲击回波无损检测法

冲击回波法作为一种新型的无损检测方法，其检测原理是：用一个小钢球或小锤轻敲（机械冲击）混凝土表面，从而引起瞬间低频的应力波，波中含有纵波、横波和表面波。纵波和横波被混凝土内部缺陷或混凝土外边界反射，当反射波到达混凝土表面时引起表面位移，并被接收换能器采集。

2.2.3　雷达扫描无损检测法

地质雷达通过雷达天线对隐蔽目标体进行全断面扫描的方式获得断面的扫描图像，其原理是当雷达系统利用天线向地下发射宽频带高频电磁波，电磁波信号在介质内部传播遇到介电差异较大的介质界面时，就会发生反射、透射和折射。反射回的电磁波被与发射天线同步移动的接收天线接收后，由雷达主机精确记录下反射回的电磁波的运动特征，再通过信号技术处理，形成全断面的扫描图，工程技术人员通过对雷达图像的判读，判断出地下目标物的实际结构情况。

2.2.4　红外成像无损检测法

红外热像仪利用红外探测器和光学成像物镜可接受被测目标的红外辐射能量，并把能量分布反映到红外探测器的光敏组件上，从而获得红外热像图。由于材料或传导的热物理性质不同，会在物体表面形成相应的“热区”和“冷区”，通过红外热成像仪进行检测并成像，进而可以评估其质量或状态。

2.3　检测结果

2.3.1　超声波无损检测

2.3.1.1　缺陷大小对检测结果的影响

从图 4 可以看出，在无缺陷无钢筋的区域，超声波在首波与梁底反射信号（约 300mm 处）之间基本无强反射信号，说明该处混凝土较密实，且内部无异物（空洞或钢筋）。

从图5可以看出，10cm体量缺陷在75mm处，有一处强反射，且基本无底部反射，说明该处混凝土存在空洞，且空洞较大，超声波信号基本全部被反射。4cm体量缺陷从在50—150mm之间存在强反射信号，根据试验梁设计情况，判断为钢筋、波纹管或预设缺陷所致。但考虑到钢筋与预设缺陷埋深基本一致，并不能区分两者的信号差别，因此并不能判断梁体内部是否存在缺陷。

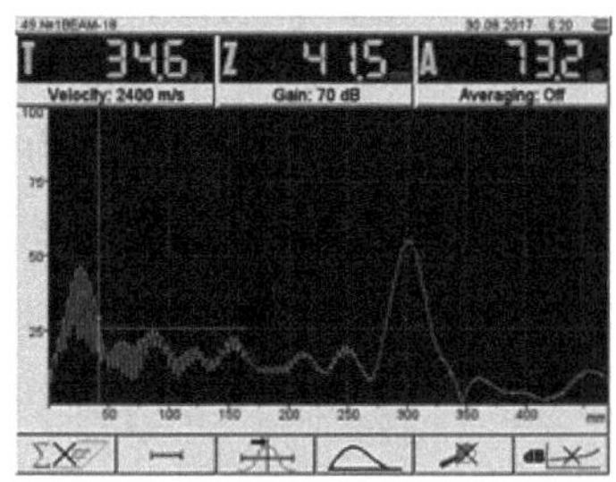

图4　无缺陷超声图像

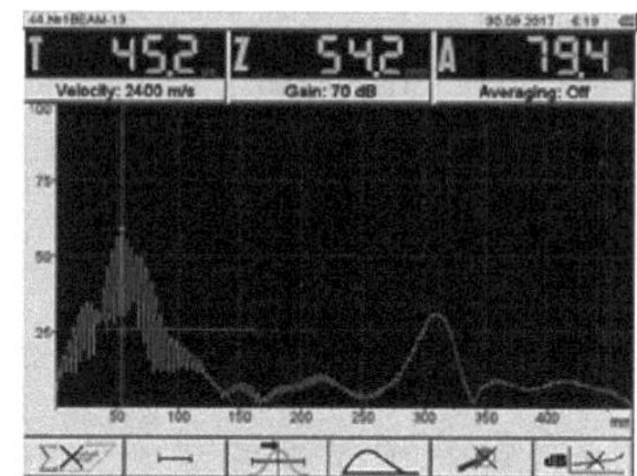

图5　10cm、4cm缺陷超声图像

2.3.1.2　钢筋对检测结果的影响

从图6可以看出，缺陷反射基本无差别，底部反射信号不明显，说明钢筋对10cm缺陷的超声信号基本无影响。从图7中可以看出，不同梁体缺陷反射差异比较大，说明钢筋对7cm缺陷的超声信号有一定的影响。

2.3.1.3　波纹管材质对检测结果的影响

从图8中可以看出，在约150mm处，均存在一处强反射信号，根据试验梁设计资料分析，该反射均可能为波纹管、钢绞线或预设缺陷的反射，并不能明确说明是否存在缺陷。

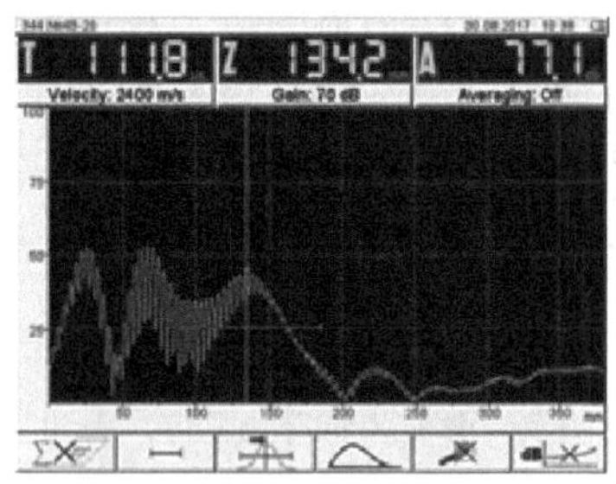

图6　10cm缺陷超声图像

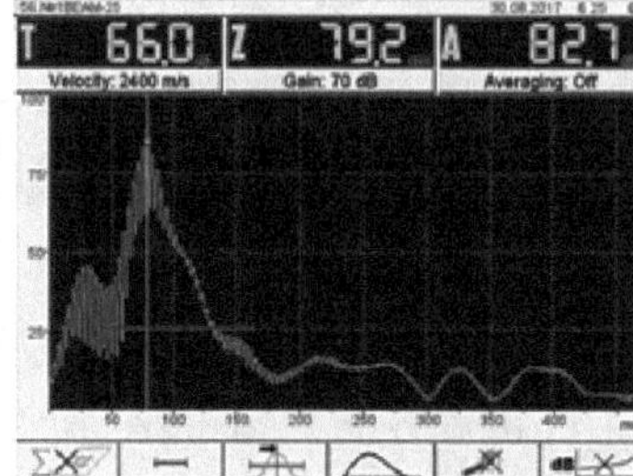

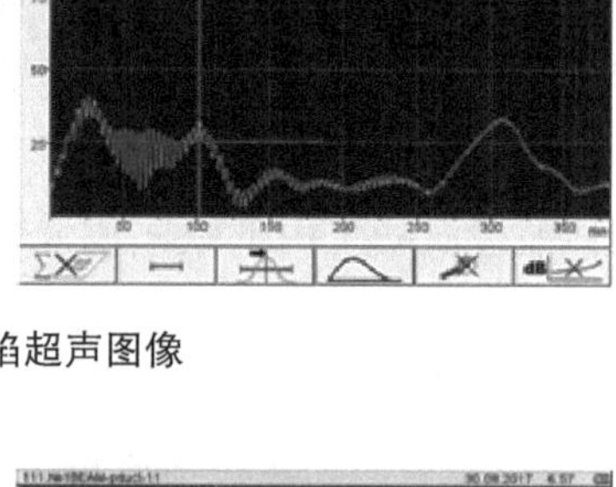

图7　不同梁体7cm缺陷超声图像

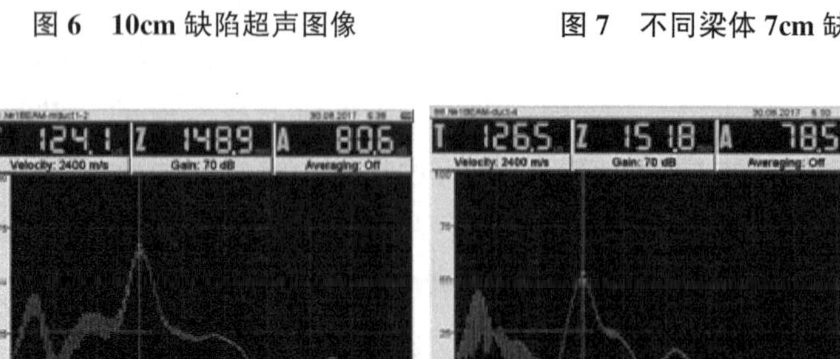

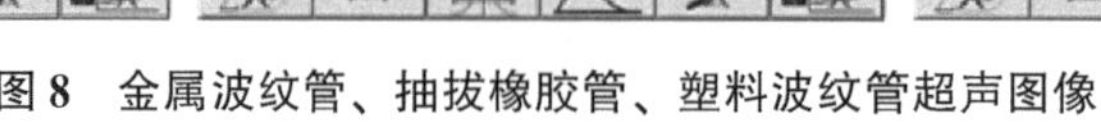

图8　金属波纹管、抽拔橡胶管、塑料波纹管超声图像

2.3.2 冲击回波无损检测

2.3.2.1 梁内缺陷检测

从图9、图10中可以看出，梁基本能检测出缺陷，但无法检测出缺陷的埋深。说明钢筋对冲击回波检测结果无影响。当缺陷小于5cm时，图像并不能明显显示，说明当缺陷小于5cm时，冲击回波对缺陷检测能力大大降低。

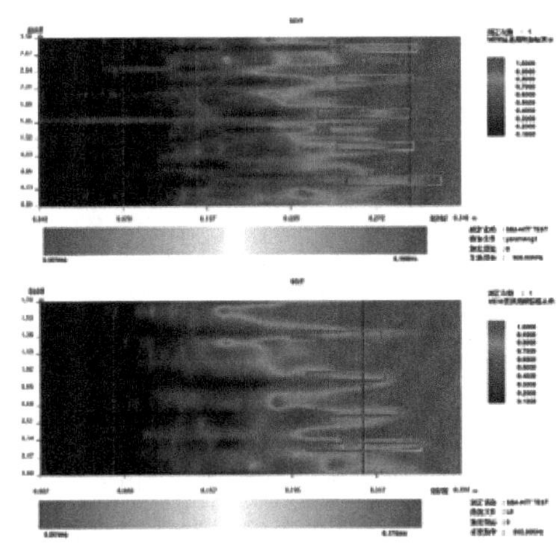

图9 6—10cm缺陷冲击回波检测结果图

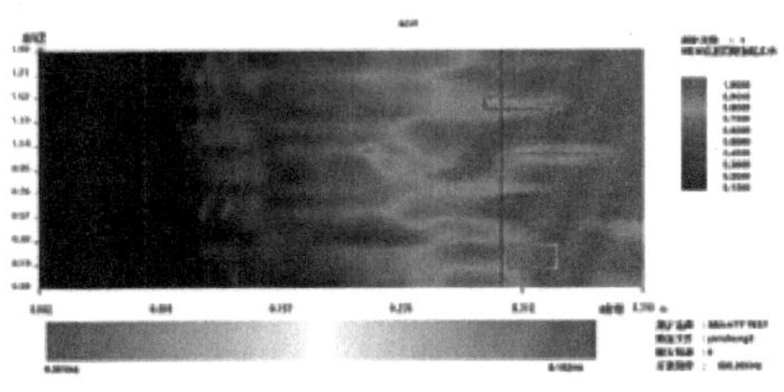

图10 1—5cm缺陷冲击回波检测结果图

2.3.2.2 波纹管内部缺陷检测

从图11中可以看出，在金属波纹管、抽拔橡胶管及塑料波纹管的图像中，均可以检测出部分缺陷，说明波纹管的材质对冲击回波检测结果基本无影响。但由于检测精度并不算高，只能检测出一定尺寸的缺陷。

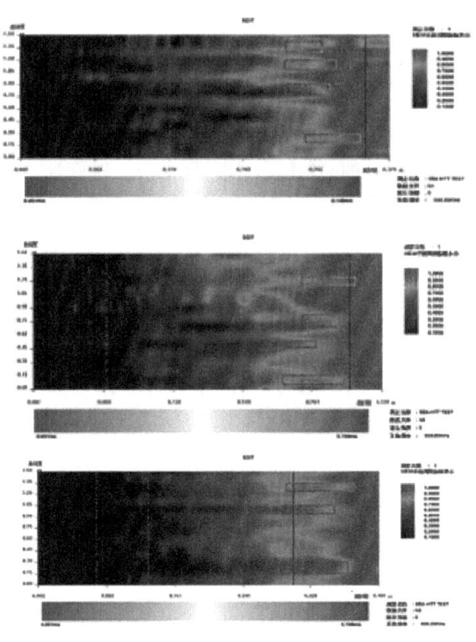

图11 金属波纹管、塑料波纹管、抽拔橡胶管检测结果图

2.3.3 雷达无损检测

检测结果如图12所示。8—10cm缺陷有明显反射信号，1—7cm缺陷反射信号不明显。由此总结，钢筋网对电磁信号的屏蔽作用对雷达检测影响比较大。当钢筋网间距≤10cm时，雷达无法探测出梁内缺陷；当钢筋网间距≥15cm时，雷达可以探测出≥8cm的缺陷。

2.3.4 红外成像无损检测

从图13可以看出，红外成像法无论是对梁内缺陷还是对波纹管内部缺陷，均无明显效果。

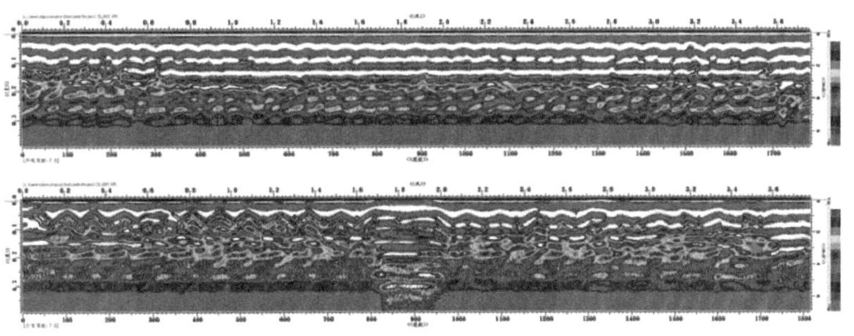

图12 箍筋间距5cm、15cm梁内缺陷位置雷达图像

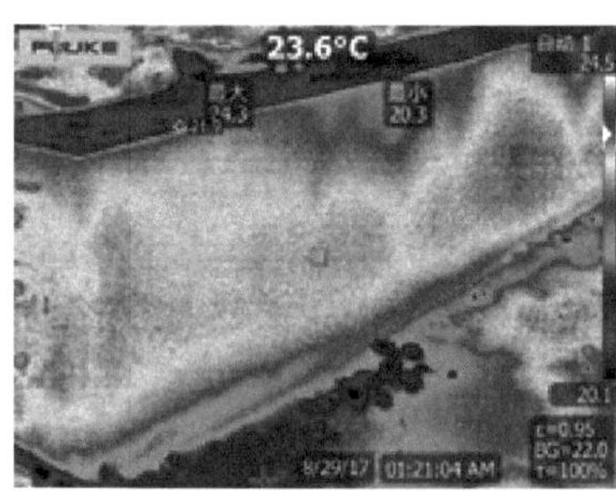

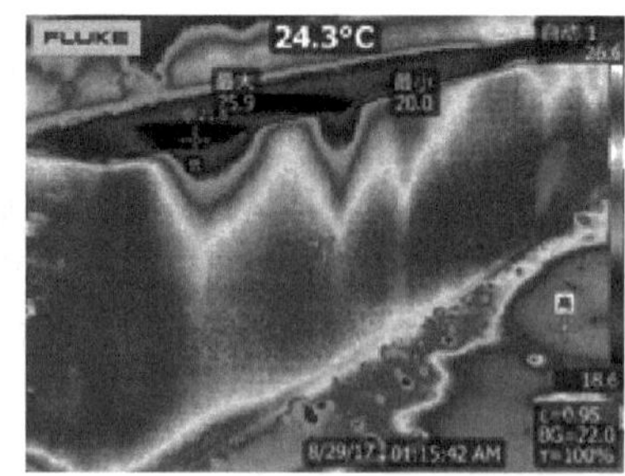

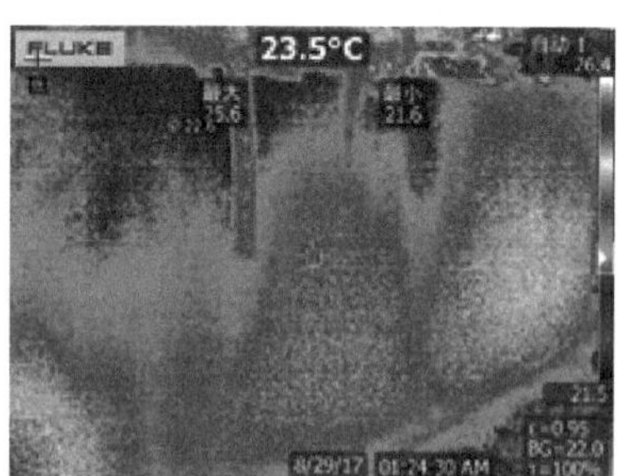

图 13　梁加热前后热像图

3　结论

对比 4 种检测方法，总结出了一种有效的检测方法：

（1）首先利用超声法对波纹管位置进行定位，然后判断波纹管所在断面中梁内是否存在缺陷（在条件允许的情况下可以利用雷达辅助探测梁内缺陷）。

（2）如果梁内不存在缺陷，那么可以利用冲击回波法进行检测，如果冲击回波法检测该波纹管位置存在缺陷，那么可以判断缺陷存在于波纹管内部。

（3）如果超声法检测波纹管所在断面中梁内存在缺陷，那么目前就没有有效的方法确定波纹管内部缺陷的位置和尺寸。

参考文献

[1] 马晔．混凝土结构缺陷的红外热成像检测识别技术［J］．公路交通科技，2017（12）：59-65.

[2] 罗先中，王正成．冲击回波法检测混凝土结构［J］．铁道建筑，2007（7）：106-108.

[3] 郭永彦．超声波法探测混凝土内部缺陷研究［J］．混凝土，2017（7）：154-156，160.

[4] 杨威，刘兆勇，邓迪．地质雷达在钢筋混凝土缺陷检测中的应用［J］．物探化探计算技术，2017（3）：340-345.

合肥轨道交通 2 号线综合监控系统实施重难点及对策研究

孙阳松　林必毅　赵　健　余承英

(深圳市赛为智能股份有限公司)

摘　要：合肥轨道交通 2 号线综合监控系统为合肥 2 号线的运营提供了一个集集中调度、集中监控和管理的统一平台，极大地提升了地铁整体运营管理水平。但是在该项目的实施过程中，由于项目工程量大、线路长、集成难度高，再加上各个站点结构各不相同，墙面、地面结构复杂多变，都给实施过程带来了一定的困难。因此，本文主要对该项目实施过程中的一些关键技术重难点进行了分析和探讨。

关键词：合肥 2 号线；综合监控系统；实施重难点；对策；研究

1　合肥 2 号线综合监控系统概述

合肥轨道交通 2 号线西起长宁大道口，东至大众路口。全线依次沿长江西路、长江中路、长江东路敷设。设计全长 27.764km，全线为地下线。共设车站 24 座，全部为地下车站，包括换乘站 6 座，分别与 1、2A、3、4、5、6、7、8 号线换乘。

为实现各专业设备信息互通、资源共享，提升自动化水平，提高地铁运营的安全性、可靠性和响应性，最终达到减员增效的目的，合肥地铁 2 号线设置综合监控系统。综合监控系统由中央级综合监控系统、车站级综合监控系统等组成。

合肥 2 号线综合监控系统是按照两级管理（中央、车站）、三级控制（中央、车站及就地）的原则进行设计的。可以将中央级和车站级综合监控系统合称为信息管理层，而就地级则主要包括控制层和设备层两个层面。

合肥 2 号线综合监控系统全线网络采用工业级千兆以太网交换机单独组网，即综合监控系统站级局域网、中央级局域网和全线骨干网均采用冗余工业级千兆以太网组成单独的传输网络。组网技术采用以太网标准和 TCP/IP 协议，并采用行之有效的故障隔离和抗干扰措施。

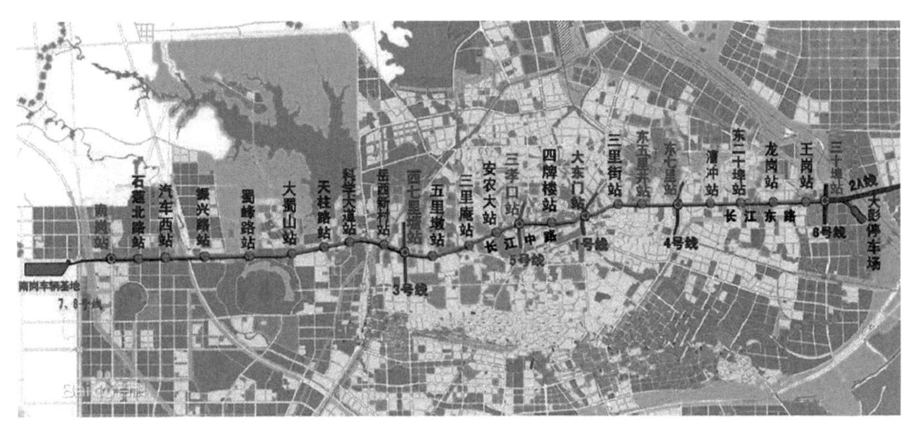

图 1　合肥地铁 2 号线线路图

合肥2号线综合监控系统典型的结构示意图如下所示：

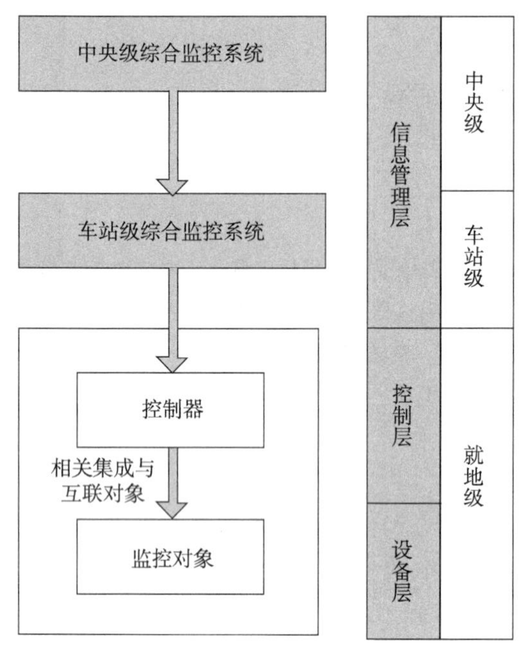

图2　合肥地铁2号线综合监控系统结构示意图

综合监控系统作为一个综合信息化平台，集成了多个子系统的中央级功能，掌握全线设备的运行情况，负责管辖范围内设备监控与调度，其设备主要设置在控制中心，面向的操作对象是运营部门的环调、电调及维修人员。在中央级可以对整个线路各个站点系统管辖范围内设备运行状态、故障情况进行监视，并向各个站点发布指令，统一指挥、协调各个站点的运行。

合肥地铁2号线综合监控系统集成的子系统主要包括火灾自动报警系统（FAS）、环境与设备监控系统（BAS）、电力监控系统（SCADA）；而互联系统则包括门禁系统（ACS）、站台门控制系统（PSD）、广播系统（PA）、闭路电视系统（CCTV）、乘客信息系统（PIS）、自动售检票系统（AFC）、信号系统（SIG）、时钟系统（CLK）、防淹门系统（FG）以及集中告警（ALM）等等。

2　合肥地铁2号线综合监控系统实施重难点

合肥轨道交通2号线综合监控系统集成工程为城市轨道交通项目，其项目工程量大、线路全长27.764km，为全地下线。设有车站24座，集成难度高。各个站点结构各不相同，墙面、地面结构复杂多变。这一切都给综合监控系统的实施带来了一定的困难，比如：

（1）各地下车站的结构各不相同，存在较多的建筑单体，功能和结构较为复杂而且各不相同。

（2）综合监控系统相对其他项目存在较大的工程量，而且施工工期紧迫。作为总承包单位，和各专业承包单位也有着较大的配合协调难题。

（3）合肥2号线综合监控系统在设计联络阶段便已经与多达60余个系统谈过接口事宜，再加上各系统交叉单位多，配合协调难度大。

（4）线槽和线管的施工量大，需和土建、装饰、强电、机电及其他智能化专业单位配合，给施工增加一定的难度。

（5）除了设备安装外，关键任务是软件的编制和调试运行，所以很多工作量不在工地现场完成，只有等系统设备安装到一定阶段，才能进场调测和总体调试，因而调试工期就比较长。

正是由于合肥2号线在实施方面存在多个重难点，因此，笔者所在项目管理部门为了能及时准确地了解施工状况，控制施工进度和质量，采用了分级的控制方法。分级是指对人员的控制分多个级别，总的项目控制掌握方面由项目经理负责，主要包括工期要求、人员配备、施工机械调配等；每几个相邻的站点由分负责人负责，分负责人对自己辖区的工程进度、质量负责，同时把工程情况向项目经理汇报，以便项目经理及时掌握现场情况。第三级是现场的技术工长，主要负责工程质量，并根据分负责人的指示把握进度。

3　合肥地铁 2 号线综合监控系统实施重难点的对策

3.1　绿色施工理念的应用

一个优良的项目，首先需要一个综合性的整体策划，然后需要一个优良设计，在完成上述两点之后还需要一支高素质的施工队伍，通过精心施工才能将优良的设计变成优良的工程。最终目的是让综合监控系统充分发挥其作用和效益。在这方面笔者所在项目管理部门在使用、维护、培训和系统功能上进一步进行了挖掘、开发和调整。

在合肥 2 号线综合监控系统工程建设中始终采用绿色、文明、和谐的施工方案，实现"绿色智慧合肥市，轨道交通 2 号线"的建设目标，充分地体现现代科学管理手段在整个工程质量目标、工期目标、安全目标、文明施工及环境保护目标实现过程中的综合运用，提高项目施工管理的质量。施工标准达到国家现行施工质量验收规范标准，确保工程一次性验收合格，系统的安装标准将执行最新的国家标准，按质量检验评定标准评定为优良。

3.2　做好设计联络阶段的工作

在上文中亦论述过，合肥 2 号线综合监控系统施工与主体工程有直接依存关系，必须等土建装修装饰到一定的阶段后，才能陆续进入安装。这就使得综合监控系统安装工期比其他作业更短。再加上此项目规模大，涉及面广，任务重，整个项目包括了多个子系统的集成、互联，子系统之间还有一定的相互制约关系，因此需要在施工组织时就理顺好各子系统的关系，保证工程的顺利进行。而做好这一工作前需要引起对设计联络阶段的重视。

在设计联络和深化阶段，根据实际需要，增加管理和技术人员。项目所需的全部技术和管理人员就位后，如果力量仍略显不够，应从其他项目抽调人手支援，以保证深化设计等工作的顺利进行。同时，还可多沟通，多请教。发包人、设计单位、监理单位、机电安装单位接触本项目的时间长，对现场情况比较熟悉，在设计联络和深化过程中多与他们沟通，多向他们请教，迅速熟悉现场环境和各种状况。对于受相关专业制约的工作，按系统流程顺序，区别先后缓急，确定阶段性目标穿插施工，不放弃任何一个可利用的时空条件。

图 3　合肥地铁 2 号线综合监控系统设计联络会议现场

合肥 2 号线综合监控系统涉及与其他专业的接口多达 69 个，协调难度极大，在三次设计联络阶段由综合监控系统方牵头多次召开协调会，形成了接口文件及会议纪要，并已整理成册。在后期实施过程中各方人手一本，有力地保证了项目各方的顺利对接，受到业主、设计和监理方的大加赞赏。

合肥市轨道交通 2 号线综合监控系统
集成及安装项目

接口文件及会议纪要

买方：合肥城市轨道交通有限公司
卖方：深圳市赛为智能股份有限公司（牵头方）
讯飞智元信息科技有限公司（配合方）

二〇一六年六月十七日

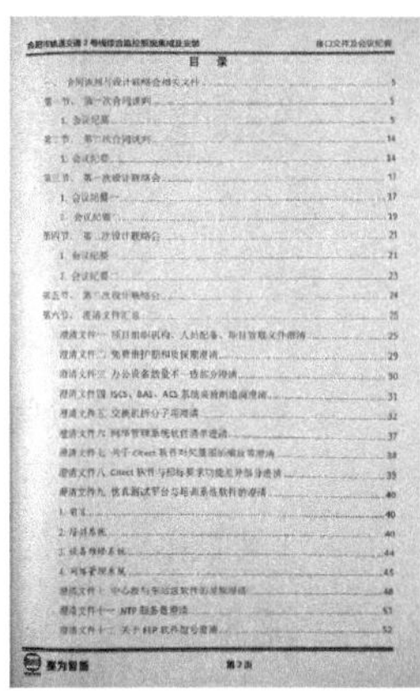

目录

图 4　合肥地铁 4 号线综合监控系统已整理成册的设计联络文件

3.3 重视综合监控系统软件平台的开发

众所周知，综合监控系统软件是轨道交通建设工程当中非常重要的一个方面，然而综合监控系统软件的识别标准却并未被广泛熟知，因此软件给工程的建设，给轨道交通的建设带来了较大的风险。地铁综合监控系统刚开始在国内应用时（大概在 2001 年至 2002 年），软件是一个瓶颈，加上软件供货商的渲染，一直以来很多人认为综合监控系统成功的最关键点是软件平台的选择，其实这是一个错误的认识，将问题本末倒置。综合监控系统软件固然重要，但它仅仅是系统集成商应用的系统集成工具而已。

笔者所在项目管理部门在合肥 2 号线刚开始实施阶段便已经注意到了该关键点所在，第一时间对合肥 2 号线的人机界面建设情况进行调研，并立马着手合肥 2 号线综合监控系统人机界面相关图元、开发手册等的设计和编写，以保证该项工作的进度在整个工程计划之内，同时也保证了和已开通线路合肥 1 号线风格的一致性，如图 5 和图 6 所示：

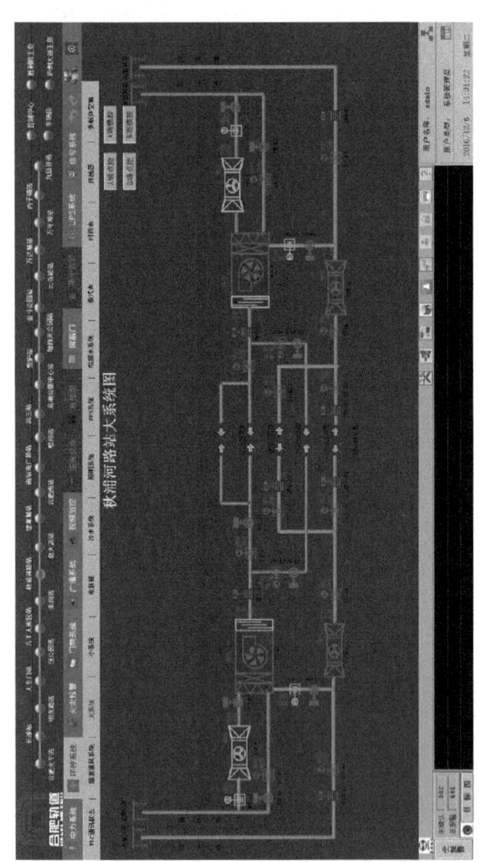

图 5　合肥地铁 1 号线综合监控系统人机界面图

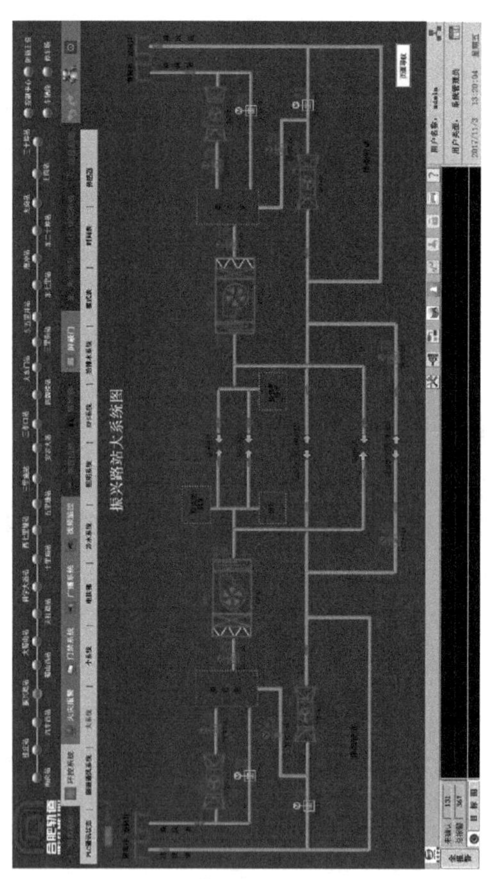

图 6　合肥地铁 2 号线综合监控系统人机界面图

3.4 把控联调期间可变因素和进度

合肥地铁 2 号线综合监控系统项目由于其特殊性，与给排水、通风空调等多达 69 个专业均存在有相应的接口，而且只有等到相关专业完工后才能进行相关调试及测试，与相关专业的配合调试可变因素多，进度较难把握。因此，在联调期间，尤其需要提升对该部分工作的重视程度。笔者所在项目管理部分就采取了多项有效举措，保证了整体项目进度：

图 7　合肥地铁 2 号线综合监控系统联调现场照片

图 8　调试现场成品保护照片

（1）在联调之前提交详细的联合调试方案供业主审批，项目调试过程中根据审批的联合调试方案实施，同时要做好调试过程中的成品保护工作。

（2）组建联合调试小组，由经验丰富的调试工程师组成，并指派专人负责各系统的联合调试。

（3）在项目部下设置专业工程管理配合服务部，专门负责与各施工单位的协调管理工作，以及与土建、装修、机电安装等专业单位的交叉施工与协调管理工作。

（4）深化设计阶段提交详细的与各专业施工单位的接口实施方案（接口功能、接口协议、接口界面、接口实施进度计划）供相关方审核，项目实施过程中根据审批的接口实施方案按时间节点一一落实。

（5）选取精度一致的专业调试工具，数量及种类满足调试要求。

（6）进度计划制定过程一定要充分考虑到调试过程中的不确定因素对进度的影响，预留有充足的时间。

3.5　多专业交叉管理协调难度大的对策

本项目专业施工范围大，供货商和厂家多，施工和供货周期长，专业种类齐全，与其他各专业分项工程之间的穿插协作频繁，管理、协调量很大，特别是设备合理进场、及时安装、调试等工作对整个工程施工质量的成败起着极为关键的作用。再加上很多大型项目总包及装修施工队伍实力很强、专业技术很高，能派驻多人到现场同时施工，这就需要综合监控专业确保做到及时配合，因此要求项目部必须具有很强的协调管理能力、足够的施工人员以及与国内外各大型供应商、专业施工队合作的经验。

对于此，笔者所在项目管理部门也采取了有效的解决措施：

（1）在项目部下设置专业工程管理配合服务部，专门负责与各施工单位的交叉施工与协调管理工作，在智能化工程开工后即可投入现场进行全面的组织管理。

（2）指派具备强有力的管理能力和现场协调、处理问题能力的项目经理及现场协调管理工程师，积极主动地参与各专业施工单位的交叉作业的协调管理工作。

（3）深化设计阶段将提交详细的与各专业施工单位的接口实施方案（接口功能、接口协议、接口界面、接口实施进度计划）供相关方审核，项目实施过程中根据审批的接口实施方案按时间节点一一落实。

（4）积极主动与各专业施工单位进行沟通协调。各专业接口协调的形式：专门的接口协调会、工程例会、非正式的接口协调沟通。

（5）对于供货商管理，尽量选择信誉好、资质强的公司集中采购，以便供货按时、保质供货。

（6）根据合肥 2 号线综合监控系统的项目特征，按照各站点特点组建若干个实力较强的现场施工团队进行现场施工，以保证工期能够按照计划进度展开。

4 结束语

合肥 2 号线综合监控系统在实施过程中存在多个重难点，除了笔者总结的以上各个关键对策以外，还需要从设备材料进场、管线施工、设备安装、单机调试、成品保护、文明施工、临时施工取电等多个方面采取有效的管理措施，只有这样才能保证这样一个集大成项目的顺利展开。

参考文献

[1] 李明，徐淑鹏．城市轨道交通综合监控系统建设管理模式研究［J］．现代城市轨道交通，2017（05）：61-66.

[2] 吴多胜．项目技术管理在轨道交通综合监控系统施工中的应用［J］．江西建材，2014（11）：162.

[3] 余斌．基于集成创新的地铁综合监控系统接口管理研究［J］．中国建设信息，2014（01）：72-73，75.

[4] 张余峰，高娟．城市轨道交通综合监控系统权限管理与移交机制［J］．城市轨道交通研究，2013，16（11）：17-19，31.

[5] 韩玉雄．综合监控系统的集成度与运营管理模式的一致性［J］．城市轨道交通研究，2011，14（05）：3.

[6] 张森，蔡昌俊，何正友，于敏．地铁综合监控系统可靠性分析与数据管理软件研制［J］．交通运输工程与信息学报，2007（04）：89-94，104.

以武夷山有轨电车项目为例
浅谈 PPP 项目落地应注意的问题

程 斌 钱广民 余昭华
（天津市滨海快速交通发展有限公司）

摘 要：随着国家大力推广 PPP 项目政策，各地政府 PPP 项目呈现爆发式增长态势。从开始引进 PPP 模式，到目前在国内各行业内推广，各地政府应对 PPP 项目的实施政策存在差异，造成在实施过程中大量问题不断凸显，尤其是涉及大资金的轨道交通行业。现结合武夷山项目浅析 PPP 项目落地过程中应注意的几点问题，为其他项目提供借鉴。

关键词：轨道交通；运营公司；PPP 项目；关键谈判点；股权架构及投资

1 武夷山项目基本情况

1.1 项目背景

武夷山位于江西与福建西北部两省交界处，山脉北段东南麓总面积 999.75km²，是中国著名的风景旅游区和避暑胜地。武夷山风景名胜区面积约 70km²，属典型的丹霞地貌，是首批国家级重点风景名胜区之一。

图 1 武夷山风景区

2014 年，福建省为进一步推动城市公共交通优先发展，加快提升城市公共交通服务水平，满足人民群众日益增长的公共交通需求，促进经济社会协调和可持续发展，提出了《关于加快推进交通运输现代化的意见》，其中《2014 年—2018 年全省交通重大建设项目落实方案》明确了省辖范围轨道交通工程的建设计划。福建南平市政府为加快武夷山风景区有轨电车项目的实施，推动武夷新区基础设施投融资体制创新，引进先进的管理机制和专业技术，提高新区基础设施的服务理念和服务效率，福建南平市政府根据“允许社会资本通过特许经营等方式参与城市基础设施投资和运营”精神，鼓励和引导社会资本参与基础设施和公用事业建设运营，决定采用政府与社会资本合作（PPP）的方式，来实现武夷山有轨电车项目。

2015 年 9 月 25 日，在财政部发布的《关于公布第二批政府和社会资本合作示范项目的通知》中，“武夷山项目”被列为财政部第二批 PPP 示范项目。

1.2 项目概况

武夷山工程线路基本沿福建省南平市快速通道（303 省道改造工程），并沿 303 省道中央分隔带布置，线路全长约 26.17km（含北延 2.23km）。初步设计概算总额为 27.58 亿元。起于武夷山东站站前大道，经将口、兴田、仙店、南源岭至武夷山景区南入口。全线设车站 9 座，沿线依次为武夷山东站站、固县站、生态博物院站、城市展示馆站、兴田站、黄土站、仙店站、南源岭站、武夷山站。车辆段1座。车辆选型：100%低地板接触网4模块现代有轨电车，初期需配置车辆12列。该线路不仅能够解决沿线居民和游客的部分出行问题，也将成为武夷山游客出行观光的一条靓丽风景线。

图2 武夷山工程线路示意图

1.3 股权结构

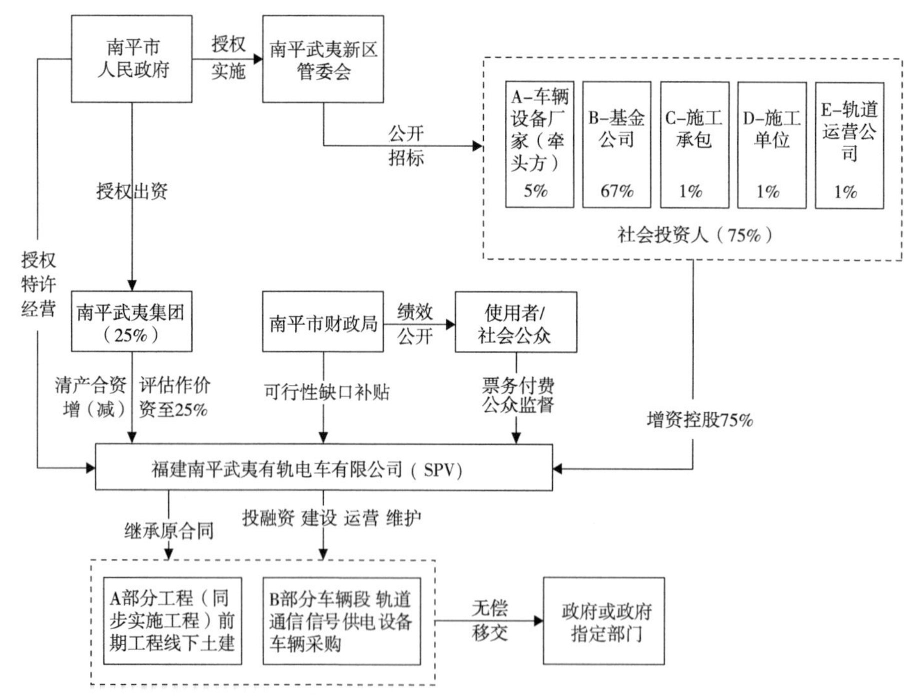

图3 项目公司股权构架图

1.4 项目合同体系

（1）《PPP项目合同》

（2）《股东协议》

（3）《PPP项目及股东协议的补充协议》

（4）《公司章程》

（5）《特许经营协议》

（6）《运营咨询合同》

1.5 轨道运营公司在联合体协议中承担的任务

要求轨道运营公司须从事轨道交通运营维护工作，因此在武夷山项目中E公司负责建设期运营咨询、联调联试、生产职工培训、运营筹备等工作，及运营期的与客运管理、行车管理、票务管理等有关的咨询类工作。

2 PPP项目关键条款的谈判

武夷山项目自中标后，武夷新区政府委托招标公司编制本项目合同范本，双方就此合同进行谈判，因合同范本中部分关键条款设置不合理，表述不清楚，导致社会资本方和政府方后续的谈判实际进展缓慢，政府方在双方有争议的关键条款中的意见，明显有远离PPP项目原则“利益共享、风险共担”的趋势，故双方在多轮的谈判中重点围绕以下19项条款：

（1）未提供市政府或人大为本项目出具的有关函件

根据《财政部关于印发政府和社会资本合作模式操作指南（试行）的通知》（财金〔2014〕113号）第25条规定和《国务院办公厅转发财政部发展改革委人民银行关于在公共服务领域推广政府和社会资本合作模式的指导意见的通知》，明确要求当地政府“将项目涉及的运营补贴、经营收费权和其他支付对价等，按照国家统一的会计制度进行核算，纳入年度预算、中期财政规划，在政府财务报告中进行反映和管理，并向本级人大或其常委会报告”，但武夷新区政府并没有附具提供市政府将本项目的可行性缺口补助纳入财政预算并通过人大决议的函件（包括政府批复的其他文件和函件）。

（2）没有对A包项目进行净值调查

中标后，当地政府没有及时向社会资本方提供A包部分工程范围、工程款的控制、工程进度、验收情况、合同签署情况等内容，致使社会资本方对A部分的情况不清楚，无法顺利开展后续净值调查等工作。

（3）没有明确B部分的包干范围

招标文件中未明确B部分概算费用与A部分概算费用的使用方式及界定原则。

（4）没有对项目的工地拆迁、工期延误明确约定

武夷新区政府没有任何拆迁地块移交时间保障措施，致使社会资本方无法接受，这不利于发挥社会资本方在融资、管理、运营等方面的优势，也不利于社会资本方取得预期的稳定收益。

（5）针对国开行的退出没有明确约定

招标文件中只提及国开行退股一事，但具体的退股要求及时间期限没有明确约定。

（6）没有授权社会资本方融资权限

社会资本方为未来项目公司的控股股东，政府未授予社会资本方自行融资控制权限。

（7）没有明确政府补贴支付路径

招标文件中只约定政府补贴路径为支付给社会资本或项目公司，具体未明确直接支付给谁，经测算直接支付给社会资本方的收益较股东分红的方式有利。

（8）约束了董事会的权限

武夷新区政府在招标文件中对股东协议里董事会的权利与义务约束较大，致使社会资本方的权益得不到有力的保障。

（9）融资股东担保问题不合理

在招标文件中，项目公司需融资时要求股东担保对于社会资本方不合理。

（10）PPP项目合同生效条件

政府方对PPP项目合同生效条件较为单一，对社会资本方顾虑考虑较少，社会资本方要求提供人大决议，明确国开行退股等约定。

（11）投资规模未定

招标文件中项目总投资不确定，社会资本

方股权出资无上限，风险不可控。

（12）增资扩股的问题

政府方未给出国开行退股的具体时间，致使社会资本方不能按照招标文件的要求签订有关合同、成立项目公司并完成增资扩股等工作。

（13）特许经营期期满移交

移交模式不清晰，无法确定是否采用股权转让或资产移交的方式及条款。

（14）社会资本收益率含税问题

社会资本方6.5%的资本金投资收益补贴是否为不含税的，增值税及所得税是否应另行补贴。

（15）移交履约保函

招标文件中要求的提供移交履约保函的主体设置不合理。

（16）建设期履约保函

招标文件中要求的提供建设期履约保函的主体设置不合理。

（17）回报机制公式更改

若对回报机制公式进行适当修正，补贴额不变的情况下，通过预付模式，双方均会受益。

（18）建设单位管理费

建设管理费用设置不合理，不足以覆盖项目公司经营费用，且项目公司支付给总包管理单位的费用由建设单位在管理费中列支。

（19）政府延误支付补贴款（包括社会资本资本金的年投资收益、项目公司融资本息、运营补贴）

政府方未明确因自行原因导致延误补贴问题，需要明确相应的罚则条款。

3 轨道运营公司在PPP项目中底线思维的设置

武夷山有轨电车PPP项目涉及较多的是项目建设问题，E公司为运营咨询合作方，在合同谈判中应注意以下三点：

（1）明确运营实管和虚管的关系

E公司对本项目运营期间采用的是运营咨询的方式，并不直接参与组织新建项目运营公司，所以E公司不承担运营期的任何安全责任，只承担股东的有限责任。

（2）投入资金坚决不突破概算

E公司出资比例为1%，按中标价25.35亿计算，投资730.39万元；若按项目总概算27.58亿元计算为827.4万元。总之，E公司原则上按照实际总价比例在此范围内进行出资，坚决不突破概算。

（3）坚持本项目不承担融资义务

本项目的融资问题，E公司依托于与联合体牵头方A签订的双方合作投标协议，把相关的融资、担保问题风险向牵头方A公司进行了转移。

4 从武夷山项目中得到的启示

4.1 PPP项目风险的思考

PPP是目前地方政府进行基础设施和公共服务投资的主要通道，是为化解地方政府债务风险而出台的主要经济政策工具（土地财政、四万亿计划、政府平台融资、政府购买服务和PPP等）之一。2014年以来的PPP项目不同于2013年以前，更无法与英国等发达国家的PPP相比，是中国式PPP，这种特色模式盘活了以央企为主体的国有资本及其他社会资本的资源，提高了我国经济建设决策的科学性和全社会效率，促进了经济发展方式转型，在我国经济发展的总盘子中占据重要位置。PPP一般是双方15—30年的投资项目，一定要体现出运营的思维，必须强调PPP不是做工程，PPP是搞“投资+做工程+运营”。在经营概念上必须正确，只有如此才能走对方向，免入歧途。故需对建设、运营、移交全阶段的风险进行分析及思考，重点关注系统风险防范。

4.1.1 建设期风险

（1）政府方不担责的系统风险

政治风险：由于国家政策的调整，政府战

略规划的变化，行业政策、行业制度的变更，战争等所引发有轨电车项目运营方面的各种风险。

法律完备性与变更风险：是指因为修订或颁布法律、法规以及相关政策，有轨电车运营项目的客运服务质量要求、票价等诸多因素产生变化，从而给项目的运营带来了各种负面的影响。

（2）建设阶段的税收风险

因政府方未给社会资本方提供合理优惠的税收政策，投资方的税率较高，不能保证合理稳定的投资收益。

（3）项目融资风险

融资可得性风险：无法获得有轨电车项目运营所需要的资金而导致项目运营无法顺利进行的风险。

融资结构合理性风险：在有轨电车项目获得贷款和投资后，不合理的融资结构可能带来的融资成本增加、资金不能及时到位而影响项目进度等。

4.1.2　运营期风险

（1）票价风险

票价预估过于理想，按照工可研报告的要求，武夷山项目单程票价为19元，定价不合理且没有合适的弹性空间。E公司按照地铁收费标准起步价为2元，最高票价为9元，地下段按照区间收费，地上段按照里程收费，全程线路总长约52km，因此武夷山项目票价相对而言将可能引发运营补贴的风险。

（2）客流风险

目前在武夷山东站的实际客流量日均1万多人，与预测的3万多人差距较大，两者之剑的差异将产生一定的客流风险。

（3）合作风险

社会投资人与武夷新区政府初步达成合作关系，政府方对社会投资人设置的考核指标虽面面俱到，但可操作性较低，在前期PPP项目合同谈判期间，E公司多次提出运营考核指标过于理想化，对实际情况的预判不够合理，在后期运营期中相关指标是一个博弈点。

4.1.3　移交风险

本项目采用的是无偿移交方式，在移交时清产核资是否交税，在PPP项目合同中并没有约定，是社会投资人在合同谈判中一直担忧的问题。PPP合同应结合长期运营的思维对风险进行全面系统的辨识、再思考及应对。

4.2　PPP项目付费机制的思考

PPP项目付费机制一般采用以下三种方法：影子票价法、实际补贴法、限额补贴法。

在武夷山项目中，E公司提前介入了解其运营成本，结合交通部新的测算方法，利用“两包干、一限额”的模式，最终建议武夷山项目采用实际补贴法，同时要求设置一个6.5%的合理利润。

4.3　移交及提前终止合同设置考虑单一

目前PPP项目理想都比较“丰满”，但在现实中对于移交和合同提前终止设置的考虑过于单一，在这方面需要进一步约定和规范。将来PPP项目要围绕这方面进行细化和分解，对通常导致项目提前终止的事由，列举以下四种：

（1）政府方违约事件——发生政府方违约事件，政府方在一定期限内未能补救的，项目公司可根据合同约定主张终止PPP项目合同；

（2）项目公司违约事件——发生项目公司违约事件后，项目公司和融资方或融资方指定的第三方均未能在规定的期限内对该违约进行补救的，政府方可根据合同约定主张终止PPP项目合同；

（3）政府方选择终止——政府方在项目期限内任意时间可主张终止PPP项目合同；

（4）不可抗力事件——发生不可抗力事件持续或累计达到一定期限，任何一方可主张终止 PPP 项目合同。

4.4 股权投资再思考

对于国有企业而言，“三重一大”决策流程较慢，同时 PPP 以股权投资形式运营不仅周期时间较长，而且获得的股权投资利润不高。故建议类似企业谨慎考虑以股权投资的形式参与 PPP 项目。

5 结论

总之，武夷山 PPP 项目是 E 公司第一个以“对外技术输出”的模式尝试的项目，在项目开展过程中，遇到了很多的风险点和问题点，本着摸着石头过河的工作作风，不断积累相关经验，在后续的 PPP 项目合同设置中，把相关的风险做提前预判，这样的 PPP 项目才能走得更加长远和健康。

参考文献

[1] 都群芳. PPP 模式下有轨电车运营阶段主要风险［EB/OL］. 中国 PPP 服务平台，2017-05-24.

[2] 郑宏宇. PPP 项目顺利提前终止的思考［EB/OL］. 北京德恒律师事务所 PPP 业务中心，2017-01-17.

[3] 都群芳. PPP 模式下有轨电车付费机制及补贴模式［EB/OL］. 中国 PPP 服务平台，2017-05-16.

[4] 李景辉. PPP 模式多层面促进轨道交通行业变革［EB/OL］. 轨道交通网，2017-05-03.

八通线地铁车辆牵引系统故障维修方法研究

刘　尧　张　骄　王　昊

（北京市地铁运营有限公司地铁运营技术研发中心）

摘　要：在城市轨道交通车辆运行中，牵引系统是决定车辆能否继续运行的根本，车辆失去牵引力后，将迫停于运营线区间，造成运营线大面积晚点，对地铁的网络化运营影响巨大。本文以北京地铁八通线 SFM01 型电动地铁列车运行状况为基础，阐述在车辆发生牵引系统故障时解决的方法。八通线电动车辆发生的牵引系统故障主要表现为单节无电制动和全列无牵引。全列无牵引又分为高速断路器 HB 故障和车辆控制电路问题。针对车辆控制电路问题，在本文中通过案例进行深刻剖析。HB 故障导致的 HB 断开，是蓄电池欠压而继电器 KC1 频繁动作所致；单节无电制动的主要原因为紧急制动辅助继电器 EmBAPR2 接触不良所致，对于上述两种主要故障，可以采用更换 KC1、改变线路连接方式等方法进行有效的解决。

关键词：VVVF；牵引电机；HB；紧急制动辅助继电器；电制动指令继电器

1　引言

近年来，随着城市轨道交通的不断发展，地铁网络化运营的实现，运营里程的不断增加，地铁以安全、高效、准时成为人们出行的首选交通工具。八通线电动列车是青岛四方股份制造的电动列车，自 2003 年投入运营至今，发生了一些故障，但影响较大的还是牵引系统故障。首先，了解一下车辆牵引系统，牵引系统是为每一辆车提供牵引力与制动力的系统。主要包括安装在动车车下的 VVVF 逆变器（Variable，Voltage，Variable，Frequency）、断路器、制动变阻器、滤波电抗器和安装在转向架上的两部三相框形感应电动机。

2　牵引系统的工作原理

列车牵引系统采用架控驱动方案，每辆动车有 2 台 VVVF 及 INV1 和 INV2，每个 VVVF 对 2 台牵引电机进行变压变频调速控制，动车的滤波电抗器、制动电阻均设两组，并与每个 VVVF 相对应，动车上的两台 VVVF 分别驱动每个转向架上的两台牵引电机，当一个逆变器出现故障时，可通过接触器切除故障逆变器，并且不影响另一个逆变器的正常工作。

在牵引工况下，DC750 直流电通过受流器 CS 从供电第三轨接入，经线路主隔离开关 MS，主熔断器 MF，高速断路器 HB，线路接触器 L1、L2（L3），滤波电抗器 FLl（FL2），向牵引逆变器供电，逆变器输出电压、频率可调的三相交流电，供给牵引电动机 Ml、M2（M3、M4），驱动车辆运行。

电制动时，列车的动能被牵引电机以发电机工况转换为电能。电机所发出的交流电由逆变器整流成直流电，回送至电网或消耗在制动电阻 BRl、BR2 上。制动工况时，优先使用动车上的电制动。再生制动具有最高优先权，当再生电能吸收不足时，由电阻制动补足，当电制动力不足时，由空气制动补足。电制动时，控制器根据滤波电容器两端的电压情况，控制制动斩波器的通断，实现再生制动和电阻制动的功率分配。

牵引主回路系统中设有电压传感器 DCPTl1、DCPTl2、DCPT21、DCPT22 和电流传感器 CTUl-2、CTVl-2、CTWl-2 等检测器件，可以随时检测主回路的电压、电流。电气牵引系统的保护主要包括：列车超速保护，电网电压过压与欠压保护，直流电流过流保护，逆变器过热保护，逆变器控制电源低保护，制动电阻过流与过热保护，牵引电机过流保护等。

主隔离开关 MS 带放电电阻开关 MDSl、MDS2 被安装在车下的主开关箱内，利用安全保障器件将主隔离开关与放电开关互锁，主要作用是将受流器与电传动设备隔离。当车辆需要在车间维修时，应操作主开关将主传动设备与受流器断开，同时通过连锁动作触头接通放电电阻 DCGRl、DCGR2，释放主传动逆变器内滤波电容器储存的电能。

线路接触器、L2、L3 为电磁接触器，被安装在车下的断路器箱中。充电线路接触器 L1 为电磁接触器，安装在车下断路器箱中。在滤波电容器完成充电之前，充电线路接触器处于断开状态，当滤波电容器完成充电之后，充电线路接触器接通，将充电电阻 CGR 短接。

3 重点部位的工作原理

3.1 VVVF 的工作原理

在主线路上，所有电动机的正反转、可变速驱动，均不需要接触部件，只要改变由电子控制的 VVVF 逆变器装置的输出电压，就能达到电动机的加速、再生制动的动作。VVVF 装置的主线路采用 2 级的 IGBT（Lnsulated、Gate、Bipolar、Transistor）模块元件方式，每一个倒相器的 1 相就有一枚 IGBT 元件构成，用来接收控制组件发来的光传输信号，并在 IGBT 门内变换电信号，再将门的动作状态反馈回控制组件，将产生的电信号转变为光信号。数字式连接器作为接点输入信号连接器，将接收的信号在控制组件之间借助输送线来回传送，并实行连续传输、传递信息。VVVF 箱内置有 2 个电源组件，可以检测架线电压（类型 B）及滤波电容器电压（类型 B1）。内置无电源式电源检测线路，通过 B 和 B1 的检测可以得知低压侧输出的阻抗是否异常。该检测线路还连接有 8 个感应电动机，即 1 个 VVVF 控制装置可以控制 8 个感应电动机。在一个 VVVF 逆变器装置里装有 2 个逆变器，使用一个计算机部件控制。

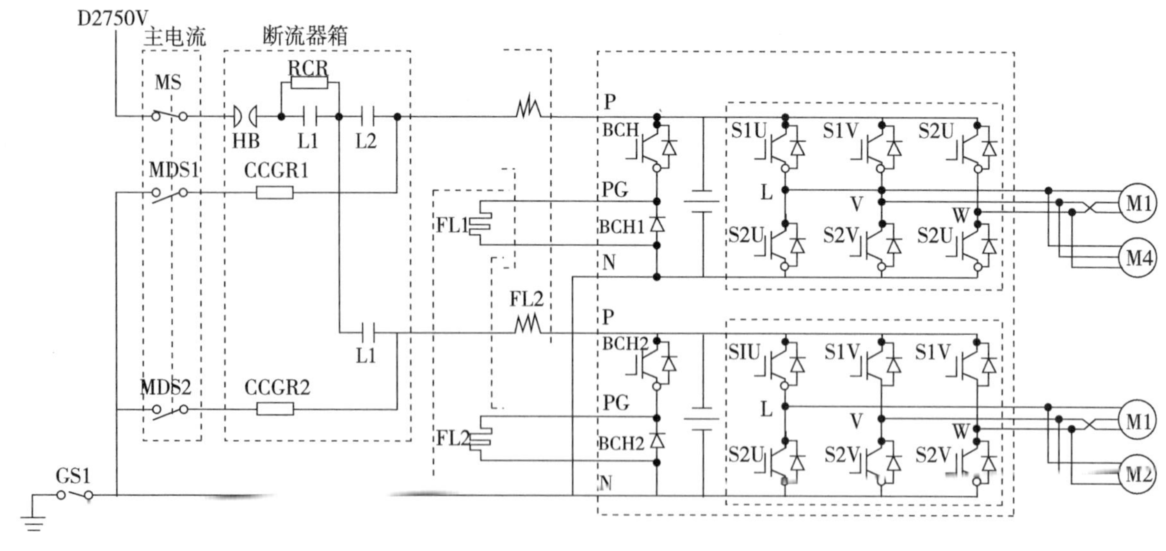

图 1 VVVF 装置简图

VVVF 箱中的三相逆变器的 6 个开关（实际上是 IGBT）按照一定的顺序进行离合操作，就能够与感应电动机进行三相交流了，VVVF 逆变器还可以进行输出交流的周波数和电压的可变控制，可根据半导体开关的激励顺序的变更，来改变相序，使其感应电动机的运转方向改变为反方向运转。在检修作业流程中，通过耐压试验用的连接器对主线路绝缘电阻进行测定，并完成主线路耐压试验。为此，使用直流电动机的电力机车不需要转换主电源线路用的逆转器。

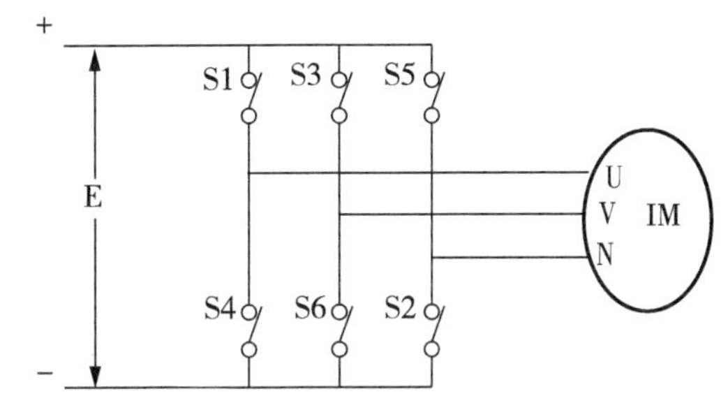

S1—S6：IGBT 开关；IM：感应式电动机；E：直流电压

图 2　逆变器主电路示意图

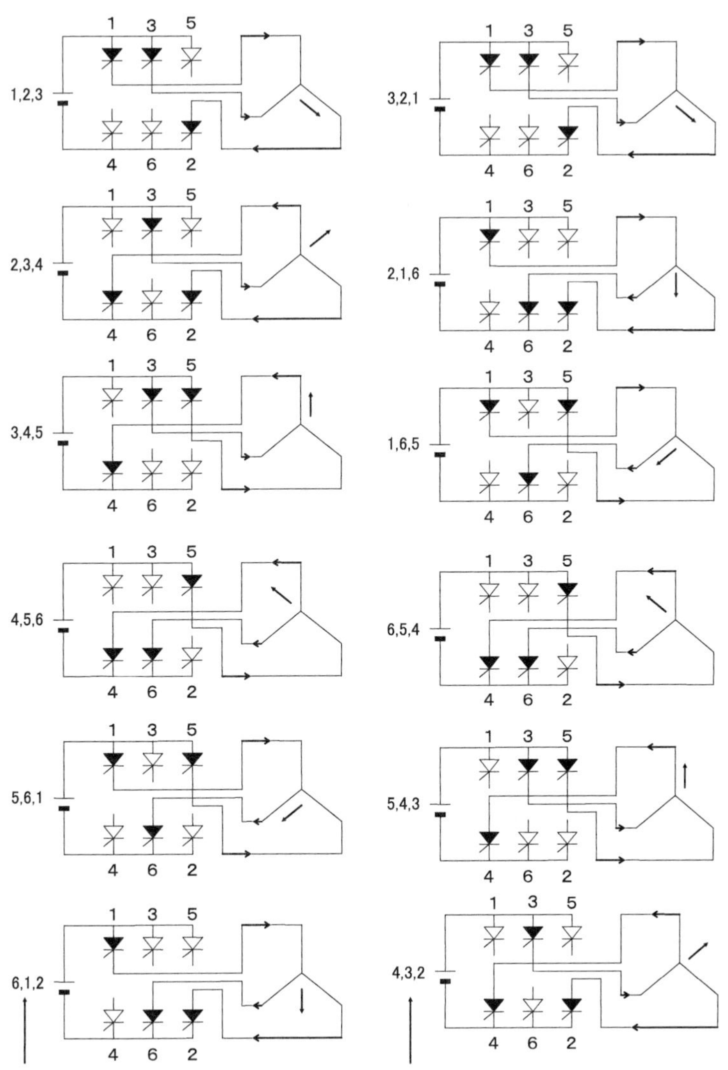

图 3　根据 VVVF 逆变器点弧顺序的变更，变更感应电动机的旋转方向

3.2 牵引电机的工作原理

在使用VVVF逆变器控制感应式电动机时，根据逆变器输出电压和周波数来完成控制，在主电路中不需要进行接点的转换，只要进行fs的正负切换即可实现运行与再生制动的转换。在感应电动机的运转中，滑移周波数为负数时，便对电动机产生制动动作。所以，制动电流通过VVVF逆变器转换成直流、再生制动电流后，在运行中，逆变器的周波数比电动机的运转周波数大。因为根据电动机运转的周波数将逆变器的周波数变小，滑移周波数成为负数，在运行与再生制动的转换方面，只要控制逆变器的周波数就能实现。

3.3 断路器箱的工作原理

牵引系统的另一个重要组成部分是断路器箱，断路器箱属主电路工作器件，由高速度断路器（HB）、充电电阻分流用的单位开关（L1）、组件开路用的单位开关（L2、L3）构成。当超过设定电流以上的电流通过时，HB采用电弧导引断路方式进行检测、断路，由于是微离子格珊状，所以在断路时不会产生电弧现象。当车辆高压供电时，FC进行充电，为了避开过载电流，FC电压应在架线电压的80%以上，构成充电电阻器的线路。当主开关（MS）为“切”时，VVVF的滤波电容器（FC）中的残留电荷可根据放电电阻器的线路进行放电。

4 重点故障分析

通过大量数据分析，目前八通线电动车辆发生的牵引故障主要有KC1导致的HBT故障和紧急制动辅助继电器EmBAPR2接触不良所致的单节无电制动两种。

4.1 HBT故障分析及改进

KC1问题。通过读取运行记录可知，在全部单元的逆变器里，在SIV未闭合的情况下，频繁使用蓄电池开关门作业，导致KC1频繁动作，其吸和和释放电压整定值漂移量增大，非但不能够保护蓄电池工作，反而容易引发故障造成全列蓄电池无法投入。1A和220B信号线同时发生100ms左右的次数中断，尽管从逆变器控制发出HB投入指令，但因为220B中断，没有HB励磁电压，HB被断开，HBT故障就会发生，导致车辆无法运行。因施密特触发器采用电位触发方式，其状态由输入信号电位维持，八通线车辆采用的新型KC1蓄电池欠压继电器，通过稳定其吸和和释放电压整定值增强了电路的稳定性，使蓄电池无法投入的状况大大降低，从根本上避免了HBT故障的发生。对于偶尔发生的HBT故障，若不是因主电路过流引起的HB断开，更换KC1即可消除此故障。

4.2 单节无电制动故障分析及改进

单节无电制动故障属于牵引电路控制回路故障，当列车没有电制动时，将全部使用空气制动，对扎瓦磨损严重。考虑到生产成本，电制动对列车的运行至关重要。完整的电制动指令，需经过3条线路。首先，紧急制动环路安全电路的建立，保证了EmBAPR2继电器得电；其次，EmBAPR2安全电路的建立，保证了电制动指令继电器得电。当ATP信号建立后，闭合电制动开关，通过电制动指令传输线10，信号到达电制动指令继电器，再经过电制动指令传输线10将信号传送到VVVF，电制动指令发出。[2]如果ELBR继电器得电，ELBR常开触点闭合，10号线得电——用万用表测量得知；如果电制动指令继电器未得电，同时，测量EmBAPR2安全电路，发现EmBAPR2继电器接线两端，一端有电，一端没电，说明EmBAPR2继电器出现故障，对EmBAPR2继电器进行更换，该故障便可消除。为了减少此类故障对正线运营车辆的影响，在原有的紧急制动安全线路中并联接入EmBAPR1继电器来增加线路的安全性。

5 结语

通过更换KC1、改变线路连接方式等方法

可以有效地解决上述故障。但是车辆在动态运行中会发生各种各样的故障，并不限于上述两种，如牵引电机滤尘网被柳絮堵住，导致电机无法散热（可通过定期清理并加装卡环来消除此类故障），线路绝缘层故障而导致牵引系统发生故障，坡起无效或元器件损坏等故障，所以在工作中，将继续总结经验，做好牵引系统的维护，讨论研究更好的故障维修办法。

参考文献

[1] 八通线电动列车维护说明书 [2].

[2] SFM 型电动列车图集.

轨道交通工程车管理浅析

吕　鑫
（天津滨海快速交通发展有限公司）

摘　要：在城市轨道交通的运营中，工程车的使用是不可或缺的一环。合理的管理模式和有效的管理制度是运营公司管理工程车的两大要素。

关键词：轨道交通；工程车；管理模式；管理制度

1　轨道交通工程车分类

目前城市轨道交通主要使用的工程车分为以下几类：

1.1　内燃调车机

内燃调车机主要用于车辆段及其他基地内地铁列车调车作业的牵引，区间车站、隧道的事故列车的救援牵引，设备、物资的运输车辆及其他无动力轨道车辆的牵引作业，以及为其他无动力轨道车辆提供作业电源，机车传动形式为液力传动或液力机械。

1.2　接触网作业车

接触网作业车分为接触网检测作业车和接触网放线车。用于接触网维修、日常检查、保养和参数的检测，作业时接触网须停电。

接触网检测装置安装在作业车上，用于检测、记录与处理接触线的拉出值、平行线间距、接触线高度、接触线高度变化率、支柱位置（坐标）、作业车运行速度等技术参数。检测结果能正确反映接触网的运行状态，为接触网的维护、调整提供科学依据。

接触网放线车没有动力，使用时需要和接触网检测作业车进行连挂。接触网放线车主要用于线路中接触导线和承力索的架设，其作用是在进行放线作业时放置线盘并使导线和承力索产生一定的放线张力。

1.3　平板车

平板车没有动力，使用时需要和动力车辆进行连挂。平板车主要用于施工、维修用物资、机具等的运输。

2　城市轨道交通中工程车的管理模式

城市轨道交通中工程车的管理模式主要分为以下三种：

2.1　全自主管理模式

全自主管理模式，即轨道交通运营公司对工程车进行自主日常检修维护、自主中修大修等作业。该模式需要运营公司给工程车配备对应的检修班组，并对检修班组进行专业的培训。由检修班组对工程车进行日常的维护及保养。工程车日常维护保养所需要的必换件、易损易耗件需要运营公司在每年的年度采购中进行购买。运营公司还需要采购工程车中修大修所需要的各种设备，运营公司的工程车技术管理工程师需要为工程车建立详尽的档案并制定相对应的管理制度，对工程车有充分的了解，将工程车的维护检修记录以及故障排除记录进行存档留存，为日后的工程车检修提供充分的资料。

工程车的全自主管理模式的优势在于运营公司可以及时地掌握工程车的状态，当工程车出现故障时可以让检修班组及时解决，响应时间很快。由于是自主维修，工程车技术管理工程师对于车辆更加了解，可以根据工程车的使用程度及状态合理安排修程，最大限度保障工程车的使用寿命。

工程车的全自主管理模式的劣势在于运营公司需要采购大量的维修设备及备品备件，维修成本过高。专业的维修设备需要专业的技术人员对检修工人及技术管理工程师进行培训，其中包含一定的培训成本。工程车备品备件的采购需要工程师对工程车的状态有明确的了解，保证每年提报的物资可以满足下一年度中工程车的各级修程。鉴于目前各个城市中轨道交通设备还不完善，运营公司使用工程车的次数并不多，检修班组及检修设备大部分时间是闲置的，占用公司资源的同时也提高了工程车的维修成本。该管理模式适用于城市轨道交通线路已经完善，轨道交通总线路里程较长，大部分线路可以共用车辆段及停车场的轨道交通运营。

2.2 半自主管理模式

半自主管理模式，即轨道交通运营公司对工程车进行自主日常检修维护，将中修、大修等较大较复杂的修程委托给专业的厂家进行作业。该模式不需要运营公司成立工程车检修班组，车辆的日常检修维护作业由工程车司机进行，当车辆发生超出日常维护的故障时，工程车司机需要填写故障单并上交至调度室，由工程车技术管理工程师进行现场故障排查，确定故障原因后工程师联系专业的机车厂家到现场进行专项维修。中修大修等修程需要委外维修，由工程师提前做好修程的规划，并及时将作业计划上报公司，对中修大修作业进行招标，之后由中标厂家对工程车进行检修。该模式需要工程师每年采购工程车日常维护保养所需要的备品备件，并对工程车每年需要进行的修程有明确的规划，还需要具备一定的工程车故障排查能力以及良好的语言表达和沟通能力。

工程车的半自主管理模式的优势在于运营公司不需要成立工程车检修班组，也不需要购买大型修程所需要的检修设备，降低了工程车的检修维护成本。由于大多数运营公司使用工程车的次数较少，每年工程车的走行公里数不足 2000 公里，由司机进行的工程车日常检修维护作业足以满足车辆的运行状态。大型修程委托给专业的机车厂家，由专业的作业人员进行处理可以更好地恢复车辆的各项性能指标。运营公司可以指派专业技术工程师赴现场进行中期验收以及出厂前验收，对工程车的维修质量进行把关。

工程车的半自主管理模式的劣势在于，当工程车出现日常维护检修无法解决的故障时，需要由工程师联系专业厂家进行专项处理，厂家的响应时间不定，响应时间过长的话会影响到工程车的出车作业任务。而且由于故障发生时，厂家不在现场，无法准确判断故障发生的原因，为后续的故障处理带来不确定因素。工程师每年采购工程车日常检修维护的备品备件需要对车辆状态有大致的了解，防止车辆出现故障时没有备件可以更替。当工程车发生较大故障时，厂家所需的维修费用有时会超过自主维修所需的费用。由于进行中修大修等修程需要工程师提前做好规划并上报公司，后续需要进行招标等工作，往往需要提前一年就进行修程的准备工作，相比于自主维修手续流程较烦琐。

2.3 全部委外管理模式

全部委外管理模式，即轨道交通运营公司将工程车的所有修程全部委托给专业的厂家进行处理，由工程车技术管理工程师每年进行工程车日常检修维护的招标等工作，之后由中标厂家对运营公司的所有工程车进行日常检修保养。当工程车进入中修或大修等修程时，需要工程车技术管理工程师提前做好规划，并进行大型修程的招标工作，之后由中标的厂家对工程车进行中修大修等修程。运营公司的工程车司机需要对车辆的每次作业进行记录，并将发现的问题及时上报给调度室，由专业工程师联系日常维护检修的厂家到现场进行故障处理。

工程车的全部委外管理模式的优势在于工程车的所有修程都由专业的厂家和专业的工作人员来完成，可以最大限度地保证车辆的运行状态良好，工程车技术管理工程师只需要每年签订日常检修维护合同以及在指定年份签订大型修程即可。厂家的专业人员需要经常到现场对车辆进行检修，可以对工程车司机和工程车技术管理工程师进行专业的培训，提高技术水平。

工程车的全部委外管理模式的劣势在于，由于工程车的所有修程全部委外，运营公司所需要承担的维修成本较高，运营公司需要各个厂家进行报价，对合同报价进行预估。同时需要在合同中明确规定厂家进行日常维护检修的频率，最大限度保证车辆的运行状态。

3 轨道交通工程车管理制度的制定

轨道交通运营公司对工程车的管理主要从检修管理和运用管理两方面制定制度。

3.1 工程车检修管理制度

工程车的维护保养、检修工作要贯彻预防为主、修养并重的原则。由工程车管理部门结合工程车状态和运行数据，制定工程车的维修规程及实施计划，并推动实施。对于委外维修项目，工程车使用部门与管理部门一起制定技术需求书，并由管理部门负责项目的招标、合同等组织工作，同时负责组织相关部门及厂家做好工程车故障维修处理工作，监督工程车各级维修作业的执行情况，发现问题及时反馈相关部门和厂家，做好后期整改推动跟踪。

工程车使用部门每月初统计上月各工程车的使用日期、走行公里数及运行小时数，月底制定下月日常维护保养计划表，并以纸质版形式报管理部门。使用部门的工作计划是组织工程车司机做好车辆日常维护保养，并对司机手账、司机交接班日志进行管理。管理部门的工程车技术管理工程师根据工程车技术说明及厂家建议，结合具体车辆状态，确定工程车中大维修项目的实施内容及计划，并推动实施。

工程车使用与管理部门共同做好工程车故障、事故分析工作。工程车作业期间发生行车故障导致车辆或车载设备受损或发生救援等，供电中心须出具书面材料，描述事件经过，并提报车辆中心，工程车司机做好调查配合。工程车相关作业完成后，司机做好车辆保养清洁工作，并负责车上物品的管理。如不能放入特种车辆车库内，使用部门须做好车辆遮挡，避免车辆长时间裸露在外，对行车系统和车载作业设备造成损害。管理部门负责制定工程车仪表校验管理制度，使用部门根据工程车仪表校验时间安排，组织做好仪器仪表的拆装、送检工作。日常保养范围的故障由工程车司机填写故障单上报调度室并自行处理，使用部门工程师负责检查故障处理情况。当工程车发生非日常维护保养范围的故障，工程车使用部门的相关人员填写故障单报至调度室，并转送至管理部门，管理部门委派工程车技术管理人员处理。使用部门与管理部门互相之间保留填报痕迹。

工程车使用部门需要按照规程进行工程车的日常维护保养作业，在每年的5月和10月进行换季保养，在每年的11月对工程车进行防寒整备作业。作业完成后需要由作业人填写作业记录表并由工程车使用部门对作业记录表进行统一保管。

工程车管理部门做好车辆的年检及中大修工作，并对车辆维修的技术进行把关，车辆修程结束后由工程车的使用部门和管理部门共同派人进行车辆的验收工作。

3.2 工程车运用管理制度

工程车的运行按列车办理。工程车乘务人员应有高度的工作责任感，树立安全第一、令行禁止的思想，努力钻研技术，不断提高业务水平。工程车使用部门应确保设备完好，建立健全各项规章制度和岗位责任制。行车部门密切配合，组织运行。根据工程车使用情况，维修部确定值乘班次、编报运输计划。使用部门（调度）编制工程车运行计划，车站值班员按规定办理接发车手续，严禁简化程序。工程车须配备通信信号设备、安全防护用品以及主要工具和易损零配件。按照生产厂技术说明确定工程车的牵引重量和运行速度，严禁超轴、超速和偏载。

参考文献

［1］刘双兵．轨道车运用管理存在的问题与对策［J］. 铁路技术创新，2017（2）.

［2］李新艳．西安地铁 2 号线工程车管理分析［J］. 科技与企业，2015（20）.

基于车—车通信的 CBTC 系统关键技术研究

王枫博　冯书玲

（天津市地下铁道运营有限公司研修中心）

摘　要：本文结合 CBTC（基于通信的列车控制）系统的发展历程与当前国内外 CBTC 系统主流产品及技术指标，对车—车通信 CBTC 系统的关键技术进行了探讨，并对 CBTC 系统以后的发展进行了展望。

关键词：CBTC 系统；车对车通信；行车许可

1　问题的提出

铁路是国民经济的命脉，承担着国内绝大多数客货运的业务量，在我国社会发展中具有重要作用。铁路运输作为一种大众化的交通方式，具有高效、安全、准时、运力大、受天气影响小的特点。随着高铁等干线的建设及发展越发成熟，各大城市的市内轨道交通也同样发展迅猛。据中国轨道交通网统计，截至 2017 年 12 月 10 日，中国大陆地区，已经开通城市轨道交通的城市达到了 43 座，其中开通地铁运营的城市有 29 座，总里程已经超过 3500 公里，涉及线路 134 条、车站 2672 座。国务院新闻办发布的《中国交通运输发展》白皮书指出，“十三五”期间，我国要加快 300 万以上人口城市轨道交通成网，新增城市轨道交通运营里程约 3000 公里。未来几年，中国城市轨道交通的建设必将掀起新一轮高潮。[1]

信号系统是城市地铁运行的大脑神经中枢，可以保障地铁的行车安全、缩短运行间隔、提高运行效率，对地铁行车具有重要意义。信号系统按照闭塞模式分类可以分为固定闭塞、准移动闭塞、移动闭塞等模式；按机车信号传输方式分类可分为连续式和点式模式。目前，国内大部分城市地铁信号系统采用的是移动闭塞制式的基于通信的列车运行控制（CBTC）系统，这套系统一般由中心系统、地面系统、车载系统、轨旁系统四部分组成。在地面联锁防护的基础上引入短距离无线通信技术用于车地间通信，在 ATP 防护下实现前车与后车目标距离追踪的移动闭塞模式，并通过车载 ATP 设备的实时最大安全速度计算充分提高区间运行速度，将最小行车间隔缩短到 90 秒左右。[2] 现阶段主流的（CBTC）系统设备厂商包括国外的西门子、阿尔斯通、泰雷兹、庞巴迪，国内的设备厂商包括北京交控、卡斯柯等。

目前 CBTC 系统主流设计仍然是以地面设备为核心，列车通过“车—地—车”这种信息交互模式实现移动闭塞。这种设计虽然逻辑缜密，但是也存在一些不足。尤其是其结构复杂，地面设备和轨旁设备众多，各设备间存在复杂的信息交换，这也导致建设成本和运营成本增大。如果可以通过优化结构，将轨旁设备的控制功能转移到车载设备上，进而减少相应的地面设备，这样既可以降低地面设备的建设周期及运营维护成本，又可以提高运行效率，即车—车直接通信的模式。

2　车—车通信简介

虽然目前国内尚没有车—车通信 CBTC 系统的实际案例，但根据阿尔斯通在法国里尔的改造案例[3]，可以对其应用效果进行分析。该案例是里尔地铁 1 号线信号系统升级改造项目，2016年已经试运行，计划2017年彻底完工。该方案精简了大量地面上如联锁机等的设备控制设备，保留ATS系统与车载控制器直接通信的设备，如此一来减少了地面20%的设备数量，操作更为灵活，安全行车间隔缩短到66秒。

基于车—车通信的CBTC系统[4]与现有主流的CBTC系统的区别包括：将传统的地面联锁机取消，相应功能集成到车载控制器VOBC上；中心ATS系统直接将进路信息发送给车载控制器，简化了通信链路；车载控制器可以根据进路信息，直接控制道岔的转换和进路开放；车载控制器自行计算轨旁安全逻辑以及行进中的行车移动授权MA。这种硬件架构上的调整，减少了数据接口和数据交互的复杂度，降低了信号系统的网络负荷，缩短延时，从而提高了整体的系统效率。如图1所示，通过对比发现，车—车通信模式相对于传统CBTC模式，接口清晰，结构简单，便于维护和管理。

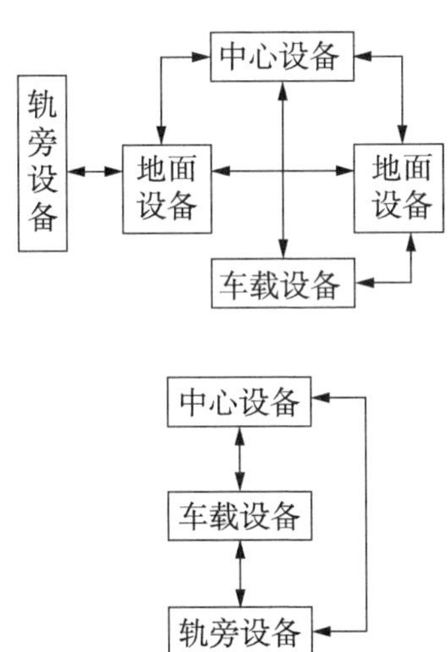

图1　车—地—车通信模式（上）与车—车通信模式（下）对比图

在车—车通信模式下，列车的追踪距离计算由后续的列车根据自身实时的位置向前方的车请求前车位置信息，在得到前车位置信息之后，根据车载系统内部的电子地图计算出相应的移动授权和紧急制动曲线；而不是传统的CBTC系统那样，先把信息传给地面联锁系统，再由联锁系统内部计算移动授权后通过移动网络发送给车载控制器。车—车模式仅仅通过简单的位置信息交换，就可实现移动授权计算功能，这样大大减少了车地通信数据量，降低了车载控制器的反应时间，更快地更新后续列车的速度曲线。车载控制器接收到ATS传送过来的命令时，车载控制器会在电子地图中查找与命令相关的信息，包括进路信息和轨旁设备信息，然后根据查询结果向地面设备申请对轨旁设备的状态检查和控制权限使用。随后如果轨旁设备状态不满足进路开通条件，车载控制器将按照联锁逻辑关系对道岔等轨旁设备进行转换，待进路开通条件满足时，车载控制器自动将移动授权向前延伸，并计算出相应的紧急制动曲线。当列车行走过这些轨旁设备时，车载控制器会自动释放对以上轨旁设备的控制权，进而为后续列车的跟进与获权制造条件。总体来说，车—车通信CBTC模式本质上最大的改变是把以地面设备为中心的列车控制系统改造成以列车为中心的列车控制系统。

3　关键技术及解决方案

3.1　车车通信管理

车—车通信的管理包括：完成本列车信息管理、线路其他列车信息的获取、前车状态识别、故障状态处理、车—车通信维护等。一列车在从段场进入正线线路前，车载控制器负责与中心信号设备发起通信，将本列车的信息登记到信号中心设备；向信号中心设备查询线路上的全部列车位置及相关信息，根据中心发送过来的全部列车位置及自身位置信息，在车载电子地图上建立列车映射，并与既定位置的列车建立通信关系；确定通信前车之后，断开与其他列车的通信；若前方进路发生变化或者前车不在本车的追踪范围内时，要触发再次查询相关范围内的列车状态信息，确定前车的变化情况；列车将要驶离正线区域时，在列车头部进入分界点前，与已建立通信的列车断开通信链路，并向中心设备申请注销并断开连接。

车—车通信管理方式[5] 大体有三种：(1) 完全由中心设备获取全线列车数据，协助列车确定其关联前车，列车只与前车保持通信。(2) 由中心设备来获取全线列车数据，由车载设备确定关联前车，列车只与前车保持通信连接。(3) 列车车载设备通过车—车通信获取全线列车位置，自主判断关联前车，并与全线列车保持通信。方式一的车载设备的信息处理负担比后两种方式要小得多，对车—车间无线通信的要求很低；但中心设备需要具备强大的信息处理能力并承担较大的安全责任，且此种方式几乎等同于 CBTC 系统区域控制中心行车许可计算功能，违背了“重车载，轻地面”的设计初衷。方式二，中心设备无须具备逻辑计算功能，只作为一个列车间信息存储与转发的“中介”，较大程度上减弱了车—地通信的复杂程度。方式三的车—地通信方式简单，通信内容单一，最大限度减少了车地信息交互，但对车车间无线通信能力的要求过高，当线路列车过多时，容易出现广播风暴等问题。

3.2 道岔控制

在基于车—车通信的 CBTC 系统中，对道岔的控制属于安全功能，[6] 可以防止列车出轨掉道事故的发生，所以车—车通信系统中对道岔的控制设计是关键技术之一。不同于传统的 CBTC 系统，车—车通信系统中将对道岔等轨旁设备的控制权限由地面联锁机转移到了车载控制器中，车载控制器通过给轨旁目标控制器发送指令来实现控制道岔的功能。一般流程是：由 ATS 等中心设备给车载控制器发送指令要求列车经过某个道岔区段；列车车载控制器需要通过无线网络与目标控制器进行连接，对车前临近区段进行排列进路并确认道岔的状态；如果道岔状态不对，需要对道岔发送一个转换道岔的指令，进行定反位转换并锁闭，目标控制器将道岔的状态反馈给车载控制器并保持通信连接；当列车离开了这个道岔区段之后，车载控制器会把对道岔的控制释放指令发送给目标控制器，道岔会继续等待下一列列车的控制请求。

这里还有一个车载对道岔控制的时机问题，如果对道岔控制得过早，会影响到其他列车对道岔的使用效率，达不到最大的资源利用率；如果控制得过晚，可能会导致列车没有及时控制道岔转换而发生出轨事故。因此，需要设计一个合理的控制距离。这个距离具体包括：车载控制器与轨旁设备建立通信连接的时间延迟产生的距离；列车的失速控制所产生的距离；车载控制器紧急制动指令启动时间延迟所产生的距离；紧急制动滑行所产生的距离。

某个列车车载控制器对道岔的控制过程中，如果有其他列车也请求对道岔进行控制，就可能出现两列车同时争夺一个道岔控制资源的问题。这种现象可以通过车载控制器的状态机设计机制来避免，多车在对同一个道岔进行控制时，采取“先通信，先控制”的设计原理，哪个列车先与轨旁设备建立连接，哪个列车就优先使用轨旁设备资源。

3.3 行车许可

行车许可是指列车被授权按照固定运行方向进入某一个轨道区段，这个区段的范围是从本车的车尾一直到前车的停车点的距离，[7] 基于车—车通信的 CBTC 系统由于采用移动闭塞的方式，轨旁信号机只起到辅助提示作用，行车许可信息将在车载控制器内计算完成，并为列车 ATP 防护提供相关信息。行车许可的数据构成包括进路计划、障碍物、授权起点、线路静态曲线。其中进路计划由 ATS 系统发送给车载通信单元；障碍物由车载通信单元接收轨旁目标控制器采集到并发送过来的信号机和道岔状态，以及列车间通信获得的前车的位置信息；授权起点由车载定位功能确定的车头位置得出；线路静态曲线由电子地图数据库得出。

3.3.1 行车许可初始化

这个环节主要是列车车载设备准备好获取用来计算行车许可的信息。车载控制器的行车许可模块需要读取列车位置、速度，接受来自ATS的计划信息，解析进路指令，与前车保持通信，完成列车行车许可初始化。

3.3.2 遍历障碍物

车载控制器完成初始化之后，要对障碍物信息进行处理，首先通过对电子地图的映射，从轨旁目标控制器那里获得信号机、道岔等轨旁设备的状态信息，计算出列车距离以上固定障碍物的距离，并将其设为固定 EOA 终点。然后再通过车—车通信，跟前车建立通信连接，获得前车位置，将其作为移动 EOA 的终点，进而完成障碍物的遍历工作。

3.3.3 移动授权终点计算

车载控制器在完成 MA 初始化、遍历障碍物后，开始初步计算跟前车有关的移动授权终点和与固定障碍物有关的移动授权终点，即移动 EOA 和固定 EOA，并初步根据列车所处的不同外部环境，结合前面得出的计算结果与安全距离，计算出最终的移动授权终点。

4 结语

随着底层通信接口技术和配套硬件设备的成熟稳定发展，基于车—车通信的新型 CBTC 信号系统设计理念必将投入市场并在国内轨道交通领域得到广泛的应用，届时将大幅度提高 CBTC 系统的快速反应性、灵活性及安全稳定性，同时降低运营部门的维护成本以及后续的更新改造成本，具有很广阔的发展空间和潜力，所以车—车通信模式必将成为未来轨道交通行业信号系统发展的趋势。

参考文献

[1] 搜狐财经. 再创高峰丨2017 年中国城市轨道交通运营总里程有望达到 3900 公里 [EB/OL]. https://www.sohu.com/a/210288290_617324,2017-12-15.

[2] 陈生道. 城市轨道交通信号控制系统分析 [J]. 城市建设理论研究（电子版），2015，5（26）.

[3] Briginshaw D. Alstom' simplified CBTC technology to debut in Lille [J]. *International Railway Journal*, 2013，53（1）：23-24.

[4] 徐纪康. 基于车—车通信的新型 CBTC 系统分析 [J]. 铁道通信信号，2014（6）：78-79.

[5] 王鹏. 车—车通信技术在列控系统车载设备中的应用研究 [D]. 北京交通大学，2017：33-35.

[6] 徐纪康，贾森，许琰. 基于车车通信的新型 CBTC 系统中的道岔控制功能研究 [J]. 铁路通信信号工程技术，2017（6）：47-49.

[7] 张爱玲. CTCS-3 级列控系统 RBC 行车许可生成的形式化建模与分析 [D]. 兰州：兰州交通大学，2012：20-44.

地铁车辆轮缘异常磨耗原因分析及防范措施

侯云浇　王　亮　牛志雷

（天津滨海快速交通发展有限公司）

摘　要：介绍津滨轻轨 9 号线车辆车轮的轮缘异常磨耗情况，分析造成轮缘异常磨耗的原因，并对此轮缘异常磨耗现象提出防范措施，为提高车轮的使用寿命和列车的运行安全性提出合理建议。

关键词：地铁车辆；轮缘；异常磨耗

津滨轻轨 9 号线，线路总长 52.25km，其中高架线及地面线路 45.989km，列车为 4 节编组，共计 38 列。车辆运行时，车辆的重量及钢轨的作用力完全由轮对承担，轮对对于车辆的运行安全尤为关键。自从开通中山门至天津站地下段后，车轮轮缘开始出现异常磨耗现象，影响车轮使用寿命，威胁车辆运行安全。因此分析轮缘异常磨耗的原因，找到相应的解决措施，不仅可以延长车轮的使用寿命，还能提高列车运行的安全性。[1,2]

1　轮缘异常磨耗概况

1.1　概况

津滨轻轨 9 号线电客车的常规检修按照技术规程对车辆尤其是走行部分的各类部件及尺寸进行全面检查测量。对轮对各类尺寸，如轮缘高度、轮缘厚度、轮径尺寸、轮径差等测量的技术标准如表 1 所示。

表 1　轮对检修技术要求

单位：mm

<table>
<tr><th colspan="2">检查项目</th><th colspan="3">尺寸要求</th></tr>
<tr><td colspan="2">轮缘高度</td><td colspan="3">26—36</td></tr>
<tr><td colspan="2">轮缘厚度</td><td colspan="3">24—33</td></tr>
<tr><td colspan="2">轮径尺寸</td><td colspan="3">≥770</td></tr>
<tr><td rowspan="2">轮径差</td><td>动车</td><td>同轴
≤3</td><td>同架
≤5</td><td>同车
≤11</td></tr>
<tr><td>拖车</td><td>同轴
≤3</td><td>同架
≤8</td><td>同车
≤11</td></tr>
</table>

续表

检查项目	尺寸要求
最小镟修直径	≥776
轮缘踏面镟修外形	LM-32，LM-30，LM-28，LM-26

按照 9 号线现有修程，电客车每运行 1,000,000±100,000km 后进行大修作业，更换轮饼，然而部分车辆车轮寿命不足以运行至 1,100,000km，已成为制约大修工作开展的主要问题。

1.2　车轮轮缘磨耗情况

抽查了几列车的车轮踏面及轮缘的状态，发现车轮轮缘接触痕迹不断向轮缘顶部发展，部分车轮已出现从轮缘根部一直到轮缘顶部全部接触，严重的轮缘顶部已出现飞边。如图 1 所示。

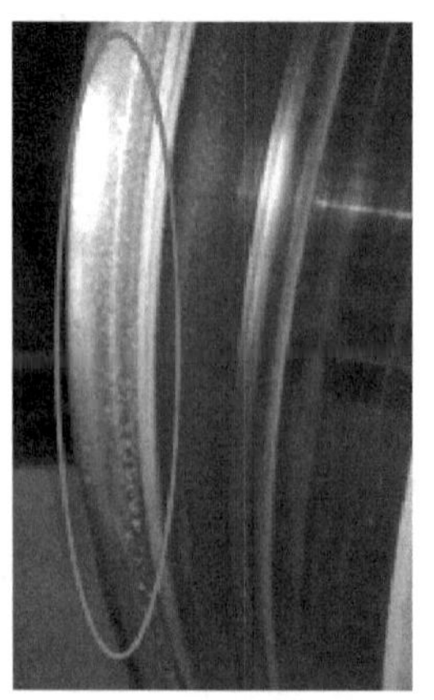

图 1　车轮踏面及轮缘的状态

其中，某一列车前后两次因轮缘厚度超过下限进行车轮镟修，时间仅隔4个月，其间此车仅走行了39, 819km。两次镟修数据汇总如表2和表3所示：

表2 轮缘数据

镟修	车辆走行公里数	镟修前超限轮缘厚度	镟修后轮缘厚度
第一次	901, 220km	1车8轮24.9mm 4车8轮24.9mm 4车1轮24.5mm	1车2架及4车全部车轮轮缘厚度为26mm
第二次	941, 041km	1车7轮24.9mm 4车8轮24.8mm 4车1轮24.8mm	1车2架及4车全部车轮轮缘厚度为26mm

表3 车轮直径数据

单位：mm

镟修	1车2架镟修后车轮直径			
	5轮	6轮	7轮	8轮
第一次	788.7	789.7	787.8	786.5
第二次	782.0	782.6	779.9	779.6
两次镟修轮径减小值	6.7	7.1	7.9	6.9
镟修	4车1架镟修后车轮直径			
	1轮	2轮	3轮	4轮
第一次	784.7	785.1	786.9	786.8
第二次	779.4	779.2	782.0	781.7
两次镟修轮径减小值	5.3	5.9	4.9	5.1
镟修	4车2架镟修后车轮直径			
	5轮	6轮	7轮	8轮
第一次	790.8	791.2	787.7	788.1
第二次	785.4	786.5	783.3	783.6
两次镟修轮径减小值	5.4	4.7	4.4	4.5

由表2数据可以看出，列车两次镟修之间共走行39819km，轮缘从上次镟修后的26mm厚，到磨耗超限，只能走行约40, 000km，也就是说，该车累积走行到约980, 000km需进行下次镟修。而由表3数据可知，在目前情况下，镟修一次车轮轮径平均减小5.73mm，现最小轮径已到779.2mm，再次镟修后直径可能为（779.2−5.73）= 773.47 mm，这样就超出了规程要求的最小镟修直径（不小于776mm），因此，这次就成为此车厂修之前的最后一次车轮镟修，只能于走行980, 000km提前进入厂修（距离目标公里数1, 100, 000km里相差较多）。

2 轮缘异常磨耗原因分析

依据现场运用经验，经分析轮缘异常磨耗主要有三方面原因：一是车轮与钢轨的硬度差异；二是线路方面的原因；三是镟轮方法不当。[3,4]

2.1 轮轨硬度差异

轮轨硬度合理匹配区间为 $H_{轨}/H_{轮}=1.0$—1.13。$H_{轨}/H_{轮}=1.0$ 是钢轨与车轮匹配系统磨耗特性的转变点，$H_{轨}/H_{轮}>1.0$ 时为磨轮型，$H_{轨}/H_{轮}<1.0$ 时为磨轨型；$H_{轨}/H_{轮}=1.3$ 是钢轨与车轮匹配系统稳定状态的临界比值，$H_{轨}/H_{轮}>1.13$ 时系统失稳。随车辆的运行和镟轮次数的增加，车轮轮径越小，踏面和轮缘的硬度越低，当车轮硬度降低使得 $H_{轨}/H_{轮}>1.13$ 时，车轮轮缘磨耗就会急剧增加。

2.2 线路因素

中山门至天津站区段开通后，线路上小半径曲线增多，车辆在曲线上运行时，转向架的运动是由两种运动复合而成的平面运动，即转向架绕回转中心平动和绕回转中心转动。由于离心力的作用，外侧车轮轮缘会与外轨内侧接触，外侧车轮轮缘受到较大的横向力，前轮对外侧车轮对曲线外轨形成一个冲角，如图2所示。

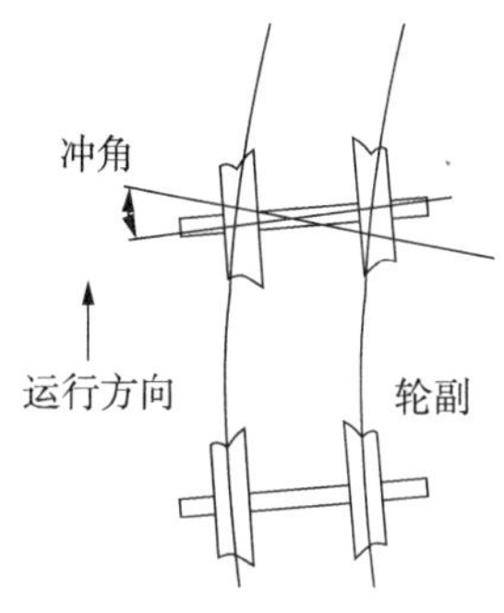

图2 轮对经过曲线时各车轮相对于钢轨的位置

车轮通过曲线，由于转向架绕回转中心平动，车轮沿钢轨表面滑动（一般多为横向滑动）。在电客车通过小半径曲线时，轮对发生摇头角位移，车轮与钢轨之间的接触状态一般为“两点接触”，即车轮踏面和轮缘同时与钢轨顶面和侧面接触，如图 3（b）所示。车轮沿钢轨运行时，轮轨接触点不断变化，车轮踏面与钢轨顶面的接触点是车轮转动的瞬时转动中心。车轮绕瞬时转动中心转动，造成轮缘与钢轨侧面磨耗。

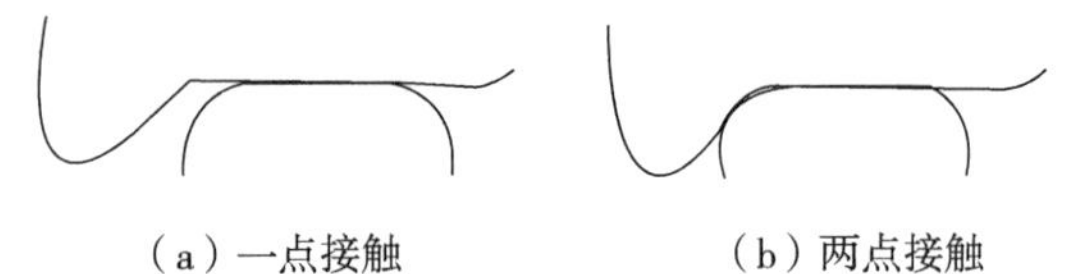

（a）一点接触　　（b）两点接触

图 3　车轮与钢轨之间的接触状态示意图

2.3　*镟轮方法不当*

对于车轮的任何故障全部采用完全恢复轮缘形状的镟修方法，不仅使轮径大幅下降，还会使车轮表面硬度下降，加剧轮缘的磨损。

3　轮缘异常磨耗防范措施

针对上述原因，有以下几项预防措施。

一是于曲线段钢轨处实施人工涂抹润滑脂作业，于半径小于 300m 的曲线段建议一周涂抹两次，其他曲线段一周涂抹一次，或安装轨道自动润滑装置。

二是在车辆上加装轮缘润滑装置，天津地铁 1 号线已在 2013 年进行专项改造，加装轮缘润滑装置，加装后轮缘状态明显改善。

三是选择合理的镟轮方法，镟修时采用经济镟修方法，对于圆跳动超差、左右轮径差超差造成的镟轮应采用踏面镟修，尽量保留轮缘根部的黑皮，降低轮缘磨耗率；在同一车辆不同轮对之间采用不同厚度的轮缘模板进行镟修。

四是加强轮轨监测，建议采购专用的车轮测量设备，并配以专用统计分析软件，提高车轮数据分析准确性。

参考文献

[1] 严隽耄．车辆工程［M］．北京：中国铁道出版社，1992.

[2] 冀祖卿，刘忠俊．天津地铁 1 号线车轮运用现状分析［J］．现代城市轨道交通，2009，(4)：43-45.

[3] 邱伟明，朱永波．广州地铁三号线车辆轮缘异常磨损原因分析及解决措施［J］．电力机车与城轨车辆，2011，34（4）：80-81.

[4] 金伟，栾治国，等．杭州地铁 1 号线项目的轮轨硬度匹配及车轮材质选用［J］．铁道车辆，2012，50（7）：27-30.

论轨道交通现金收益的绿色标准化管理

刘艳艳
（天津市地下铁道运营有限公司）

摘　要：作为轨道交通的重要组成部分和城市交通的主干命脉，地铁路网建设正在逐步加速完成，线路投入使用后的现金收益是维持地铁运营、维护、服务的基础来源。收益管理的统一标准化绿色管理成为今后路网现金管理的目标和必行之势。通过对当前路网内各条线路的现金收益管理模式及优劣势进行分析，提出有关统一标准化管理模型的设想，并从标准化管理的愿景、模型搭建实施步骤、重点关注项目、不同阶段模型的实施方式等内容进行阐述，确保地铁路网现金收益管理绿色标准化管理模型的成功搭建和实用及适用性，最终达到收益管理的绿色环保、节约成本及创新持续发展的目标。

关键词：绿色标准化管理；管理愿景；模型搭建；重点关注；实施方式

1　T市地铁路网内线路现金收益管理模式

目前路网内线路建设时期的不同、运营后设备系统厂家的撤场及后期维护厂家的变更，导致线路之间功能统一改造存在难度，收益管理存在较大的差异。系统之间的差异，对于纸质单据及人员成本消耗较大，不利于今后可持续的绿色发展。目前收益管理的总体目标及收益审核方式大致相同。

目前收益管理分级不明确，仅有路网清分以及线路审核两级管理模式。其中线路级审核一方面承担了部分车站级收益审核的职责，而车站仅负责按实入账并解行，另一方面承担车站级审核、线路级审核、车票和现金库存管理、票务考核管理、票务培训、新系统功能测试、解行营收等工作。其优势在于大大减少了车站人员的工作内容，对设备操作、数据录入、数据结算等全部进行审核，无遗漏，对车站的现金与车票做到绝对管控；但缺点在于辐射范围广（审核到站到人）、层级跨度大、关注点过多，对与现金收益无直接关系的操作问题考核过于细致，相关问题的报送无闭环，其他相关部门不能及时有效处理审核报送的问题。

伴随路网线路逐渐增多，而不同线路的票务管理模式有所差别，为更好地适应网络化运营绿色管理的票务管理需求，应提高车站票务管理工作效率，优化审核工作流程，进一步保证票款安全。票务清分中心加大力度建立标准化票务管理体系，推行车站级盲填，线路级精准审核的票务操作是标准化绿色管理体系中的重要一环。

1.1　现行路网内各线路之间票务操作模式简介

1.1.1　自动售票机营收封包待解行方式

T1、T2、T3号线自动售票机营收，均按照车站终端设备的系统数据进行封包待解行，其中T2、T3号线按照自动售票机的设备审计数进行封包待解行，而T1号线按照自动售票机营收报表查询所得营收合计数据进行封包待解行，T4号线则是按照车站每日实际收益数据进行封包待解行，确保车站全部营收每日上缴，降低由于设备系统问题或其他原因导致的营收上缴不全的问题。

1.1.2　半自动售票机营收封包待解行方式

T1、T2、T3、T4号线均按照实际收益数据进行封包待解行，此种方式确保人工售卖数据与系统记录的售卖数据均能在当日进行封包待解行，确保车站全部营收每日上缴，降低由于设备系统问题或其他原因导致的营收上缴不全的问题。而T市轨道交通票务清分部门正在致力于发行新票种代替原有车票，将人工售卖数据完全集成在营收系统中，能以精确的营收系统来评估车站营收上缴的准确性，防止公司收益损失。

1.1.3 运营日结算方式

为便于各线路之间的收益统计以及车站现金库存的统一管理，路网内线路均要求车站在每日完成所有操作后，将当日运营日内的所有相关数据进行提交。这样做一方面可以审核车站分项数据提交后是否与总数据一致，另一方面可对车站现金管理进行有效的管控。

T1、T2、T3号线运营日结算的全部数据均进行审核及考核，T4号线目前正大力推行车站盲填、线路级精准审核的收益管理模式，能够对部分推行盲填的车站内的对收益无影响的结算项目只审核不考核，可大大减少考核项目，降低车站人员工作压力，提高收益管理的效率。

1.1.4 自动售票机人工与系统营收差异的处理方式

T1号线按照自动售票机在车站工作站上查询售票明细与吞钱金额合计进行封包待解行，审核的内容涉及实际清点营收与车站工作站查询营收的差异，并于每月月报中将实际清点营收与车站工作站查询营收的差异改变待解行，并不对负差异进行票差考核。

T2、T3号线按照自动售票机设备审计数进行封包待解行，审核的内容涉及实际清点营收与车站自动售票机设备审计数的差异，并设立差异库，有差异限额，若差异在限额内，可直接由限额补负差异，若超出限额，则车站可自行承担或报问题，由机电中心分析责任方；若车站存在正差异，均需录入在差异库中，并于每月月报进行超限解及车站补款。

T4号线按照实际清点营收进行封包待解行，审核的内容涉及实际清点营收与车站自动售票机日结算凭单的差异，需将审核后的自动售票机营收差异提交机电中心，由机电中心对差异数据进行分析并给予回复，审核人员根据机电回复对车站差异进行深入分析，并定期封账，将负差异按照票务差错及补款形式反映在当期的票务差错统计表中。

1.2 路网内现行线路之间收益审核操作模式存在的问题

（1）以系统数据作为缴款依据可能发生票务舞弊问题，造成公司现金收入损失

随着设备系统的使用，设备故障频次以及问题会逐渐增多，因终端设备故障或人员操作不当导致部分营收数据未及时上传的问题会随之增多，并且有极少故障是无法修复或是数据无法恢复的，完全按照系统数据作为营收上缴的依据容易导致未上传的营收人为未上缴而无法纳入公司收益中，造成公司营收损失。

（2）不同线路收益管理模式有所差别，未建立统一的标准化管理体系

目前路网内线路收益管理模式也随设备系统的不同而有所差异，其中对于人工与系统营收差异的处理方式、缴款方式等均存在差异，并未建立路网统一的标准化收益绿色管理模式，这对于路网收益的可持续绿色管理是不利的。

（3）车站大量填写及提交纸质单据，未满足实现现代无纸化办公要求

目前路网内多条线路均不同程度地使用纸质报表，尽管对于车站操作的管控存在一定的益处，但每个车站一个运营日内纸质单据的使用超过50张左右，其中部分车站耗材更多，结合路网这部分消耗是不必要且庞大的。推行收益的标准化绿色管理可在这一方面大大地降

低公司运营成本。

（4）对于未影响公司现金收入损失的操作类项目考核过于细致

车站每天除了要面对乘客，处理乘客事宜，还要进行相关的票务操作、安全管理等，业务繁重，压力较大，而减少未影响公司收益的操作类票差考核，能够大大地减少车站的考核细项，降低车站人员的工作压力，使之以更高的工作热情为乘客服务，并做好票务的相关操作。

2 统一绿色标准化管理模型

2.1 车站级收益绿色标准化管理模型

车站是公司收益的直接来源，也是收益管理的直接受体，并且是收益管理的第一层级，做好车站级收益管理是线路级收益管理的基础，更是路网级绿色标准化收益管理的重要一环。

线路级面对的应是专属线路，最多是车站级，而不应直接对车站的操作人员进行审核并考核。车站的值班站长或督办应承担起车站操作的收益管理职责。这样做一方面可以直接根据车站设备终端的系统营收核查操作人员上缴营收及影响收益的操作；另一方面可以减少线路级对操作员营收短款的考核，从很大程度上减少了车站人员的工作压力，并能保证公司收益无损失。

若车站级收益管理由车站承担，则可将人员能力发挥到较大化，并且可以解决线路级审核人员短缺的问题，提高线路级工作效率，并相对减少线路级对收益的绝对管控，避免出现人为的舞弊行为，实现人力职能的绿色最大化可持续使用。

车站级标准化收益管理方式：

（1）客运值班员对将上岗的操作员进行钱票配发；

（2）客服岗操作员承担对外票务业务，如车票售卖、充值、更新等业务，收取乘客钱款，并在结束业务后退出登录并结算，回到票务室与值班站长进行钱票交接；

（3）根据终端设备系统营收，值班站长对客服操作员的钱票进行核算，如操作员少交营收，则当场进行补款，如车票丢失，则应按照车票工本费进行赔偿，对丢失车票的值班站长应做好记录；

（4）值班站长将交接的钱票入账。

2.2 线路级收益绿色标准化管理模型

线路级收益管理主要针对的是车站级审核完成后的收益及其他与现金、车票相关的库存管控。其承担着对车站级审核结果的核查，以及与路网级对账的职责。线路级掌握所有终端设备系统营收、线路级系统营收、所有现金与车票操作明细、现金流转情况、银行缴款等数据，具备承上核下的收益管理职能。

将车站级收益管理分离后，线路级能够更好地针对车站级的问题进行有针对性的培训，对重点车站进行点对点的指导，不仅增大线路级的职能覆盖，而且能够有效地指导车站，减少车站人员业务不熟悉导致的错误。

随路网线路的逐渐增多，线路级人员所承担的收益管理职能压力逐渐增加，按照标准化模型进行收益管理，不仅将人员能力使用最大化，并且可以减少人员成本，并能够确保收益管理精准、有效。

线路级标准化收益管理方式：

（1）线路级将前一运营日系统营收数据、设备审计数据以及车站提交实际营收数据进行三方核查，排除人为操作原因并考核之后，对仍存在的差异进行进一步分析处理，直至每一笔差异均能定位原因；

（2）通过银行解行数据与车站实际上缴营收核查并结合差异处理情况，以6个工作日为封账时限，所有账目均须在6个工作日内全部处理完成；

（3）根据车站提交的数据以及初始票务室

提交的结余数据、备用金总量对车站票务室结余进行核查，由于此类差异均由人为操作错误导致，差异可直接定位原因并进行调整；

（4）对车票售卖、库存、充值、退票、换票等数据进行统计汇总并核查，并将此部分数据提供给路网级清算人员；

（5）定期对车站级进行票务业务检查，对操作类业务进行检查，确保对车站级的全覆盖管控。

（6）其他与票务业务相关的定期票务业务培训、新线需求接收的沟通联络、报表界面功能测试、准确性测试、样板站建立等业务。

2.3 路网级收益绿色标准化管理模型

路网级收益管理是路网中最高级，也是收益清分的最终实现层级，承担着对各类型交易进行清分对账的任务，执行者与线路级核查数据一致性的标准。此层级清分对账依托车站级与线路级两个层级的收益数据。

路网级标准化收益管理方式：

（1）每日通过 ACC 系统将各线路以车站为统计单位的系统应收营收数据（包括 BOM 及 TVM 应收营收数据），提供给线路级审核；

（2）线路级审核数据与 ACC 数据核对无差异时，则 ACC 数据可按照导出的数据进行营收分账工作，若存在差异，应按照线路级差异分析结果进行差异的调整，保证票务清分清算前应收票款的完整性；

（3）由于差异调整的时限为 7 个工作日，补款时限为 7 个工作日，故线路级提供给 ACC 的数据为动态平衡；

（4）考虑到线路级审核采用的是 T-1 天模式，差异调整并补款完成需 14 个工作日，以及考虑到系统数据延迟、不完整交易数据恢复时限等因素，路网级审核建议采取 T-30 天的模式开展。

3 标准化管理的愿景

轨道交通的绿色标准化收益管理遵循的原则始终是资源合理配置、人才能力最大化，实现可持续的绿色标准化管理。从部分收益管理权限由线路级向车站级转换、线路级收益管理的转变到路网级收益管理体系的建立，三个层级之间始终互为监督、层级递进的系统关系。

从公司的长远发展考虑，应逐步实现现金收益的绿色标准化管理，建立并完善各层级的体系，使之最终完全联通，充分管控收益。为公司创造管控收益也是增收的一种方式。

4 模型搭建实施步骤

此实施步骤基于新线开通后到实施收益管理方式。

4.1 新线开通前票务整体演练及系统准确性测试

以新线开通为背景，通过车站级、线路级以及路网级的实际一日票务运营操作演练及测试，对自动售检票系统的服务功能、系统交易数据的准确性、票务系统的运行情况，以及检验车站人员票务设备操作掌握情况进行摸底。

4.2 开通运营后的第一阶段——数据验证阶段

新线开通运营后的验证阶段的工作是一切收益管理的基础，车站暂保留结算类纸质报表及电子报表和操作界面，主要开展设备审计数、实际清点营收数以及系统营收数的报表、界面的准确性、SC、LC 工作站各界面功能的实现情况以及其他与操作、收益、客流等相关报表、界面数据的准确性等项目工作。

此阶段需要投入较大的人力，但持续时间不长，2 个月左右的时间便可完成这一阶段的数据验证工作。此部分的消耗是必要且稍大的，且报表及界面功能修改会反复多次，较为繁重。

如此阶段可以与持续时间相对较长的演练及准确性测试归为一个阶段的话，便可节省大量的人力、物力，且可在开通运营前使设备系统报表功能界面满足使用需求。

4.3 开通运营后的第二阶段——盲填推行阶段

此阶段主要是加强对乘客的收益业务的管控实施以及对线路级收益管理模式的验证调整。较前一阶段不同的是需要提交的纸质单据全部取消，一线操作员无法通过报表及界面查询营收，避免人为舞弊行为的发生，而线路级收益管理则正式推行，包括内部人员的培训、操作、考核、封账等，同时为线路级系统的部分功能继续改进提供依据。

4.4 开通运营后的第三阶段——绿色标准化实施阶段

此阶段从整体运作来说，与第二阶段较为相似，只是无论是车站级的操作、收益管理还是线路级的收益管理实施都更为成熟，同时也加强了与路网级之间的账目核算，将三个层级紧密联系在一起，使之成为一个严密的收益管理系统网。

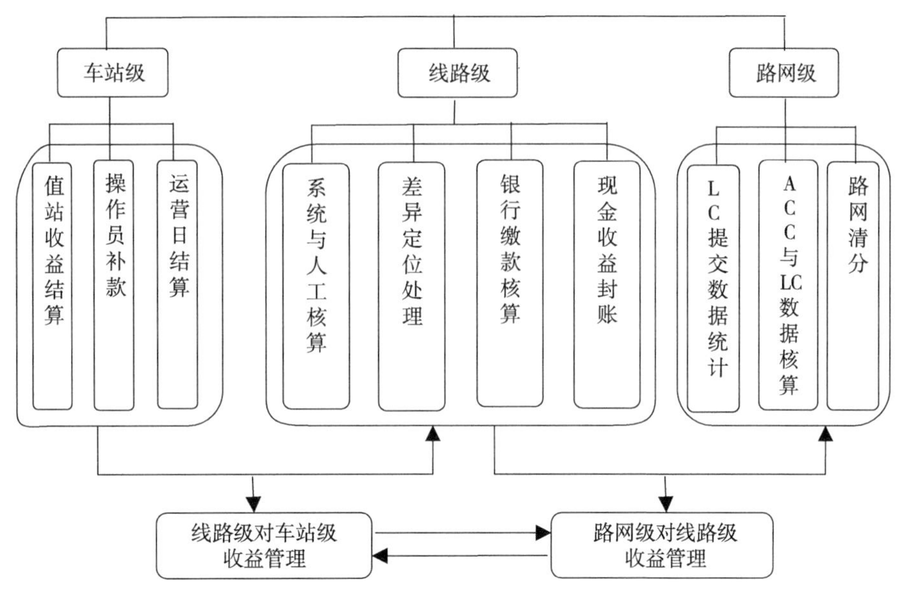

图1 轨道交通绿色标准化收益管理系统图

简述津滨轻轨客室照明系统 LED 改造

孙树亮　马东宏

（天津滨海快速交通发展有限公司）

摘　要：津滨轻轨电客车客室照明采用传统荧光灯，自投入使用以来，一直面临高能耗、照明效果不佳的问题。LED 光源作为新型技术，在城轨车辆上得到了快速推广。为提升光照效率，降低能耗支出，进行客室 LED 改造已成为一种理性选择。本文重点阐述了津滨轻轨客室照明系统 LED 改造的可行性。

关键词：津滨轻轨；客室照明；LED 改造

1　项目背景与现状

1.1　项目背景

LED 光源作为新型技术，在城轨车辆上得到了快速推广，尤其现在投入费用已降至合理区间，为照明系统改造最终创造了良好的条件。目前，西安地铁、沈阳地铁等近年建成的地铁车辆已率先实现了全数车辆 LED 照明，我公司也在 2016 年进行了应急照明 LED 改造，将传统的荧光照明升级为 LED 照明已成为城市轨道车辆行业新趋势。

1.2　现状概况

津滨轻轨所属 38 列（4 编组）车辆均采用传统的荧光灯管照明系统，每列车布置 104 根 36W 荧光灯管和 12 根 18W 的荧光灯管，对应工作电压均为 AC220V。受车辆特殊的运行环境等因素影响，平均每年损耗 1306 根灯管及 378 个镇流器，该状况不仅增加了额外的维护工时、费用投入（年均投入维护费用约 3 万元），也对正线车辆照明质量构成了负面消极影响。

2　项目改造的必要性

2.1　传统荧光灯稳定性差

目前 38 列电客车交流照明合计每天工作约 400 小时（正线运营 370 小时、保洁 11 小时、检修 14 小时、洗车 3 小时），每年约有 1300 根灯管报废。通常，LED 灯管的设计寿命约为荧光灯管的 10 倍，改造后，将提升照明的稳定性和可靠性，大大降低维护作业强度。

2.2　传统荧光灯能耗高

荧光照明另一主要问题就是高能耗及由此带来的高费用支出，交流照明每列车的功率为 18W×4 根 + 36W×92 根 = 3384W，年耗电量约 49.40 万度，工业电价按照 0.80 元计算，仅电费一项每年支出约 39.52 万元，外加接近 3 万元的故障维护费用，在车辆寿命周期内，能耗及费用问题非常突出。

3　项目改造的技术可行性

3.1　灯具外观选取论证

采用平面光源。平面光源是将单个 LED 光源通过综合的计算盒排列，组成一合适的平面，位于散热板盒灯罩之间，具有照度均匀且可控的优点，目前新制造城轨车辆客室 LED 照明灯具基本都采用平面光源。面临问题为需对车顶构架进行破坏性改造，代价过大。

采用三面条形光源。在不对现有结构做任何改造的前提下，可设计成与背板槽底面积等大（或略小）的条形光源。同时为弥补发光的不均匀性，可做成梯形光源，即三面发光光源。既可保证亮度，也可满足安全性要求。面临问题为暂未在市场上发现成熟的产品，单独开发费用较大。

采用管状形式。外观与原有灯管形式保持一致，插接方式不变。最大的优点就是施工简单，维护便利。在不对车体进行改造，在有限的资金范围内，该种方式是最为直接可行的。

3.2 接口及技术风险的把控

调研表明，36W、18W 的荧光灯管分别可用 18W、10W 的 LED 灯管替代。安装接口可与荧光灯管接口保持一致。

市场方面，大量产品充斥市场，产品参差不齐，需严格把控技术及质量关口；技术方面，LED 属于电流敏感元件，电流增加会直接导致发热量增加，长时间超过额定电流工作，会使 LED 芯片处于高温状态，大大缩短使用寿命。综上，为保证产品质量，需要提出严格要求：提出国家及行业标准，作为产品设计、生产、应用依据；对灯珠芯片等产品核心元件规定品牌要求，对产品质量进行控制，提供光学、EMC、抗震、安全四个方面的报告，满足 DIN5510 防火及烟毒标准；对合作厂商提出资质要求，必须提供业绩证明，要求至少一条线的地铁车辆，且使用时间不得少于 1 年。

4 项目改造的经济可行性

4.1 推广费用分析

项目改造共涉及 38 列车，36W/1.2 米、18W/0.6 米的灯管数目分别为 3496 和 152 盏，单价分别为 177 元、133 元，据此推算总费用为 63.90 万元。

4.2 效益分析

节能情况，改造后的每列车交流照明功率由 3384W 减小为 1696W，每年节约电量 24.65 万度，每年节约电费 19.80 万元。维修成本情况，交流照明荧光灯具每年损耗灯管 1300 根，镇流器 270 个，成本约 1.82 万元；鉴于 LED 灯管的设计寿命为普通荧光灯管的 10 倍，LED 每年损耗约 110 根，维护费用约为 1.7 万元，两者基本持平。考虑到质保年限，前三年我方不支出维修费用。

综合计算，收回改造费用的年限 3 年，3 年后正式进入效益正收入阶段。

5 结论

客室交流照明 LED 灯具有显著的节能效果及寿命优势，尤其近年普及速度快，成本更具竞争力，无论从技术上还是经济上分析，客室交流照明 LED 改造是必要的，同时也是可行的。

天津9号线电客车常用制动控制改进研究

赵晨亮

（天津滨海快速交通发展有限公司）

摘　要：根据9号线电客车铁科制动系统使用现状，研究设备不稳定对运营造成影响的解决办法，以提高电客车整体的可靠性来控制运营指标达标及提高运营服务质量。

关键词：地铁；电客车；制动系统；常用制动控制；比例阀；开关阀

1　概况

天津轻轨9号线一期配置29列电客车，二期配置9列电客车。其中NABCO制动系统28列，铁科制动系统10列。根据初期国产化要求，铁科制动系统中的EP控制采用比例阀控制，比例阀存在维修周期短、维修工作量多、可靠性较差等问题，运用10万公里左右EP阀会发生制动缓解慢甚至出现卡滞现象，仅2012年就造成5次掉线或晚点或换车情况，对运营产生了较大的影响。

2　技术分析

2.1　原常用制动控制介绍

制动系统原常用制动采用比例阀控制，此阀不同于通用比例阀，通用比例阀一般只能控制流量，不能转换方向。而制动控制阀相当于2个比例阀组合，不仅可控制流量，实现不同的充排风速度，而且可控制方向，实现充风、排风和保压功能，最终实现常用制动施加、缓解和各级常用制动力大小的控制。

制动比例阀对控制电路要求较高，控制电路需要采用电流控制方式，需要有电流检测和电流稳定控制电路。控制电路使用DC110电源供电，需要采用可承受高电压的分立元件控制，最大输出电流可达450mA，由于没有适合这种高压的集成电路，所以控制电路采用的分立元件较多，电路也比较复杂。

常用制动比例阀控制原理如图1所示。

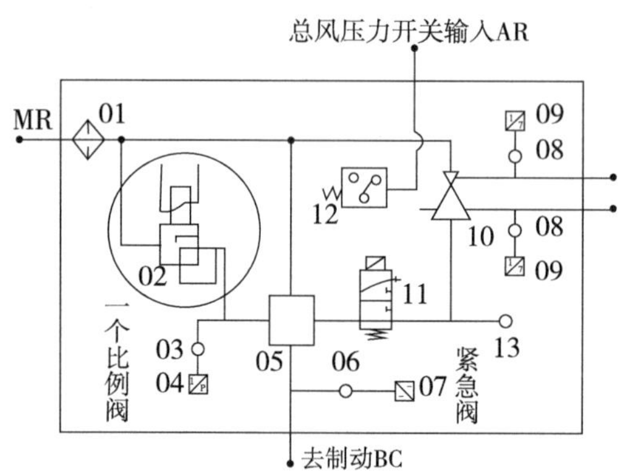

图1　比例阀方案原理图（改造前）

常用制动制动时间要小于2.5s，常用制动缓解时间要小于4s，快速制动减速度要不小于1.2m/s²。

图2　比例阀方案实例（改造前）

2.2　改进方案

常用制动采用开关阀控制，通过控制阀开

关时间来控制流量大小，而不是采用比例阀利用阀芯开口大小控制流量。开关电磁阀控制成熟，成品阀在寿命周期内可靠性高，目前大部分国内外制动系统如 NABCO、克诺尔制动系统均已采用开关电磁阀实现制动系统的电空转换，具有可借鉴性。通过对开关电磁阀控制参数的设定，可以实现压力控制精度和系统响应时间的控制，以满足制动系统要求。

常用制动开关阀控制原理如图 3 所示。

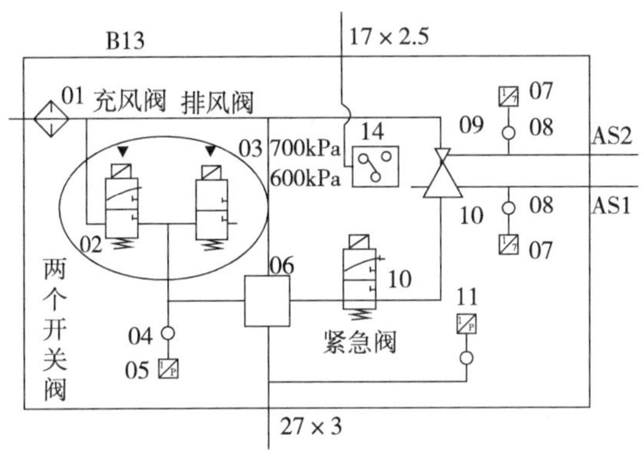

图 3　开关阀方案原理图（改造后）

改造后不仅变更了控制阀，同时变更了控制阀的控制电路及控制程序均。

开关电磁阀采用 24V 电源控制，控制电路也比较简单，与微控制器接口的连接比较方便，随着微控制器性能的不断提高，采用微控制器控制开关电磁阀实现 EP 转换技术已比较成熟。

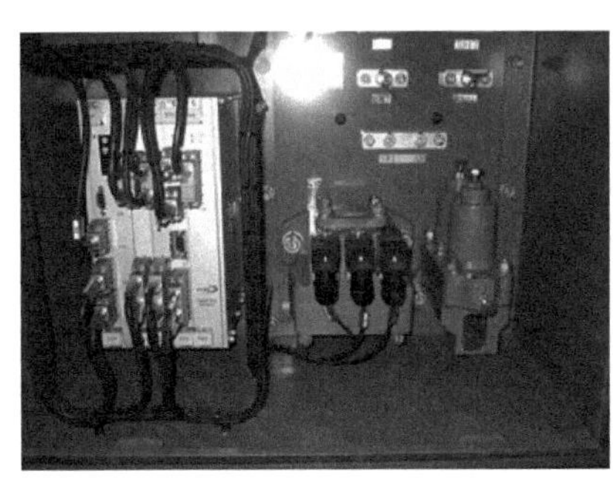

图 4　开关阀方案实例（改造后）

2.3　比例阀与开关阀比较

比例阀的输入信号是模拟量的线性信号，从零至最大是一条斜线，使先导阀产生不同压力。由于空气洁净程度、阀芯的磨耗程度等因素，容易产生阀芯动作慢甚至卡滞现象，需每年进行维护。

开关阀的输入通常是通过 PWM 脉宽调制信号，使先导阀高频往复。开关电磁阀机械寿命可达上亿次，一个厂修期内可以免维护。

3　功能效果

3.1　安全性

此次改造不改变电客车制动系统的安全技术标准，优化了常用制动控制的方式，理论论证及实际检测结果均满足列车使用要求。

3.2　功能验证

改造后，静态试验证明，制动缸压力及上升时间与改造前基本相同，缓解时间略增大但不明显，制动缸压力比改造前波动减小，平稳性能改善明显；动态试验证明，常用、快速及紧急制动距离及平均减速度满足要求，制动系统与 VVVF 配合关系（电制动与空气制动转换）与改造前完全一致。

3.3　经济效益

（1）维修周期由 10 万公里或每年延长至 100 万公里或 10 年。

（2）提高设备可靠性，正线制动系统开关阀故障率由每年 5 次降低至每年 0 次，避免对正线运营造成影响。

4　结论

本文详细介绍了由制动系统比例阀稳定性差而导致的电客车制动系统常用制动控制改造的方案，此方案已应用于天津 9 号线，其间车辆制动功能正常，未对 ATO 停车对标造成影响，维修维护周期延长，期待本研究能够对其他城轨项目有所启发。

参考文献

野中俊昭，张芳．制动控制技术的研究开发［J］．国外机车车辆工艺，2012，(04)．

交换设备信令转接时延测试相关探讨

徐　天　尚长顺

（中铁电化集团北京电信研究试验中心有限公司）

摘　要：信令转接时延是交换设备性能测试指标中的一项，需借助模拟呼叫设备，搭建模拟自环测试环境，跟踪信令，采集统计数据，从而计算出结果。本文参照实际测试用例，将数据结果与规范要求的规范指标做出差异比对，提出自己的见解。

关键词：轨道交通；性能测试；信令转接时延

1　背景

在2008年中国第一条高等级城际高速铁路京津高速铁路的建设过程中，通信系统静态验收检测写入《客运专线铁路工程静态验收指导意见》中，从此成为高速铁路通信工程中不可缺少的一个环节。2014年中国铁路总公司工程管理中心印发《〈铁路基建大中型项目“四电”及客服系统工程实施工作管理要点〉的通知》，就通信系统工程对工程建设单位提出明确的竣工验收要求，铁路大中型项目建设单位应按照《高速铁路工程静态验收规范》（TB 10760-2013），组织专业检测机构对通信各个子系统进行专业检测。检测范围从高铁客专扩展到了普速铁路和改造铁路等项目。

《铁路数字移动通信系统（GSM-R）总体技术要求》（TB/T 3324-2013）是对GSM-R核心网静态验收的主要测试依据，该标准在性能指标要求中，对MSC时延概率结果有明确的说明，但对于“时延概率”并未做出明确的定义。因此搭建出合理的两种测试环境，分别对信令转接时延进行测试、统计、计算，为实际运营中，呼叫建立时延提供一个科学的参考依据。

2　测试环境描述

2.1　被测设备

被测设备为华为公司，移动交换设备MSOFTX3000，媒体网关设备UMG8900。

2.2　测试仪表

七号信令中继线模拟呼叫器和七号信令分析仪。

2.3　测试环境搭建

如图1所示，搭建MSC性能测试环境。

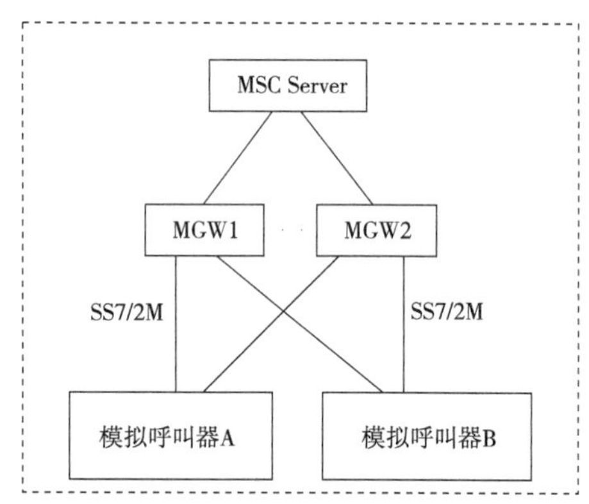

图1　MSC性能测试环境

2.4　测试项目

（1）呼叫建立时延；

（2）IAM信令转接时延；

（3）ACM信令转接时延。

（4）ANM信令转接时延；

（5）REL信令转接时延；

（6）RLC信令转接时延。

2.5　标准依据

2.5.1　TB/T 3324-2013《铁路数字移动

通信系统（GSM-R）总体技术要求》

2.5.2　GF015.1-95《900MHz TDMA 数字蜂窝移动通信系统设备总技术规范第一分册 交换子系统（SSS）设备技术规范书》

2.6　*计算方法*

如图 2 所示，模拟呼叫器在 A 局发起单个或成组呼叫，经过被测设备将呼叫汇接到 B 局，B 局返回 ACM 消息经过被测设备转发给 A 局。根据信令分析仪统计结果。

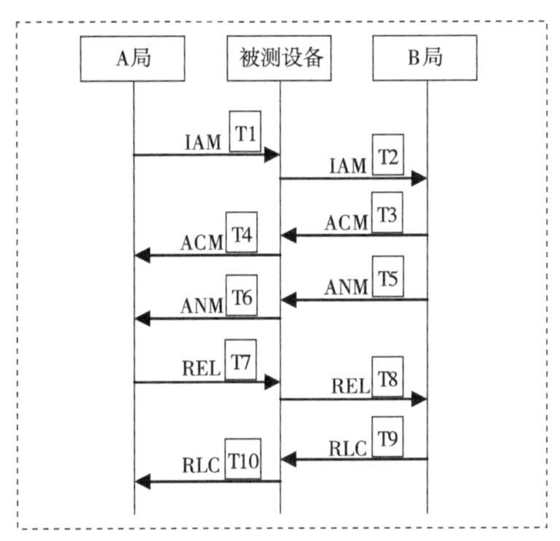

图 2　信令流程图

呼叫建立时延＝T6-T1

IAM 信令转接时延＝T2-T1

ACM 信令转接时延＝T4-T3

ANM 信令转接时延＝T6-T5

REL 信令转接时延＝T8-T7

RLC 信令转接时延＝T10-T9

TB/T 3324-2003 中 6.2.2.2 对 MSC 信令转接时延描述，如图 3：

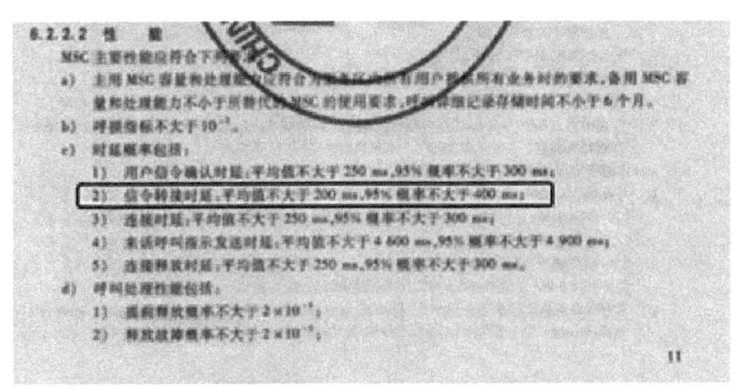

6.2.2.2　性　能

MSC 主要性能应符合下列[illegible]

a)　主用 MSC 容量和处理能力应符合[illegible]有用户[illegible]所有业务时的要求，备用 MSC 容量和处理能力不小于所替代的 MSC 的使用要求，[illegible]记录存储时间不小于 6 个月。

b)　呼损指标不大于 10^{-3}。

c)　时延概率包括：

1)　用户信令确认时延：平均值不大于 250 ms，95% 概率不大于 300 ms；

2)　信令转接时延：平均值不大于 200 ms，95% 概率不大于 400 ms；

3)　连接时延：平均值不大于 250 ms，95% 概率不大于 300 ms；

4)　来话呼叫指示发送时延：平均值不大于 4 600 ms，95% 概率不大于 4 900 ms；

5)　连接释放时延：平均值不大于 250 ms，95% 概率不大于 300 ms。

d)　呼叫处理性能包括：

1)　提前释放概率不大于 2×10^{-5}；

2)　释放故障概率不大于 2×10^{-5}；

11

图 3　TB/T 3324-2003 中关于信令转接时延

3　测试模型

根据华为 MSOFTX3000 设备的配置情况，按如图 4 和图 5 两种模型分别进行测试。

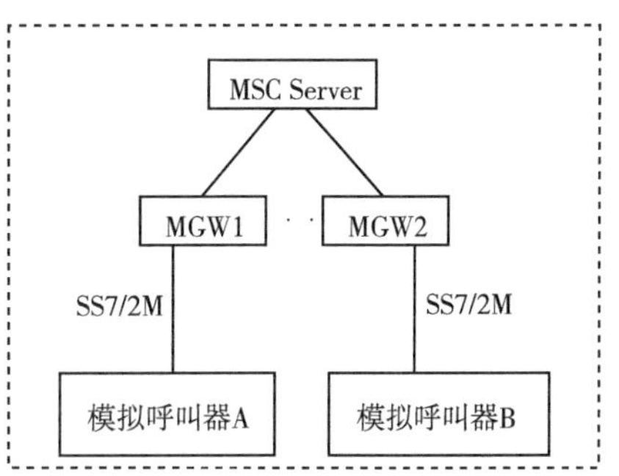

图 4　测试模型 A（双网关）

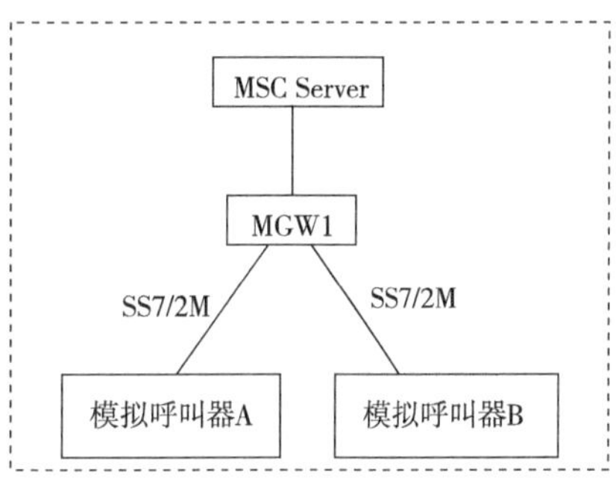

图 5　测试模型 B

如图所示，模拟呼叫器建立的两个信令点局向，分别为 A 局和 B 局。A 局和 B 局之间无直达电路，A 局发起到 B 局的呼叫，是通过 MSC 核心网设备汇接到 B 局，MSC Server 创建自环 ISUP 信令链路，加载 A 局和 B 局的路由数据。方案 A 中，MGW1 和 MGW2 分别承载了 MSC 出局和入局业务，来自 A 局的呼叫，经过 MSC 的汇接承载，转发至出局路由 MGW2，再转接至 B 局。在方案 B 中，一台 MGW 设备承载出入局语音业务，来自 A 局的呼叫，经过 MGW 的转接至 B 局。这两种方案分别记录测试结果。

4　数据采集

每条 ISUP 信令都带有时间戳，根据七号信令分析仪中信令跟踪结果，采集数据，如图 6 所示。

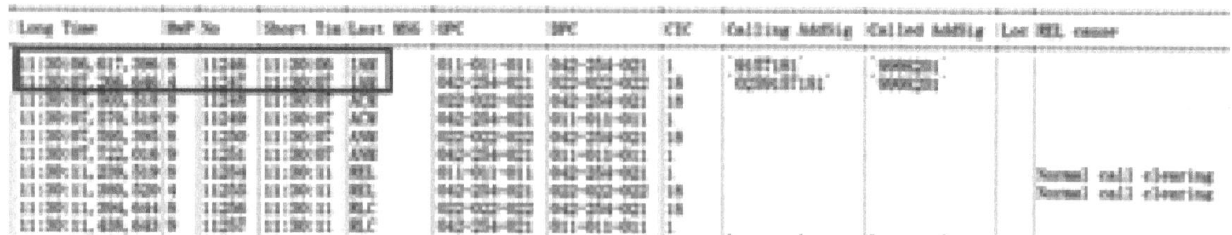

图 6　数据采集图

5　数据结果

利用模拟呼叫器产生 A 局至 B 局的业务呼叫，采用单路呼叫场景，呼叫总数 32 次以上；统计数据并算得平均值，如下表 1。再次设置 16 路并发呼叫场景，呼叫总数 100 次以上；统计数据并算得平均值，如下表 2。

表 1　单路语音呼叫信令转发时延

单位：ms

单路呼叫结果	模型 A 平均值	模型 B 平均值
呼叫建立时延（T6-T1）	772	586
IAM 信令转接时延（T2-T1）	496	376
ACM 信令转接时延（T4-T3）	141	70
ANM 信令转接时延（T6-T5）	135	140
REL 信令转接时延（T8-T7）	129	133
RLC 信令转接时延（T10-T9）	110	56
信令转发时延平均值	202	155

表 2　16 路语音呼叫信令转发时延

单位：ms

16 路呼叫结果	模型 A 平均值	模型 B 平均值
呼叫建立时延（T6-T1）	789	596
IAM 信令转接时延（T2-T1）	505	385
ACM 信令转接时延（T4-T3）	146	81
ANM 信令转接时延（T6-T5）	138	130
REL 信令转接时延（T8-T7）	130	133
RLC 信令转接时延（T10-T9）	119	54
信令转发时延平均值	207	157

（1）从统计出的数据可以看到，在测试模型 A 的条件下，五种消息平均信令转发时延已经大于 200ms，无法满足 TB/T 3324-2003 中 6.2.2.2 对信令转接时延要求“平均值不大于 200ms”。

（2）“IAM 消息转发时延”测试结果均在 300ms 以上；在模拟呼叫器 16 路并发场景下，对 IAM 消息转发时延约为 376ms，跨网关情况下的时延会加大约 120ms。这样的测试结果无法满足技术规范中的要求“95% 概率不大于 400ms”。

（3）ACM 及 RLC 的信令转接时延，在方案 A 和方案 B 的条件下，转发时延也有差别，但均不超过 200ms。其他消息（ANM，REL）转发时延差异不明显。

（4）测试模型中的“呼叫建立时延”。测试结果不包含测试终端业务，仅作为 MSC 处理语音呼叫业务的建立时延。

6　分析结果

IAM 消息和其他消息（ACM，ANM，REL，RLC）消息在转发时延结果上的差异，值得引起在性能测试方面的深一层思考。

（1）IAM 消息转发的处理机制

MSC 在收到 A 局的 IAM 消息后，分别与 A 局、B 局建立语音承载。语音承载建立完成后，给 B 局发送 IAM 消息。所以，在上述呼叫模型中，MSC 负责分别与 A 局、B 局建立的语音承载，完成信令转接功能，其中也包括语音业务的汇接功能。IAM 消息的转发，严格来说，不能简单用信令转接来定义。IAM 消息的转发时延，直接影响到端到端呼叫建立的性能结果，IAM 转发时延的改进优化，是通信设备厂商在性能改进上的努力方向。

（2）技术规范条款的适用性

TB/T 3324-2003 中 6.2.2.2 对 MSC 信令转接时延仅借助平均值和 95% 概率性指标描述。目前中国铁路 GSM-R 交换子系统多数以软交换技术为基础，业务承载能力大大提升，技术规范和检测技术的发展也应随着新技术的发展方向，逐步地细化和合理性。对各个性能指标科学准确地定义，细化关键指标的适用说明，推动中国 GSM-R 技术标准及规范的完善，推动 GSM-R 网络建设优化，提升 GSM-R 技术水准。

7 结论

MSC 作为铁路通信核心设备之一，已经从 PSTN 网络向 NGN 网络融合发展中，今后 LTE 网络的接入将是未来的发展方向。目前 GSM-R 核心网设备多采用冗余备份组网，基于软交换技术的系统优化，创建更科学有效的测试模型和测试方法，不断改进和完善技术规范，为 GSM-R 网络优化提供更加科学、准确的数据，持续提升中国铁路技术水平和能力，是我们继续努力的方向。

参考文献

[1] 中华人民共和国铁道部. TB/T3324-2013 铁路数字移动通信系统（GSM-R）总体技术要求 [S].

[2] 国家铁路局. TB 10430-2014 铁路数字移动通信系统（GSM-R）工程检测规程 [S].

[3] 中华人民共和国铁道部. TB10755-2010 高速铁路通信工程施工质量验收标准 [S].

[4] 中华人民共和国邮电部. GF015.1-95.900MHz TDMA 数字蜂窝移动通信系统设备总技术规范第一分册交换子系统（SSS）设备技术规范 [S]。

基于无线通信的列车推进运行监视系统研究

赵 辉

（北京市地铁运营有限公司地铁运营技术研发中心）

摘 要：本文针对列车故障后的推进运行操作，提出了一种安全可靠的解决方案，通过无线通信技术将列车运行前方线路的视频信息实时回传至列车尾端司机室或是救援连挂后的救援车操纵端司机室，从而提升推进运行操作的安全性。同时，该方案可以对列车上电出库至运营结束回库的运营过程中的线路突发情况进行不间断记录，为后续的故障分析及突发事故判定工作提供影音资料。

关键词：推进运行；救援连挂；无线通信；监视

1 引言

近年来，随着城市轨道交通的发展和路网客流的不断攀升，人们对地铁列车运行安全性的要求也日益提升。今天，北京地铁已形成网络化运营模式，这就意味着运营列车的突发故障不仅仅会影响本线运营秩序，在运营高峰时段还极有可能对相邻线路乃至全路网运营造成影响。因此，列车故障无法正常运行后如何采取安全且高效的应急处置手段，将故障车驶离正线，最大限度减少对线路运营秩序的影响至关重要。目前，推进运行是北京地铁运营中采取的在列车操纵台失效后将列车驶离正线的主要操作手段，可分为本车尾端司机室推进运行和救援连挂后救援列车推进运行两种情况。推进运行中使用的信息传递手段主要是两端司机的语音联络，因此急需一种直观的监视手段来提升推进运行时操纵端司机对线路前方状况的实时把控，提升操作的安全性与可靠性。

2 现状与需求分析

目前，北京地铁在运营中对列车推进运行的规定如下：

◆ 列车运行中，前方操纵台因故不能操纵列车需推进运行时，应立即将情况向行车调度员报告，得到行车调度员准许，并发布变更闭塞方式的命令后，方可执行。

◆ 副司机在后方司机室操纵列车，司机需在前端司机室负责瞭望信号、线路情况，并随时通知副司机牵引及制动的实施。

◆ 救援列车推进故障列车运行时，前方进路的确认由故障列车司机负责并通过联络设备通知救援列车司机，遇有危及安全的情况，立即通知救援列车司机停车。

从现有规定不难看出，在推进运行时操纵端司机是无法直观看到列车运行前方线路情况的，运行中的线路空闲状态、信号机显示、道岔位置等进路信息均需要通过故障端司机进行瞭望并传递回来，这种操作不仅效率低，而且容易因为通信状况不佳或个人表达问题口误出现信息传递错误，影响运营安全。因此，设计一种可实时直观反映出现场线路情况的推进运行监视系统，对于提升推进运行中操纵端司机操作的安全性与高效性意义重大。

随着无线技术的日益发展，无线传输技术应用越来越被各行各业所接受。相较以电缆为传输媒介的视频信号传输，无线传输因安装方便、图像质量稳定、灵活性强、性价比高等特性被广泛应用于行业的监控系统。现阶段主要使用的无线传输频段为 2.4GHz 与 5.8GHz。

5.8GHz 频段（5.725GHz—5.850GHz）作为点对点或点对多点扩频通信系统、高速无线局域网、宽带无线接入系统、蓝牙技术设备及车辆无线自动识别系统等无线电台站的共用频段，与2.4GHz 频段相比在天线尺寸相同时增益较大、波束较窄、指向性较好，抗干扰能力稍好。特别是鉴于目前城市轨道交通信号、PIS 等系统采用的无线传输频段多为2.4GHz，因此在本系统中无线传输频段选择上采用5.8GHz 设备，避开对信号、PIS 等系统无线设备的影响，满足推进运行中实时监视的需求，实现高清晰度数字图像在无线网络中的传输。

3 推进运行监视系统设计方案

基于无线通信的列车推进运行监视系统主要由数据采集、记录存储、无线传输以及图像显示四部分组成，其中线传输设备设置于与司机室相连接的客室内，其余设备均设置于司机室内。为了实现列车运行前后端信息互传，需在每列车两端各配置一套设备。

如图1所示，数据采集设备主要由摄像机及拾音器设备组成，可实现图像及声音的实时采集功能。存储设备采用车载及 SD 卡嵌入式录像机设备，该设备支持遥控器、视频、音频输出接口，可实现录像文件的直接浏览。同时，设备的 USB 接口，用来连接外置存储设备，可满足日常运营结束后的记录文件导出需求。视频编、解码设备主要实现摄像机模拟信号与数字信号的相互转换，编码器将摄像机采集到的模拟信号进行数字压缩，从而保证图像文件由无线 AP 设备传输到接收端司机室，接收端的解码器将收到的数字信号进行解码后，将还原的模拟信号输出到车载显示屏，形成供操纵端司机实时观看的视频图像。在无线传输上，采用5.8GHz 传输频段的工业级 AP 设备，保证视频图像高质量的可靠传输。

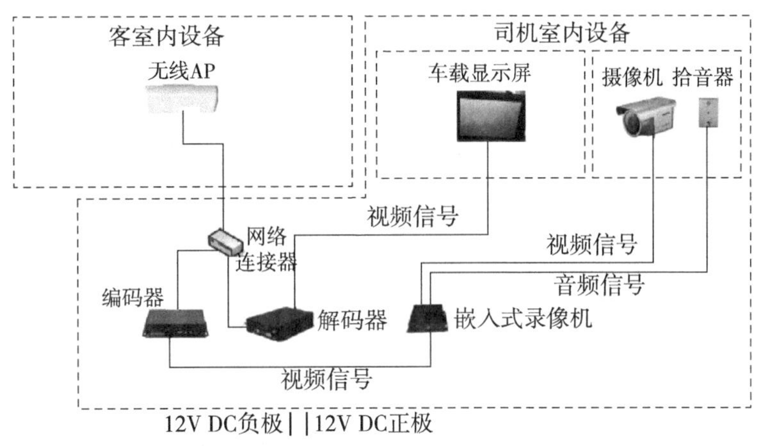

图1

4 系统功能设计

4.1 单列车尾端操纵推进运行监视

目前，在线列车发生操作端故障时，须由故障车头司机室人员将观察到的列车运行前方情况，通过手台对讲机对推进车头司机室人员进行信息反馈，从而指导推进端司机采取推进运行的操作方式将列车沿原有运行方向驶离故障线路，回到库线或者车辆段进行维修。这种推进端司机无法看到前方路况，仅靠听从故障端人员语音指挥的操作方式缺乏直观性，无形中增加了故障应急处置的难度，降低了正线运营效率。

如图2所示，通过加装无线通信的推进运行监视系统可以实现双重保证，即尾车推进端司机在收到故障端司机室语音信息反馈的同时，还可以通过本端车载显示屏直接观察列车运行前方的实时图像，对线路情况有直观了解，提升了推进运行操作的安全性及可靠性。

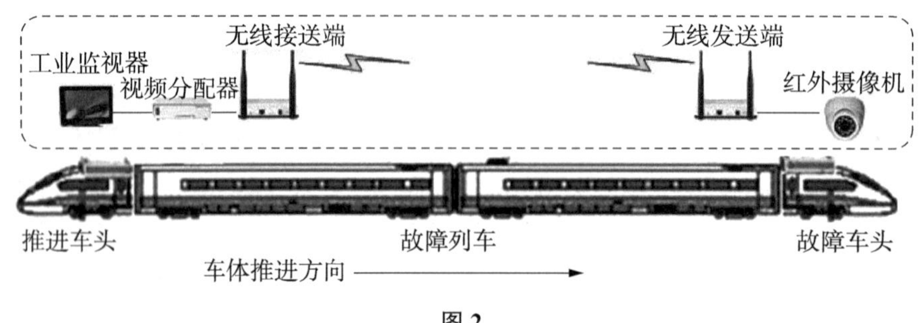

图 2

4.2　列车故障救援连挂后的推进运行监视

在目前的地铁列车操作规范中要求当列车出现车辆故障，且故障经处理不能继续运行时应立即请求救援。救援列车推进故障列车运行时，前方进路的确认由故障列车司机负责，并用联络设备通知救援列车司机，遇有危及安全的情况，立即通知救援列车司机停车。而目前的联络手段多依靠手台对讲机类语音通信的设备，为救援操作带来不便。

如图 3 所示，通过加装基于无线通信的推进运行监视系统，可以实现故障车将运行前方的视频影像实时地传送给救援列车操纵段司机室，使救援列车司机对于推进运行前方线路情况的观察更为直观，获得的信息更为全面，提升了连挂后推进运行操作的安全性及可靠性。

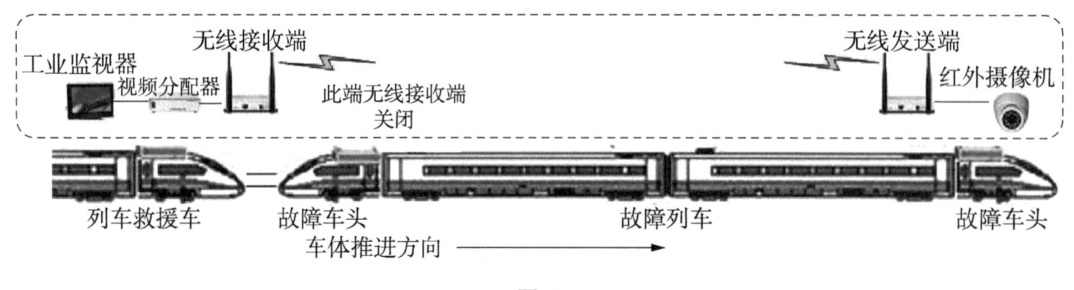

图 3

4.3　运营期间线路状况信息记录

运营期间，列车在线运行过程中的一切突发情况（如：线路上出现异物，人员滑落站台等）都会对正常运营造成影响，在突发情况结束后运营人员需对当时情景进行分析，查漏补缺，消除隐患，提升运营的安全性。本系统通过在每列车两端司机室加装高清摄像头及拾音器设备进行图像及声音的采集，以实现对列车运行前方景象的实时录像以及司机室内车辆报站等音频的实时记录，实现对突发情况的时间、地点的确定以及现场处置手段等信息的获取，为后续故障分析及事故定性提供了有力证据。

5　结论

通过无线通信技术实现单列车推进运行或救援连挂后推进运行时，列车尾端或救援车操纵端司机室人员对列车运行前方线路的实时监视，同时系统对列车运行过程中的线路突发情况的记录，为后续故障分析及突发事故判定提供影音资料。该系统的设计将大幅提升列车推进运行这项应急处置操作的安全性及可靠性，具有良好的应用前景。

参考文献

[1] 北京地铁15号线电动列车操作规定［Z］. 北京：北京市地铁运营有限公司，2016.

[2] 信息产业部无线电管理局. 中华人民共和国无线电频率划分规定［M］. 北京：人民邮电出版社，2010.

[3] 朱晓丹. 5.8GHz频段在无线城市Wi-Fi网络中的规划探讨［J］. 移动通信，2013（12）：51-54.

城轨建设社会风险管理的系统动力学分析

宋双双

（天津市地下铁道运营有限公司）

摘　要：为防范和化解城市轨道交通建设社会风险，做好风险的安全管理工作，运用系统动力学的建模思想对社会风险安全系统进行分析，以获取不同风险因素对系统的影响强度。首先，基于城市轨道交通建设社会风险的生成机理，筛选出6个风险因素；其次，运用熵权法，以大连某地铁建设项目风险数据为例，确定风险因素指标的权重；然后，结合系统动力学（SD）的建模方法，建立城市轨道交通社会风险安全系统的SD模型；最后，运用Vensim PLE软件对该地铁建设项目进行仿真分析。结果表明：对该建设项目社会风险系统影响最大的风险因素为交通影响风险因素，其次为施工组织管理风险、征地拆迁风险、经营就业影响风险，与实际情况相符。

关键词：轨道交通；社会风险；熵权法；系统动力学

1　引言

随着国家发改委于2012年印发了《重大固定资产投资项目社会风险评估暂行办法》，项目的社会风险管理成为现今研究的重点。国内很多学者在此领域进行了相关研究：黄莉[1]为及时发现水库移民过程中的社会风险，运用主成分分析法，结合信号灯系统构建了风险的预警机制；吴贤国等[2]运用熵权系数法和层次分析法，对城市大型交通工程建设项目社会风险进行评价。这些方法能在一定程度上对社会风险实现预警或者风险评价，但不能反映出系统各因素之间复杂的依存关系，得不到各因素对系统的影响强度，因而不能提出具有针对性的风险防控措施。

系统动力学认为，系统的行为模式与特性，主要取决于其内部的动态结构与反馈机制。[3,4]基于此，本文以轨道交通建设项目为例，采用熵权法与系统动力相结合的建模方法，分析其社会风险安全系统，描述系统的动态特性，实现对系统安全发展趋势的短期预测。

2　轨道交通建设社会风险因素分析

2.1　社会风险源分析

轨道交通建设社会风险源是社会风险发生的根源，而风险源分析的前提就是找到风险的生成机理。内外因辩证关系原理认为，事物的发展是内外因共同起作用的结果。内因是事物发展的根据，决定着事物发展的基本趋向；外因是事物发展的外部条件，对事物的发展起着加速或延缓的作用，外因必须通过内因而起作用。[5]基于内外因辩证关系原理，轨道交通建设社会风险的生成，是风险系统在外部风险环境的脆弱性以及内部风险环境的不稳定性双重作用下失稳的结果（图1）。

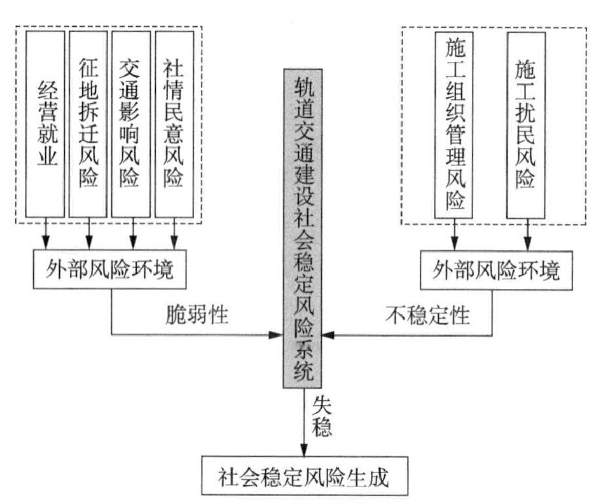

图1　轨道交通建设社会风险生成机理

2.2 社会风险因素筛选

由生成机理可知，轨道交通建设社会风险源可以分为内部风险源和外部风险源。其中，内部风险是指由项目内部原因产生的风险，如项目单位对施工组织的管理不当造成施工环境差、施工秩序混乱，导致事故的发生；外部风险是指项目建设在社会大环境下产生的风险，如沿线商户因项目施工造成经营受损。根据风险源分析以及轨道交通建设的特点，结合现有研究成果，提取施工组织管理风险、征地拆迁风险、经营就业风险、社情民意风险、施工扰民风险、交通影响风险来简化研究轨道交通建设社会风险系统。

3 社会风险因素指标权重的确定

熵是对系统无序程度的一种度量，信息熵则是对系统有序程度的一种度量。某个评价指标的信息熵越小，表明指标值的变异程度越大，提供的信息量越大，指标的权重也就越大[6]。轨道交通建设社会风险系统分为多个子风险系统，运用熵权法根据各指标的差异程度给予指标权重，具有一定的条理性与科学性[7]，避免了因采用层次分析等主观方法带来的指标权重易受专家学者知识经验影响而有偏差性的问题。

以某地铁建设项目为例，选取其建设初期第1、第2季度的数据（表1）。

$$w_2(i)=\frac{1-H_i}{\sum_{i=1}^{m}(1-H_i)}$$

表1 社会风险因素指标值

社会风险因素	第1季度	第2季度
施工组织管理风险	0.008	0.002
征地拆迁风险	0.005	0.023
经营就业风险	0.002	0.002
社情民意风险	0.001	0.001
施工扰民风险	0.013	0.015
交通影响风险	0.042	0.189

设 $x_{ij}(i=1, 2,\ldots, 6; j=1, 2, 3)$ 为该建设项目社会指标标准化包括正指标标准化和逆指标标准化。因社会风险指标越小越好，所以采用逆指标的标准化公式，风险第 j 季度第 i 项的指标值，运用熵权法确定社会风险指标权重的过程如下[8]：

将各指标标准化：

（1）指标值标准化处理

$$r_{ij}=\frac{\max x_{ij}-x_{ij}}{\max x_{ij}-\min x_{ij}} \qquad \text{公式 1}$$

（2）指标值归一化处理

运用公式2计算各指标比重：

$$a_{ij}=\frac{r_{ij}}{\sum_{i=1}^{6}r_{ij}} \qquad \text{公式 2}$$

（3）计算指标熵值 H_i：

$$H_i=-k\sum_{j=1}^{3}p_{ij}\ln p_{ij} \qquad \text{公式 3}$$

其中，$k=\frac{1}{\ln 3}$。

（4） 计算指标权重：

$$w_i=\frac{1-H_i}{\sum_{i=1}^{6}(1-H_i)} \qquad \text{公式 4}$$

按照上述运算步骤，得出轨道交通建设社会风险因素的指标权重 w_1—w_6 分别为：0.119，0.129，0.114，0.113，0.134，0.391。

由权重的计算结果看出，因素权重越大对系统的影响程度越大。但权重仅仅能够反映出因素对系统的相对影响，没有考虑因素之间的关联性，以及因素对系统的动态影响。为此，从系统动力学的角度，根据系统的内部动态结构和反馈机制，建立能够反映系统因素之间动态影响关系的模型。

4 轨道交通建设社会风险的系统动力学建模

4.1 建立因果关系图

轨道交通建设社会风险因素因果关系如图2所示。

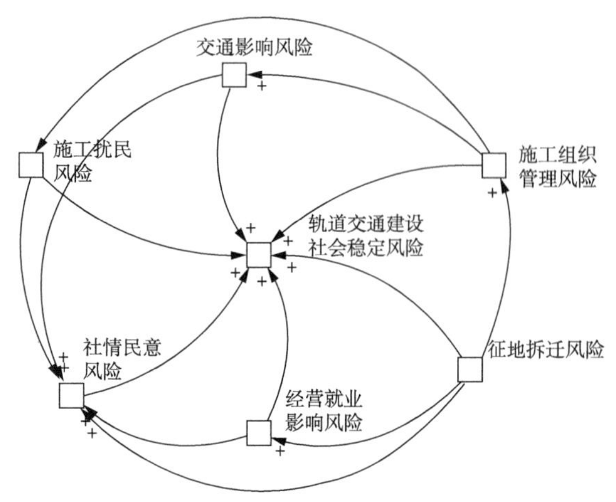

图 2　轨道交通建设社会风险因素因果关系图

4.2　SD 流图及方程

根据因果关系图，结合轨道交通建设社会风险的特点，考虑系统动力学的建模方法[9,10]，利用仿真软件 Vensim PLE 建立 SD 流图（图 3）。模型变量定义见表 2。

表 2　模型变量

变量类型	变量符号	变量含义
辅助变量	A	轨道交通社会风险系统安全水平
状态变量	L_i	子系统安全水平
	G_i	子系统风险管理投入
速率变量	M_i	子系统安全水平增量
常量	Wi	第 i 项风险因素的权重
	Ci	子系统之间的影响系数
	Ri	风险管理投入增加率
	Q	风险管理投入对系统安全水平的影响系数

注：i=1，2，3，4，5，6 分别表示施工组织管理风险、征地拆迁风险、经营就业风险、社情民意风险、施工扰民风险、交通影响风险子系统；C_1—C_8 分别表示征地拆迁对施工组织管理、征地拆迁对经营就业影响、征地拆迁对社情民意、经营就业影响对社情民意、交通影响对社情民意、施工扰民对社情民意、施工组织管理对施工扰民、施工组织管理对交通影响的影响系数。

根据 SD 流图建立方程，如下所示：

辅助方程：$A \cdot K = \sum_{i=1}^{6} L_i \cdot K \times w_i$

状态方程：

$L_i \cdot K = L_i \cdot J + DT \times (M_i \cdot JK - N_i \cdot JK)$

$G_i \cdot K = G_i \cdot J + DT \times A \cdot JK \times R_i \cdot JK$

速率方程：$M_i \cdot KL = G_i \cdot K \times Q_i$

常量：R_i，Q_i，C_i，w_i

式中：K 表示现在的时刻；J 表示过去的时刻；DT 为仿真时间步长；JK 过去到现在时刻的时间段，KL 表示现在到将来时刻的时间段。

表 3　社会风险系统安全水平值

季度	1	2	3	4	5
方案 0	73.72	73.44	75.66	77.40	79.66
方案 1	73.72	74.51	75.88	77.83	80.38
方案 2	73.72	74.49	75.83	77.74	80.24
方案 4	73.72	74.48	75.78	77.64	80.06
方案 5	73.72	74.48	75.78	77.64	80.06
方案 6	73.72	74.64	76.28	78.65	81.76
季度	6	7	8	9	10
方案 0	82.46	85.80	89.72	94.23	99.36
方案 1	83.55	87.35	91.80	96.95	102.8
方案 2	83.33	87.03	91.38	96.40	102.1
方案 4	83.07	86.66	90.88	95.74	101.3
方案 5	83.07	86.66	90.88	95.74	101.3
方案 6	86.63	90.30	95.80	102.1	109.5

5　实例研究

5.1　仿真参数设置

根据该地铁建设项目的实际情况，确定 SD 模型中各参数的输入值。实地调研法结合问卷调查法，以及模型参数的灵敏度分析，参数设置如下：

$L_1 = 78$，$L_2 = 68$，$L_3 = 73$，$L_4 = 78$，$L_5 = 73$，$L_6 = 73$；

$Q_1 = 0.08$，$Q_2 = 0.06$，$Q_3 = 0.07$，$Q_4 = 0.04$，$Q_5 = 0.07$，$Q_6 = 0.07$；

$C_1 = 1.02$，$C_2 = 1.40$，$C_3 = 1.03$，$C_4 =$

1.06，$C_5 = 1.03$，$C_6 = 1.06$，$C_7 = 1.04$，$C_8 = 1.30$；

按照本文权重计算得出结果，w_i 设置为：

$w_1 = 0.119$，$w_2 = 0.129$，$w_3 = 0.114$，$w_4 = 0.113$，$w_5 = 0.134$，$w_6 = 0.391$；

风险管理投入 G_i 的初值设置对分析系统的关键因素没有影响，为方便分析，G_i 初始值统一设置为 3。

5.2 仿真结果输出

将参数变量输入到 SD 流图中，以季度为单位，运用仿真软件 Vensim PLE 对该建设项目社会风险进行动态仿真，仿真时间设定为 10 个季度，步长为 1。

该地铁建设项目社会风险系统安全水平的目标值设为 90。为获得 6 个子因素对系统的影响程度，分别进行 7 次仿真。方案 0 按照所有 R_i 初始值均为 0.1 进行仿真；方案 1 按照 $R_1 = 0.2$，即调整单个风险管理投入增长率，其他增长率不变的设置进行仿真；以此类推，得到 7 个方案的仿真结果，见表 3 和图 4。

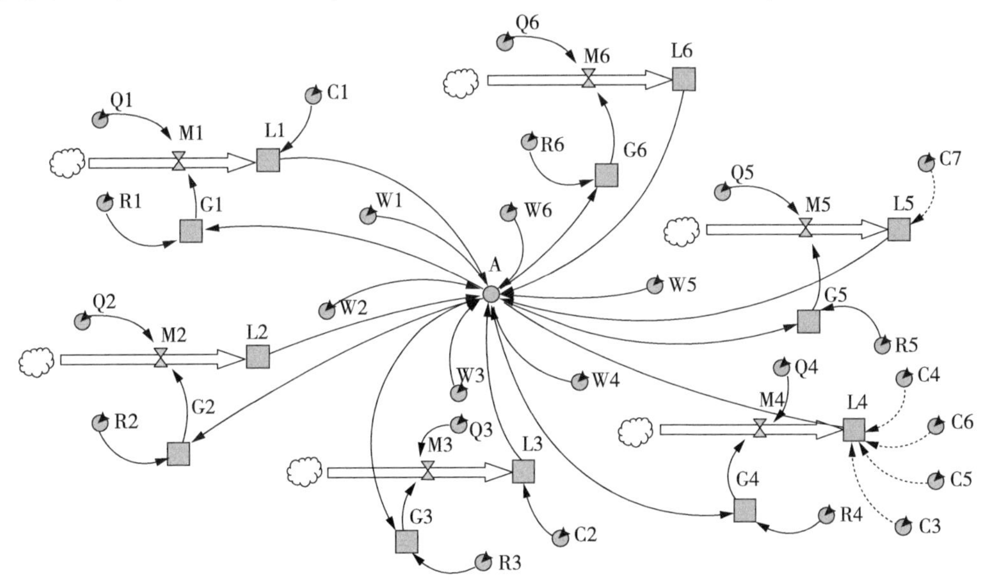

图 3　轨道交通建设社会风险管理 SD 流图

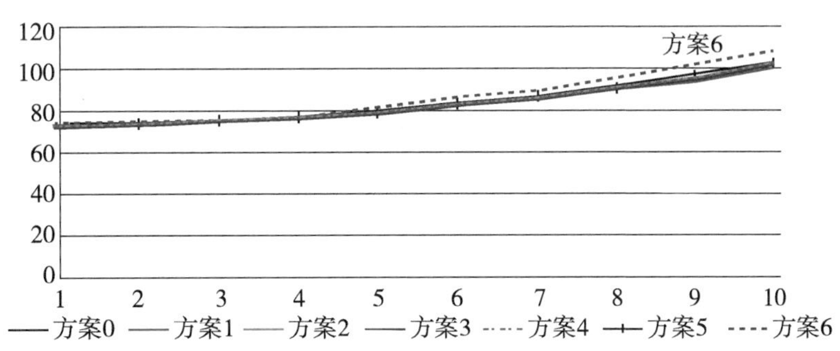

图 4　社会风险系统安全水平曲线图

5.3 仿真结果分析

由表 3 的输出结果可以看出，方案 0 在第 9 个季度达到目标值，方案 1—5 均在第 8 个季度可以达到目标值，而方案 6 在第 7 个季度就可以达到目标值。

为对系统进行有效分析，运用实际作用率来表示子字系统对社会风险系统安全的影响程度。实际作用率是指在其他因素水平增加率不变的前提下，某个因素增加一定值，能够使系统安全总水平值平均增加的百分比。以因素施工组织管理风险为例，首先以表3中方案0的输出结果为基础，计算出系统安全水平平均值为83.145；再用方案1中每个季度的系统安全水平值减去该值，再取差的平均值为1.377；最后得出两个平均值的比值0.0166，即为该因素的实际作用率，表示施工组织管理风险的安全投入每增加0.1，系统的总安全水平值增加0.0166。同理可以计算出征地拆迁风险因素、经营就业影响风险因素、社情民意风险因素、施工扰民风险因素、交通影响风险因素的实际作用率分别为0.0130、0.0141、0.0095、0.0095、0.0454。

由此看出，对该建设项目社会风险系统影响最大的风险因素为交通影响风险因素，其次为施工组织管理风险、征地拆迁风险、经营就业影响风险。这与建设项目的实际情况也是相符合的。因此，要减小该建设项目社会风险，就要把握最关键的影响因素即交通影响风险，采取防控措施，降低风险，如施工期在建设区域周边设立交通疏导标志，保证施工期间项目周边交通的畅通，减小市民出行障碍，保障出行安全。

6 结论

（1）本文选取熵权法确定各子因素的风险权重，避免了相对主观性，能够为今后的风险管理工作提供参考依据。

（2）运用系统动力学分析轨道交通建设社会风险系统，能够获取到不同因素对风险安全系统的影响程度；也弥补了单独使用熵权法确定权重时无法考虑因素关联性的缺憾。

（3）目前此方法在结果预测上仍有一定误差存在，为减小误差，怎样对模型参数进行更加客观准确的设置，是下一步研究的重点。

参考文献

[1] Huang Li. Study on early warning mechanism for social stability risk of reservoir resettlement [J]. *Water Power*, 2011, 37 (9): 5-8.

[2] Wu Xian-guo, Wang Rui, Chen Yue-qing. Social risk management of large-scale urban traffic construction project [J]. *J. of Hust. (Urban Science Edition)*, 2009, 26 (4): 25-28.

[3] Tang Gu-xiu, Zhuo Ke-ping, Gao Feng. Analysis on system dynamics of safety management [J]. *China Mining*, 2007, 16 (2): 21 -23.

[4] WANG Xin, Zuo Zhong-yi. Research on High-speed rail safety management based on system dynamics [J]. *China Safety Science Journal*, 2013, 23 (10): 158-163.

[5] FAN Xiu-shan. Accident-causing theory: Defect model [J]. *China Safety Science Journal*, 2012, 02: 3-9.

[6] Wang Xin-min, Ke Yu-xian, Yan De-bo, Wang Shi. Underground goaf risk evaluation and matter element based on entropy weight analysis [J]. *China Safety Science Journal*, 2012: 22 (6): 71-78.

[7] Wei De-cai, Zhang Zheng-min, LI Chuang, Liu Zong-heng. Airline equipment maintenance safety comprehensive evaluation based on fuzzy asymmetric proximity and entropy [J]. *China Safety Science Journal*, 2012, 02: 107-111.

[8] Zhang Ling-wan, DING Hong-fei, Chen Yan-jin. Study on early warning for railway transport of dangerous goods based on entropy weight fuzzy comprehensive evaluation [J]. *China Safety Science Journal*, 2012: 22 (5): 119-125.

[9] Wang Qi-pan. *System Dynamics* [M]. Beijing: Tsinghua University press, 1998: 12-26.

[10] Guo Rui-jun. *Transportation system engineering* [M]. Beijing: National Defense Industry Press, 2008: 82-94.

天津地铁6号线对称三开道岔工务维保技术研究

杨　健
（天津市地下铁道运营有限公司）

摘　要：对天津地铁6号线60kg/m轨9号对称三开道岔进行了简介，重点论述了对称三开道岔用于地铁折返时的工务维保技术要求。运营实践表明，通过有效的维护保养技术保障，60kg/m轨9号对称三开道岔可用于地铁折返线路。结合维修养护经验，提出关于三开道岔维保的改进意见和建议，使三开道岔的使用性能更加完善合理。

关键词：地铁；折返道岔；对称三开道岔；工务

1　引言

天津地铁6号线为天津市轨道交通线网中的一条骨干线路，正线全长55.7km，分期分段开通运营。2016年8月首开段（人民医院站至水上公园东路站区段）开通试运营，利用人民医院站和水上公园东路站的两组60kg/m轨9号对称三开道岔进行临时折返作业，各折返4个月。2016年12月一期北段工程（南孙庄至人民医院站区段）开通试运营，一期工程北段贯通，北端利用南孙庄站的单开道岔进行折返作业，南端继续利用水上公园东路站的一组三开道岔作为临时折返道岔。到目前为止，水上公园东路站的一组三开道岔折返时间已达14个月。

对于普通的单开道岔地铁已有相当成熟的养护维修技术经验，但如何安全可靠地对用于临时折返的三开道岔进行养护维修，还是一个需要研究探讨的问题。

2　三开道岔的结构

对称三开道岔又称复式异侧对称道岔，是复式道岔中较常用的一种形式。[1] 它相当于两组异侧顺接的单开道岔，但其长度却远比两组单开道岔的长度之和短，以达到缩小车站土建工程范围、缩短停车线长度、减少铺轨数量，从而降低工程投资的目的。[2]

三开道岔由一组转辙器、一组中间辙叉、两组相同的后端辙叉及护轨和连接钢轨组成。[3] 转辙器比较特殊，包括两根直向长尖轨、两根侧向短尖轨和两根基本轨。尖轨采用60AT1钢轨制造，直向尖轨尖端为藏尖式，侧向尖轨尖端为贴尖式，辙跟为活接头结构；辙叉采用高锰钢整铸式，中间辙叉为曲线型，后端辙叉为直线型。现场开通直股时如图1所示。

图1　开通直股时的三开道岔现场图

为满足水上公园东路站三开道岔的折返使用需求，降低尖轨磨耗速度，提高尖轨使用寿命，天津地铁6号线采用了高硬度、耐磨的合金钢材质尖轨。

3 三开道岔的维护保养

三开道岔结构和转辙设备复杂，维保技术难度大，运行条件较差，为保障列车正常运营折返，必须对三开道岔的特殊部位进行具有针对性的维护保养。

3.1 尖轨动程与最小轮缘槽宽度调整

三开道岔转辙器上首先需确定的几何尺寸主要有尖轨最小轮缘槽宽度和尖轨动程，两者的尺寸均应保证列车轮对在最不利条件时能顺利过岔，而不挤压或碰撞尖轨非工作边。

因三开道岔尖轨较单开道岔尖轨薄弱，弹性较大，且尖轨只设一个牵引点，没有办法直接调节轮缘槽宽度，只能通过调整尖轨尖端的动程大小和在辙跟部位加减调整片间接调整轮缘槽的宽度。因此在维保过程中必须保证侧向尖轨尖端动程符合 180±5mm 的设计要求，进而才能保证轮缘槽宽度。

3.2 尖轨密贴调整

三开道岔尖轨薄弱，尖轨中未设置连杆，直向尖轨与固定在侧向尖轨上伸长的连接铁通过销子连接在一起，这种特殊的连接方式导致尖轨密贴的调整难度很大。在维保过程中不仅要保证直向尖轨与基本轨密贴，同时要保证在开通侧股时侧向尖轨与直向尖轨密贴。

调整尖轨密贴时直向尖轨与基本轨的密贴与普通单开道岔调整方法一样，但在调整侧向尖轨与直向尖轨的密贴时须注意在道岔扳动的过程中有无侧向尖轨阻碍直向尖轨运动的现象，同时应注意转辙力不能太大。应保证直向尖轨牵引点（牵引点位置在接头铁中心）前与基本轨密贴、侧向尖轨牵引点（牵引点位置在接头铁第 2 根螺栓中心）前与直向尖轨密贴极限偏差应小于 0.5mm。直向尖轨其余部分与基本轨密贴、侧向尖轨其余部分与直向尖轨密贴极限偏差应小于 2.0mm。

3.3 尖轨轨底与滑床台密贴调整

三开道岔转辙器长短尖轨联结方式的复杂性，导致三开道岔的整体稳定性较差，因此只有保证尖轨轨底与下部滑床台密贴，才能保证尖轨密贴及转辙机锁闭。维保过程中尖轨轨底与滑床板间隙极限偏差应小于 2.0mm（牵引点两侧尖轨轨底与滑床板必须密贴），且大于或等于 1.0mm 的缝隙不应连续出现。

3.4 转辙器轨距和框架尺寸调整

三开道岔尖轨范围内轨距和两根基本轨工作边距离应定期全面检查，主要检查直股轨距、侧股轨距和两根基本轨工作边距离，各项检查数据应在设计要求范围内。

另外，三开道岔尖轨较薄较长，弹性较大，尖轨中未设置连杆，整根尖轨只有尖轨尖端的拉杆和辙跟活接头横向连接，所以尖轨中轨距不易保持。在平时的维保中应注意检查调整，保证尖轨中轨距符合规定。

3.5 工电配合及其他调整要求

三开道岔结构特殊，整体稳定性较差，维保周期应比单开道岔的维保周期短。维保经验表明，对折返三开道岔应一周进行一次工电联合检修，一般渡线上的三开道岔应一个月工电联合检修一次，以便使三开道岔的工作性能保持稳定。巡道人员每日应对三开道岔的尖轨密贴、联结零件有无缺损和松动，钢轨伤损及轨向高低等情况进行重点巡视。

在工电配合过程中，应对尖轨密贴、侧向尖轨尖端动程、尖轨转换阻力及信号专业 2/4mm 密贴指标进行调整。调整密贴时注意转换力不应太大，同时关注在道岔扳动过程中侧向尖轨阻碍直向尖轨运动的现象，此情况极易导致转辙机发生失向表示故障。

三开道岔其他部位的维保应参照设计文件要求及相关维修规则进行即可。

4 结语

天津地铁 6 号线因受市区规划及周边约束

条件限制，选用了 60kg/m 轨 9 号对称三开道岔，有效降低了工程综合造价。三开道岔尖轨薄弱，结构复杂，养护维修量大，一般不用作折返道岔，但因天津地铁 6 号线分期分段开通运营，必须采用三开道岔作为折返道岔。

一年多的运营实践表明：通过有效的工电配合养护维修保障，可以大幅降低三开道岔的故障率，能够保障列车正常安全折返，相关维护经验可供同行参考。

同时，在使用过程中三开道岔也暴露出部分问题，如尖轨中轨距不易保持、侧向尖轨尖端动程不易调节、尖轨部分轮缘槽宽度没法直接调节、采用合金钢材质尖轨后掉块现象严重等。建议有关部门制定三开道岔的养护维修标准。

参考文献

[1] 蒋昕．城市轨道交通用 60 kg/m 钢轨 9 号对称三开道岔的设计［J］．铁道标准设计，2013，(08)：41-44.

[2] 李明峰．三开道岔在城市轨道交通中的控制应用［J］．铁道通信信号，2013，(08)：54-56.

[3] 李成辉．轨道［M］．成都：西南交通大学出版社，2005.

浅析天津轻轨杂散电流及防护

马海军
（天津滨海快速交通发展有限公司）

摘　要：本文介绍了轻轨杂散电流的概念、危害、腐蚀特性、监测方法防护手段及相关维护经验。

关键词：杂散电流；危害；电流腐蚀；监测；防护；维护

1　引言

天津轻轨杂散电流防护主要涉及高架桥、轨道、车站建筑。针对土建和牵引供电的特点，采取以下防护措施：（1）建立畅通的牵引负回流通路；（2）钢轨绝缘安装，车辆段、停车场和车站引入及引出轨道交通系统的给排水管采用绝缘隔离安装方式；（3）将高架区段轨道梁内结构钢筋进行可靠焊接，以此为杂散电流收集网；（4）设立完备的杂散电流监测系统等。

2　杂散电流的概念

杂散电流也称迷流，指采用直流牵引方式的地铁列车在运行时泄漏到道床及周围土壤介质中的非正常渠道回流电流。在列车直流牵引供电系统中，正极连接触网，负极连走行轨，走行轨兼作回流线。在投入运行初期，走行轨与道床之间的绝缘程度较高，轨地过渡电阻较大，由走形轨泄露到道床的迷流也较少。但随着地铁运营时间的推移，由于受到不可避免的污染、潮湿、渗水及钢轨磨损产生的金属粉尘堆积等因素影响，钢轨对地绝缘性能降低，轨地过渡电阻减小。根据分流原理，这种非正常回流的杂散电流就会随着过渡电阻的不断减小而逐渐增大。

3　杂散电流的危害

产生的杂散电流对地下或地面的金属构件如结构钢筋、地下管线等产生严重的腐蚀。腐蚀不仅造成大量的金属损失，更为严重的是，可能造成结构的破坏和其他系统的损害。因此，需研究认识杂散电流对地铁环境中设备的腐蚀机理，以便采集有效的防护措施，降低其危害程度。杂散电流对地铁隧道结构钢筋及地下钢铁金属设施都会产生严重的腐蚀，杂散电流对金属引起的腐蚀比自然腐蚀要剧烈得多。杂散电流引起的腐蚀与钢铁在电解质中发生的自然腐蚀不同，杂散电流腐蚀是由外部电源泄漏的电流作用而引起的结果，而自然腐蚀的电流是自发进行的，且杂散电流在数值上要比自然腐蚀的电流大几十倍，甚至上百倍。

杂散电流的腐蚀特点是腐蚀强度大，危害大，范围广，随机性强；而且腐蚀会集中于局部位置，当有防腐层时，往往就会集中于防腐层的缺陷部位。根据法拉第电解定律，每1安培的杂散电流，每年可腐蚀钢铁金属9.11kg。

4　杂散电流对混凝土结构的破坏

杂散电流通过混凝土时对混凝土本身并不产生影响；但如果混凝土中有钢筋存在，则钢筋会起到汇集电流的作用并把电流引导到排流点。当杂散电流由混凝土进入有钢筋之处时，钢筋呈阴极。如果阴极析氢且氢气不能从混凝土逸出，就会形成等静压力，使钢筋与混凝土脱开，对混凝土结构造成严重破坏。

在电流离开钢筋的部位，钢筋呈阳极，钢筋丢失铁离子后就会发生腐蚀并形成腐蚀产物。Fe（OH）$_2$、$Fe_2O_3 \cdot xH_2O$（红锈）、Fe_3O_4（墨锈）等。腐蚀产物在阳极处的堆积也会以机械作用排挤混凝土而使之开裂。有关研究资料表明，红锈的体积可以大到原来钢筋体积的4倍，黑锈的体积可大到原来的2倍。铁锈形成后，钢筋体积会膨胀，进而对周围混凝土产生压力，使混凝土内部产生拉应力。由于混凝土的抗拉强度很低，一般只有0.88MPa—1.5MPa，因此一旦钢筋体积膨胀混凝土会沿钢筋方向开裂。

5 杂散电流的腐蚀机理

金属的腐蚀一般分为二种形式：化学腐蚀和电化学腐蚀。化学腐蚀是在潮湿和酸性环境中产生的。电化学腐蚀发生在金属与周围环境（空气、水或土壤）间的电化学反应过程中，其间可能引起电池效应。在这种腐蚀过程中，金属材料表面会形成一种微电池，也被称作腐蚀电池（其电极习惯上被称为阴、阳极）。阳极上发生氧化反应，使阳极发生溶解；阴极发生还原反应，一般只起传递电子的作用。发生氧化反应时，金属被氧化产生金属离子进入电解质，因丢失金属离子而发生腐蚀。

6 杂散电流的形成原理

在地铁等直流电气化轨道运输系统中轨道被作为回流导体，由于钢轨不可能对地完全绝缘，而且回流轨存在电压降，会导致一部分负荷电流从轨道流到轨枕和道床及地下金属设施中，这部分电流叫杂散电流（迷流）。

杂散电流所经过的路径可概括为两个串联的腐蚀电池的电路，即电池电路Ⅰ：A钢轨（阳极区）→B道床→C排流网（阴极区）；电池电路Ⅱ：D排流网（阳极区）→E道床→F钢轨（阴极区）。I1为一个供电区间牵引变电所向机车提供的电流，I2为通过走行轨向牵引变电所回流的电流，I3为泄漏到地下的杂散电流。在有排流网的情况下，部分杂散电流会通过排流网被引至牵引变电所，呈负极。

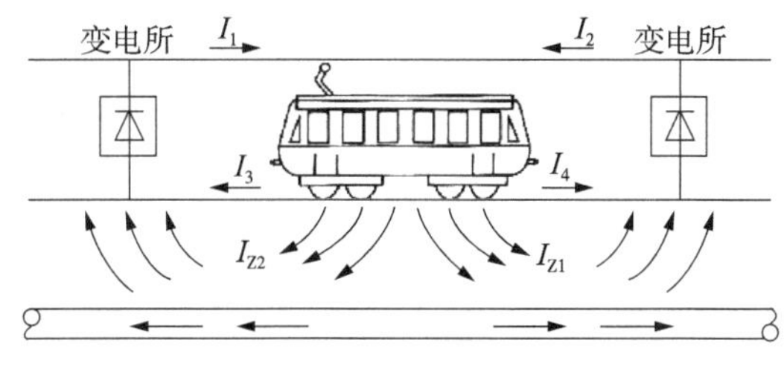

地铁杂散电流形成示意图

7 影响杂散电流大小的因素

7.1 地铁走行轨过渡电阻值

走行轨与地之间的过渡电阻越小，它们之间的漏泄点越多，地铁杂散电流越容易产生，而且数值越大，危害也就越大。

7.2 走行轨阻抗的大小

钢制的走行轨本身的阻抗越大，地铁杂散电流就越大。实际敷设的走行轨不论是50kg重的还是60kg重的，其阻抗的测量值相差不大，几乎可忽略不计。即使采用长钢轨敷设，其阻抗电阻值的变化也不大，可以忽略不计，均可认为是0.01Ω/km。

7.3 机车运行的牵引电流大小

机车的牵引电流越大（列车启动、加速、超负荷运行时，瞬间牵引电流可达上千倍），地铁杂散电流也会越大。

7.4 供电区间的距离

地铁列车的位置通过走行轨连接到电源负极的距离越远，地铁杂散电流产生的范围就越大，数值相应也就越大。

7.5 土壤情况

土壤越潮湿，流入土壤中的杂散电流与走行轨上流过电流的比例就越大，另外杂散电流的产生与土壤的酸碱度、细菌等情况也有一定的关系。其中轨地过渡电阻及中心点阻抗是影响杂散电流最重要的两个因素。

8 天津轻轨杂散电流防护监测系统

天津轻轨牵引供电系统是走行轨为回流通路的直流牵引供电系统，接触网采用额定电压DC1500V，波动范围1000V—1800V。由于运营环境、经济及其他方面的限制，走行轨不可能完全绝缘于道床结构，因此牵引回流电流不可避免地经走行轨向道床及其他结构泄漏而产生杂散电流。为避免和减少杂散电流对土建结构钢筋及地下金属管线的腐蚀，天津轻轨杂散电流防护部门采取“以防为主，以排为辅，防排结合，加强监测”的综合防护措施。主要方案有：

(1) 回流轨绝缘安装、均回流系统电气畅通、轨旁设备采取绝缘安装或绝缘隔离措施。

(2) 将整体道床结构钢筋进行可靠焊接，使之联结构成杂散电流收集网。

(3) 将地下车站和区间隧道内结构钢筋进行可靠焊接，使之联结构成杂散电流防护网。

(4) 于正线、车辆段牵引变电所设置排流柜，为杂散电流提供金属电气贯通回路。

(5) 于停车场、车辆段出入段线、列检库、组合库外设单向导通隔离装置。

(6) 设置杂散电流测试端子箱，用便携式微机综合测试装置进行测量和记录。

8.1 参考电极

选用埋置式氧化钼参考电极，安装在离测量端子沿线路方向不超过 1m 的混凝土中。安装后必须做好防水层、排水坡的修补工作。

8.2 单向导通装置

将电缆与绝缘结两端的回流轨相连，使回流轨中的电流仅单方向流通，以利于杂散电流的防护和减少影响。设置二极管支路及隔离开关和消弧装置。于特殊运营方式下，利用隔离开关可以将绝缘结两端回流轨直接电气连接；消弧装置用于车辆再生制动导致单向导通装置附近回流轨电位升高时的情况下，该装置电气导通，降低走行轨电位，限制绝缘结两端放电和保证回流轨附近人员的安全。

8.3 系统构成

轻轨的杂散电流监测系统由杂散电流收集网测量端子、参考电极、区间接线盒、测量用

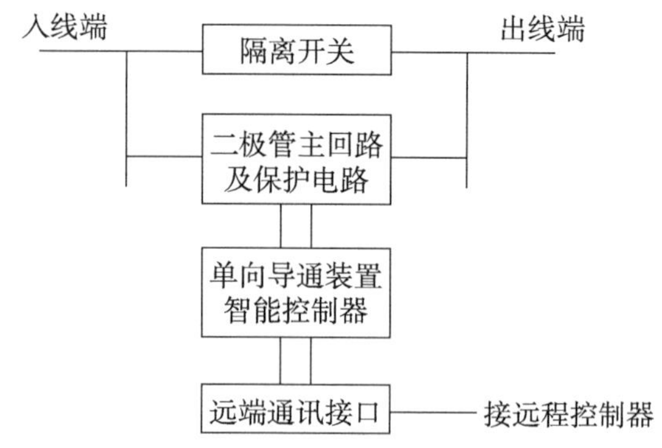

单向导通装置的系统组成框图

信号电缆、信号测量端子箱和便携式微机综合测试装置构成。对应每个测量端子，在轨道表层混凝土（表层混凝土及防水层厚度为 50—60mm）中埋一参考电极。于每个变电所的控制室设一杂散电流测试端子箱，每座车站及两端区间的测试端子（收集网测量端子及参考电极）经 2 芯测量电缆接至测试端子箱，便携式微机综合测试装置通过与变电所内测试端子箱连接来对各测试点的结构钢筋腐蚀电位进行测量和记录。

8.4 电缆走向

测量用信号电缆经接线盒分别与参考电极和测量端子连接后，经电缆支架、车站电缆竖井、变电所下电缆夹层进入变电所，并接至变电所测试端子箱。测量电缆敷设在电缆支架的联跳电缆层。

8.5 维护经验

经过对杂散电流系统的排查，存在排流网测量端子连接引线脱焊、参考电极陶瓷体外壳破损造成的电极歪斜脱落、电极孔洞进水进土、电极锈蚀现象。对开焊测量端子用钢丝刷、砂纸及磨光机将表面污垢及氧化层打磨干净，对测量引线进行焊接（连接端子与连接电缆时用螺栓，连接外表面涂导电力脂。）连接完成后，对所有外露金属部分涂刷沥青进行防腐处理。对损坏的电极应进行更换，在距测防端子不超过 1m 处，选定位置钻取直径大于

60mm、深度大于160mm的孔洞，除掉孔洞内的混凝土粉块及浮尘，用水淋湿内表面。将事先配好的砂浆用干净的水调匀，稠度适宜，然后将少许砂浆放入孔洞涂抹四周壁上。于参考电极陶瓷外壳处涂抹薄薄一层砂浆，而后将其轻轻放入孔洞。将电极导线穿过套管取出，将孔洞空隙封堵，并用砂浆抹平，用作防护帽，防止瓷体外壳受外力破损及防止进水（安装后必须做好防水层、排水坡的修补工作）。为了实时监测杂散电流系统情况，如实反映杂散电流的产生数值（列车运行对数、负荷电流大小变化对其都有影响），对原有监测方式进行改造，在每个车站变电所控制室内设置一套杂散电流监测装置，通过变电所综合自动化系统上传数据至综合监控中心，以便掌握杂散电流数值变化，分析其背后的缘由。

参考文献

[1] 李威. 地铁杂散电流腐蚀监测及防护技术 [M]. 徐州：中国矿业大学出版社，2004.

轨道交通能源管理系统方案研究

孙 虹

（天津市地下铁道集团有限公司）

摘 要：随着轨道交通里程数的不断增加，轨道交通运营面临的节能减排压力和能耗费用压力也越来越大，能源管理系统为此提供了解决方案。本文详细研究了轨道交通能源管理系统方案，对智能表计的设置范围、采集方式及相关要求等内容进行了分析研究。

关键词：轨道交通能源管理；节能减排；智能表计

1 地铁能源管理系统简介

地铁即将进入网络化运营，能源统计及质量分析管理将是一个大量数据的统计分析的复杂工作，实现能源管理的精细化显得尤为迫切。

为实现地铁从多年来粗放型能源管理向精细化管理转变，需了解掌握各全线每日、每月、每季、每年或任意时间段产生的电量、水、燃气的情况，进行监测和统计，对能源消耗及质量进行分析评估。根据各线各回路测量点的电度、有功功率、无功功率、功率因数、谐波等数据统计结果，及时分析产生过多电能损耗的原因，及时提出节能的方向提示和技术解决方案。在遵循实用性、先进性、可靠性、兼容性和可扩充性原则的基础上，通过电子计算机信息技术，研究建立一套具有管理先进、技术超前特点，实现从调度到线路的能源实时监视与综合管理的系统，即地铁能源管理系统。

能源管理系统可通过对电能、水、燃气等能源进行实时在线的监测和分析，实现能源质量分析功能和能源计费管理功能，随时监测电网可能会发生的异常和事故，从而保证能源网络的安全、可靠、经济运行。

2 地铁能源管理系统结构

目前，供电、低压动照专业及综合监控专业已根据能源管理系统建设的相关要求在现场就地设备上配置电能计量表计、燃气计量表计和水计量表计，并已在车站级分别接入车站电力 PSCADA 和 BAS 系统。由于电力 PSCADA 和 BAS 深度集成到综合监控系统，综合监控系统已具备对全线各车站、变电所相关供电及机电系统的实时能耗数据采集及监测功能，实现线路能源管理系统功能。在车辆段，综合监控系统需设置能耗数据采集通信控制器，用于车辆段智能水表、智能燃气表能耗数据的采集。综合监控系统需根据运营需求，在控制中心设置应用服务器和能源管理工作站。

线路能耗管理系统预留具备与线网级能耗统计与监测平台的接口的条件，可通过设置线网能耗管理平台接口网关，实现与线网级能耗统计和监测平台接口的功能。

2.1 控制中心级和站级能源管理系统构成

控制中心级能源管理系统负责收集站级能源管理系统的数据，并且通过系统软件进行统一的处理和统计分析，对全线低压供电系统实现集中、全面、实时的远程监测，将每个车站和车辆段的供电质量、事故报警、电能分配，用水量、天然气使用量等情况及时、准确地反映到系统中并显示出来，对全线实行同步管理。

2.2 现场级采集层

现场电能采集层有两种采集方式：第一种是通过电能采集器采集现场电表的各种参数，采集参数主要有三相电压、三相电流、功率、功率因数、频率、电度等等，通过 ISCS 系统上传给综合监控系统；第二种是设置水表和煤气表，通过 BAS 系统采集并上传至综合监控系统。现场采集层的电、水、煤气的仪表采集的数据及信息都上传至中央级综合监控系统。

2.3 能源管理系统主干网络构成方案

能源管理系统的主干网络负责连接控制中心级、各个站级的能源管理系统网络，承担着中心与站级之间的状态信息和控制信息的传输任务，是能源管理系统系统的基础传输平台。能源管理系统的主干网络可以采用由通信系统提供的综合监控主干网络完成数据传输。

3 能源管理系统对服务器负荷量的计算

数据存储容量需求按如下约定测算：

该容量的计算方式按 1 月数据来计算。

采集密度：电量数据采集，每次间隔 1 小时；功率电压数据采集，每次间隔 15 分钟。

数据长度：每条记录长度、主键索引长度和辅助索引长度。

计算点规模：表计个数 × 变量个数（12500×20）。

计算公式：采集密度×记录条数×计量点规模×（每条记录长度+主键索引长度+辅助索引长度）/（1024×1024×1024），计算结果的单位为 GB。

考虑到日志文件及临时库的空间，设置日志文件空间 = 10% 数据空间，临时库空间 = 20%数据空间，则：

12500 块表，每块表 20 个点，一个月数据库空间 = 20GB×（1+10%+20%）= 26GB。

要保证五年数据在线，数据库需要保存 5×12+1 个月数据，则：

26×61 = 1586GB。

考虑到磁盘空间冗余，以数据库空间占用 70%估算，则：

12500 块表，每块表 20 个点五年（61 个月计算），磁盘阵列空间 = 1586GB/0.7≈2266GB。

建议使用 3T 以上存储内存。

根据某地铁线现场各服务器实际运行情况统计，整个系统（包括操作系统）运行内存占用 7.1G。建议使用 16G 以上内存。

4 系统功能

系统可实现各种电能量数据、遥测信息及状态信息的采集、处理和存储；实现对这些数据的统计、分析、计算、查询，以及各种电力设备档案的录入、查询、管理；按区域、时域、电压等级等进行网损、线损、变损的计算以及对电压合格率、供电可靠性、负载率进行计算、分析。

在变电所设置能源管理智能表计，设置地点如下：35kV 变电所变压器馈线，以及部分要求单独计量的 400V 馈线；在正线、车辆段设置智能水表、智能燃气表计。

主要实现以下功能：

实时监测和历史记录；

自动抄收功能；

监测功能；

智能监测设备管理功能；

查询统计功能；

数据分析功能；

统计报表输出功能；

高级数据分析功能。

5 信息采集及计量装置设置原则

在满足功能要求的前提下应综合虑经济性与实用性，建议按照“集中布置、按需设表”的原则设置能源数据采集及计量装置。

5.1 电表设置原则

针对地铁用电负荷的特点和地铁各用电负荷的分布特性，对地铁各用电回路进行分析，从而确定计量形式和计量装置安装的位置、哪些回路需要安装带通信功能的多功能智能仪表。地铁用电设备种类和数量较多，设备分布在各设备机房，不利于计量数据的采集，且存在设备维护分散、通信线缆敷设工作繁杂等一系列问题。因此，计量装置宜集中设置在地铁各变电所、环控电控室的馈电回路或计量柜内，以利于计量数据的自动采集、人工抄表和校对以及计量表计的测试和维护等工作。

综合考虑经济性和实用性，确定需要采集哪些回路计量信息，在哪些用电回路设置多功能智能仪表，建议按以下原则来考虑计量装置的设置：

（1）于地铁中主要用电设备以及持续性运行的大负荷容量设备设置多功能智能仪表等计量装置。对于长期处于备用状态，不经常使用或仅在事故或火灾状态下使用的用电负荷回路（如维修负荷、防淹门、人防负荷、消防泵、人防及消防通风机、排烟风机、废水泵等），年用电量很少（在全部低压用电量中仅占3%左右）的，不设置多功能智能仪表。

（2）于35kV变压器馈线回路设置多功能智能仪表，同时该仪表应具有谐波测量功能。

（3）于车站/车辆段变电所0.4kV进线回路配置多功能智能仪表，同时该仪表应具有谐波测量功能。

（4）对于负荷容量很小、不安装计量表也不会对统计数据产生实质性影响的小负荷回路，不设置多功能智能仪表，可于总进线和其他馈线设表，通过计算总体了解小容量负荷用电情况。

可测量通用数据，并上传，支持开放的通用型标准规约。（采用Modbus通讯，RS485接口）。

以上原则为适度设置多功能智能仪表的建议方案，工程实施时，应根据具体情况合理选择配置多功能智能仪表的回路数量。

5.2 水、燃气表计设置原则

在车站、车辆段设置水表，用于计量车站、车辆段的用水量。其中车站主要涉及空调、厕所的用水量。

在车辆段设置燃气表计。

参考文献

[1] 宋剑伟．地铁用电设备节能措施探讨［J］．都市快轨交通，2006（2）：76-80.

[2] 龙潭．地铁能源管理系统设计［J］．都市快轨交通，2009（4）：15-17，60.

基于 CPS-SPWM 技术的多电平逆变器在轨道交通车辆中的应用研究

杨　航

（天津滨海快速交通发展有限公司）

摘　要：针对目前轨道交通车辆使用的传统型三相两电平全桥式逆变器输出谐波含量较大的问题，本文在对SPWM 调制技术进行数学分析的基础上，将载波相移（Carrier Phase Shift，CPS）的思想引入其中，提出了一种适用于我国轨道交通车辆的多电平逆变器结构设想，使得车辆逆变器输出电压中的谐波含量得以大幅降低。本文在Matlab/Simulink 软件中搭建了三相五电平逆变器模型进行仿真验证，结果证明了该技术理论的正确性和可行性。

关键词：交流传动系统；多电平逆变器；载波相移 SPWM；谐波含量

1　引言

近些年来，随着城市规模及人口的迅速扩张，城市交通问题日益突出。城市轨道交通作为一种拥有百年发展历史的运输方式，以其安全、快捷、舒适等优点越来越受到人们的重视。目前，我国已成为世界上最大的地铁和轻轨建设市场，城市轨道交通在我国的持续高速发展是必然趋势。[1,2]

20 世纪 90 年代末期，随着大功率电力电子技术的不断进步，轨道交通车辆牵引电气系统也在不断地更新与发展，其控制方法经历了凸轮调阻、斩波调压和调频调压（Variable Voltage and Variable Frequency，VVVF）三大方式。由于 VVVF 交流传动系统具有诸多优点及其技术上已趋成熟，采用 VVVF 交流传动系统的车辆已在世界各国新建地铁、轻轨系统中广泛应用，成为城轨车辆的主流。[3]

VVVF 交流传动系统的核心器件为牵引逆变器。传统电压型三相两电平桥式逆变电路因其结构简单、生产维修成本较低、性能较为稳定，是目前轨道交通车辆中应用最为广泛的逆变器拓扑结构。但该种结构的逆变器仅能输出高、低两电平电压波形，谐波含量较高，不仅在一定程度上造成了直流侧电能浪费，而且还需在逆变器输出端加装大容量电感、电容等无源滤波器件，增加了列车生产、维护成本。因此，一些特性更好的逆变器拓扑结构及调制技术完全有可能应用到城轨交流传动系统中来解决这一问题。

基于这种思想，本文将载波相移（CPS）的思想引入到常见的 SPWM 调制技术中，提出了一种适用于轨道交通车辆的多电平逆变器结构设想，使得相同开关频率下逆变器输出电压中的谐波含量得以大幅降低。并在 Matlab/Simulink 软件中进行了仿真验证，证明了所提方案的可行性。

2　多电平逆变器主电路拓扑结构

三相五电平逆变器拓扑结构如图 1 所示。逆变器每相由两个 H 桥单元级联而成，通过触发信号控制开关器件的通断便可使每个 H 桥单元输出-E、0、+E 三种电平电压，合成后的输出相电压有五种不同的取值：-2E、-E、0、E、2E。改变级联 H 桥单元的个数 N，便可使该结构的逆变器拥有更高电平数的输出电压，其中相电压电平数为 $2N+1$，线电压电平数为 $4N+1$。

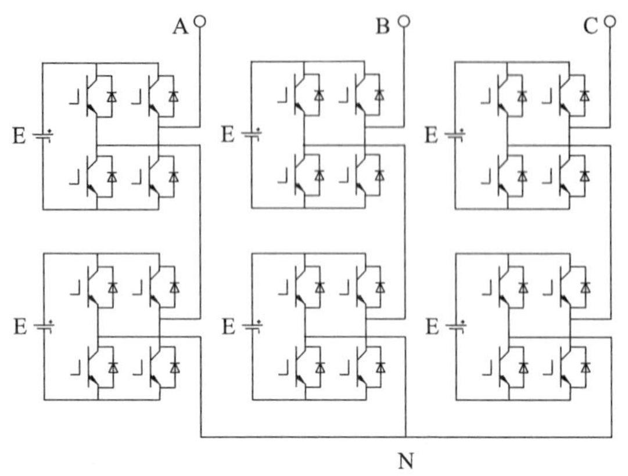

图1　级联 H 桥型三相五电平逆变器拓扑

3　CPS-SPWM 调制策略

3.1　SPWM 与 CPS-SPWM 调制策略的比较

应用于传统轨道列车两电平逆变器的 SP-WM 调制方式为了对正弦调制波进行准确的反应，势必会使变流系统工作在较高的开关频率下，加剧开关器件 IGBT 的损耗与逆变器的整体老化[4]，极端情况下甚至会使逆变器 IGBT 模块发生爆裂。据统计，国内运营超过 5 年以上的城市轨道交通线路均不同程度地出现过列车牵引逆变器爆裂故障。因此，传统的 SPWM 调制方式并不适用于多电平逆变器。图 2 为天津轻轨线路上一台老化后 IGBT 模块发生爆裂的两电平牵引逆变器。

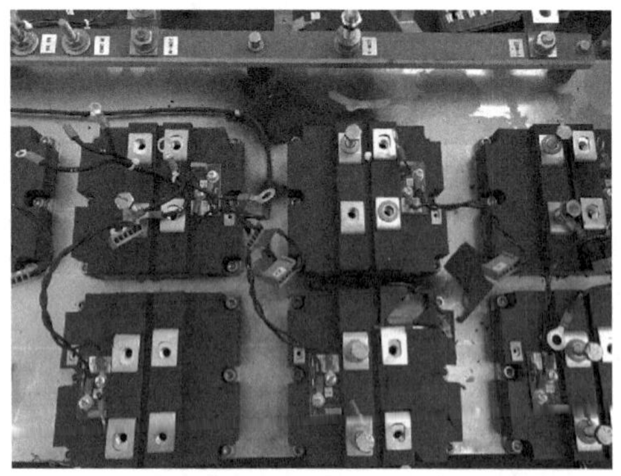

图2　IGBT 模块老化后爆裂的两电平逆变器

CPS-SPWM 调制策略是两电平 SPWM 通过多重化技术扩展产生的，适用于大功率变流场合的优秀调制策略。采用 CPS-SPWM 调制策略的变流系统在较低的器件开关频率下实现了较高等效开关频率的效果，在显著改善了输出波形质量的前提下解决了开关器件功率处理能力与开关频率之间的矛盾[5,6]，十分适用于控制轨道交通列车的多电平逆变器。

3.2　CPS-SPWM 调制策略的基本原理

CPS-SPWM 调制策略的原理如图 3 所示，其基本思想是：在 H 桥变流单元数为 N 的电压型多电平逆变器中，各变流单元采用共同的调制波信号 $M(t)$，频率为 ω，各变流单元中三角载波频率 $f_c = K_c\omega$，其中 K_c 为载波比，三角载波的相位在水平方向上互相错开周期的 $1/2N$[7]，如图 3（a）所示（图中 $N=2$，载波比 $K_c=20$，幅度调制比 $M=0.9$）。图 3（b）所示为正弦波与三角载波调制后所得的 4 组 PWM 触发脉冲，N 个 H 桥变流单元交流输出叠加而成的系统总输出波形如图 3（c）所示。从中容易看出，经过叠加后逆变器总的输出波形更接近正弦波形。

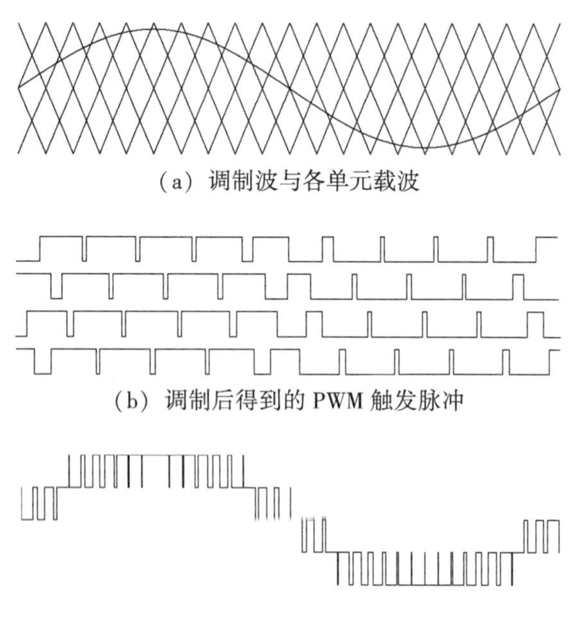

（a）调制波与各单元载波

（b）调制后得到的 PWM 触发脉冲

（c）CPS-SPWM 波形

图3　CPS-SPWM 调制技术原理图

采用 CPS-SPWM 策略进行调制时，设 N

个变流单元采用相同的正弦调制波 $M(t)=Q\cos(\omega t+\varphi)$，各变流单元的三角载波相位均匀错开周期的 1/2N，则第 L 列载波对 $M(t)$ 进行调制后输出波形的双重傅里叶级数表达式为：

$$F_L(t)=\frac{2QE}{\pi}\cos(\omega t+\varphi)+\sum_{m=1}^{\infty}(\frac{4E}{m\pi}) J_0(mQ)\sin(\frac{m\pi}{2})\cos(m\omega_C t+\varphi_C+\frac{2\pi L}{N})+\sum_{m=1}^{\infty}\sum_{n=\pm1}^{\pm\infty}(\frac{4E}{m\pi})J_n(mQ)\sin(\frac{m+n}{2}\pi)\cdot\cos\left[m(\omega_C t+\varphi_C+\frac{2\pi L}{N})+n(\omega t+\varphi)\right] \quad (1)$$

其中，E 为直流侧电压值；Q、ω、φ 分别为制波幅值、频率与相位；ω_c 与 φ_c 分别为载波频率与相位；$J_n(x)$ 为 n 阶贝塞尔函数：

$$J_n(x)=\sum_{m=1}^{\infty}(-1)^m\frac{x^{2m+n}}{2^{2m+n}m!\,(n+m)!}$$

由式（1）N 个变流器单元的输出波形叠加得到的总输出波形傅里叶级数为：

$$F_T(t)=N\frac{4QE}{\pi}\cos(\omega t+\varphi)+\sum_{m=1}^{\infty}(\frac{4E}{m\pi}) J_0(2mNQ)\sin(mN\pi)\cos[2mN(\omega_C t+\varphi_C)]+\sum_{m=1}^{\infty}\sum_{n=\pm1}^{\pm\infty}(\frac{4E}{m\pi})J_n(2mNQ)\sin(\frac{2mN+n}{2}\pi)\cdot\cos[2mN(\omega_C t+\varphi_C)+n(\omega t+\varphi)] \quad (2)$$

由式（2）可以看出，变流器的总输出是各变流单元输出信号的代数和，传输功率较单个变流器提高了 N 倍。最低次谐波群出现在 $2N$ 倍载波频率 $2N\omega_c$ 附近，也就是说，采用 CPS-SPWM 调制策略的多电平逆变器将等效载波比提高了 $2N$ 倍。[8]

等效载波比的提高意味着等效载波频率的提高，即系统在单个开关器件的开关频率保持不变的同时实现了较高等效开关频率的输出，输出波形中的低次谐波分量得到了有效抑制。

这就是说，CPS-SPWM 调制策略可以在不增加列车逆变器 IGBT 开关损耗的前提下大大优化输出谐波特性，延长设备的使用寿命。

4 仿真验证与分析

为了进一步阐述基于 CPS-SPWM 调制策略的多电平逆变器的工作方式并验证对其理论分析的正确性，本文在 Matlab/Simulink 软件中搭建了三相五电平逆变器模型进行仿真研究。仿真模型的级联 H 桥型主电路拓扑如图 4 所示，为了输出五电平的相电压，每相由 2 个 H 桥变流单元级联而成。

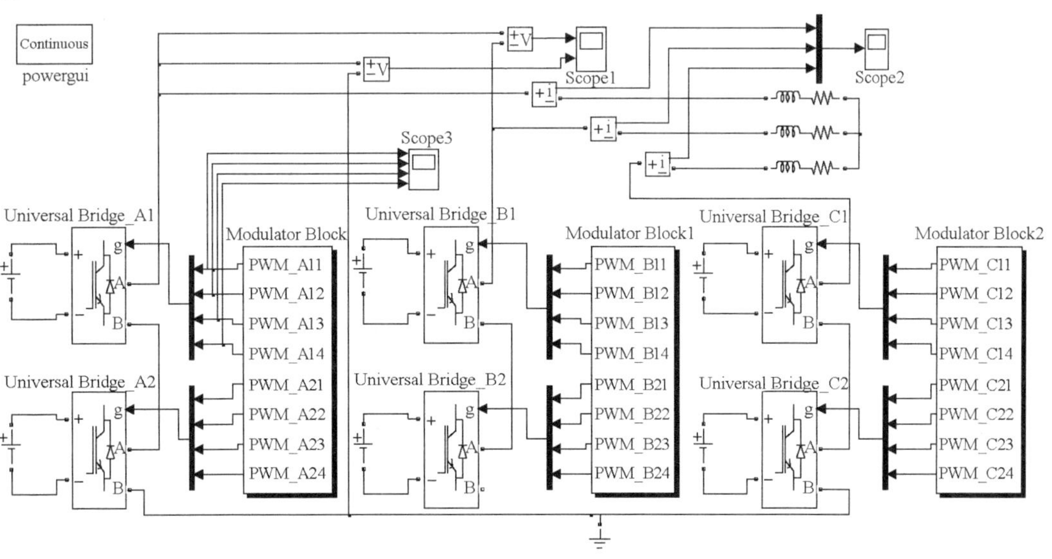

图 4 Matlab 中搭建的三相五电平牵引逆变器仿真模型主电路

系统仿真参数设置如下：三角载波幅值为 1，调制比 M 分别取 0.8。正弦调制波频率 50Hz，载波频率 $f_c=1$KHz，即 $K_c=20$。为模拟城轨列车交流传动系统的工作环境，负载选为 Y 型连接的三相阻感性负载，电阻 $R=5\Omega$，电感 $L=0.01$H。直流侧电压 E 取值 20V。

系统有 3 个调制模块，分别为每相两个 H 桥变流单元提供 8 路 PWM 触发脉冲。每个调制模块中共用相同的正弦调制波调制信号，4 列三角载波信号通过加入延时环节依次错开 $\pi/2$。

图 5、图 6 分别为 Matlab/Simulink 中搭建的传统三相两电平全桥式逆变器与三相五电平级联 H 桥式逆变器模型输出的 A 相电压 U_a 和负载电流 I_a 的波形以及谐波频谱分析。

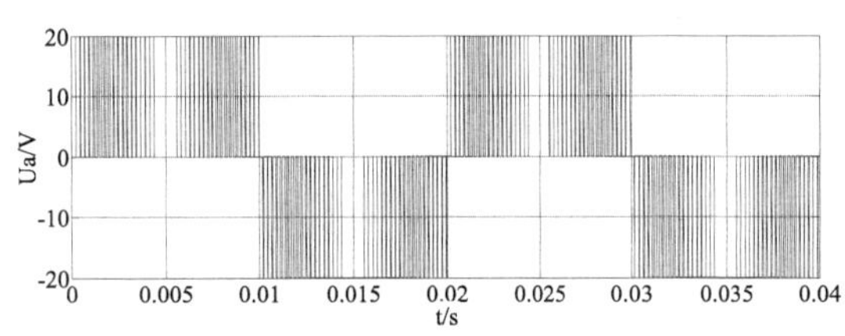

（a）输出相电压波形

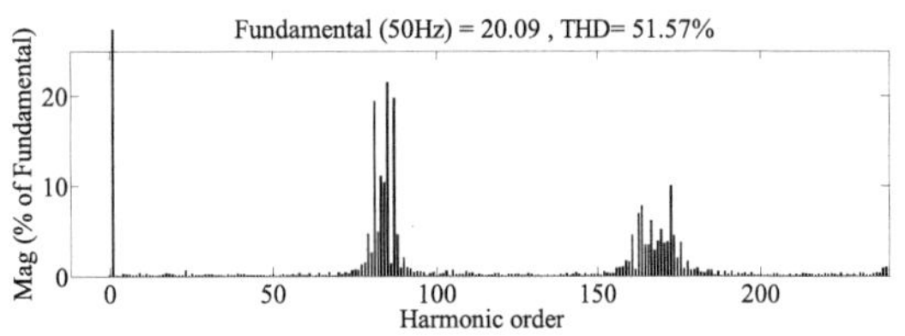

（b）相电压波形谐波频谱分析

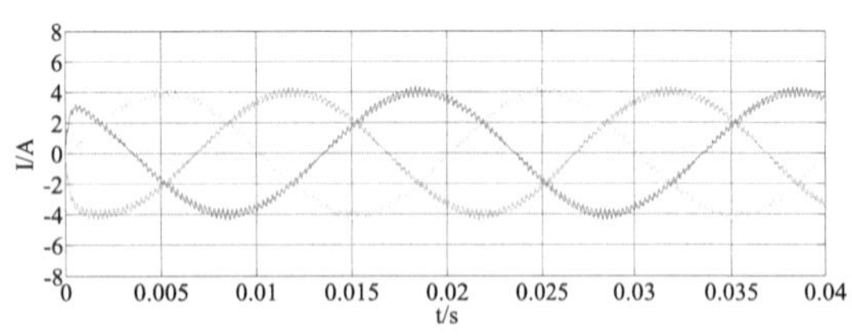

（c）输出电流波形

图 5　传统三相两电平全桥式逆变器输出的仿真波形与谐波频谱分析

从图 5（a）中可以看出，由于采用了传统的三相两电平逆变器结构与 SPWM 调制策略，输出相电压中仅能包含+20、-20 两个电平电压，含有大量谐波成分。如图 5（b）谐波频谱分析，总谐波失真 THD 值已高达 51.57%，这无疑是对直流侧极大的能源浪费。此外，为了给列车牵引电机提供质量较高的三相交流电压，逆变器输出端必须加装大容量电感、电容等无源滤波器件，否则将大大影响电机的整体运行状态与使用寿命。

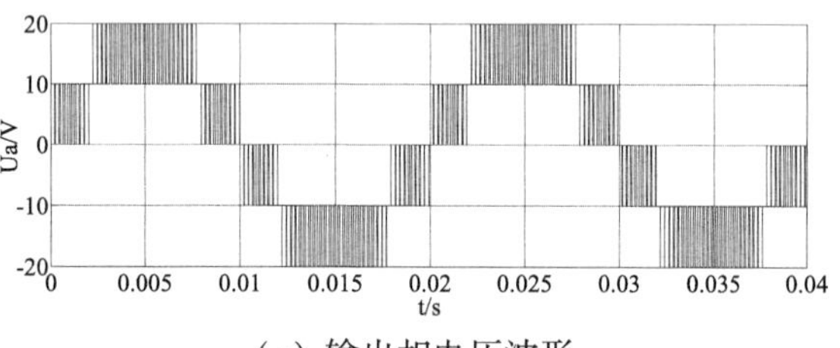

（a）输出相电压波形

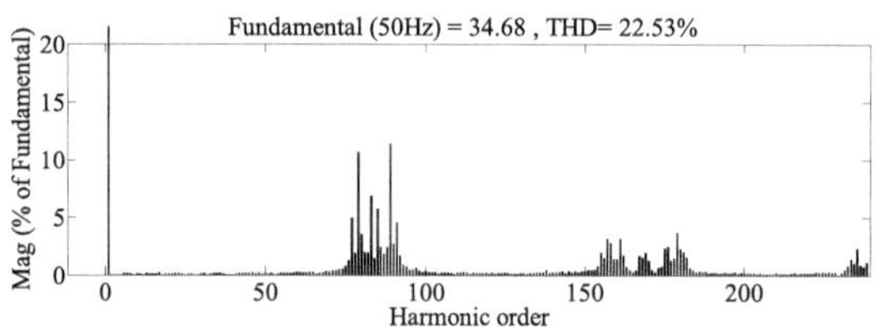

（b）相电压波形谐波频谱分析

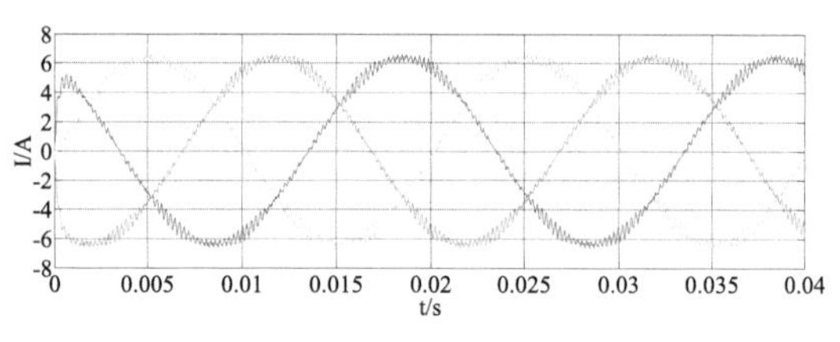

（c）输出电流波形

图 6　三相五电平级联 H 桥式逆变器输出的仿真波形与谐波频谱分析

从图 6（a）可以看出，由于采用了新型的三相五电平逆变器与 CPS-SPWM 调制策略，输出相电压中包含±10、0、±20 五个电平电压，较图 5（a）波形更接近正弦调制波，具有更好的谐波特性。参考图 6（b）谐波频谱分析，相电压中谐波含量得到了有效抑制，总谐波失真 THD 值已降至 22.53%，与理论分析结果一致。

也就是说，在为列车牵引电机提供相同有

效功率的前提下，多电平逆变器消耗的接触网总电能将会大大降低。同时，逆变器输出端滤波器件也可进一步简化，降低轨道交通线路的运营、维护成本。

5 结论

本文针对目前城市轨道交通列车交流传动系统使用的传统型三相全桥式逆变器输出谐波含量较大的问题，提出了一种基于 CPS-SPWM 调制策略的多电平逆变器结构设想。通过原理分析和仿真研究可以得出，新型的多电平逆变器在保留了传统逆变器优点的同时，能够有效抑制谐波含量，提高直流侧电能使用率，减少轨道交通线路电能消耗与车辆牵引系统设备运营维护成本，有着良好的发展前景和工业实用价值。

参考文献

[1] 杨永平，边颜东，周晓勤，等．我国城市轨道交通存在的主要问题及发展对策［J］．城市轨道交通研究，2013，16（10）：1-6.

[2] 梁建英，王松文，丁叁叁，等．我国城际轨道交通及发展［J］．机车电传动，2014（06）：6-9.

[3] 章志兵，荣智林，姚中红．城际动车组交流传动系统［J］．机车电传动，2015（05）：6-11.

[4] 李建林，胡书举，付勋波，等．大功率直驱型风力发电系统拓扑结构对比分析［J］．电力自动化设备，2008，28（7）：73-77.

[5] 杨航，杨剑锋，王帅．基于载波相移 THI-PWM 技术的多电平逆变器研究［J］．电测与仪表，2016，53（12）：98-102.

[6] 王立乔，齐飞．级联型多电平变流器新型载波相移 SPWM 研究［J］．中国电机工程学报，2010，30（3）：28-34.

[7] 殷允阔，杜少武，黄海宏．基于载波相移级联多电平 APF 的研究［J］．电力电子技术，2012，46（10）：100-102.

[8] 张培远，张晓．载波相移技术在 H 桥级联多电平 STATCOM 中的应用［J］．变频器世界，2011（04）：81-84.

浅谈高速铁路 GSM-R 系统干扰监测及分析研究

王家树
(中铁电化集团北京电信研究试验中心有限公司)

摘　要：近年来中国高速铁路迅猛发展，运营里程已超过 25,000km，稳居世界首位，GSM-R 系统作为高铁的核心技术之一，在铁路沿线布置着大量的基站设备，承载着 CTCS3 列控、调度通信、公务语音通信、应急通信等重要业务。但随着近年来无线通信技术的飞速发展，铁路 GSM-R 通信系统受到了来自各种不同通信系统的大量的干扰，造成了通信中断、信令异常、非正常切换等问题，甚至造成了列控降级的严重后果，影响着高速铁路行车及安全。本文就 GSM-R 系统干扰监测进行了论述。

关键词：高速铁路；GSM-R 系统；干扰监测

1　GSM-R 移动通信系统系统中常见干扰

1.1　干扰定义

干扰是指对有用信号的接收造成损伤，导致 GSM-R 有用信号接收质量下降、受损或者阻碍的状态。干扰信号主要是通过直接耦合或间接耦合方式进入接收设备信道或系统的电磁波信号，它可以对 GSM-R 系统通信所需接收信号的产生影响，导致性能下降，通信质量恶化，信息误差、错误或丢失，甚至阻断通信的正常进行。

1.2　常见干扰类型

目前在各个 GSM-R 移动通信系统周边发现的干扰按照无线频谱主要可以分为同频干扰、邻频干扰、互调干扰、带外干扰、阻塞干扰。

同频干扰指无用信号的载频与有用信号的载频相同，并对接收同频有用信号的接收机造成的干扰。GSM-R 移动通信系统一般采用频率复用的技术以增加频谱效率，在一些铁路枢纽地区，铁路线复杂交织，小区数量增多使基站服务区不断缩小，同频复用系数增加时，大量的同频干扰产生；另外，在一些人口密集区域，公网运营商为了扩大自己的网络覆盖和增强自身网络质量，在铁路沿线地区违规采用 GSM-R 频段载频作为基站载频，对临近的铁路造成的干扰也是同频干扰主要来源。

邻频干扰指干扰台邻频道功率落入接收邻频道接收机通带内造成的干扰。由于频率规划原因邻近小区中存在与本小区工作信道相邻的信道或由于某种原因基站小区的覆盖范围比设计要求范围大，这均会引起邻频道干扰，此现象也和同频干扰一样，经常出现在一些铁路枢纽或人口密集区域。

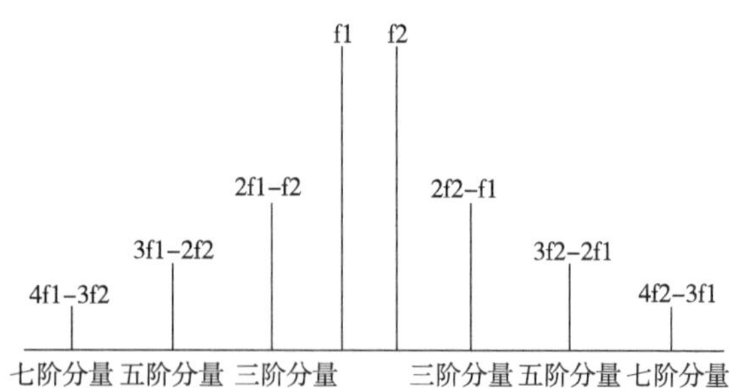

互调干扰是指当有多个不同频率的信号加到非线性器件上时，非线性变换将产生许多组合频率信号，其中一部分可能落到接收机通带内，成为对有用信号的干扰。在近年的高铁或客专干扰监测工作中，三阶互调干扰对铁路 GSM-R 移动通信系统的干扰尤其严重，主要

来自公网运营商的一些临近铁路线的基站、直放站等设备，发射机互调干扰与接收机互调都存在，使用数年的公网通信设备因性能下降等因素，产生互调干扰的概率相对高于新设备。

带外干扰是指发射机的谐波或杂散辐射在接收有用信号的通带内造成的干扰。在近年干扰监测工作中，此种干扰类型常见于临近铁路的公网通信设备，因年久未维护等原因，一些性能下降恶化，导致其产生的杂散辐射进入GSM-R移动通信系统造成带外干扰。随着通信行业的快速发展，此类干扰问题发生的概率越来越大。

阻塞干扰指接收微弱的有用信号时，受到接收频率两旁、高频回路带内的强干扰信号的干扰。

还有一些其他的干扰分类方式。如GSM-R干扰按干扰源可分为GSM-R网内干扰和网外干扰。

GSM-R网内干扰：由于GSM-R网络频率规划不合理，相邻的两个频率距离太近或使用同一频率，通过直放站或基站在不同线路或基站间相互干扰。

GSM-R网外干扰又分为强信号干扰、固定频率干扰、不可预测信号干扰、非法信号干扰。强信号干扰：合法的信号占用合法的频率，由于功率过强造成邻频段接收设备如高功率雷达站、手机屏蔽器等阻塞；固定频率干扰：干扰频率几乎不变，或小范围抖动，上下行都可能存在；不可预测信号干扰：如900MHz频段的GSM系统，存在射频直放站转发信号干扰、有线电视倍增器杂波泄漏干扰、微波及对讲机系统杂波干扰等不可预测干扰；非法信号干扰（也称人为干扰）：指非法运营者在没有得到许可的情况下，违反国家无线电管理条例，使用与GSM-R相同的频段造成的干扰。

2 GSM-R干扰监测工作的目的

GSM-R网络可靠的无线覆盖和纯净的通信环境为话音业务、数据业务提供良好的传输通道，进而为铁路列控等涉及行车、调度重要业务提供服务，以及各种铁路应用提供安全高效的信息服务平台。干扰监测是GSM-R网络规划流程中的重要一环，该环节的进展情况直接影响到工程的实施。通过干扰监测，有利于在发现干扰的地段采取可行的干扰防护措施，有利于为工程的顺利开通提供技术保障和为后期网络优化提供参考。

对GSM-R系统进行实地干扰测试，并对监测数据做分析处理，可得到直观、可靠的分析结果，便于查找在GSM-R系统的工作频带内，铁路沿线哪些基站设备站址存在干扰，有利于合理设置铁路沿线基站站址。同时有助于确定干扰源的产权单位，便于双方协商制订频率协调措施，为GSM-R系统频率的规划提出科学合理的建议。

3 干扰监测系统组成

3.1 测试系统构成

干扰测试系统包括测试接收机（实时频谱仪）、手持频谱仪、测试软件、信令识别单元、测试手机、信息处理系统、测试天线（全向天线和定向天线）、馈线、供电单元（电池组和逆变器）、GPS、测试车等。测试示意如图所示：

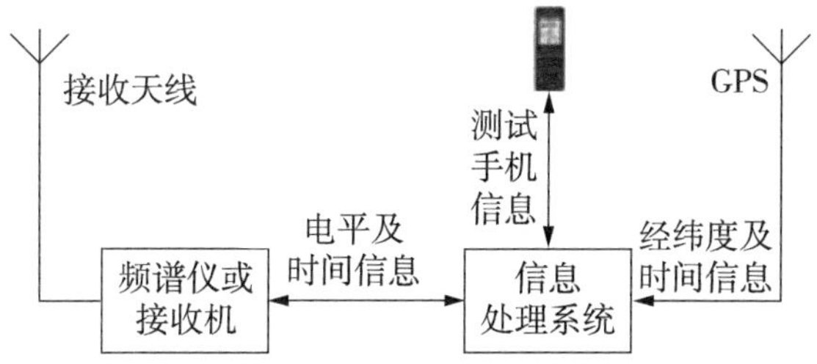

铁路GSM-R干扰监测系统示意图

3.2 测试系统的功能

（1）频谱扫描：对指定频段进行扫描，可

以设置扫描方式，根据灵敏度和信号类型不同设置分辨率带宽。显示方式有最大值、最小值、实时、均值。

（2）频谱分析：能根据所测频谱显示相应的信道号，初步确定频谱类型及特性。系统将得到的结果与预设基站信息进行比对。

（3）载干比测试：能通过GSM-R网络管理系统或测试模块或测试手机在空闲时测试周边各广播信道的载干比，在通话和数据传输时可对业务信道进行载干比测试。

（4）干扰源定位：通过信令识别单元得出干扰源的小区编号定位干扰源，利用GPS、频谱仪与定向天线通过交叉定位或逐步逼近的方法定位干扰源；干扰源为在用信号时，远程解调处干扰源信令信息即可。

（5）信息处理功能：能够结合各类测试设备及其他系统提供的测试数据进行分析，判别干扰信号类型、强度、方向，可识别含有信令信号的信号源。

（6）数据统计报告：干扰监测系统可以根据时间、基站、公里标、经纬度、干扰类型、干扰强度等方式对监测数据进行统计分析，并生成各信道频率占用度的统计分析报告。

4 干扰监测的测试方法

4.1 测试前准备工作及仪表参数

根据铁路运输企业提出的可能存在干扰的区域，在测试前了解所测区域GSM-R基站相关信息（经纬度、公路标、BSIC、CGI、载频配置等）及基站使用情况（是否在用或关闭）。校核并预热仪器仪表，设置仪器仪表参数、位置参数、测试线路参数，校对测试天线等。选择开阔无遮挡的地点进行现场定点测试。记录测试时间、天气状况、测试点周边环境（遮挡情况、公网基站情况）、测试天线距离铁路轨面及地面高度等基本信息。必要时，应关闭被测线路GSM-R基站。

仪器仪表主要参数设置如下：

（1）检波方式：峰值检波。

（2）RBW选择：根据信号类型，扫描迹线使用最大值保持方式，RBW≤30kHz；如测试频段周边无大信号引起测试仪表过载时，建议开启预放功能。确定信号类型时，扫描Trace使用Clear Write方式，RBW≤200kHz。

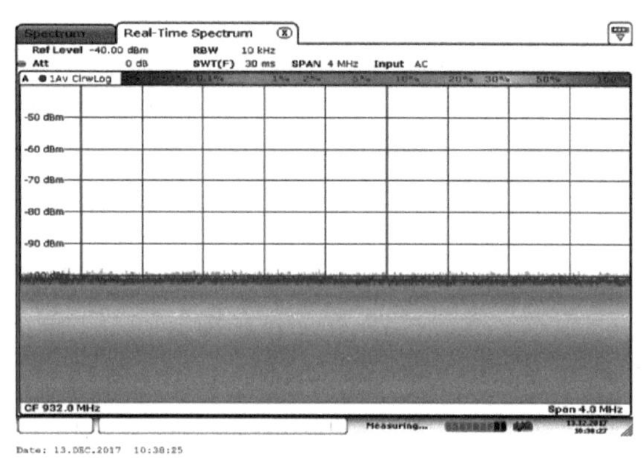

4.2 常用的测试系统载体及其测试方法

4.2.1 列车车载干扰监测系统测试及分析方法

（1）主要采用频谱扫频方式。将实时频谱仪与车顶全向天线连接，同时扫描GSM-R上行频段885—889MHz和下行频段930—934MHz，分辨率带宽30kHz，最大峰值检波，分别记录频谱扫描范围内接收电平的最大值、最小值和当前值。频谱扫描最大值用于表征在测试区间被测频带内出现过的电平最大值，可以反映被测区间GSM-R频段内的干扰分布、强度和干扰发生概率。列车车载频谱仪一般灵敏度较高，可开启预放。一般测试一个往返，在条件允许时应将沿线GSM-R基站关闭。

（2）启动GPS装置，存储定位信息，定位信息包括经纬度、行驶速度，并计算行驶距离。测试处理单元同时控制GPS单元和频谱扫描仪，将频谱测试与路径测试绑定，利用GPS定位系统使每个时段的频谱扫描数据与动态检测列车行经地点相对应，便于干扰定位和查找。

（3）使用信令识别单元对铁路沿线公网GSM基站进行拨打测试、信令扫描测试，判断公网基站是否使用了GSM-R频点。利用信令识别设备进行测试，判断测试点周边是否存在公网使用GSM-R作为BCCH的情况，如果有则使用信令识别设备的强制功能（FORCING FUNCTION）中锁定BCCH（SET BCCH）功能，锁定BCCH后记录CGI、BSIC、BCCH、TCH等信令数据，然后进行拨打测试，查看该小区的跳频序列（TCH）是否使用了GSM-R频点。未采用跳频序列的小区，需多次拨打测试，检测所有未参与跳频序列的频点。由于列车行驶速度较快、运行范围有限，用此方式查找全部公网干扰比较困难，可以在列车停靠或经过干扰较大的区域时进行针对性测试。

（4）测试处理单元按信号最大值显示频谱图，核对所测区域GSM-R基站信息及信令识别设备测试信息，综合分析是否存在干扰，并确定干扰源大致区域位置。

（5）根据测试和分析结果编写测试报告。

4.2.2 汽车车载、便携式干扰监测系统测试及分析方法

（1）采用全向天线对GSM-R频段进行全频段、全方位扫描，频谱仪检波方式选用峰值检波，Trace采用最大保持、平均、实时等方式，记录被测频段信号，测试30分钟左右，存储频谱图。若瞬间全频段底噪明显抬升，则重新设置仪表参数进行测试。

（2）测试发现如有异常信号时换成测向天线，频谱仪检波方式选用峰值检波，Trace采用最大保持、平均、实时等方式，对不同方向扫描进行详细测试，并仔细观察各方向上的信号变化情况并存储频谱图。

（3）利用信令识别设备进行测试，判断测试点周边是否存在TCH使用GSM-R频点，未采用跳频序列的小区，还需使用信令识别设备多次拨打测试，检测所有未参与跳频序列的频点。首先运用信令识别设备的广播信道扫描功能（BCCH Scanning）查看所有具有信令的信道，能够解码BSIC的载频均为信令信道，通过信令识别设备的强制功能中锁定BCCH功能，测试各小区的CGI、BSIC、BCCH、TCH信道，进行拨打测试（如非本网络SIM卡时，可通过拨打紧急电话方式测试TCH，可节约更换SIM卡过程），并记录CGI、BSIC、BCCH、TCH等信令数据，结合信令数据分析测试频谱图各频点信号，判断信号类型 。

（4）利用信令识别设备通过注册BCCH或占用数据/话务信道，测试各频点的C/I，分析各信道的干扰程度，利用天线测向功能通过位置变化测试、分析是否为其他基站的同频干扰信号。

（5）干扰信号具有GSM频谱特征且无信令时，根据信号特征适当扩展频率扫描范围，进一步分析与其他信号的关系，计算测试点周边各小区信道的互调信号是否落在GSM-R频段内。如干扰信号为互调信号，可利用频谱仪、测向天线进一步跟踪该小区BCCH信道、信号方向，逼近该基站，在逼近过程中持续判断该基站是否存在对GSM-R的干扰。

（6）干扰为非GSM信号时，利用频谱仪或测试接收机、测向天线、指南针、GPS等测试设备测试干扰源方位，利用交叉定位或逐步逼近的方法查找干扰源。如信号具有25kHz信号特征时，若可解调该信号，系统自动播放并录制解调内容。

（7）根据测试和分析结果生成测试报告。

5 GSM-R干扰防护措施

5.1 干扰影响容许值

（1）同频干扰保护比。《GSM-R数字移动通信网技术体制》中规定了GSM-R无线网络的同频干扰保护比：控制信道及列控业务信道所在频率为C/I≥12 dB；其他业务信道所在频率为C/I≥9 dB。工程设计中需对以上C/I另

加 3 dB 的余量。

（2）邻频干扰保护比。《GSM－R 数字移动通信网技术体制》中规定了 GSM－R 无线网络的邻频干扰保护比：偏离载波 200kHz 时的干扰保护比为 C/I≥-6 dB；偏离载波 400 kHz 时的干扰保护比为 C/I≥－38 dB。工程设计中需对以上 C/I 另加 3 dB 的余量。

5.2 干扰防护措施

（1）同一小区内不允许存在同频、邻频频点；

（2）同一小区内 BCCH 和 TCH 的频率间隔在 400kHz 以上；

（3）相邻小区的载波频率间隔在 400kHz 以上；

（4）因天线挂高和传播环境的复杂性，较近的同频复用小区应避免扇区方向相对；

（5）通过调整天线的下倾角，提高天线间的最小耦合损失，降低干扰；

（6）与公网基站共站址的 GSM－R 基站，其天线与公网基站天线间距在 5 m 以上；

（7）在清频时根据具体的频率配置情况在 GSM－R 频带之外清理出一段频率保护带。

枢纽区域的干扰防护措施如下：

（1）在枢纽地区进行频率规划应遵从高等级线路优先规划，低等级线路遵从高等级线路频率规划，后建线路遵从先建线路；

（2）并行线路在 3 km 内应使用同一基站；在 6 km 内不同频率，不同 BSIC 码，以免某条线路单基站工作时切换为其他线路，或者引入分布式基站系统，统一部署；

（3）枢纽区域频率使用应该统一规划，考虑所有接入线路应用系统。

参考文献

[1] 铁道部 铁建设〔2007〕92 号 铁路 GSM－R 数字移动通信工程设计暂行规定［S］.

[2] 铁道部 运基通信〔2005〕130 号 铁路 GSM－R 数字移动通信系统最小可用接收电平测量方法（V1.0）［S］.

[3] 铁道部. GSM－R 数字移动通信网技术体制［S］.

[4] 国家铁路局. TB 10088－2015 铁路数字移动系统（GSM－R）设计规范［S］.

[4] 3GPP TS 05.08 V8.20.0："Digital cellular telecommunications system（Phase 2+）; Radio transmission and reception"［S］.

[5] William CY Lee. Estimate of Local Average Power of a Mobile Radio Signal. IEEE Trans［J］. 1985，34（1）.

[6] Theodore S Rappaport. *Wireless communication principle and practice*［M］. 北京：电子工业出版社，2004.

[7] 曾祥兵，高建平. GSM－R 网络干扰监测及分析［J］. 铁路技术创新，2011（6）：39-42.

[8] 赵武元. GSM－R 移动通信系统干扰分析及查找［J］. 铁路通信信号，2009（12）.

[9] 杨保国. 客运专线 GSM－R 网络干扰及排查［J］. 科技信息，2011（6）.

多孔吸声结构的数值模拟分析

郭树旺
（华电重工股份有限公司）

摘　要：本文将多孔介质理论引入到多孔吸声结构中，分析了多孔吸声结构的吸声系数，不同角度下的声压变化、声阻抗变化。模拟多孔吸声结构时，引入了完美匹配层技术，降低了反射波对吸声结构的影响。

关键词：吸声系数；数值模拟；完美匹配层；多孔结构

1　前言

多孔吸声材料内部拥有不计其数的细微孔隙，孔隙间互相连通，并且通过材料外表面与外界空气相通，当声波射入材料表面时，将会激发孔隙内部的空气振动，使空气与空隙壁之间产生相对运动而发生摩擦，空气的黏性在孔隙内产生黏性阻力，使得振动空气的动能持续发生热交换，产生热传导效应，从而使声能转化为热能二次衰减。由此可见，多孔性吸声材料必须具备以下条件：①材料内部有无数的孔隙，并且孔隙应尽量细小和均匀分布；②材料内部的孔隙必须是向外敞开的，也就是说必须连通到材料表面，使得声波能够从材料表面较容易进入材料内部；③材料内部的孔隙一般不是封闭的，而是相互连通的。当材料的孔隙具备以上三方面的条件时，才可以有效地吸收声能量。有些材料内部虽然也有许多微小气孔，但气孔密封，彼此不连通，当声波射入到材料表面时，很难进入到材料内部，这种材料虽然具有很好的隔热性能，但还是不能作为吸声材料。多孔性吸声材料一般在中、高频的吸声系数比较大，而在低频的吸声系数则比较小。

吸声结构的研究与应用对于控制噪声具有十分重要的意义。为了更好地研究吸声材料的声学特性，将吸声材料的吸声与结构有机地融为一体，最大限度地发挥吸声材料的声学性能，达到最佳的吸声效果，是未来吸声材料发展的一个趋势。本文的主要研究目的是在有限元和声波方程的理论基础上，模拟分析穿孔板吸声结构的吸声系数特性，研究穿孔板吸声结构在改变结构形式下，对穿孔板吸声系数的影响。

2　理论分析

图 1 给出了几何模型，以 θ 角入射到多孔材料中的平面波，采用了完美匹配层（PML）技术进行声波吸收，多孔材料采用 JOhnson-Champoux-Allard 模型进行模拟。

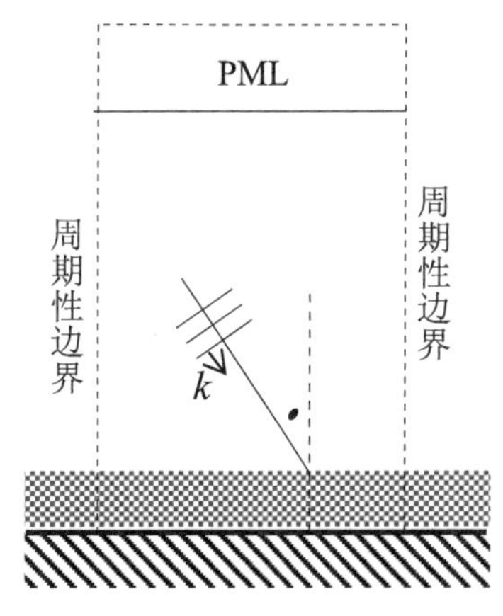

图 1　空气介质中的几何模型

图 1 中，k 为入射波波数矢量，采用周期性边界条件，入射波的方程为：

$$p_{inc} = \exp(-i\bar{k} \cdot x) \quad ①$$

$$\bar{k} = k_0(\sin\theta, \ -\cos\theta) \quad ②$$

$$p_{scat} = p - p_{inc} \quad ③$$

其中，k_0 是入射波波数，p_{scat} 是散射波声压域，p 是总波声压域。

$$\alpha = 1 - |R|^2 \quad ④$$

$$R = \frac{p_{scat}}{p_{inc}} \quad ⑤$$

其中，R 是声压反射系数，α 是吸收系数。

$$Z = \frac{1}{\rho c} \cdot \frac{p}{u_n} \quad ⑥$$

其中，ρ 是空气密度，c 是波速，u_n 是法向速度；Z 是总声阻抗。

根据模型尺寸等参数，得到本模型下的平面波声阻抗为：

$$Z_{ana} = \frac{1}{\rho c} \frac{-iZ_c k_c}{k_x \cot(k_x \cdot H)} \quad ⑦$$

$$k_x = \sqrt{k_c^2 - k_y^2} \quad ⑧$$

$$k_y = k_0 \sin\theta \quad ⑨$$

3 数值模拟分析

根据模型特性和文献参数特性，模拟结果如下：

表 1 数值模拟的主要参数

模拟参数	具体值	模拟参数	具体值
多孔参数	0.995	摩擦热特征长度	470um
流阻率	10，500Pas/m²	黏滞特征长度	240um
黏性特征长度	0.49	变形因子	1.0059

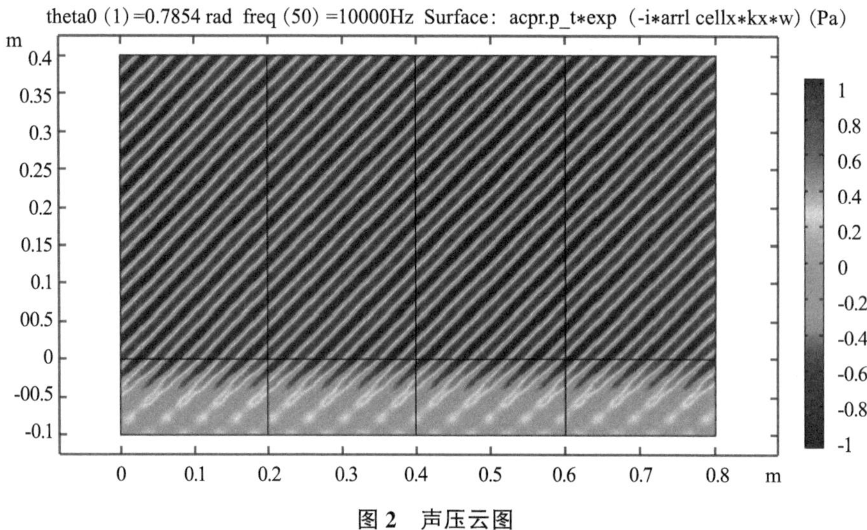

图 2 声压云图

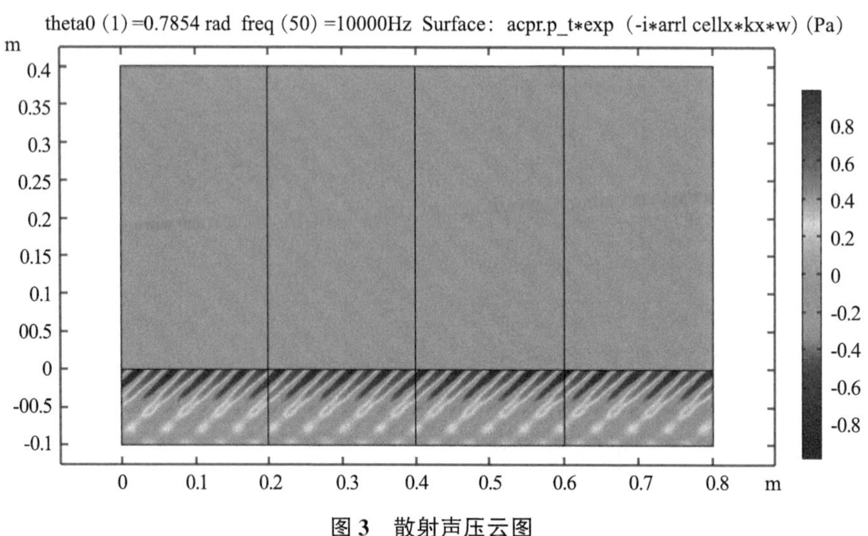

图 3 散射声压云图

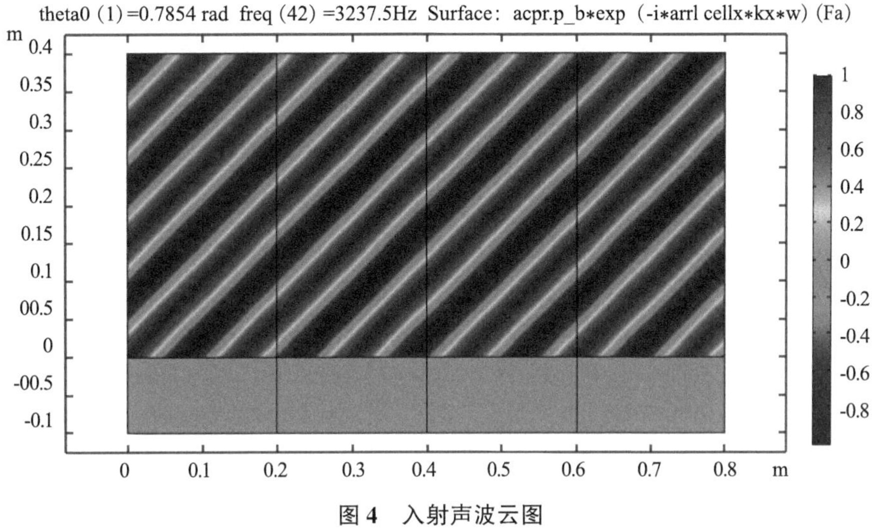

图 4 入射声波云图

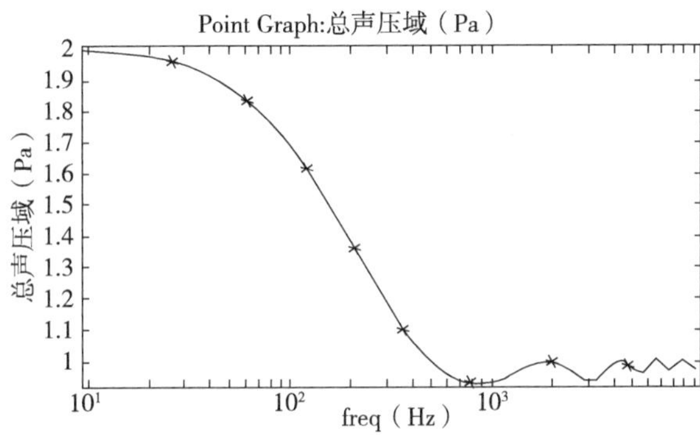

图 5 吸声材料中声压变化曲线

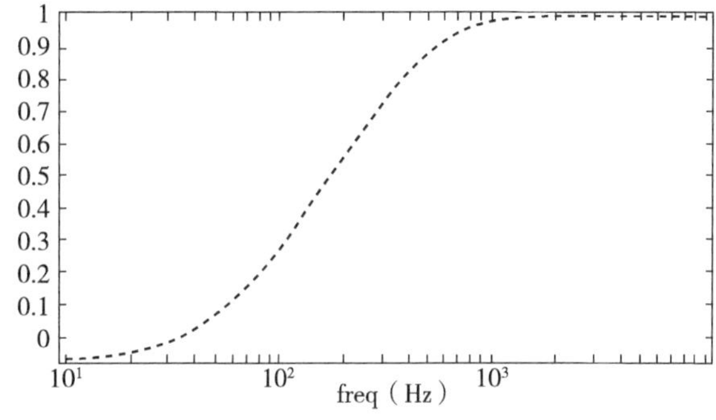

图 6 吸声系数曲线

利用软件模拟了 10cm 厚的吸声材料，声波入射角度为 45°，从图中看出，利用 J0hnson-Champoux-Allard 能够建立吸声棉的理论模型，利用 PML 技术能够有效吸收反射声波，利用二次开发消除了散射声波影响。

参考文献

［1］Cox. T. J，Antoio. D. P. Acoustic absorbers and diffusers［J］. *J App. Acoustics*，2008，69（10）：325-331.

［2］Dengke Li，Daoqing Chang，Bilong Liu. Enhanced low-to mid-frequency sound absorption using parallel arranged perforated plates with extended tubes and porous material［J］. *Applied Acoustics*，2017（127）：316-323.

［3］高俊宏．微穿孔板吸声结构及其并联结构的计算机模拟分析［D］．太原：太原理工大学，2008：18-38.

［4］Wang Y Zhang，C Ren，L Ichchou M Bareille. Sound absorption of a new bionic mufti-layer absorb［J］. *Compos Struct*，2014（108）：400-408.

［5］吴波波，王高沂，李海霞，等．利用声电类比法对微穿孔板阵列吸声性能的研究［J］．机械科学与技术，2017（36）：644-647.

津滨轻轨市民广场站折返改造研究

刘春洋　戈　磊
（天津滨海快速交通发展有限公司）

摘　要：本文通过对津滨轻轨市民广场站折返功能改造项目进行阐述，具体分析了包含开展前的情况、改造设计方案的选定、软硬件改造实施过程、虚拟信号机的逻辑定义和实现方式、调试验证过程及改造前后安全性能对比分析等内容。以经验总结的形式对改造成果进行了表达，为同行业同类型设备改造工作提供借鉴与指导。

关键词：轻轨；折返功能；虚拟信号机

1　绪论

1.1　项目背景

津滨轻轨是天津市重点建设工程，是连接市区与滨海新区之间重要的交通线路。全线长52.939公里，其中高架线40.775公里，地面段5.494公里，地下段6.67公里，共设19个站（不含预留站），设计时速100公里，全程约63分钟，能满足天津市区至滨海新区高峰时3万人次/小时的客流量，自2004年试运营以来，每年客流量均以百万位数递增。津滨轻轨已成为天津市民生活中重要的一部分，在改善天津开发区投资环境、促进天津滨海新区发展建设中发挥着至关重要的枢纽作用。

天津港“8·12”爆炸事故发生后，津滨轻轨控制中心和东海路站设备受损严重，轻轨受此影响造成停运。2015年10月于胡家园车辆段成功搭建起临时控制中心，信号系统ATS功能已恢复正常。而距离终点站东海路站最近的有岔站市民广场站和塘沽站均不具有至天津站方向的带有完整ATP防护的折返功能，根据《城市轨道交通运营管理规范》（GB/T 30012-2013）及《城市轨道交通信号工程施工质量验收规范》（GB 50578-2010）的要求，市民广场站和塘沽站不可进行运营折返作业。要想代替东海路站作为运营折返站使用，需对现有信号系统进行改造，增加市民广场站完整ATP防护的折返功能。

该项目经过前期调研与立项，按照项目计划进度开展设计与施工及调试验收工作，至2016年5月底成功完成天津站至市民广场站信号系统轨旁、车载与ATS设备的功能改造。经过1个月的试运行，于2016年6月26日成功开通运营。自2016年6月26日开通至市民广场站到2016年12月31日恢复运营至东海路站，通过5个月的功能验证，未发生任何因该站折返功能造成的信号系统故障。至2016年12月底，利用折返功能改造的经验成功推广至塘沽站、中山门站和钢管公司站，三站均实现了至天津站方向的完整ATP防护的折返功能。

1.2　信号系统介绍

津滨轻轨采用的是美国联合转辙机和信号公司的列车自动控制信号设备，该系统已在洛杉矶绿线、哥本哈根地铁、上海地铁2号线等重要线路开通使用。该系统正线的ATC系统采用数字式音频无绝缘轨道电路（AF-904）作为列车占用检测和ATP信息传输媒介，具有较大的信息传输量和较强的抗干扰能力。通过音频轨道电路的发送设备向车载设备提供目标速度、目标距离、线路状态（曲线半径、坡道等数据）等信息，ATP车载设备结合固定的车辆性能数据计算出适合本列车运行的速度/距离曲线，保证列车在速度/距离曲线下有序运行。AF-904 由室内设备和室外设备构成，室内外通过分线盘相互连接。室内设备包括主处理板、辅助处理板和电源板；室外设备由耦合单元、导接线等构成。AF-904 从联锁系统获得数据并进行编码，然后将编码数据帧发送到钢轨上，车载 ATP 通过感应器接收并解码该数据帧，完成列车控制功能。

AF-904 轨道电路是 ATC 系统的一部分，它是 Microlok Ⅱ安全逻辑处理器与车载设备之间主要的通信接口。AF-904 系统具有列车检测和向车载设备传送数字编码机车信号数据的功能，这些数据用于完成 ATC 系统的列车自动防护（ATP）。

1.3 信号系统术语缩写

表 1 信号系统术语缩写中文对照表

序号	缩写	中文对照
1	ATC	自动列车控制
2	ATO	自动列车驾驶
3	ATS	自动列车监督
4	ATP	自动列车防护
5	CL	机车环线
6	CPU	中央处理单元
7	CU	耦合单元
8	MLK	MICROLOK
9	NVLE	非安全逻辑控制器
10	R	反向（电源变压器）或信号红灯或反向（道岔/继电器接点）
11	TB	折返有效信号
12	TWC	车地通信
13	WR	道岔继电器
14	WPR	道岔控制继电器

2 项目开展情况

2.1 市民广场站改造前情况

ATP 功能：天津站至市民广场方向站前折返无法排列停站进路，站后无该进路的终端信号机，G1/3 无机车环线、Cab Loop 箱盒、轨道电路板卡及电缆等 ATP 折返功能所必需的硬件设备。轨旁联锁及 ATS 软件均不支持市民广场站前折返功能。

ATO 功能：经市民广场站前折返后 SMS 2G-8 不具备自动停站功能，系统未分配相应的 DID。

2.2 折返改造设计方案

为增加津滨轻轨二期中山门站站后折返功能，通过修改 ATS、联锁、车载等相关软件，于 2G-2 西侧增加了一架虚拟信号机。当使用站后折返功能时，需将虚拟信号机关闭，将 2G-2 的发码方向变为东向。此次市民广场站的改造目的及方法与中山门二期改造目的及方法均相同，因此改造方案可借鉴二期中山门站后折返改造的成功经验。

2.2.1 硬件改造

首先，需为市民广场站 1/3 道岔增加 Cab Loop 机车环线。为 G1/3 分配轨道 ID 为 195，机车环线的敷设安装设计图如图 2 所示。需注意交叉点的位置及 Cab Loop 箱盒的位置选取。经测试合格后，可使用预留的备用电缆作为室内分线盘与室外箱盒的连接电缆。

下图为机车环线改造安装平面图，图中显示了该环线的敷设位置及安装方式。

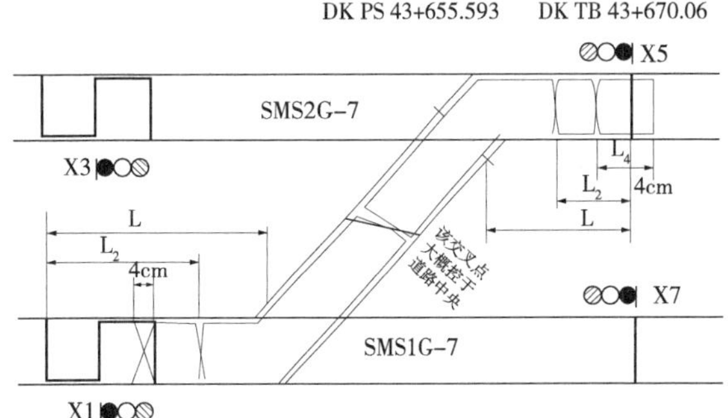

图 1 市民广场站前折返改造机车环线安装平面图

室内在 TM1 的空位处加装轨道电路板卡，室内外电缆进入 TM 柜前，需串接 1/3 道岔反位表示继电器的接点，如果该道岔未处于反位，则室内外断开连接，确保该项设计符合“故障

—安全”原则。

2.2.2 软件修改

2.2.2.1 轨旁软件修改

AF-904 轨道电路需要调整控制线与区间速度信息。

轨道 MLK 需要增加 G1/3 的轨道 ID 信息，将 2G-8、2G-9 扩展为双方向区段，软件版本为 SMS_tmlk_R4_2。

联锁 MLK 需要修改联锁表及进路锁闭信息，折返时可排列进路至 TB2 前停车，排列发车进路后完成折返。图 2 为市民广场站前折返进路锁闭示意图，上部分为西向进路，增加 SMS 2G-9 西向发车进路；下部分为东向进路，增加转线至 SMS 2G-9 的东向折返进路。软件版本为 SMS_imlk_R4_1。

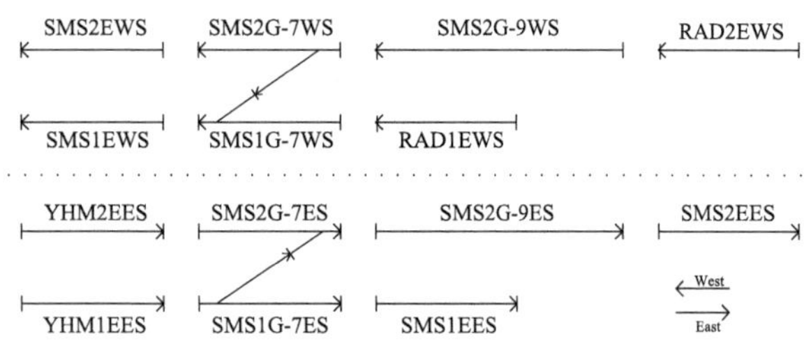

图 2 市民广场站进路锁闭示意图

2.2.2.2 车载软件修改

车载软件包括可上线运行的全部列车的 ATP、ATO 软件（软件版本：ATO_2.3.ABS，Track Table：TPTABLE_002_1.SR）。此次改造增加了天津站至市民广场站的 DID=012，可实现自动排列折返进路功能。另外，调整了折返停车的停站精度，实现站台的精确停车，误差范围控制在 99%（±0.5 米）之内，符合信号系统的设计及运营要求。

2.2.2.3 ATS 软件修改

包括控制中心和市民广场站 NVLE 的软件版本，软件版本更新为 03.27.11。新版本主要增加了天津站至市民广场站的 DID=012，可实现自动排列折返进路的功能；增加了虚拟信号机 TB2，要求位置合理，表示正确，符合联锁表中的联锁逻辑。

2.3 虚拟信号机的逻辑定义与实现方式

如图 3 所示，虚拟信号机 TB2 的设置位置位于 SMS2G-9 和 SMS2G-10 之间。正常情况下，当东海路恢复开通后，列车在东海路进行折返，当东海路不具备折返运营条件时，可通过操作 TB2 转换为 SMS 2G 站台折返模式。

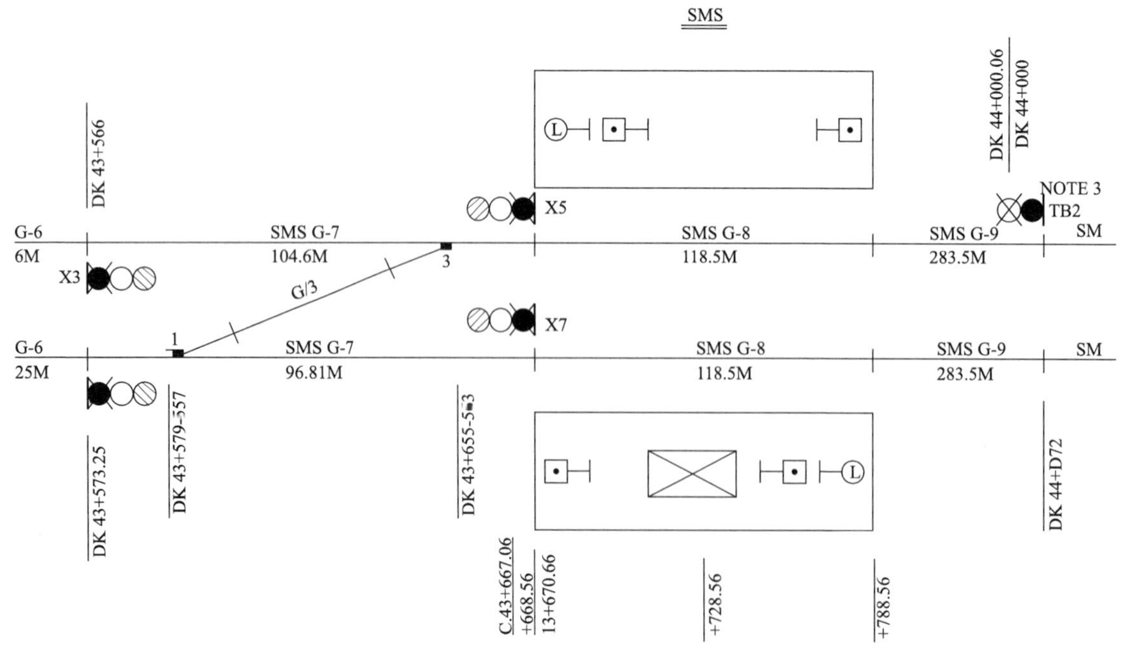

图 3 市民广场站虚拟信号机设置示意图

2.3.1 虚拟信号机的描述与设定

2.3.1.1 显示与菜单设置

具有三种显示状态：绿灯、红灯、白灯。

右键菜单有四个选项：信号开通、信号开通取消、信号关闭、信号关闭取消。选择“信号开通”后，TB2 为绿灯显示；选择“信号开通取消”后，TB2 为白灯显示；选择“信号关闭”后，TB2 为红灯显示；选择“信号关闭取消”后，TB2 为白灯显示。

2.3.1.2 操作方式

初始状态下，TB2 为白灯显示，可通过选择“信号开通”“信号关闭”使其转换为绿灯或红灯。绿灯可通过“信号开通取消”→“信号关闭”操作切换为红灯；红灯可通过“信号关闭取消”→“信号开通”操作切换为绿灯。在正常运营情况下，调度员必须将 TB2 设置在红灯或绿灯状态。

2.3.1.3 状态要求

实现折返功能的前提条件为邻站通信正常，本站联锁功能正常，折返线路上无 AF-904 轨道电路故障。

运营时需保持以下状态：

RAD 折返模式：SMS TB2 必须一直保持绿灯状态。

SMS 折返模式：SMS TB2 必须一直保持红灯状态。

2.3.2 折返逻辑定义

2.3.2.1 首先检查上行线 SMS-RAD 之间是否存在西向锁闭，在该区间无西向锁闭的条件下，可选择 SMS TB2 菜单中“信号关闭”选项，关闭虚拟信号，使 SMS TB2 显示为红灯状态。当 SMS-RAD 区间存在西向锁闭时，SMS TB2 不应转为红灯。

2.3.2.2 列车通过 SMS X1→X5 进路从下行进入 SMS2G 站台折返，此时站台区段轨道电路发码方向为东向，列车可正常进站；当列车完全进入 SMS2G 站台，司机进行开门操作、上下客及列车换端作业；出站进路 SMS X5→X3 开放（手动或 DID 控制）后，站台区段轨道电路发码方向转为西向，司机关门，列车可以正常折返出站。

2.3.2.3 当 TB2 为绿灯时，开放 X1-X5，该进路不发送机车码，只有关闭 TB2 后，该进路才发送机车码。

2.4 调试与验证

2.4.1 调试内容

2.4.1.1 轨旁调试内容包括联锁功能及控制线功能测试、车地联调 TWC 功能测试、轨旁功能完整性测试等。

联锁功能主要包含联锁表中的时间锁闭/接近锁闭、进路锁闭/方向锁闭、离去禁止功能、冒进测试、场联接口测试、相关道岔位置及继电器状态、进路内的轨道电路显示及发码情况、敌对进路测试、道岔失表示进路能否取消、检测器锁闭情况等内容。

轨旁完整性测试包含电源屏测试、ZD6 电动转辙机测试、AF-904 轨道电路测试、MLK 测试、色灯信号机测试、紧急停车按钮测试、轨旁 TWC 测试、PF 轨道电路测试等内容。

2.4.1.2 车载调试内容包括车载 ATP 及 ATO 功能调试。

安排一列车以 ATP/ATO 模式停于待测试 DID 线路范围内的正线车站站台，查看车载 ATP/ATO 模式是否正常，与 TWC 通信是否正常建立；给列车设置 011 DID，检查列车是否正常收到该 DID，ATS 显示列车 DID 是否正确。

检查列车折返运行过程中是否出现掉码情况。

检查列车对位停车后，ATP 正确输出站台侧的门使能信号，司机按压开门按钮，能够正常打开车门。

2.4.1.3 ATS 调试内容包括 ATS 界面显示及报警信息功能调试、虚拟信号机的显示与功能测试、自动进路开放情况及 DID 功能测试。

虚拟信号机的显示与功能测试：

重启 SMS NVLE 的 asp 后，查看 TB2 初始状态，检查“信号开通”“信号开通取消”“信号关闭”“信号关闭取消”等操作对应的表示是否正确。

检查 MI、MT 重启后，TB2 显示状态是否正确；

检查 TB2 为红灯时，RAD 能否开通 X4→X8、X2→X8 的进路；SMS X1→X5 是否发码；在 2G-7 东向锁闭后，TB2 能否信号开通。

检查 TB2 为红灯时，一列车在 HJY 1G 站台被设置为 012DID 后，折返进路能否自动开放；列车进入 SMS 2G 站台对标停车后，SMS 2G 站台区段 2G-8 轨道是否东向锁闭；X5→X3 自动开放后，2G-8 能否转为西向锁闭；列车换端后，能否以 ATP/ATO 模式驶出 SMS 2G 站台。

自动进路开放情况及 DID 功能测试：

将线路上所有车站设置为“自动进路模式”，所有车站均设置为自动进路模式，查看站台进路模式标志显示是否为“AU”；设置好 DID 后，进路能否自动开放；

驾驶一列车根据信号行车并完整跑完 DID 交路，验证 ATS 是否能够根据线路图自动开放所有相关进路；验证当列车处于转换轨时，能否自动开放该 DID 所需的进路。

2.4.2 市民广场站站后折返 ATO 停站精度测试

在改造调试期间及试运行期间的调试测试，及开通运营后一周的停站精度统计，精确停车（<±0.5 米）的达标率大于 99%，符合信号系统设计的要求。

2.4.3 安全认证

全部调试及验收完成后，由华铁公司及安萨尔多公司出具信号系统改造的安全认证。

表 2 ATO 模式下市民广场站折返停车统计表

	总停站数	精确停车次数	超标次数	欠标次数	达标率
调试期间	52	49	0	3	94.2%
运营首周	920	915	0	5	99.5%
总计	972	964	0	8	99.2%

3 结论

3.1 项目完成情况

通过对津滨轻轨市民广场站折返功能的改造，市民广场站已具备完整 ATP 防护的折返功能。

自 2016 年 5 月开始试运行始，至 2016 年 12 月 31 日恢复运营至东海路站，通过 5 个月的功能验证，未发生任何因该站折返功能造成的信号系统故障，圆满完成了立项初期既定的科研考核指标。

通过对该项科研项目的研究成果进行归纳和总结，对改造项目的实践经验进行分析和汇总，弥补了团队在技术改造方面的短板和不足，也为后期同类型的改造工作提供了借鉴与指导。

3.2 改造前后安全性对比

改造前如果想要通过市民广场站前道岔进行折返作业，列车需在市民广场 X1 信号机前停车，将市民广场 1/3 道岔进行单操至反位并锁定，人工确认岔区区段及 SMS 2G-8 无列车占用后，OCC 授权列车 BYPASS 模式越过 X1 并通过人工对标在 SMS 2G-8 停稳，倒台后建立 ATP/ATO 模式发车，完成折返。

改造后 X1→TB2 进路可自动开放，列车从 1G 转线至 2G 后完成 SMS 2G-8 自动停站，倒台后建立 ATP/ATO 模式发车，完成折返。

表 3 为市民广场站前折返改造前后性能对比分析分别从安全性和行车效率两个方面优缺点进行对比分析。主要概括为改造前只能用人工闭塞法组织行车，安全性依赖行车组织者，

运营效率较低，行车间隔较大；改造后可实现完整的 ATP 防护模式下的行车运营，保障运营安全，全线 ATO 模式下行车，缩短行车间隔，提高运营效率。

表 3　市民广场站前折返改造前后性能对比分析表

	改造前	改造后
安全性	列车以无任何防护的 BYPASS 方式进入道岔区段，需人工确认列车占用情况	具有完整 ATP 防护，可实现自动开放进路、ATO 自动停车
	转线进入 2G 后无防护信号机，停车需人工对标，具有冒进风险	具有完整 ATP 防护
行车效率	由于折返需人工防护，进站折返前需要停车	ATP/ATO 模式下均无须停车
	站前折返方式可参照天津站，按照人工闭塞法计算折返间隔，折返间隔大于 300 秒	折返间隔小于 150 秒

3.3　项目可推广性

对津滨轻轨中间有岔站（塘沽站、中山门站、钢管公司站至天津站方向）成功完成了推广改造工作。至 2016 年 12 月底，利用折返功能改造的经验成功推广至塘沽站、中山门站和钢管公司站，三站均实现了至天津站方向的完整 ATP 防护的折返功能，经测试全部符合立项初期既定的改造推广目标。

该项目在国内信号系统改造方面尚属首例，对增加备用折返站、小交路运营等改造均具有宝贵的指导意义。

3.4　社会经济效益

据官方统计，每天大约有 30 万人来往于中心城区和滨海新区之间，仅靠道路交通很难承载。因此要优化提升公共交通，亟待解决双城间的轨道交通承运问题。经此次轻轨信号系统改造后，线路可满足运营至滨海核心区域——市民广场站的需求，从而使双城通勤问题得到解决。

改造完成后，市民广场、塘沽站、中山门站等中间有岔站均可作为备用折返站，缓解了轻轨全线贯通后天津站、东海路站作为折返站的故障压力。

2016 年 7 月开通至市民广场站后客流量日均约 11 万人次，客流量与票务收入同比改造前增长 50%以上。

参考文献

［1］GB/T 30012-2013 城市轨道交通运营管理规范［S］.

［2］GB 50578-2010 城市轨道交通信号工程施工质量验收规范［S］.

［3］GB/T 50517-2013 地铁设计规范［S］.

［4］吴汶麒. 城市轨道交通信号与通信系统［M］. 北京：中国铁道出版社，1998.

［5］林瑜筠. 铁路信号新技术概论［M］. 北京：中国铁道出版社，2007.

［6］SM8051. Revision2. 0，USA：Unision Switch & Signal Copyright，2001.

城轨电客车空压机检测控制逻辑分析

胡　雪

（天津滨海快速交通发展有限公司）

摘　要：城轨电客车空压机是列车风源装置的核心，为全列车平衡、制动提供重要保障。空压机检测控制逻辑的优劣影响空压机的寿命，部分逻辑也会影响电客车的运营组织流程，尤其是监视系统上空压机的动作状态对于司机及检修人员来说尤为重要。空压机多由电客车网络系统及车辆硬线共同控制，二者良好的配合为空压机的正常运用打下基础。本文主要以天津地铁5号线电客车为例，站在运营角度分析其空压机的硬线与软件的检测控制逻辑，简述其配合关系、优劣及优化方向，为制造商及运营单位提供思路。

关键词：天津5号线；电客车；空压机；检测控制逻辑

1　概况

天津地铁5号线电客车采用两台空压机为其全列车提供风源，主要服务于踏面制动单元、空气弹簧、受电弓等。在列车处于健康状态下，全列车的正常风压需在7.5bar至9bar之间。如风压过低，空压机需按照既有逻辑启动；如风压过高，气路中的安全阀会起作用，保证风管路不会承受过大压力而破裂。本文重点讨论空压机在正常条件下的检测控制逻辑。

1.1　空压机设置情况

每列电客车安装两台空压机，每个单元的拖车各设有一台，以一台为主，以一台为辅，主从空压机切换依据为单双日日期。

1.2　空压机技术条件

天津地铁5号线采用VV120型号的空压机，空压机采用空气冷却方式，两级活塞压缩，由一个三相交流50Hz AC380V的4级电动机驱动，有两个低压气缸和一个高压气缸。

2　技术分析

天津地铁5号线电客车的空压机主要由硬线与网络共同检测控制，正常情况下，空压机接受网络的检测与指令，如网络系统故障，硬线可起到应急作用。下面一一详述。

2.1　网络检测控制

制动系统的制动控制单元将全列车的总风压通过MVB总线发送至网络系统，即网络系统采集到总风压的数字量。

当总风压降低至7.5bar时，主空压机启动；当总风压降低至7.0bar时，从空压机启动；当风压达到9.0bar时，启动的空压机停止工作。

网络系统中有设定的一套算法，如实际的数字量风压符合网络系统启动空压机的运算，网络系统发出空压机启停指令，逻辑如下：

（1）启动逻辑

主空压机已被选定∩总风压有效∩风压低于7.5bar=>主空压机启动，主空压机已被选定∩总风压有效∩风压低于7.0bar=>从空压机启动。

（2）停止逻辑

主空压机已被选定∩总风压有效∩风压高于9.0bar=>空压机停止。

2.2　硬线检测控制

硬线方案的设计初衷为网络系统故障时可应急控制空压机的启停。天津地铁5号线电客车为每台空压机各设定了一个压力开关，动作值为（7.0，9.0）bar，即总风压低于7.0bar

时空压机须启动，高于 9.0bar 时空压机须停止。压力开关的触点在空压机硬线控制电路中控制空压机启停继电器线圈的得电与否，从而达到风压检测与空压机启停控制的目的。空压机硬线检测控制方式较为经典，尤其广泛应用于国内其他线路中无网络控制的电客车。

2.3 硬线与网络在控制方面的配合

硬线备用方案属于空压机的冗余设计，但它不是在网络系统故障后再启用，即网络系统正常时，空压机受到网络与硬线的双方面控制。

实际运用中，网络与硬线已经引起冲突。硬线方面，由于压力开关的调节范围有±0.2bar 的公差，且压力开关偶有漂移，压力开关的动作会控制空压机启停，而这种启停被网络系统检测到后判定为异常，因此会在车辆 TCMS 上报故障，即空压机在 TCMS 上报“假故障”，此问题严重影响司乘人员上正线运营车辆。“假故障”逻辑如下：

①空压机没按网络要求启动（超过 10s）。

②空压机没按网络要求停止（超过 10s）。

③空压机长时间启动（超过 10min）。

以上三种情况 1h 内任意出现两次会报“假故障”。所谓“按网络要求”即上文提到的“启动逻辑”与“停止逻辑”。

二者冲突，可通过修改网络系统逻辑的方式来解决。修改建议如下：

①空压机初始状态为未启动时，网络系统给出空压机启动指令而空压机仍未启动，记为故障。

②总风压达到 9.2bar，但空压机仍处于工作状态，记为故障。

其余逻辑不变。

鉴于修改硬线电路工作量较大且灵活性较低，本文不再分析通过修改硬线来解决空压机检测控制逻辑的问题。

3 运营管理分析

3.1 乘务与运营

电客车空压机依据单双日切换主从，即单日期二单元的空压机为主，双日期一单元的空压机为主。从长远角度考虑，由于全寿命周期内单双日数量基本一致，电客车两台空压机老化速度不会有明显差异，因此调度安排上线车辆时可不必过多关注日期对车辆的影响。

3.2 检修与车辆维护

网络软件更新后可有效防止空压机“假故障”的出现。软件具有一定的稳定性，如检修人员在日常维护作业中发现故障，可从硬线角度进行故障排查，略去软件排查流程，提高效率。

4 结论

本文以天津地铁 5 号线电客车空压机为例分析了城轨电客车空压机检测、控制逻辑，并分析了此种逻辑对于运用、检修的影响。不同线路中的空压机软、硬件逻辑类似，可供广大城轨维护人员参考。

参考文献

[1] 朱慧芳．电客车风源系统之空压机维修［J］．城市建设理论研究：电子版，2013（22）．

[2] 梅樱．城轨车辆新型网络控制系统的调度、建模及优化［D］．北京：北京交通大学，2011．

[3] 孙波．克诺尔空气制动系统原理分析［J］．铁道技术监督，2014，42（6）：46-48．

新型薄板宽频吸声特性分析

郭树旺

（华电重工股份有限公司）

摘　要：当前穿孔结构的形式比较单一，吸声频带窄，导致吸声结构用途受限。同时，吸声系数理论计算复杂，参数多，本文提出了新型不同深度腔体吸声结构，并利用电声相互转化方法推导出了理论计算公式，并给出了声波垂直入射情况下的数值计算。结果表明，通过改变空腔深度，使吸声结构具有宽频特性，且吸声系数高。

关键词：吸声结构；电声法；腔体结构；宽频特性

1　前言

传统的吸声结构对高频声波的吸收效果好，对低频噪声的吸收效果差，而宽频段噪声吸收对其来说是更具有挑战性的难题。经典的微穿孔板吸声结构由微孔和刚性空腔构成。[1] 虽然微穿孔板结构的吸声性能比其他类型吸声体高，但是其吸声带宽最多两个倍频程，而很多工程上需要宽频段的吸声结构。因此，为增加吸声带宽，提高吸声性能，通常用双层或三层微穿孔板结构[2,3,4]。随着孔板层数的增加，吸声性能得到了提高，但是厚度和重量显著增加，严重地限制了应用范围。高俊宏等学者提出了并联微孔板结构，利用数值模拟方法研究了吸声特性；刘克等学者[5,6,7] 对垂直入射和漫反射条件下并联微孔板的吸声性能进行了实验研究；Wang 等学者[8] 用有限元方法对平行布置的微穿孔板阵列的吸声结构性能进行了研究，计算过程复杂；吴波波等学者[9] 利用声电类比方式研究了吸声结构，工程实施上比较复杂。综上所述，有关微穿孔板结构的研究较多，但仅限于多层等结构形式，对多个腔体板结构的研究少，且计算理论复杂，实际工程计算难度大。为此，本文提出了一种新型薄板宽频的理论计算方法，采用声电转化原理求解了新型宽频穿孔板吸声系数。其中三维模型和平面图，如图 1 所示。

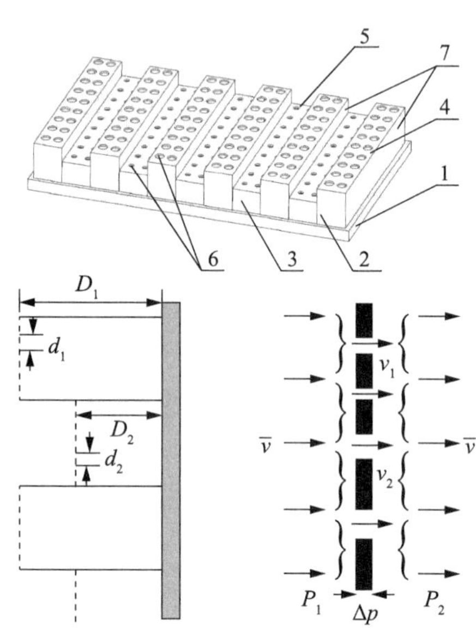

图 1　新型穿孔板结构示意图

2　穿孔板理论分析

传统穿孔吸声原理是将孔看作互不影响，由于孔壁上空气质点速度为零，孔中心速度大，形成速度变化率，造成能量损耗，达到吸声的目的。本文是对两侧流量连续的原理进行了推导。

$$\Delta p = p_1 - p_2 \quad ①$$

$$\bar{v} = v_1\eta_1 + v_2\eta_2 \quad ②$$

其中，p_1 和 p_2 为吸声板两侧声压，v_1 和 v_2 是两种孔径下的平均流速。

$$z_1 = \frac{\Delta p}{v_1} \quad z_2 = \frac{\Delta p}{v_2} \tag{3}$$

通过上述方法得到了深腔声阻抗：

$$Z_{D_m} = -j\rho c \cot\left(\frac{\omega D_m}{c}\right) \tag{4}$$

其中，η_m 表示一种空腔体上吸声板的穿孔率，不同种空腔体上吸声板与背板之间的距离不同；Z_{D_m} 表示深度为 D_m 的空腔体的声阻抗率；j 表示虚数单位；ω 表示角频率，$\omega = 2\pi f$，f 表示声音频率。

得到穿孔板的相对声阻抗：

$$z = \frac{Z}{\eta_m \rho c} = r_m + j\omega m_m \tag{5}$$

其中，ρ 和 c 为空气密度和空气声速；r_m 为声阻；m_m 为声质量。

$$r_m = \frac{32\mu}{\eta_m c}\frac{t}{d_m^2}\left[\sqrt{1+\frac{Y_m^2}{32}} + \frac{\sqrt{2}Y}{8}\frac{d_m}{t}\right] \tag{6}$$

$$m_m = \frac{t}{\eta_m c}\left[1 + \frac{1}{\sqrt{9+\frac{Y_m^2}{2}}} + 0.85\frac{d_m}{t}\right] \tag{7}$$

其中，$Y_m = d_m\sqrt{\frac{f}{10}}$，$d_m$（$m=1$，2，3……）为穿孔板直径，单位为 mm；$t$ 为板厚，单位为 mm；μ 为空气黏滞系数，$1.56\times10^{-5}\text{m}^2/\text{s}$；$\eta_m$ 为穿孔百分数。

穿孔板吸声结构声阻抗可表示为：

$$R_m = r_m + j\left(\omega m_m - \cot\frac{\omega D_m}{c}\right) \tag{8}$$

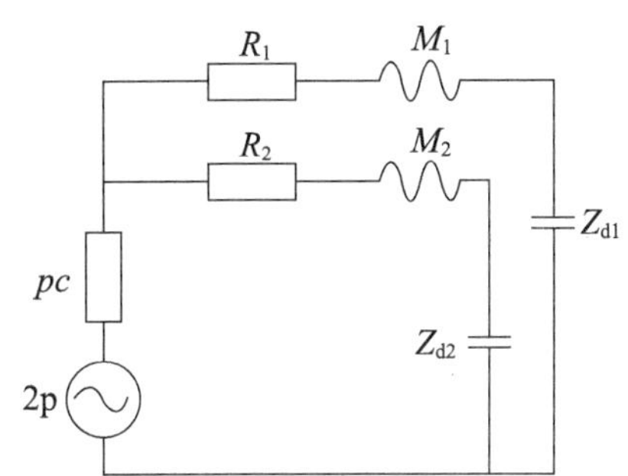

图 2 电声阻抗转化原理

$$z_{total} = (R_1 + R_2)^{-1} \quad m = 1,\ 2,\ 3\cdots\cdots \tag{9}$$

其中，

$$R_1 = \frac{1}{r_1 + j\omega m_1 - j\cot(\omega D_1/c)},$$

$$R_2 = \frac{1}{r_2 + j\omega m_2 - j\cot(\omega D_2/c)}$$

新结构的吸声系数为：

$$\alpha = 1 - \left|\frac{z_{total} - 1}{z_{total} + 1}\right|^2 \tag{10}$$

3 数值分析

利用电路法对不同腔体的吸声结构进行了分析。孔板参数：$d = 0.6$mm，板厚 0.6mm，穿孔率为 1.6%；空腔深度为 100mm、50mm、25mm 和 12mm。

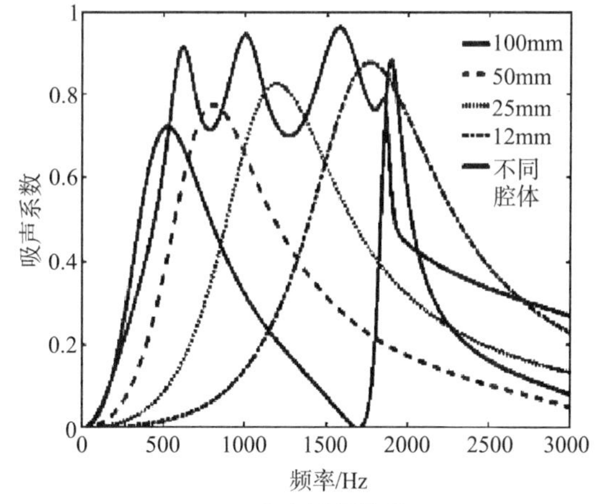

（a）本文计算结果

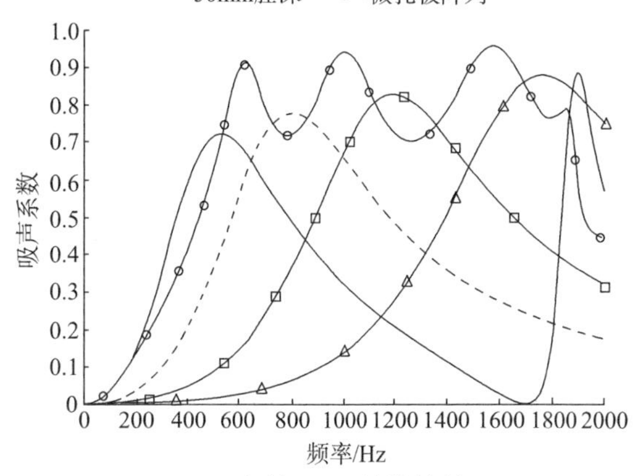

（b）文献［9］计算结果

图 3 本文计算结果与文献［9］计算结果对比

图3（a）给出了利用声电方法计算的不同腔体吸声系数，并与文件进行了比较，结果表明推理的正确性。从图3中可以看出，不同深度的空腔具有不同峰值，随着深度的减小，吸声峰值向高频偏移，且吸收峰值逐渐增高。当将4种不同深度的穿孔板组合成孔板时，发现吸声系数曲线吸声系数平均值均高于单个空腔体结构。因此，在500Hz—2000Hz范围内具有较高的吸声系数。

图4给出了不同孔径下吸声系数变化曲线。参数：板厚0.6mm，穿孔率为1.6%；空腔深度100mm；孔径为0.6mm、1.0mm、2.0mm和3.0mm。从图中可看出，随孔径的增大，整体吸收系数曲线向低频偏移，吸收峰值逐渐减小，整体平均吸声系数减小，尤其是低频特性均大于单腔吸声结构。

图5给出了不同穿孔率下吸声系数的变化曲线，其中孔径为1mm，空腔深度分别为100mm、50mm、25mm和12mm；穿孔率分别为1.6%、2%、3%和10%。从图5中可看出，随着穿孔率的增多，吸收系数曲线向高频方向偏移。另外，从图5中发现，随穿孔率的增多，吸收峰值逐渐减少，且平均吸收系数降低。

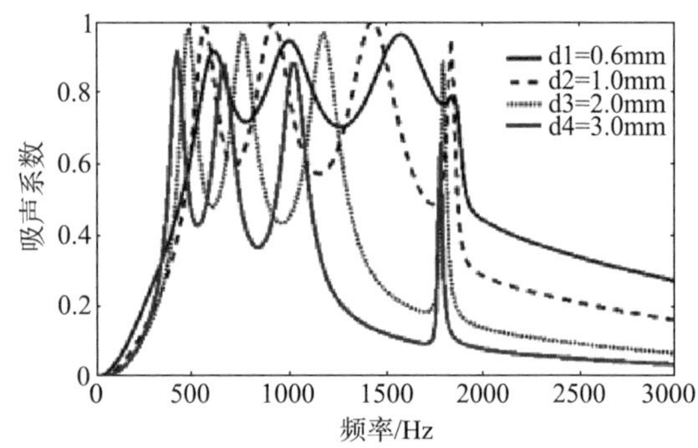

图4 不同孔径下吸声系数变化曲线

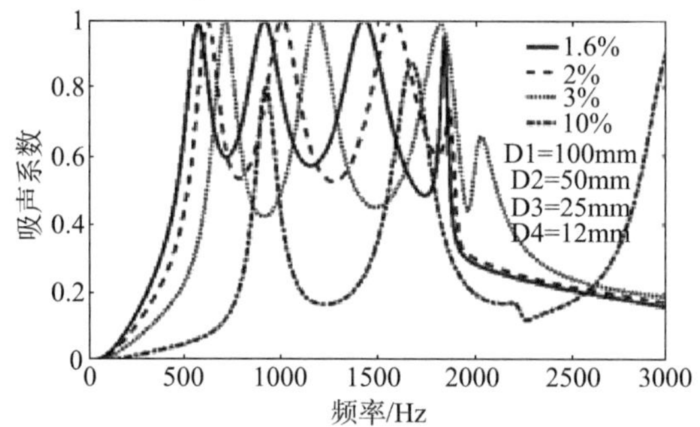

图5 不同穿孔率下吸声系数的变化曲线

4 结论

（1）本文提出了一种新型吸收结构形式，利用电声转化方法得出了计算公式，并运用现有的传统公式进行了比较和分析；

（2）与单个腔体穿孔结构相比较，新型穿孔结构在500Hz—2000Hz之间的吸声带宽，吸声系数大，且在实际工程中便于加工制作和施工；

（3）可以通过数值分析技术，研究适合不同频段的吸声体，通过改变腔体数量、孔径大小、穿孔率、板厚等参数，使该结构具有宽频的吸声特性。

参考文献

[1] 马大猷．微穿孔板吸声结构的理论和设计［J］．中国科学，1975，（1）：38-50.

[2] 赵晓丹，李晓，丁瑞．机械阻抗与声阻抗结合提高微穿孔板低频吸声性能［J］．声学学报，2014，39（3）：360-365.

[3] 冯涛，王晶，刘斌等．用传递矩阵法计算多层泡沫材料的法向吸声系数［J］．机械设计与制造，2012（2）：35-37.

[4] Boseung Kim，Junhong Park. Sound absorption structure in helical shapes made using fibrous paper［J］. *Composite Structures*，2015（134）：90-94.

[5] 刘克，Noceke C，马大猷．扩散场内微穿孔板吸声特性的实验研究［J］．声学学报．2000，25（3）：211-218.

[6] Dengke Li，Daoqing Chang，Bilong Liu. Enhanced low- to mid-frequency sound absorption using parallel arranged perforated plates with extended tubes and

porous material [J]. *Applied Acoustics*, 2017 (127): 316-323.

[7] 高俊宏. 微穿孔板吸声结构及其并联结构的计算机模拟分析 [D]. 太原: 太原理工大学, 2008: 18-38.

[8] Wang Y Zhang, C Ren, L Ichchou M Bareille. Sound absorption of a new bionic mufti-layer absorb [J]. *Compos Struct*, 2014 (108): 400-408.

[9] 吴波波, 王高沂, 李海霞, 等. 利用声电类比法对微穿孔板阵列吸声性能的研究 [J]. 机械科学与技术, 2017 (36): 644-647.

天津 9 号线列车门控制逻辑改进研究

赵晨亮

（天津滨海快速交通发展有限公司）

摘　要：根据 9 号线车辆车门控制逻辑现状，研究解决天津站双侧客室门同时打开、关闭的解决办法，以应对天津站双侧站台同时乘降的运营需求。

关键词：客室门；容量分析；零速；头尾主控

1　概况

天津 9 号线终点站天津站是站前折返的站台，列车进入站台后，乘客上下车及司机变更驾驶端须同时进行。原车门控制逻辑与主控钥匙的占用有关，不满足上述运营要求。为了适应西段工程天津站的运营模式要求，拟对电动塞拉门控制逻辑进行改造，由“列车无头尾时车门失去零速信号，开启的车门因自动启动零速保护功能而关闭，即关闭司控钥匙时开启的车门自动关闭”改为“车门接收的列车零速信号与头尾是否建立无关联，即关闭司控钥匙时开启的车门不会自动关闭”，以节约列车到发作业过程中“列车开门，乘客乘降，司机倒换驾驶端”的时间，提高折返能力，以及消除后期制定乘客乘降方案时在此方面的约束。本文旨在从硬线上对车门控制电路进行更改优化，以确保技术、运用两方面均符合要求。

2　技术分析

2.1　原有控制逻辑

按照列车原有车门控制逻辑，车门打开的安全控制逻辑为列车静止和确定驾驶端两要素，开门电路和开门状态保持电路的工作都受列车静止和确定驾驶端两条件限制，即司机变更驾驶端时车门会关闭。

硬线电路如图 1 所示。

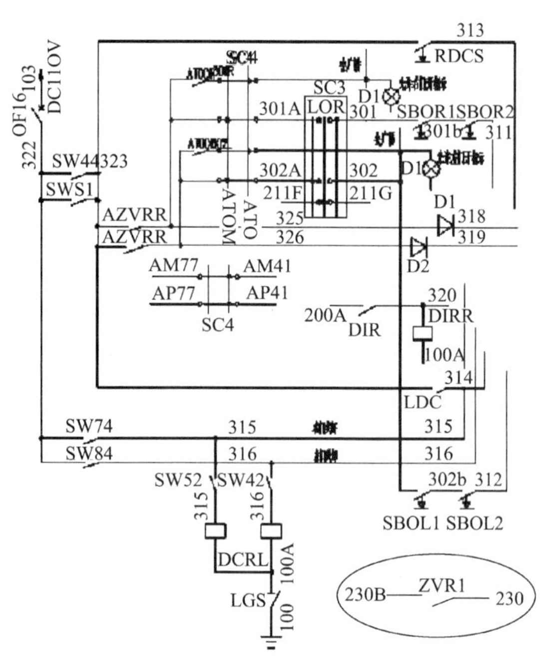

图 1　改造前车门控制电路

2.2　改进方案

保留以下四个逻辑：

①列车静止，开门状态保持；列车非静止，车门安全导向关闭。

②列车运行中车门打开操作失效。

③列车运行中开启的车门安全导向关闭。

④操作车门打开必须在确定的驾驶端。

修改以下逻辑：

①开门状态保持必须有确定的驾驶端更改为开门状态保持与有无确定的驾驶端无关。硬

线更改方案如图 2 所示。

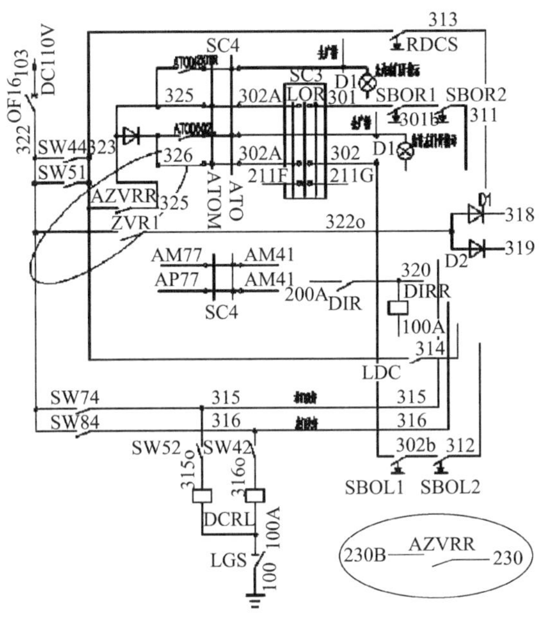

图 2 改造后车门控制电路

AZVRR 继电器由列车零速和有确定的驾驶端控制；ZVR1 继电器仅由列车零速控制。

将门零速保护信号由原来的 AZVRR 继电器控制变更为 ZVR1 继电器控制，开关门操作程序及指示灯显示无变更。

2.3 容量分析

改造后开门电路中 AZVRR 继电器的 1 对触点由控制一侧开门变为同时控制两侧开门，需要核算 AZVRR 继电器触点的容量（容许的最高电流为 12A）。

列广电路上的电流：

$I_1=110V\div5.1k\Omega=21.6mA$，每侧 1 路；

开门允许灯电流：

$I_2\leq20mA$，每侧 1 路；

单个门开门电流：

$I_3=110V\div11k\Omega=10mA$，每侧 12 个；

则同时开两侧车门的电流：

$I=2\times(I_1+I_2+I_3\times12)\leq323.2mA$，实测值为 650mA。

车载屏蔽门设备工作电流≦500mA，改造后，列车在天津站同时开两侧列车门和屏蔽门时通过 AZVRR 继电器触点的实际电流≦1150mA，远小于其容许通过的最高电流 12A，完全可以满足使用要求。经过半年时间的跟踪观察，未见 AZVRR 继电器触点出现过度氧化、电蚀等损伤。

2.4 工艺分析

ZVR1 继电器已无多余触点，将 ZVR1 继电器上的坡起控制线改至 AZVRR 继电器。

经过对电客车线路的排查，最终采用老线线号变更、布置新线及端子排处短连片短连等改造工艺，并制定了较为完善的校线工艺和功能检验流程，避免施工错误导致的列车功能异常或存在安全隐患。

3 功能效果

3.1 安全性

此次改造不改变车门控制逻辑的安全技术标准，在设计思路上，简化了开门状态保持电路的建立条件，在理论论证及计算上都满足列车使用要求。

3.2 经济效益

（1）站停时间缩短：每列车在天津站站停时间缩短 90 秒。

（2）缩短到发作业时间，提高折返能力，以及避免关门后等待发车对乘客心理的影响，提高服务质量。

4 结论

本文详细介绍了变更正线条件以改造电客车车门控制逻辑的方案，此方案已应用于天津 9 号线，效果显著，期待本研究能够对其他城轨项目有所启发。

参考文献

[1] 张世友，谢志平，黄海东，胡活力．城轨车辆车门逻辑电路控制与常见故障的判断及排除方法［J］．科技传播，2014，（17）：162，168.

[2] 顾松彬，罗信．深圳地铁车辆客室车门电气控制电路的改进［J］．机车电传动，2008，（2）：48-49.

轨道交通智能化无人驾驶系统的构建要点

韩 健
（天津轨道交通集团有限公司）

摘 要：伴随科技的不断进步，在轨道交通行业发展中，智能化无人驾驶系统已经成为一个重要的发展方向。尤其在国内，伴随近年来行业规模的持续扩大，对技术保障水平和运营管理效率也提出了更高的要求。2017 年底，北京地铁燕房线开通试运营。该线路是我国内地首条拥有完全自主知识产权、全自动运行的地铁线路，摆脱了我国核心技术依赖国外进口的局面，迈出了行业自主创新的重要一步。本文从智能化无人驾驶系统的意义、对各专业系统的技术要求、新模式下运营管理体系的组织要点及系统选择实施需考虑的因素共四方面进行了分析阐述。最后提出了相关建议。

关键词：轨道交通；智能化；无人驾驶；运营管理

截至 2017 年底，我国大陆地区（不含港澳台）34 个城市建成投运轨道交通线路共 166 条，运营线路 5021.7 公里[1]。国内轨道交通行业呈现出运营线路增多、客流持续增长、系统制式多元化、运营线路网络化，在建、规划线路规模进一步扩大，投资额持续增长、建设速度稳健提升的特点。

在 5021.7 公里的运营线路中，地铁 3881.8 公里，占线路总长的 77.30%；轻轨 233.4 公里，占 4.65%；单轨 98.5 公里，占 1.96%；市域快轨 501.8 公里，占 9.99%；现代有轨电车 243.4 公里，占 4.85%；磁浮交通 58.8 公里，占 1.17%；APM 线 4 公里，占 0.08%（见图 1）。[2]

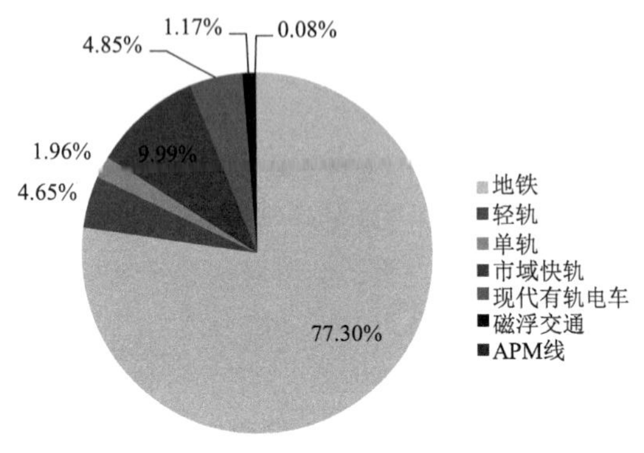

图 1 轨道交通行业各类制式占比

随着轨道交通行业的快速发展，各专业技术也发生了日新月异的变化。受行业普遍存在的高额人工成本、高强度行车频率等需求导向，智能化的无人驾驶技术正逐步成为行业创新的重要方向。根据国际电工委员会（International Electro-technical Commission）规范 IEC 62290 规定，城市轨道交通管理与控制系统具备功能的自动化等级共分为 5 个等级，其中有人驾驶 3 个等级，无人驾驶 2 个等级。无人驾驶包括自动化等级为 GOA3 的无人驾驶 DTO（Driverless Train Operation）模式和自动化等级为 GOA4 的全自动无人驾驶 UTO（Unattended Train Operation）模式（具体情况见表 1）。本文中的智能化无人驾驶系统定义为 UTO 模式，即高度智能化的无人驾驶轨道交通运营管理系统。

表 1 轨道交通自动化等级分类

自动化等级名称	描述	分类
GOA0	目视驾驶	有人驾驶
GOA1	人工驾驶	
GOA2	半自动驾驶	
GOA3	无人驾驶	无人驾驶
GOA4	全无人驾驶	

1 轨道交通智能化无人驾驶系统的重要意义

目前，国内轨道交通在运线路采用的大都是半自动ATO驾驶模式，紧急情况下则采取系统辅助的ATP人工驾驶模式或限制人工驾驶模式RMF/RMR。与传统ATO驾驶模式相比，UTO智能化无人驾驶系统在服务质量、安全可靠、运营效率、互联互通等方面具有明显的优势。

1.1 提高运营服务质量

智能化无人驾驶系统要求运营所有环节实现全面自动化，其核心理念是尽量减少对智能系统的人工干涉，从而实现准点运营。在加强乘客信任度的前提下，提高列车运行的平稳度和乘坐舒适度，最终全面提升运营服务质量。

1.2 提升运营安全可靠度

智能化无人驾驶系统通过减少不必要的人为误操作，提升设备的反应速度和故障诊断反应能力。同时，系统在通信环节采用高度冗余互备技术，强化各子系统间的自动应急联动，突出快速的应急反应能力和完善的故障处置系统。

1.3 提升运营组织效率

智能化无人驾驶系统通过高精度的信号控制，完成对各系统的唤醒、调试、上线运行、线路折返、出入库、休眠、状态检测、维修维护等全周期的管理监控，节省了现行ATO模式下各专业系统间人工联动导致的精度不足，在提升运营组织效率的同时，大大降低了运营系统中的人工成本。

1.4 奠定运营线网互联互通基础

智能化无人驾驶系统目前在国内还处于创新试验阶段，随着配套技术的逐渐成熟和既有线路设备的改造升级换代，智能化无人驾驶的线路在线网互联互通上就具备了天然优势，无须进行复杂的人工协调，而是由智能化调度管理系统来进行统一整合，对线网的运营效率提升具有明显推动作用。

2 智能化无人驾驶系统对各专业技术的要求

区别于现行的常规ATO驾驶系统，智能化无人驾驶系统要求以运营列车为核心的各专业各环节实现全自动联动管理监控，故系统的实施对以信号、车辆、通信、信息集成处理为核心的各专业系统均提出了更全、更高、更完善的技术要求。

2.1 信号系统

为满足智能化无人驾驶系统高安全性、强可靠性和全可用性的需要，核心的信号系统在现有列车控制系统（CBTC系统）的基础上需要增加新的自动控制功能[3]，确保在综合自动化系统和维护支持系统的保障下能够控制列车，实现唤醒、自检、出段、区间运行、精确停车、开关车门/安全门、折返、回段、休眠、自动维检修提醒等功能，同时保证列车安全、有序、精确、舒适地运行。

此外，对信号系统与其他调度中心、视频监控、通信传输、列车控制、设备监测、数据分析、应急处置等系统间的接口设计和数据更新共享也有更高、更严格的要求。

2.2 车辆系统

列车在具备目前的自动驾驶功能外，还需具备远程监控、模式自动切换、障碍物探测、车载各系统状态自动检测监控、车地数据双向传输等功能。

2.3 综合自动化系统

除列车外，控制中心、通信系统、视频监控、车辆基地等也必须提升整体的综合自动化程度。在控制中心方面，需增加乘客调度、设备远程监测控制、设备综合调度等功能，既能实现对运营列车、设备的监控，又能结合乘客需求，及时对智能化运营系统提出合适的需求调整。在通信系统方面，冗余备份的模式创新，双向数据传输、抗干扰能力等需求对系统基础配置提出了更高、更灵活的要求。在车辆基地的设计上，在明确功能分区的前提下，还需增加防护设备、门禁系统、联锁系统以及与控制中心的远程监控调度等功能。

2.4 信息数据搜集处理系统

智能化无人驾驶系统在运营过程中产生了大量的数据，包括运营列车数据、设备状态数据、乘客数据、各系统实时监控数据等，涉及数据的种类繁多，数据规模异常庞大。

在日常运营管理中，一方面，需要加强对数据的搜集分析，总结服务对象出行和设备设施运行的客观变动规律，为运营管理奠定基础；另一方面，要重点做好对各系统异常数据的跟踪观测，在提高各系统数据共享效率的前提下，提前做好各类风险的防范和综合预判，为后续应急处置提供保障。

2.5 应急处置联动平台

由于智能化无人驾驶系统高度自动化的特点，该系统比现行模式在应急处置效率方面有更大的压力和更严格的要求，因此必须建设以自动化行车调度模块为核心的应急处置平台。同时，各系统在管理软件上必须预留好应急人工处置模式和切入接口；在设备模式切换上，各系统必须及时联动，以提升应急处置效率，切实保障运营安全。

智能化无人驾驶模式并非单纯依靠某一个子系统简单的升级改造就能实现，而是各系统智能联动的结果。在实际运营管理中，各子系统的性能必须匹配性地整体提升，才能为高效运营管理提供坚实的软硬件基础。

3 智能化无人驾驶运营体系的组织要点

3.1 国内外智能化无人驾驶线路情况简介

轨道交通智能化无人驾驶系统在国外已经得到比较广泛的应用，如法国的巴黎、马赛、里昂，德国的纽伦堡、柏林、汉堡、法兰克福，日本的神户、东京，英国的伦敦，马来西亚的吉隆坡，丹麦的哥本哈根，中国台北等城市已有几十条线路采用 UTO 模式。最具代表性的新加坡地铁东北线是全世界第一条实现正线、车辆段全自动运行的线路。该线路于 2003 年 6 月开通，采用阿尔斯通公司的信号和车辆，最高时速 90 公里，最大运送能力为单向 4 万人/小时。该线路车站的屏蔽门系统有一种 JOG 功能，列车停站时可以在 30 厘米的范围内向前或向后自动调整以对准站台的屏蔽门。如列车因运行突发故障，则可以转入“蠕行模式”（Creep Mode），自动将列车以 10 公里/小时的速度开到下一个车站，由车站工作人员对列车进行控制。后来新加坡又建成智能化无人驾驶的地铁环形线（Marina 线），同样采用阿尔斯通公司的技术。

根据国际公共交通协会 UITP 的统计，截至 2016 年 7 月，全球有 37 个城市 55 条线路采用全自动的 UTO 驾驶模式，运营里程达 803 公里，车站 848 座，即全球 157 个轨道城市中近四分之一的城市至少有一条线路以全自动模式运行，运营里程占全部里程的 6%。[4]

目前，国内城市轨道交通线路也开始尝试逐步采用 UTO 全自动无人驾驶技术，2016 年底开通的香港南港岛线是中国第一条正式运营的 GOA4 等级的全自动无人驾驶线路。2017 年底开通试运营的北京燕房线，是我国内地首条拥有完全自主知识产权、全自动运行的地铁线路，设计时速为 80 公里。北京、上海、广州、成都、南宁、南京、苏州、武汉、东莞、郑州、哈尔滨、芜湖等城市均有在建的智能化无人驾驶运行线路。据国际公共交通协会地铁自动化专业委员会预测，到 2020 年国际上 75% 的新线和 40% 的既有线建设和改造时将采用 UTO 智能化无人驾驶全自动运行系统。

3.2 智能化无人驾驶运营体系的组织要点

3.2.1 合理确定运营管理模式

在智能化无人驾驶模式下，现行的线网级、线路级、现场级三级控制调度模式将转变为控制中心直接监控列车运行的一级调度模式。以行车调度为例，现有的模式是由行车调度员向司机下达调度命令，而智能化无人驾驶模式下则是由控制中心直接向列车下达行车计划（具体情况见图 2）。模式的转变，在提升运营管理效率的同时，也对既有的运营管理模式造成了严重影响。因此，必须建立和各系统设备运行要求相匹配的运营管理模式，一方面增设新的岗位适应设备自动化运行的需求，加强对设备状态的监控和数据变动分析；另一方面则要适应各系统间协调合作的需求，建设高度集中、精简高效、快速保障的运营管理模式。

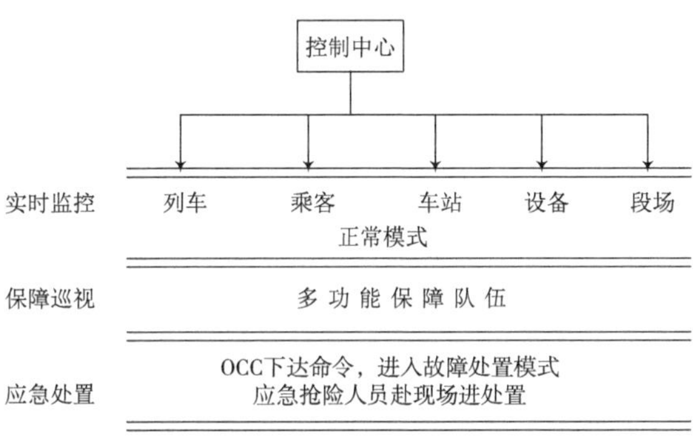

图 2　智能化无人驾驶模式下运营管理体系三级保障与处置

3.2.2　科学设计运营组织架构

在新的运营管理模式下，要科学设计运营体系的组织架构，既要保证运营公司与其他管理部门、其他业务板块的界面清晰；又要在不同运营模式下，创新运营公司内部的管理体制。借鉴国际国内已有的线路运营组织架构设计，从运营专业化、服务标准化、管理规范化、保障精细化的运营要求出发，将现行的车辆、信号、通信、机电等专业集成一体化管理，合理选用自主维修、内部委托、定向委托和市场化委托等多种保障方式，最终达到人员精简、职能明晰、岗位复合、全面快速的组织架构建设目标。

3.2.3　全面优化各项业务制度及流程

组织架构建设完成后，以梳理各部门职责为基础，从公司、部门和岗位三个层次对各项业务制度进行全面优化完善，对核心业务流程进行可视化处理，以作业标准、岗位标准、关键流程为优化核心，切实做到安全可控、精细科学，通过制度流程环节的标准化管理，为智能化运营体系提供制度保障。

3.2.4　提升各级管理人员素质

运营模式的转变对各级管理人员提出了新的要求。首先，先进的软硬件系统要求从业人员必须加强对设备的深入了解，全面掌握各专业设备的新技术、新特点，为运营管理做好基础保障。其次，智能化无人驾驶系统在日常运营过程中产生了大量的数据，要利用好系统产生的大量分类数据，充分挖掘数据中潜藏的价值，提升运营管理水平和效率，这就要求各级人员必须具备高度的数据敏感性和强大的逻辑分析能力。最后，运营管理系统整体智能化水平的发展，对应急处置人员提出了更高要求，一方面必须充分了解各系统的日常运行规律和实时运行状态，另一方面必须熟练掌握各系统应急处置联动模式下的流程环节，只有如此才能做出准确判断，高效快速地组织、开展现场应急抢险处置工作。在做好人员素质提升的同时，运营管理体系应该提供配套的激励机制，通过建立完善各类人才的长期培养体系，为运营管理提供充足的人力资源保障。

3.2.5　开展各线路间的分享交流

2017 年 11 月 24 日，2017 城市轨道交通全自动运行专家研讨会在京召开，围绕全自动运行系统的发展趋势与展望、全自动运行系统经验分享、全自动运行线路乘客管理、全自动运行系统设施的维护等四个主题开展了深入探讨和交流，旨在与世界先进城市轨道交通系统接轨，推动我国城市轨道智能化运行系统的自主创新进程。

在国内既有的无人驾驶运营线路中，北京地铁机场线采用阿尔斯通提供的全自动运行系统，但在运营初期仍设有驾驶员，2012 年起实现了无人驾驶，但初期司机仍在驾驶室内监控列车。与此相似的还有上海地铁 10 号线，该线路也采用了阿尔斯通和中国南车联合开发的系统，也同样经历了从传统模式到无人驾驶运营模式的逐步过渡。[5] 小运量的线路中，如北京机场 T3 航站楼线、广州珠江新城的捷运线以及即将开通运营的上海地铁浦江线采用的则是庞巴迪公司的 APM 系统。2017 年底开通运营的北京地铁燕房线首次采用我国自主研发生产的智能化全自动无人驾驶运行系统，自动化水平大幅度提高，被认定为国家自主创新示范工程。

智能化无人驾驶全自动运行系统是目前世界上最先进的轨道交通系统，它的上线给整个行业产业链带来了相应的变革机遇和挑战。目前我国已具备完善的维护解决方案和能力，未来将应用物联网技术、人工智能技术等进一步提高维保智能化水平。作为轨道交通大国，行业专家初步预测，到 2025 年，我国采用智能化无人驾驶全自动运行的线路将超过 1500 公里。[6] 以北京为例，根据规划，北京地铁 3 号、12 号、17 号、19 号线以及新机场线等新一轮轨道交通线路建设，都将采用这一技术(具体情况见表 2)。因此加强既有建运线路和未来规划线路间的经验交流与分享，可有效助推新模式下建设运营管理体系的持续完善与效率提升。

表 2　北京市规划采用智能化无人驾驶系统的地铁线路

线路名称	起终点	目前进度
3 号线	田村—曹各庄北	取得立项批复并开工建设
12 号线	四季青—管各庄西	在建
17 号线	未来科技城—亦庄新城	在建
19 号线	新宫—牡丹园	在建
新机场线	新机场—草桥	在建

4　智能化无人驾驶系统的选择实施

智能化无人驾驶系统在日常运营管理工作中，受到多种客观条件的影响，主要有各系统模块的稳定性、设备可靠性、线路限界情况、客流变动情况、故障处置效率等。因此，在决定是否采用该模式时，应综合考虑线路所处地区的人力替代成本、线路基本情况、区域发展水平等因素，科学合理地选择并组织实施。

4.1　人力替代成本

由于新模式下，运营列车上不安排司机驾驶，可在一定程度上减少运营工作人员的数量。但同时，原有的乘客面向司机的方式转变为乘客直接面向调度，原有的司机处理列车故障的模式转变为控制中心直接下达处理命令(具体关系描述见图 3)。上述转变，一方面，对高度集成的智能化系统有较高要求，且各子系统的故障率必须都较低才能实现，只要有一个系统模块出现运行故障，就会对整体智能化系统产生重大影响；另一方面，现有的各专业细分保障队伍，将向综合性的多功能保障队伍进行转变，对人员素质的要求将向全面、综合、高素质方向发展。体现在具体实施中，在人力资源成本相对较高的地区，智能化无人驾驶模式可以节约一定的运营分离成本，配合新模式也相对更容易寻找到合适的、综合素质较高的从业人员。

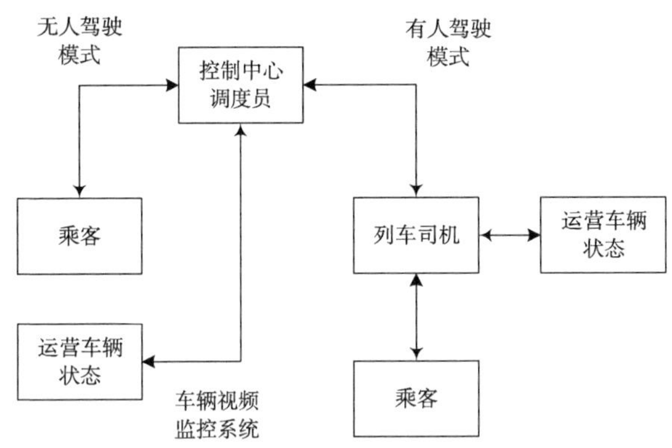

图3 有人驾驶和无人驾驶模式调度关系对比

4.2 线路基本情况

在实际运营管理中，运营里程较长、站点较多、运营时段较长的线路对作业人员的要求相对较高，也更容易受到人为因素的干扰。采用智能化无人驾驶模式从一定程度上可适时对运营情况进行调整，实现各类资源的最优化配置。

4.3 区域发展水平

智能化无人驾驶系统在发车频次、运行精度等方面可大幅度提高运营服务质量，但受区域发展水平影响，部分乘客对该模式还存在一定的风险过度担忧和模糊认知误区。在实际运营中，该模式因缺乏现场人员监控和处置而可能引发多种安全风险。北京地铁机场线和上海地铁10号线运营初期未直接实行智能化无人驾驶模式，即是出于该考虑。因此，在智能化无人驾驶系统的选择实施上应始终坚持科学合理、适时推进、逐步实现的原则。

4.4 与其他行业的互相融合

作为基础设施投资的重要组成部分，轨道交通行业在拉动沿线经济社会发展方面的作用已经得到普遍认可。目前，我国整体经济发展正经历新旧转换，传统的完全投资拉动型增长模式已无法适应新形势发展的需要，因此轨道交通行业也必须改变传统“重投资轻管理、重规模轻质量”的发展模式，转而与其他高科技产业相结合，通过应用其他行业既有的成熟技术，推动智能化管控水平的提升，从根本上实现行业全生命周期的优质管控。

十九大报告中提出的推动互联网、大数据、人工智能等新兴技术和实体经济的深度融合，是我国深化供给侧结构性改革，加快发展先进制造业，实现高质量发展的重要途径。根据国际咨询公司埃森哲发布的报告，到2035年，人工智能将推动中国劳动生产率提高27%，并有望将中国经济总增加值提升7.1万亿美元。人工智能技术的飞速发展将对轨道交通行业产生巨大影响，多数企业需要调整组织结构以充分应用人工智能，采用新的工作方式。如在乘客辨识、舆情分析、监控图像过滤、语音识别等方面，人工智能将助力轨道交通行业大大提升现有的工作效率与水平。在目前行业普遍反映的进站安检、反恐防范、沿线巡查等薄弱环节，人工智能也能弥补现有模式的不足之处。随着人工智能“深度学习”功能的日益完善，运营多年成熟线路向新线路的经验分享与模式复制可能会变得轻而易举，从而大大降低目前行业内管理咨询与输出所需的高昂成本。

综上所述，轨道交通智能化无人驾驶系统相比传统的半自动驾驶模式具有较为明显的优势。经过多年的研发，我国已基本摆脱了核心技术依赖国外进口的局面，实现了知识产权的国产自主化，迈出了轨道交通自主创新的重要一步。

但同时，该系统也对以信号系统为核心各子系统提出了更高的要求。借鉴国内外采用相似技术建设运营线路的经验教训，应从模式确定、架构设计、制度流程优化、人员培养和分享交流等方面做好行业总体规划和顶层设计。“十三五”期间，国内轨道交通在建里程依然保持了较大规模。各城市在具体技术的选择和实施上仍应结合本区域发展情况和行业总体动态，进行综合考量，在避免造成资源的过度使用和浪费的前提下，尽力降低建设运营所需的各类资源和成本，切实推动行业的健康、可持续发展。

参考文献

[1] 中国城市轨道交通协会. 2017 年中国内地城轨交通线路概况[J]. 城市轨道交通，2018（1）.

[2] 杨勇. 城市轨道交通无人驾驶的关键技术特点分析［J］. 城市轨道交通研究，2017（S1）：84-87.

[3] 国际公共交通协会 UITP. 全球全自动化地铁报告［R］. 2016.

[4] 高飞. 上海轨道交通 10 号线无人驾驶运营管理组织方案的设想［J］. 城市轨道交通研究，2016（9）：1-4.

[5] 王小龙. 我国率先进入轨道交通全自动运行时代——记国内首条自主创新的北京燕房线开通运营［N］. 科技日报，2018-01-03.

基于 OPNET 的铁路办公网络业务分析及优化方案

杜 飞
(中铁电化集团北京电信研究试验中心有限公司)

摘 要：本文主要是在铁路单位办公网络升级优化的背景下，利用 OPNET 仿真软件进行网络建模，对网络中主要业务（Email、Http、Ftp）的性能进行分析，同时，根据分析结果提出一些合理的网络优化建议，从而解决铁路单位局域网升级所面临的实际问题。

关键词：OPNET；铁路局局域网；业务分析；优化方案

1 引言

近年来，我国铁路单位办公网络不断升级优化，但是部分铁路单位的办公系统还是以单机作业为主，日常通信也是简单地文件传送，显然越来越不能满足业务发展和现代化管理的需要。铁路局单位如何提高自身竞争力，提高工作效率和管理水平，是亟待解决的问题。Internet 及其相关技术的出现和高速发展极大地推进了国民经济信息化的进程，使得信息成了独特的经济战略资源和生产要素。铁路局单位迫切需要建立基于 Internet 的铁路局信息系统，以此提高铁路局管理效率、降低成本，为实现铁路单位在 21 世纪成为市场的赢家这一目标，在信息化方面奠定坚实的基础。[1]

为了更好地改进网络性能，针对网络业务的分析逐渐得到了科研人员的重视，而对于网络的分析，可以对网络的升级优化给出较为科学的指导性意见。较早之前，对于网络业务的分析，很大程度上是经验分析，导致其结果和实际的性能指标有所差异，造成对网络认识不合理，优化方案欠妥；近些年来，随着网络行业的急速发展以及国外高新科技的引进，对于网络业务的分析主要依靠科学的实验设备或者先进的建模仿真软件，这样得出的结果逼真，对于网络升级有着很大的参考价值。[2]

本文的背景源于一个铁路单位局域网在面临网络升级时所遇到的问题：由于 PC 端用户的不断增加，原有网络出现服务器负荷较大、链路拥塞程度较高、访问速度变慢等亟待解决的问题，因此，需对网络进行优化升级，以满足现实需求。针对这个问题，本文主要借助网络仿真软件 OPNET 对现有局域网主要业务的性能进行分析，在此基础上提出一种合理的解决方案。

2 局域网仿真

2.1 OPNET 仿真简介

OPNET 是一种功能强大的网络仿真软件，采用层次化和模块化的方式，能够采集数据和进行统计，准确地分析复杂网络的性能和行为，并且以图表的格式反映给用户，从而对研究人员的决策部署起到积极的指导作用。OPNET 有着丰富的标准模型库，通过对网络进行仿真，在省去大量人力物力的同时，又可以给科研人员提供非常有价值的统计结果，从而科学地去解决实际问题。[3]

本文当中，使用 OPNET 对局域网建模分析时，需要经过建立模型背景、建立网络拓扑、配置全局对象、加载客户端应用业务、配置服务器业务、定义仿真统计量及运行仿真等关键步骤。

2.2 建立模型背景

建立场景，首先需要建立项目，命名项目

名称为 Local area network，场景名称为 campus1，然后，选择 Create empty scenario，最后选定建模背景和范围，以“Campus”为背景，在 300×300 Meters 范围内建立局域网。将 Model Family 中的 ethernet 模块对应的 Include 选为“Yes”，方便模块调用，确认环境设置，生成建模场景。

2.3 建立网络拓扑

本文采用快速配置的方法完成拓扑的建立，点击菜单中的 Topology→Rapid Configuration，选择“star”，建立星型局域网，设置网络节点参数。如图 1 所示，本次选择 15 个客户端模拟仿真。此外，还需要引入服务器，按照局域网建模规划，此时选用 ethernet_server_adv 作为系统服务器，在对象面板中找到 ethernet_server_adv，拖到工作空间即可，同时，利用 10BaseT_adv 连接交换机和服务器，完成网络拓扑的基本设置。

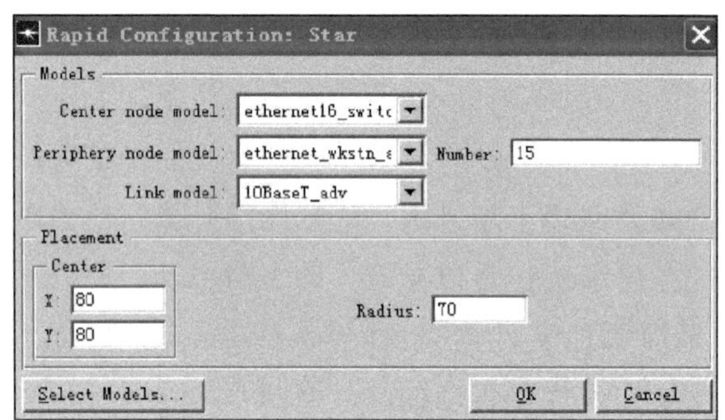

图 1 配置网络拓扑参数

2.4 配置全局对象

首先配置应用业务定义。在对象面板中选择“Applications”，选中“Application Configure”对象，拖入工作空间，右击打开“Edit Attributes”，开始编辑属性，将 name 改为 Application Config；单击 Application Definitions，选择“Edit”，进入 Table，将 Row 值变为 3，在表中添加 Email、Http、Ftp 三项应用业务，同时定义这三项应用业务的负载情况，其中，Email 业务负载种类为 Medium Load，Http 为 Heavy Browing，Ftp 为 High Load；最后保存关闭，完成配置应用业务定义。

接下来，需要配置应用业务规格。方法和配置应用业务定义稍有不同，需要将“Profile Configure”对象的 name 改为 Profile Config，进入 Table，定义业务规格名为 manager，且添加 Email、Http、Ftp 三种应用业务，需要修改的配置参数如表 1 所示，其他参数不做改动。[4]

表 1 业务应用规格参数设置

(Profile Configuration Table)	Operation Mode	Start Time	Duration
	Simultaneous	Uniform (100, 110)	End of Simulation
(Applications Table)	Start Time Offset	Duration	Repeatability
	Uniform (100, 110)	End of Profile	Unlimited

2.5 配置应用业务

首先需要加载各个客户端应用业务，选中节点 node_0，右击，将其 name 改为 client1，同时，单击 Application 中的“Application: Supported Profiles”，将 Row 值改为 1，在下拉菜单中选择“manager”，其他客户端的配置同上，不再赘述。通过以上操作完成了客户端应用业务的加载过程。

下面继续配置服务器应用业务，选中服务器 node_16，设置 name 为 server，单击 Application 中的“Application: Supported services”，将 Row 值改为 3，添加 Email、Http、Ftp，即

表示该服务器具有提供 Email、Http、Ftp 三种服务的功能。

2.6 定义仿真统计量及运行仿真

由于本文主要是通过分析服务器负载、网络时延以及三项应用业务的发包收包速率变化等方面的数据，进而提出优化方案，所以，首先选定仿真统计量，服务器仿真统计选择 Server Ftp、Server Http、Server Email 以及 Ethernet 中的 Load（packets）作为仿真统计量；全局统计选择 Ethernet 中的 Delay（sec）作为仿真统计量；客户端仿真统计选择 Client Ftp、Client Http、Client Email 作为仿真统计量。

单击仿真按钮快捷键，打开仿真运行对话框，将 Duration 栏设置为 2，即模拟网络运行 2 小时，其他参数默认，单击 Run 仿真，模拟完成后关闭对话框。[5]

3 仿真结果分析

3.1 现有网络性能

在网络模型的工作空间中单击鼠标右键，选择 View Result，选中 Global Statistics→Ethernet 中的 Delay（sec）和 Object Statistics→server 中的 Load（bits/sec），单击 Show，结果如图 2 所示，从中可以看出网络总体时延基本稳定在 0.0020s 左右，而服务器最大负载接近 90000b/s。

对于客户端，首先观察节点业务的统计情况，以 clinet1 为例，为了便于明显对比，我们以 Email、Http、Ftp 为例，三项应用业务的统计结果如图 3 所示，发送统计量跟业务的种类有非常大的关系，不同的业务对应的仿真结果有很大不同；然后，现在以 client1、client2、client3 节点中的 Ftp 业务为例，观察发送包和接收包的情况，选择 View Result，选中 Object Statistics→Client1→Client Ftp 中的 Traffic Sent（packet/sec），其他节点类似，另外，对于服务器，选中 server→Client Ftp 中的 Traffic Received（packet/sec），单击 Show，结果如图 4 所示，此时，三个客户端配置的是相同的应用业务，开始时间相同，包的大小相同，但由于 Ftp 请求结果设置为指数分布，因此，三个客户端发送包的间隔不完全一样，Server 服务器接收的数据包是以上三个发送源发送的数据包的总和。

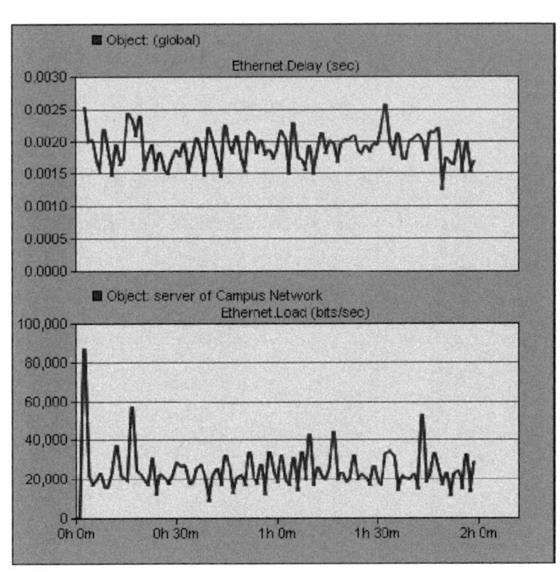

图 2 系统服务器网络时延和负载统计

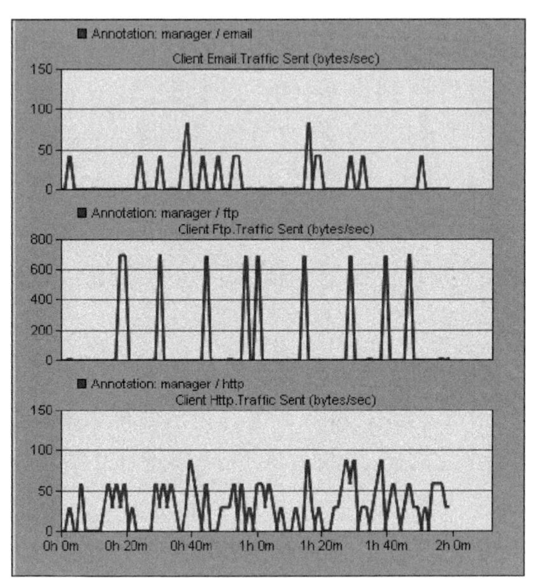

图 3 同一节点中的三种业务数据统计

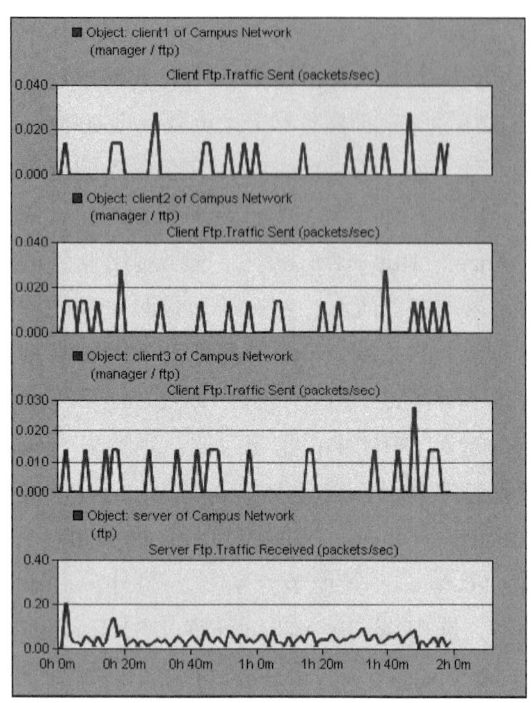

图 4　不同节点中的 Ftp 业务数据统计

3.2　网络扩建后的性能

由于需要比较网络升级前后各项性能指标的变化趋势，因此，需要对现有网络进行扩建，首先，复制场景，选择 Scenarios→Duplicate Scenario，新场景命名为 campus2，将原有网络的 15 个客户端和中间的交换机选中，然后将复制到网络放在 X 轴为 220，Y 轴为 210 处，然后，开打对象面板，将 ethernet128_switch_adv 拖到工作空间，同时，利用 10BaseT_adv 将两个局域网的交换机连接，完成网络扩建，如图 5 所示；运行仿真，观察统计结果。

首先分析网络扩建前后系统服务器负载的变化情况，结果如图 6 所示，从结果上看，扩建网络后服务器的最大负载接近 13,000b/s，提高了大约 50%，为了显示更加科学、直观，将服务器负载从时间上做平均统计，如图 7 所示，通过看图我们可以发现扩展后的平均负载较扩展前增加为原来的两倍。

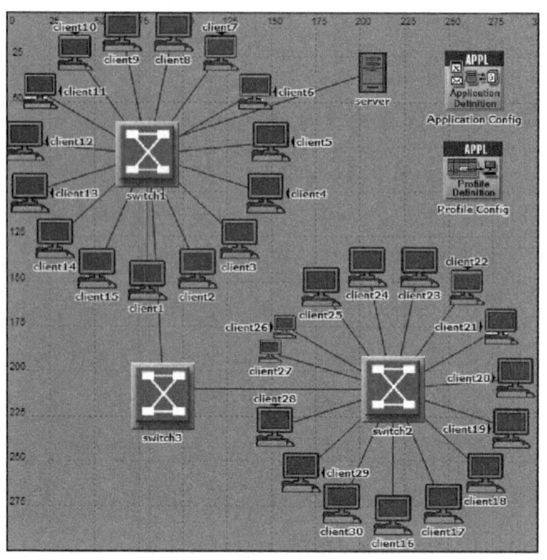

图 5　网络仿真模型

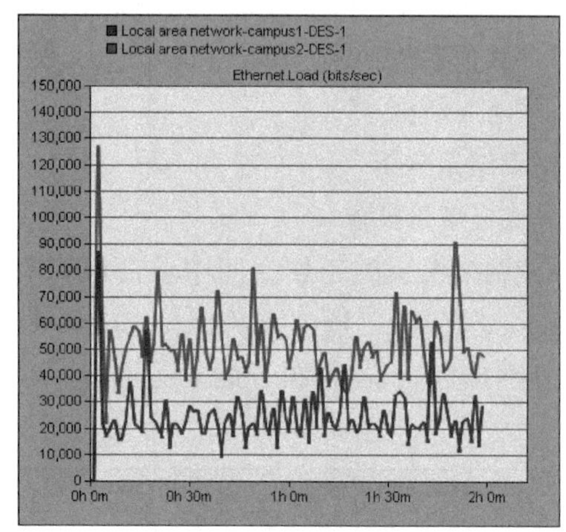

图 6　系统服务器负载变化情况

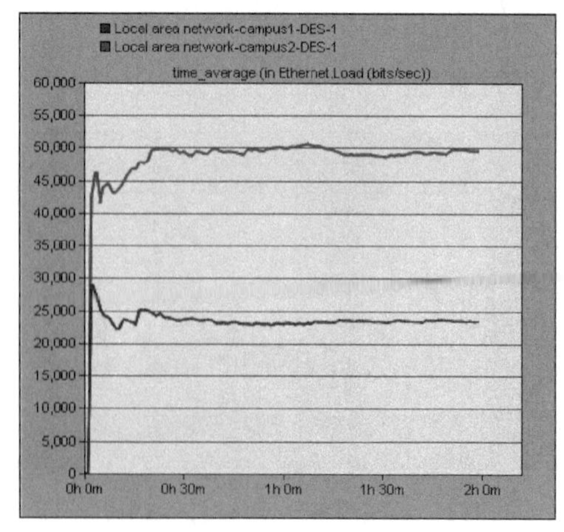

图 7　系统服务器负载变化基于时间的平均统计

图 8 所示为网络扩建前后网络时延的变化情况，根据仿真结果我们可以看出，扩建后的网络时延没有明显增加，从基于时间的平均统计结果来看，如图 9 所示，两个网络的平均时延相差不大，只有 0.0004s。

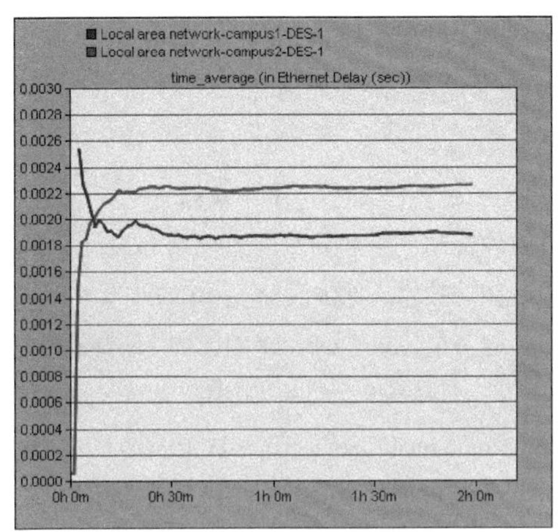

图 8　网络时延变化统计

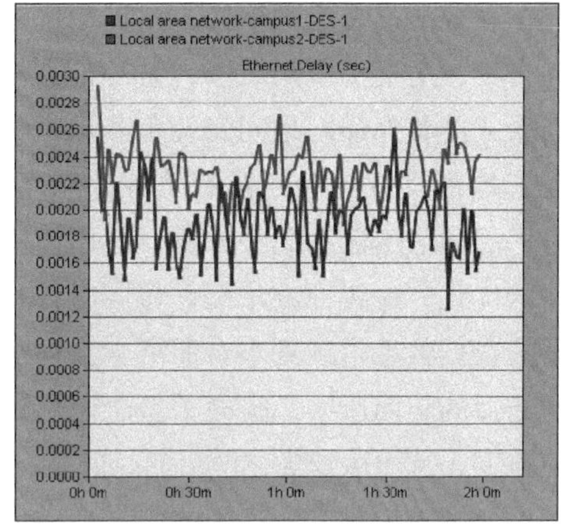

图 9　时延变化基于时间的平均统计

最后，对不同业务在网络扩展前后变化做一简单分析，以 Http 业务为例，当网络扩展之后，从如图 10 所示的服务器端的接收统计量分析得出，Http 业务发送量有明显的提高，我们再进行平均统计，Http 业务发送量明显增加，如图 11 所示。

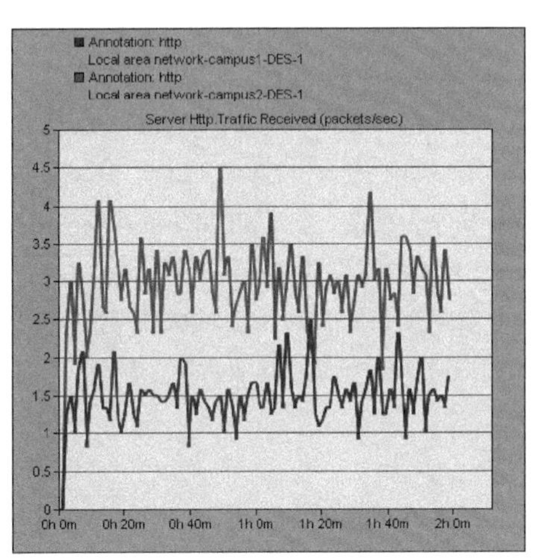

图 10　Http 业务量接收统计图

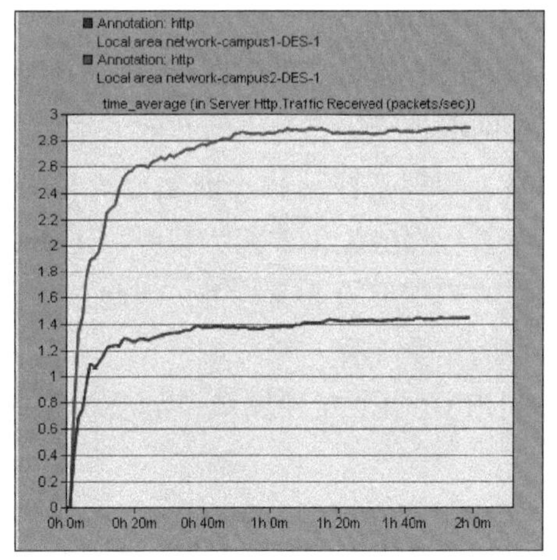

图 11　Http 业务量接收基于时间的平均统计

4　优化方案

从上述分析可以看出，Client 端用户增加后，服务器负载、各种业务量较之前均有很大增长，网络时延变化不大，从而导致网络服务器负载较大、链路拥塞程度较高、访问速度变慢等，因此，为了保证网络的 QoS，需要在原基础上对网络进行优化升级，经过分析，对于本文提到的局域网优化问题，具体可以通过增设服务器，采用均衡技术、高速率传输等方法解决。

首先，需要增设服务器，降低单个服务器负载，保证服务质量。此外，为了更好地发挥服务器的工作性能，建议设置单业务服务器，采用业务分离技术，对主要业务设置单独服务器，比如实时数据更新、数据库查询分别对应不同的服务器，从而达到分流处理业务的目的。[6]

此外，为了更好地优化网络，建议采用负载均衡技术。一种方法是在一台或多台服务器相应的操作系统上安装附加软件来达到均衡的效果，此方法适用于小型局域网；另一种方法是直接在服务器和外部网络间安装负载均衡设备，避免了均衡设备与服务器不兼容的问题，因此具有广泛的适用性，此种方法一般用于大型局域网的优化。这两种方法都是将同时传输到服务器的数据信息均衡到多台服务器，降低了个别服务器的访问压力，提高了整个网络的平均响应速度，从而达到优化网络的目的。[7]

为了适应网络扩建之后带来的流量增大问题以及链路拥塞等问题，需要提高线路带宽，将局域网传输标准提升至100BASE-T，同时提高网络传输线路的质量，增加网络的稳定性。[8]

5 结论及应用前景

从该课题的研究中，我逐步得到利用仿真技术对现有网络进行优化升级的有效方法：仔细分析网络、理解拓扑结构、创建分析模型、统计性能参数、提出优化方案。其中，建模的好坏直接影响到结果的正确与否，因此，一定要选择合理的建模方法。

通过利用OPNET对铁路单位办公网络扩建前后进行仿真分析，在网络的升级优化方面有了较为准确的指导思想，当然，仅仅提高网络性能是不够的，采取多项措施，加强铁路单位局域网网络与信息安全也至关重要，由于篇幅原因这里不展开讨论。

参考文献

[1] 鹿文超．企业局域网的规划和设计［J］．电脑知识与技术，2008（15）：1027.

[2] 赵乃东．基于OPNET的局域网仿真建模与性能分析［J］．网络安全技术与应用，2014（3）：165-167.

[3] AdarshpalS. Sethi，VasilY. Hnatyshin，塞西，等．计算机网络仿真OPNET实用指南［M］．北京：机械工业出版社，2014.

[4] 白江涛，吴巍，李文江．基于OPNET的混合关键性网络建模与仿真分析［J］．电讯技术，2017，57（11）：1301-1306.

[5] 李爱平．基于OPNET的交换式局域网仿真建模与分析［J］．计算机与数字工程，2016，44（5）：933-935.

[6] 李晋超．基于OPNET的校园网QoS仿真分析［J］．晋城职业技术学院学报，2016，9（6）：78-80.

[7] 杨东，马良．基于OPNET的局域网拓扑建模仿真［J］．电子设计工程，2008，16（12）：57-58.

[8] 陈学东．基于OPNET的城域网性能分析及应用研究［D］．宁夏：宁夏大学，2011.

《重庆市城市地下空间信息数据库标准》解析

李红亮　张晓阳　张宜华　邓声波
（重庆市市政设计研究院、重庆市城市建设研究中心）

摘　要：《重庆市城市地下空间信息数据库标准》（DBJ50/T-249-2016，以下简称《标准》）于2017年2月1日起施行，用以规范指导重庆市城市地下空间信息数据库的建设工作。《标准》编制遵循聚焦地下，信息集成整合；符合规范，体现山地特征；突出实用，服务建设管理的指导原则。《标准》的创新之处包括：整合完善管线、建构筑物、工程地质数据空间和属性信息并规范化；制定统一的地下空间数据要素实体编码规则；等等。此外，《标准》详细规定了数据库定位基准、数据入库流程、地下空间信息详细内容、数据成果提交要求等。

关键词：地下空间信息；标准；地下管线；工程地质；建（构）筑物

1　引言

当前城市建设日趋精细化、集约化，地下空间开发利用也日益多样化、深度化，亟须全面的地下空间信息数据资源提供技术支撑和保障。集成、标准、规范、统一的地下空间信息数据有助于提升城市基础设施建设管理的科学性和地下空间开发利用的有序性。

与城市地下空间信息数据相关的国家规范主要有《基础地理信息城市数据库建设规范》（GB/T 21740-2008）[1]、《城市地下管线探测技术规程》（CJJ61-2003）[2]、《城市地下空间设施分类与代码》（GB/T28950-2012）[3] 等，但地下空间信息数据标准的内容零散有限，针对性和操作性不强；天津、青岛等省市编写过地下建（构）筑信息管理、标准地层层序等相关专题信息规程。重庆地形地貌特殊，更需要一本全面、针对性强的地方规范指导地下空间信息数据建设工作。

2　《标准》编制背景

重庆是典型山地城市，地下空间资源独特，但城镇多位于山地、丘陵、河谷地带，地跨扬子准地台和秦岭地槽褶皱系，地形坡度大且地质构造复杂。城市基础设施和地下空间设施种类多、分布广且不均匀、隐蔽性强，相对平原城市，建设、管理、维护、防灾难度更大，更需要地下空间信息的有效支持。目前重庆市地下空间信息主要问题包括：

（1）缺少全面地下空间信息支撑建设科学决策。管线、地下建（构）筑物的平面、高程、与周边关系、工程地质条件等信息缺失，可能导致部分管线规划深度、建（构）筑物的建设条件不满足实际，建设的约束性和指导性较差。

（2）地下空间资料零散，获取难度大、利用率低。城市基础设施勘测、设计、建设、管理涉及数十家单位，各家资料零散分布，形成信息孤岛，得不到利用，致使城市管线敷设的道路反复开挖，管线与建（构）筑物净距不协调浪费空间资源，建设质量得不到保障。

（3）地下空间资料成果不规范，信息难以放心使用。城市管线是城市的“生命线”，重庆市主城已知管线20余种，6万多公里，由于资料信息不齐全、不规范，建设年代早、标准低、故障多的管线得不到更新、维护，管线破坏、人身伤亡等事故时常发生，严重影响城市生产生活质量。

（4）没有标准指导地下空间信息数据库建设，监管工作缺乏基础。重庆历年累积工程勘察钻孔 30 余万个，勘察资料随着工程勘察项目的增多而不断增多，但勘察质量并未稳步提升，甚至还出现下滑。由于缺少标准指导勘察数据库建设，以支撑勘察成果质量复核，勘察单位、监管部门“管不着”等难题突出。

在这一背景下，出台了《重庆市城市地下空间信息数据库标准》（DBJ50/T-249-2016），意在对重庆市城市地下空间信息内容进行整合、完善和规范化。《标准》结合了重庆山地地形、地质构造特点，总结地下管线、建（构）筑物、工程地质等实际信息，同时借鉴和吸收了国内相关规范、规定和研究成果。

3 《标准》编制的指导原则

（1）聚焦地下，信息集成整合。转变过去注重地上空间，侧重测量、测绘、勘察等技术标准的状况，聚焦地下空间，整合集成基础地理、管线、工程地质、建（构）筑物的信息，构建全面的地下空间信息数据规范。

（2）符合规范，体现山地特征。广泛借鉴吸收国家测绘、地理信息、地下空间、数据库相关规范规定，保证数据基本要求一致；结合重庆工程建设条件与工程地质特征，调整、丰富地下空间信息内容，对接城市重大建设规划的数据需求，使《标准》符合山地特征和应用要求。

（3）突出实用，服务建设管理。《标准》除了对地下空间信息内容进行规范，还提供数据建库、利用数据要素进行唯一编码、资料提交的规范指引，为各地区、各部门使用《标准》提供了实用、易用工具。

4 《标准》特色与创新

（1）突出地下空间信息整体性与属性信息重要性

大部分城市具有地下管线探测、工程勘察的单一规范，较少有地下建（构）筑物信息规范，且缺乏连接、承载地下管线、地下建（构）筑物关系的地质信息规范。大多数规范侧重位置、平面、高程、尺寸等空间测量信息，状态、性质、使用等属性信息不完备。为构建完整地下空间信息库，提升信息服务建设的效能，《标准》建议整合管线、建（构）筑物、工程地质空间信息，并完善属性信息。

《标准》提出地下空间信息数据包括：基础地理、地下管线、工程地质、地下建（构）筑物、元数据。基础地理信息数据作为地下空间的参考信息，由高程、影像、水系、交通、居民地等地理要素数据组成；地下管线数据由给水、排水、燃气、电力、通信、综合管沟等 10 大类管线的管点、管线空间和属性信息组成；工程地质数据主要由工程勘察钻孔、地层、地质构造、岩土性质、地下水、测试/试验、地质灾害、边坡等信息构成；地下建（构）筑物数据由地下空间设施的面状、线状、点状[4] 等空间特征数据及属性信息构成；元数据为地下空间数据库的内容、质量、状况的和其他特征描述信息。

（2）明确了全市地下空间信息数据库的定位基准

重庆市全市 38 个区县，地跨东经 105°11′—110°11′，跨幅较大，各区域城市在测量、勘察时所采用的平面坐标系的定位基准不一致。为便于各区地下空间信息数据建库和全市信息数据的集成应用，依据国家和重庆市测绘规定，《标准》明确了全市地下空间信息数据库的定位基准。其中主城区和都市区平面系统采用重庆市独立坐标系，高程采用 1956 年黄海高程系统；渝东南、渝东北平面系统采用重庆市东部独立坐标系，高程采用 1985 年黄海高程系统。各平面坐标系统通过与 2000 年国家大地坐标系的转换，便于全市城市地下空间信息数据的一体化集成应用。

（3）制定统一的地下空间数据要素实体编码规则

地下空间信息量巨大，数据不断积累和更新，对空间特征实体数据进行唯一编码，保障信息集成共享和管理、查询、利用的准确性。《标准》按《基础地理信息要素分类与代码》（GB/T 13923-2006）[5] 规则制定了全市统一的“地下管线、工程地质、建（构）筑物”数据要素实体编码规则（见图 1）。

管线数据编码融入了区域、时间、类型、位置等信息；工程地质数据采用全市统一勘察项目编码，融入勘察时间、区域、勘察程度及钻孔作业号等信息；建（构）筑物数据编码融入了主体、基础、围护的面、线、点特征信息。

（4）明确细化地下空间设施数据处理入库流程

《基础地理信息城市数据库建设规范》（GB/T 21740-2008）[1] 中写明了数据建库流程和基本要求，《标准》针对地下空间数据细化了入库流程（见图 2），明确对结构化和非结构化数据的预处理，并对数据处理，检查入库的内容、方法、要求进行进一步明确，便于业务部门实际使用。

（5）完善地下管线建库信息

《城市地下管线探测技术规程》（CJJ61-2003）[2] 规定了地下管线探测内容，结合重庆市《主城区排水（雨水）防涝规划编制》和管线普查、地下管线信息建库的具体实践，《标准》进一步完善地下管线空间和属性信息。具体如下：一是细化大管类（给排水等）管外顶、管内底、管井的埋深、高程、覆土深度等空间信息；二是补充管线与道路关系、状态、权属、维护、运营等信息；三是对管线特征、附属物信息细化分类。完善的管线数据信息可支撑管线的碰撞、净距、覆土等设计施工工作，并提升管线管理维护水平。

（6）形成了工程地质信息库规范

鉴于目前缺乏工程勘察地质数据信息库的相关规范，《标准》结合《房屋建筑和市政基础设施工程勘察文件编制深度规定》（2010 住建部）[6]、《工程地质勘查规范》（DBJ50-043-2005）[7] 和重庆市工程勘察成果，将成果信息进行规范化和标准化，形成了以“项目、钻孔、地层”信息为主，“测试、试验、灾害、边坡、硐室”信息为辅的工程地质信息库规范。

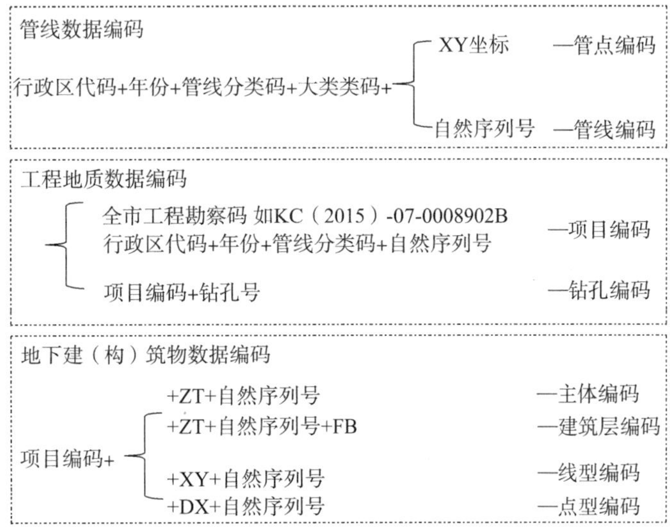

图 1　主要地下空间信息数据编码规则

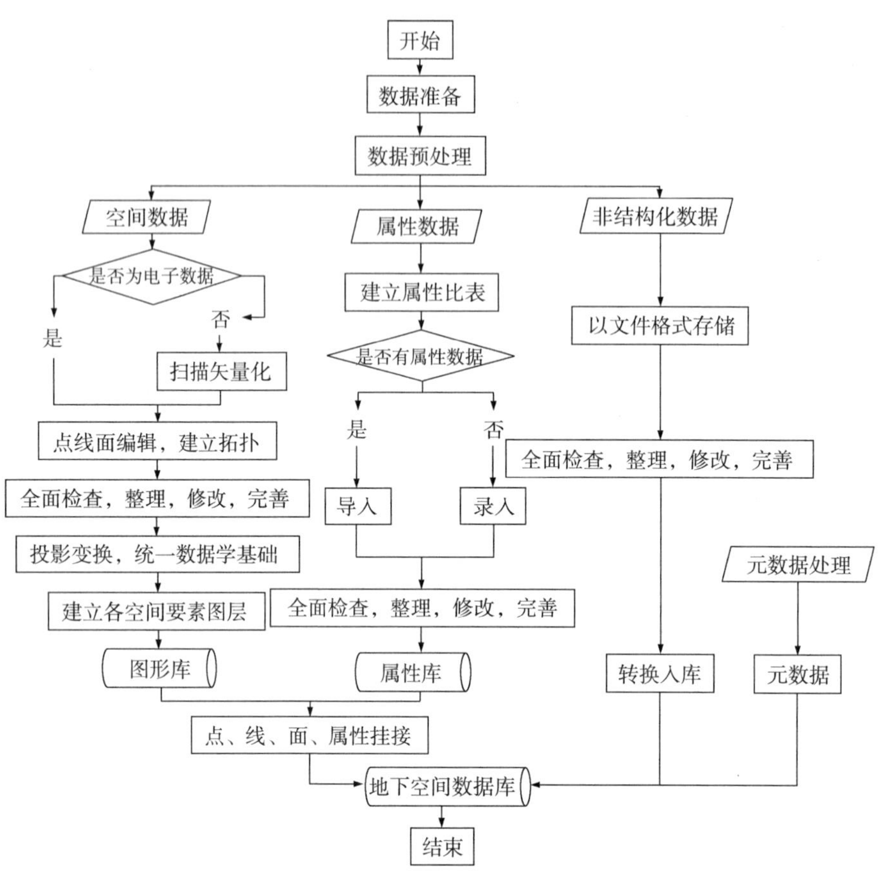

图 2　地下空间数据库入库流程

《标准》将勘察项目等级、阶段、钻孔深度、水位、风化、地质年代、成因、岩层厚度、倾向、倾角等重要信息分别归入项目、钻孔、信息表中；同时收入勘察原位测试、室内试验、荷载试验信息；并且采集地质灾害、边坡、硐室的重要信息，包括位置、类型、状态、特征、规模、影响范围、地下水、诱因、状况、防治建议等。通过规范和深采集工程地质信息内容，为建立全市工程地质大数据和三维地质库，开展深度应用打下基础。

（7）明确地下建（构）筑物信息库规范

建（构）筑物按空间结构分为主体、基础、围护，空间形态分为面状、现状、点状。《标准》将建（构）筑物信息按照空间结构和空间形态细分为主类、亚类，并采集细部特征信息。如主体亚级分为总平面、分层平面、结构墙、柱、电梯间、站台、电梯等，采集信息包括类型、高程、层高、深度、材质、面积、数据类型、精度、桩长等。对于地铁、隧道等带状的建（构）筑物和井、柱等点状建（构）筑物，还采集其特征线、点特征信息。《标准》还顾及建（构）筑物功能信息，如停车场机动车泊位、非机动车面积等。

（8）规定了成果资料的提交要求

为便于业务管理部门搜集建库资料和成果，《标准》规定了管线、工程地质、建（构）筑物和基础地理资料成果提交要求，包括图件、信息表和文档，及数据库成果的内容、格式。并明确提交的空间成果数据图层、属性、元数据质量检查要求。

（9）明确了重庆市地下空间信息的填写规范

在国家规范基础上，《标准》附录整合规

范重庆市行政区代码、地下管线子类分类码、管线特征物、附属物、材质名称，并集成和标准化重庆市地质年代、岩石符号、第四系分层成因符号表，明确建（构）筑物的轮廓、结构等主要细部点，为地下空间信息数据库规范填写提供了依据。

（10）衔接重庆市 BIM 应用规范体系建设

《标准》考虑与重庆市 BIM 信息模型应用规范体系的衔接，采集入库信息可应用于市政、勘察、建筑工程信息模型构建与交付，同时预留了 BIM 成果提交时的模型信息、软件版本信息采集要求。

5 结语

本文简要介绍了《标准》的特色和创新之处，结合山地城市特点，对重庆市内地下空间信息的数据库建设内容、基本规定、建库流程及资料提交进行细致规定和规范，重点对城市（地下）管线、工程地质、地下建（构）筑物空间信息和属性信息进行了全面集成和标准化，对国家和地方规范的相关内容进行了补充。标准编制组将继续搜集使用过程中的意见和建议，使《标准》不断完善。

参考文献

[1] 中华人民共和国国家质量监督检验检疫总局. GB/T 21740-2008 基础地理信息城市数据库建设规范［S］. 北京：中国标准出版社，2008.

[2] 中华人民共和国建设部. CJJ61-2003 城市地下管线探测技术规程［S］. 北京：中国建筑工业出版社，2003.

[3] 中华人民共和国国家质量监督检验检疫总局. GB/T28950-2012 城市地下空间设施分类与代码［S］. 北京：中国标准出版社，2012.

[4] 中华人民共和国建设部. CJJ 103-2004 城市地理空间框架数据标准［S］. 北京：中国建筑工业出版社，2004.

[5] 中华人民共和国国家质量监督检验检疫总局. GB/T 13923-2006 基础地理信息要素分类与代码［S］. 北京：中国标准出版社，2006.

[6] 中华人民共和国住房和城乡建设部. 建质〔2010〕215 号 房屋建筑和市政基础设施工程勘察文件编制深度规定（2010 版）［S］. 北京：中国建筑工业出版社，2010.

[7] 重庆市城乡建设委员会. DBJ50-043-2005 工程地质勘查规范［S］. 重庆：重庆市建设技术发展中心，2005.

LTE 中 S1/X2 接口信令的采集与分析

田佳霖
（中铁电化集团北京电信研究试验中心有限公司）

摘　要：作为新一代的移动通信技术，LTE 具有高速率、低时延、抗干扰性强等优点，在铁路和地铁项目上开始广泛应用。本文首先介绍了 LTE 技术的优势和网络结构，并对 S1/X2 接口功能的现场测试内容进行了介绍，分析切换失败的原因，比较 S1/X2 接口在切换功能的区别。

关键词：LTE；S1/X2 接口；切换

1　引言

作为新一代的移动通信技术，LTE（Long Term Evolution，长期演进）于 2004 年底由 3GPP 组织提出。[1,2] LTE 是 3G 到 4G 技术之间的一个过渡，也称为 3.9G 或准 4G 技术。LTE 以实现在 20 MHz 频谱带宽下能够提供下行 100Mbit/s 与上行 50Mbit/s 的峰值速率为目标，采用 OFDM（正交频分复用）和 MIMO（多输入多输出）作为其关键技术。LTE 分为 FDD-LTE（频分双工）和 TDD-LTE（时分双工）两种。我国主要采用 TDD-LTE 系统。

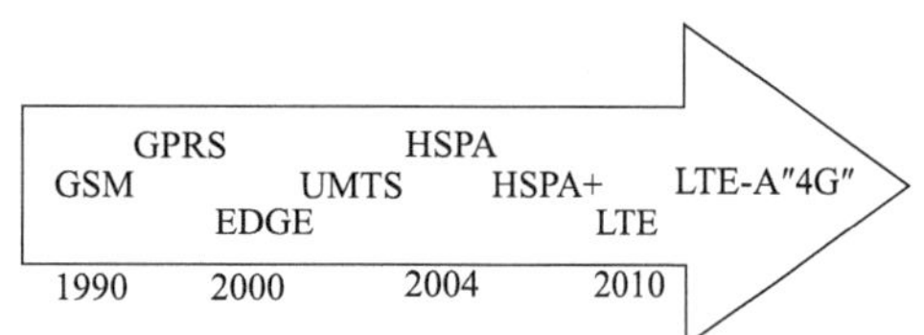

图 1　LTE 标准演进图

与传统 3G 技术相比，LTE 主要具有以下优势：

（1）抗干扰性强。LTE 使用的是专用频段，能够避免其他用户干扰。

（2）传输速率高。在 20 MHz 频谱带宽下，上下行峰值速率分别为 50Mbit/s 和 100Mbit/s。

（3）频谱利用率高。TDD 频谱资源多，不需要对称性，易于向政府申请。

（4）时延短、系统容量好。LTE 网络扁平化的网络结构，使得网络节点数目大大减少，系统复杂度大大降低，从而减少了系统的时延，提升了系统容量。

LTE 的高速率、低时延的特点，能够保证高速铁路、地铁在高速运行时数据的无缝切换。目前，我国新建的许多地铁项目利用 LTE 技术实现车地无线通信。[3] 例如郑州地铁 1 号线最先将 LTE 技术运用于承载 PIS 业务和 CCTV 业务；乌鲁木齐轨道交通 1 号线应用 LTE 技术承载信号业务；北京地铁燕房线的 LTE 多业务综合承载系统是全球第一个全业务综合承载系统；广州地铁项目实现了语音调度业务、视频监控等多业务综合承载。LTE 技术已作为一种成熟的技术被广泛地应用于地铁车地无线通信中。

本文简要介绍了 LTE 的技术优势及其在铁路、地铁中的应用情况，并对 LTE 的网络结构及其组成部分进行了简要说明，试验组对 S1/X2 接口功能进行现场测试，对切换失败的原因进行分析，阐述了 S1/X2 接口在切换流程上的区别。

2　LTE 网络结构

LTE 网络包括用户 UE、演进的移动接入网 E-UTRAN、演进的核心网 EPC。其中 E-

UTRAN 仅由 eNB 组成，核心网设备由移动性管理设备 MME、服务网关 S-GW、PDN 网关 P-GW、服务 GPRS 支持节点 SGSN、存储用户签约信息的 HSS 和用于计费和策略控制的单元 PCRF 等组成。

LTE 相对于 3G 网络，其最大的特点是网络扁平化，引入了 S1 和 X2 接口，少了 RNC。下面主要对 LTE 的 S1/X2 接口进行介绍。

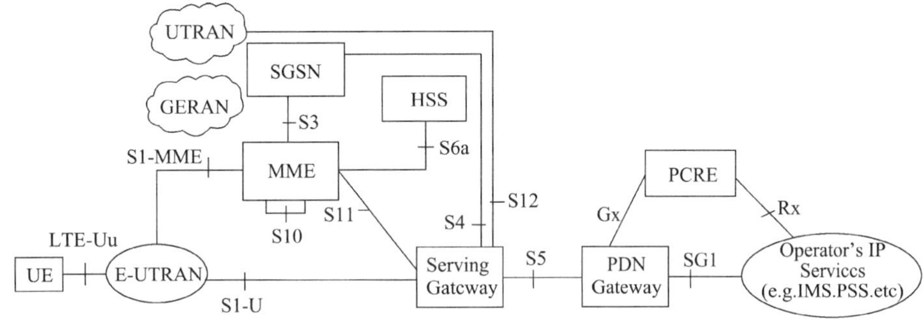

图 2　LTE 网络结构及接口

S1 接口是 eNB（基站）与 EPC（分组核心网）之间的接口。提供 E-UTRAN 与 EPC 互联的逻辑接口。E-UTRAN 侧的接入点是一个 eNB，EPC 侧的接入点是控制面的 MME 逻辑节点或者用户面的 S-GW 逻辑节点。S1 接口属于逻辑接口，从任何一个 eNB 出发，可能对应 EPC 的多个 S1-MME 和 S1-U 逻辑接口。根据 EPC 接入节点的类型，S1 接口可以分为面向 MME 的 S1-MME 接口和面向 S-GW 的 S1-U 接口。

S1 接口具有以下功能：

（1）NAS 传输功能；

（2）寻呼；

（3）E-RAB 管理过程；

（4）上下文管理过程；

（5）切换过程；

（6）管理功能；

（7）UE 能力信息指示；

（8）位置报告功能；

（9）预警功能；

（10）路径管理消息；

（11）隧道管理消息；

（12）G-PDU 数据报文传送。

X2 接口是 eNB 与 eNB 之间的接口。演进基站之间通过 X2 接口互相连接，形成了所谓的网状网络，这是 LTE 相对原来的传统移动通信网的重大变化。产生这种变化的原因在于网络结构中没有了 RNC，原有的树型分支结构被扁平化，使得基站承担了更多的无线资源管理责任，需要更多地和其相邻的基站直接对话，从而保证用户在整个网络中的无缝切换。

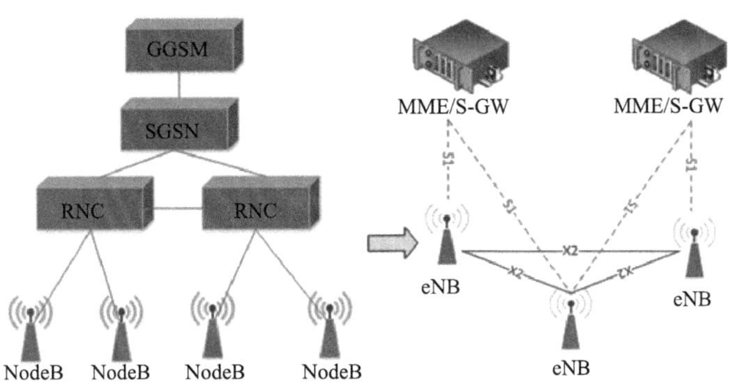

图 3　扁平化结构示意图

X2 接口具有以下功能：

（1）切换；

（2）负荷指示；

（3）错误指示；

（4）X2 建立；

（5）复位；

（6）eNB 配置更新；

（7）资源状态报告。

3　S1/X2 接口切换测试

为了验证 LTE S1/X2 接口的切换功能，测试组在深圳西丽中兴产业园对 S1/X2 接口功能进行测试。本次试验用的 LTE-R 设备采用的是集成分组核心网 ZXUN iEPC 设备。为了不影响接口上原始数据业务，将 S1、X2 接口镜像到同一个端口上进行信令监测。

3.1　基于 S1 接口的切换过程

将源 eNB 和目标 eNB 通过 S1 接口连接到同一个 MME 或者 S-GW。分别在两个基站下配置小区，并将 UE 驻留在其中一个小区，通过移动 UE 或者调整两个小区的发射功率，触发 UE 上报邻区测量报告，源 eNB 触发基于 S1 接口的切换。

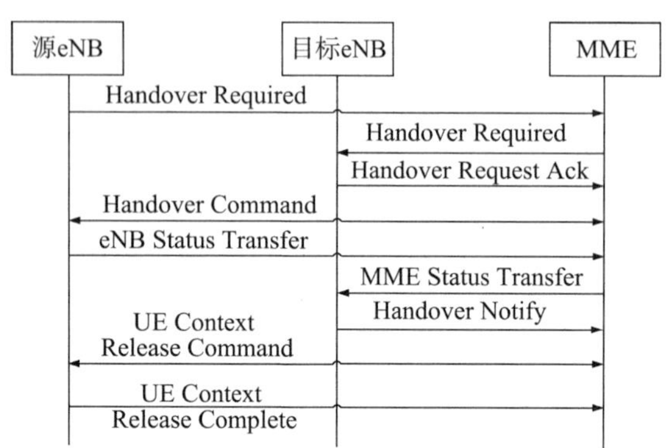

图 4　基于 S1 接口切换的测试流程图

3.2　基于 X2 接口的切换过程

在源 eNB、目标 eNB 间配置 X2 接口，基站下设小区。将 UE 驻留在源 eNB 的下设小区 cell1，目标 eNB 下设小区 cell2。

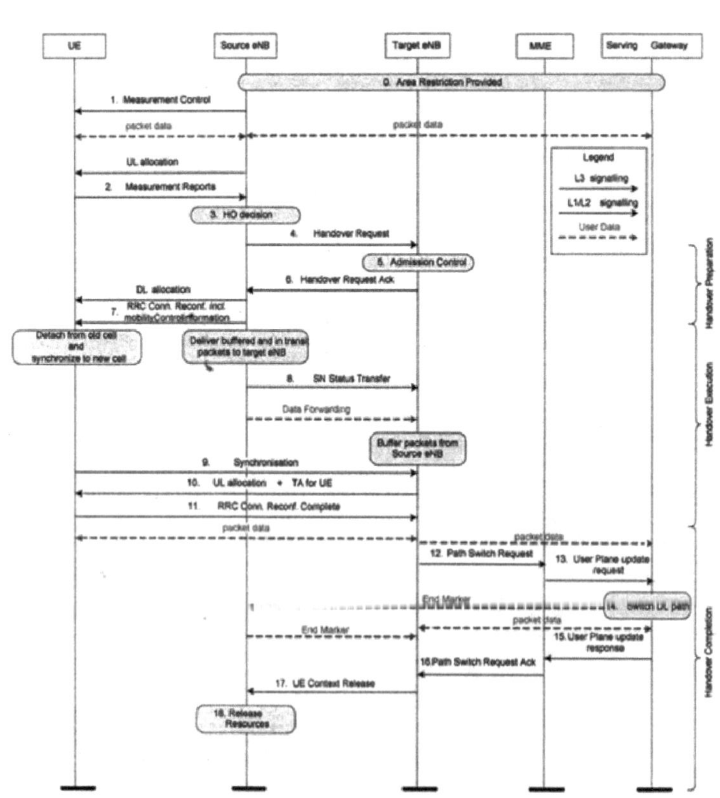

图 5　基于 X2 接口切换的测试流程图

当S1/X2接口切换成功时，均能按照图示流程进行信令的传输，在LTE信令分析仪上均可以采集到对应接口的信令。

测试中出现切换不成功的案例，主要原因分为几种：

（1）切换门限设置不合理，这个可以从信令中的信号强度看出来。如果信号很强且有邻区，那么还不切换，可能就是切换门限有问题。

（2）邻区没有配置，这个从信令中的邻区测量可以看出。

（3）只配置了X2切换，但是X2链路中断，这个需要查看网管数据。

（4）基站存在告警。

（5）目标基站太忙，没有可切换的资源，或者随机接入过程失败。

（6）各类参数配置错误。

（7）无线环境原因，弱覆盖，有外干扰源等。

应对测试中存在的问题及时分析并解决，从而保证切换流程的正常进行，提高切换成功率。

通过对S1/X2接口的信令流程进行对比，可以发现两种切换之间的区别。

S1切换的前提条件：目标基站和源基站没有配置X2链路，或是配置的X2链路不可用。如果同时配置了X2和S1链路，优先走X2切换。对比图4和图5，我们可以直观地看出两者之间的区别：

（1）判决切换阶段：S1切换比X2切换多向MME发送一条HANDOVER REQUIRED消息；而X2接口源eNB只需向目标eNB发送一条HANDOVER消息即可。

（2）资源分配阶段：S1接口切换中MME向目标eNB发送切换请求消息，目标eNB向MME回复ACK消息，之后MME再向源eNB下发切换命令；而X2切换中，源eNB直接向目标eNB发送切换请求消息，目标eNB向源eNB回复切换请求ACK消息。

（3）切换完成阶段：切换从RRC Connection Reconfiguration开始，到RRC Connection Reconfiguration Complete完成。在X2接口切换中，源eNB向目标eNB直接发送Status Transfer消息；而在S1接口切换中，源eNB要先向MME发送Status Transfer消息，再由MME向目标eNB发送该消息。

通过以上分析可以知道，S1接口切换比X2接口切换信令流程更复杂，从而直接导致二者在切换时延上存在差别。很明显，X2切换要比S1切换时延更短。因此，我们应该尽量选择X2切换，避免S1切换。鉴于现场测试条件有限，此次试验并未对具体时延进行记录和比较，后续有待验证。关于S1/X2接口切换的信令和参数配置还需更深入的了解后，才能保证后续性能优化工作的顺利开展。以上仅仅是本人对切换的一点粗浅的分析，今后将对切换性能做进一步的分析。

4 小结

本文以LTE中S1/X2接口的切换过程为研究目标，首先介绍了LTE的优势以及S1/X2接口的主要功能，针对S1/X2切换失败原因进行分析，并对S1/X2接口的切换过程进行了对比分析。通过对比，可以看出X2与S1在切换成功率、切换时延等性能指标上有明显区别，在今后的实验中可以选择多个LTE站点做实验，分析对比S1/X2切换对基站各项指标的影响，而且对LTE的研究不应仅仅局限于某个接口，还需继续深入。

参考文献

[1] 王海龙 . LTE技术在铁路应用的可行性研究［J］. 铁路通信信号工程技术，2013，10（4）.

[2] 易睿得 . LTE系统原理及应用 . 北京：电子工业出版社：2012.

[3] 石杰，马丽兰 . LTE网络发展及应用研究［J］. 铁路通信信号工程技术，2015，12（05）.

对轨道交通行业网络化运营改革的几点思考

冯华会
（天津滨海快速交通发展有限公司）

摘　要：当前我国城市轨道交通行业蓬勃发展，通车里程数过去十年快速增长，年均复合增速达到25%，截至2016年10月，国家已经批复了43个城市约8600公里的城市轨道交通建设规划，目前在建的里程超过3000公里。据统计，已经获得国务院批复将在“十三五”期间开始建设的城轨项目总规模达到5188公里，总投资达到3万亿元。1978—2015年，我国城市轨道交通总投资规模仅为2万亿，“十三五”期间的投资总额已经超过中华人民共和国成立以来历来城轨建设投资总额，“十三五”期间城市轨道交通建设将达到历史高峰。通过对全国城市轨道交通运营进程的研究分析，得知以北京、上海、广州为首的一线城市网络化运营的专业化进程各有特色，基本形成与各自城市发展相适应的运行模式，其他像南京、武汉、天津等十几个城市正在向网络化运营模式转型。通过对北京、上海、广州城市轨道交通行业的历史发展进程做比较，对轨道交通网络化运营的专业化发展进行了一些思考。

关键词：轨道交通；专业化；转型期；改革；探索；投融资

1　全国城市轨道交通运营发展现状

1.1　现状

当前我国城市轨道交通行业蓬勃发展，通车里程数过去十年快速增长，年均复合增速达到25%，从2011年开始各地上报城市轨交项目大幅增加，城轨进入了大规模建设阶段。目前全国城市轨道交通在建里程数达到5188公里，其中北京、上海、广州、深圳等一线城市目前在建规模达到1128公里。除了北京、上海、广州、深圳、天津这些“老牌”城市地铁外，哈尔滨、重庆、成都、武汉、长沙、南昌等城市贡献了主要增量，城市轨道交通建设已经由一线城市逐渐向二、三线城市扩展。行业局面：以一线城市为标志引领轨道交通行业的发展，一线城市轨道交通以运营为主，建设为辅；发展较快的城市建设与运营齐头并进，新开始的城市建设刚刚起步。轨道交通行业发展呈现出由建设期向运营期转变的梯次局面，行业中心由建设向运营转化、资产管理转变。运营结构管理呈现网络化、管理社会化，轨道交通运营也越来越与一个城市发展密切连接起来。

轨道交通行业的单线运营企业，如何在轨道交通的行业变革中，以深化改革创新为动力，以提高科学化、专业化、精细化管理水平为抓手，加快转型升级步伐，构建现代化综合交通体系，发挥城市公共交通骨干作用，助力城市建设，是每一位身处行业中的人不得不思考的问题。在此首先就国内北京地铁、上海、广州等城市情况进行了梳理。

1.2　北京市地铁运营体系

北京市轨道交通运营目前由两家运营单位负责。北京市地铁运营有限公司是大型国有独资企业，运营线路共计16条，运营总里程471公里。公司主营业务涵盖客运服务、维修服务、车辆厂修、广告、民用通信、文化传媒、商业；关联业务涵盖投融资、新线、更新改造、技术研发、咨询培训、车辆制造。2006年为优化市场环境，激发企业活力，北京国内城市轨道交通领域首个引入外资的合作经营企业——京港地铁有限公司（简称“京港地铁”）。

目前京港地铁负责北京地铁 4 号线、大兴线及 14 号线运营，轨道交通运营局面实现了主辅结合，安全运营有所保障，经济效益有所提升。

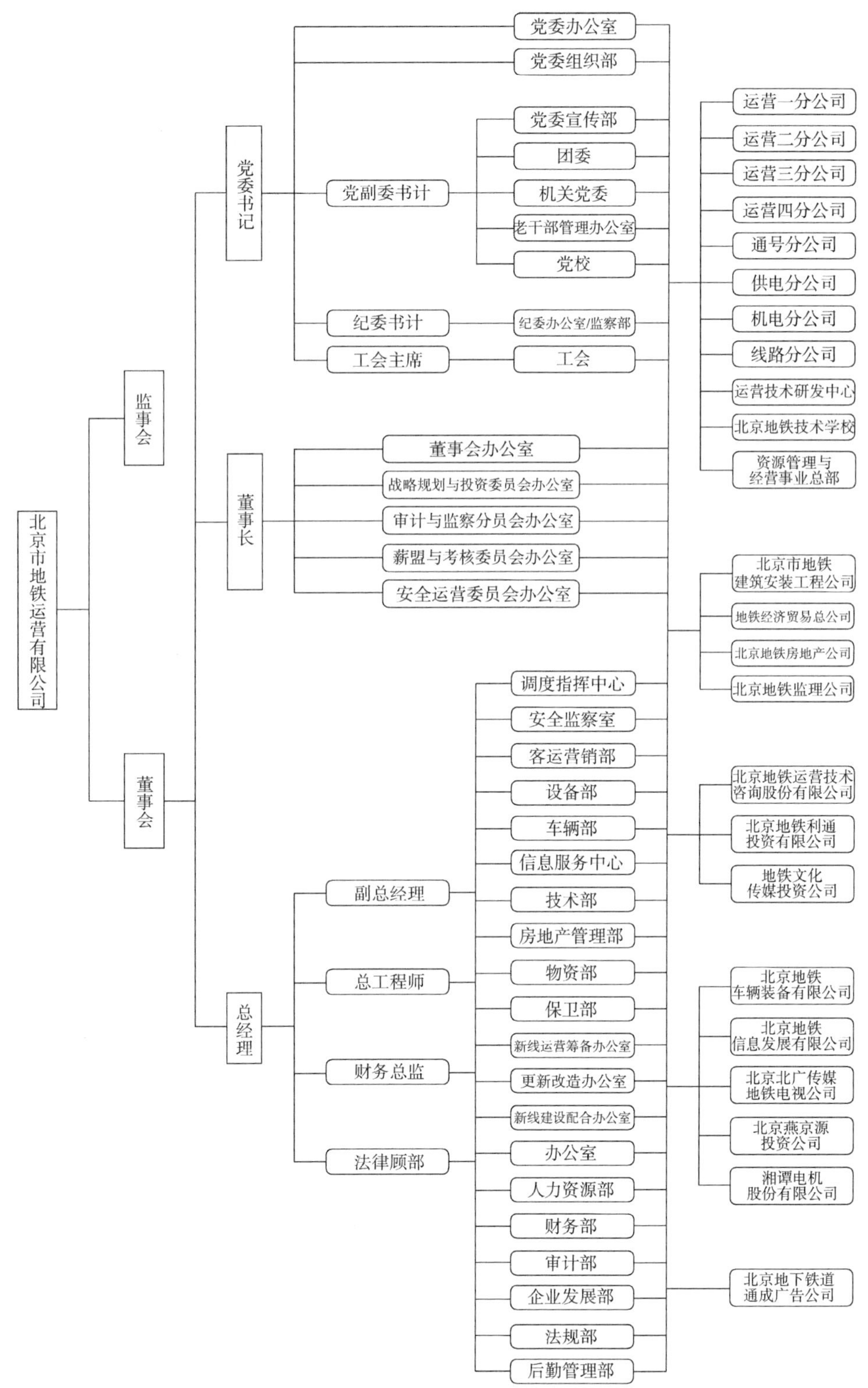

图 1　北京地铁架构

1.3 上海申通地铁运营架构体系

上海申通地铁集团有限公司是一家融轨道交通投资、建设和运营管理为一体的大型上市企业集团，是上海轨道交通投资建设和运营的责任主体。目前现有运营线路 15 条（含磁浮线），线路总长度为 617 公里（含磁浮 29 公里），车站 366 座（含磁浮 2 座车站），运营线网规模位居世界地铁城市前列。2016 年，全路网日均客流量 928 万人次，轨道交通客流占公共交通客流达到 50.73%，2016 年 4 月 29 日创下 1152 万人次的客流新高，地铁网络已经成为上海城市交通的骨干网络。公司的经营活动已实现从资产重组向轨道交通综合业务方面的转化，公司也将进一步深化上海城市轨道交通投资经营管理理念及模式，深入进行全方位、多层次的综合开发及经营业务。

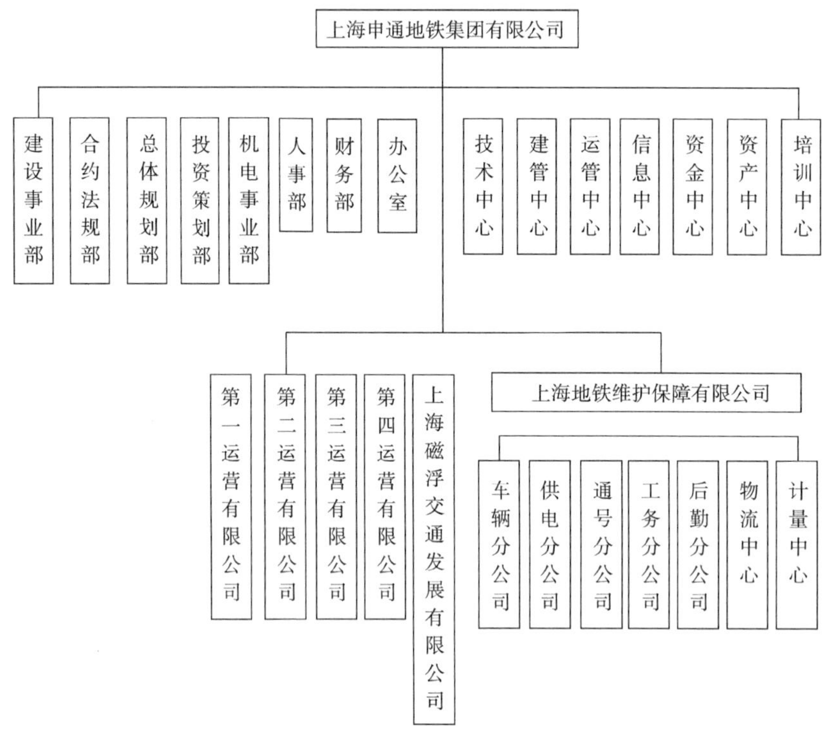

图 2 上海申通地铁集团架构

1.4 广州地铁运营架构体系

截至 2016 年 12 月 28 日，广州地铁共有 13 条运营线路（地铁 1 号线—地铁 9 号线、地铁 13 号线—地铁 14 号线、地铁广佛线及地铁 APM 线），总长为 308.7 公里，共 167 座车站，开通里程居中国第三，世界前十，日均客流量预计达 777 万人次。广州地铁由广州市地下铁道总公司负责营运管理，并且是广佛地铁的实际建设及营运者，因此广州地铁的服务范围亦延伸至佛山市。广州地铁采用事业总部管理结构，下设运营板块各业务部门及职能部门。2008 年 6 月，为适应地铁线网化和专业化的要求，按照专业和线路成立车务、维修、车辆、通号四个生产管理中心，另设 11 个职能部门。未来广州地铁将完善一体化经营模式，朝着自主经营、自我发展的目标迈进，为未来将地铁总公司改制成为地铁集团公司，并下设有限公司择机上市做准备。

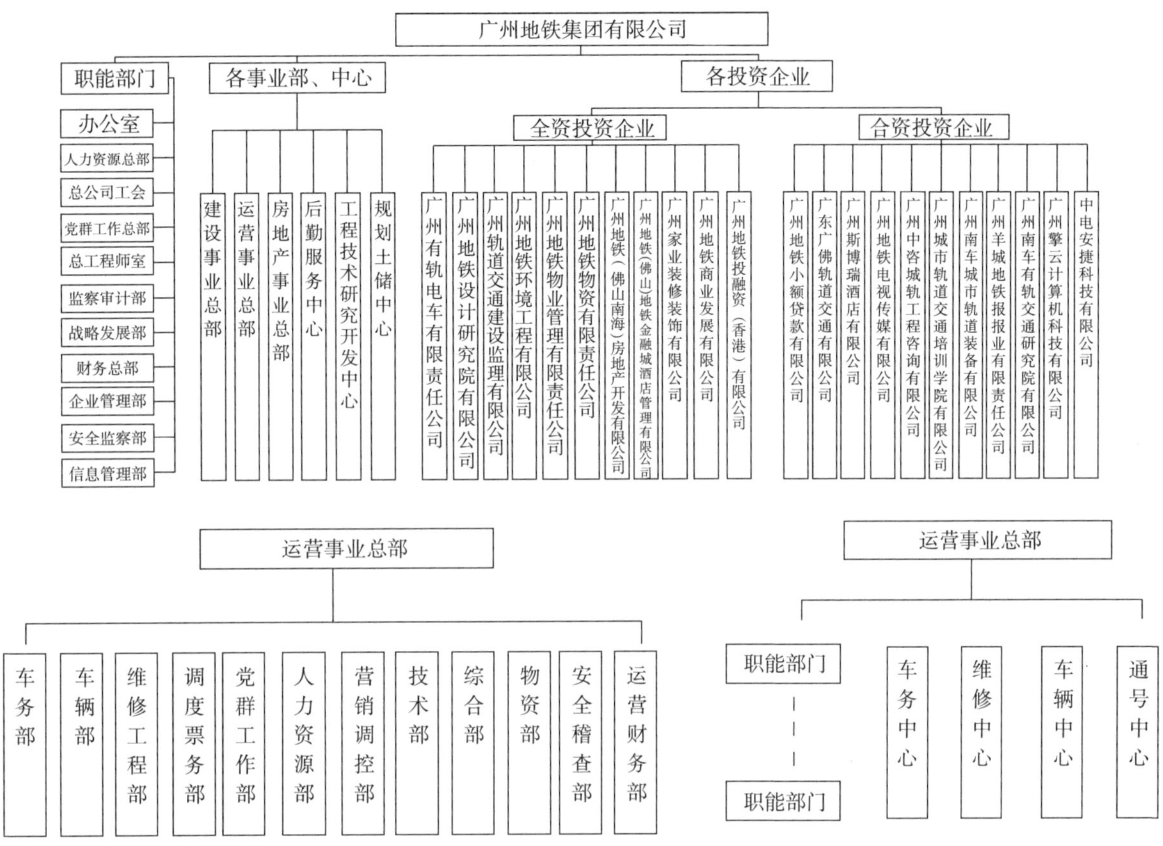

图3 广州地铁集团架构图

2 轨道交通运营专业化发展的必然性和必要性

随着轨道交通的发展，运营里程不断增加，单线变交叉，交叉成环，环环成网。轨道交通运营需要满足调度及乘客服务的全城化、立体化，设施维修需要一体化，以满足社会发展的需要。

第一，轨道交通的成网运营越来越与城市发展和人民生活密切连接起来。公交、地铁等公共交通的衔接配合越来越严密。同时车站布局由线性转化为网格化，线与线的界限越来越模糊，对乘客服务的要求越来越统一，对运营服务的要求越来越高，需要我们集中管理，提高专业管理水平。

第二，设施维修管理需统筹协调，提升管理效率。网络化运营阶段，设施设备规模大、系统制式型号多，使得维修工艺趋于复杂，若采取传统“单线、单专业、单技术团队”的维修方式，将会造成网络范围内同类型设备维修标准、操作规程、维修制度等方面存在差异，从而影响网络整体维修质量和管理效率。因此，有必要立足于网络成立相应的统筹协调机构，统筹不同专业、制式、设备、修程修制，制定全网统一的维修规程标准，以实现对网络现场维修管理的统筹协调，有效提升网络维护检修管理的效率和质量，降低管理成本，适应网络化维护检修需要。

第三，设施设备需集中维修，资源充分共享，降低运营成本。单线运营阶段，设施设备维修主要采取分线维修方式，各条线路所辖车辆基地负责该线的设施设备维护检修作业。网络化运营阶段，如果采取分线维修方式，将受限于修程修制和维修能力的影响，使维修资源与人力资源配置过高而维护检修设备的利用率过低，从而造成维修成本增加。因此，有必要采取组群化集中、区域化集中和网络化集中等维修方式，实现资源共享，优化维修资源配置，提高整体维修效率与水平。

第四，随着轨道交通行业的发展，轨道运营企业的运营，今后不仅仅是企业的运营，更是一座城市的综合运营管理，规模巨大的轨道交通网络，意味着庞大复杂的系统维护和巨量的资源调配和政府持续的财政压力。只有通过规范化的公司化运作，既要输血，更要造血，这样企业才能可持续发展。所以运营板块的网络化运营，更要与轨道交通的投融资体制改革相适应，最终达到企业和城市的可持续发展。

3　全国城市轨道交通运营管理专业化发展的建议

3.1　运营管理体系要与企业发展阶段、生存环境相适应。轨道交通行业涉及专业多，系统协调难度大，点多面广，只有抓住运营服务主线这个牛鼻子，形成以运营为核心，以调度和生产为中心，以运营服务和设施维护为立足点，梯次向外延展，网络化规模化的运营管理的结构体系，企业发展才能走得稳、行得快。

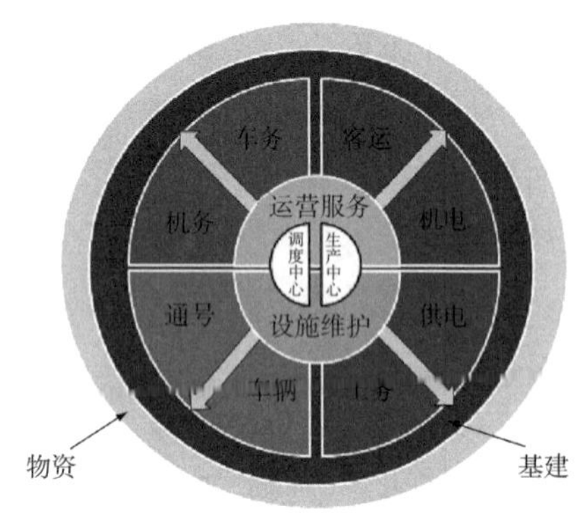

图 4　轨道交通专业架构图

3.2　直面现实，推进企业渐进式改革。轨道交通一城一景，每个城市都有其独特的地域文化和资源，地铁建设的时间长短不一致，建设运营主体结构不一致，后期运营资源、社会发展也不确定，这就要求我们在推进企业改革时要有开放性，重视实证，考察改革效果，适时做出判断，不断地修正调整。重要的不在于我们形成了什么模式，而是每一次推进是否有利于安全运营，是否有利于企业减支增效。

3.3　增量改革，培育企业造血功能。高质量的轨道交通维护保障是安全有序运营的基础，但在网络化发展阶段却面临设备数量众多、制式型号复杂、投用时间不一、设备地点分散及修程修制多样的挑战。在关注运营质量的前提下，网络集中统筹、专业化维修、多模式整合要体现“效率优先、资源集约、成本节约”的原则；同时依托产业优势，深化投资经营管理理念及模式，深入进行全方位、多层次的综合开发及经营业务。

对于轨道交通运营而言，运行安全既是首要的，也是永恒的主题，而保障设施设备处于良好状态是运营安全有序的基本前提。网络化运营带来的，必然是传统生存模式被淘汰，产业变革的号角吹起，协调配合、统筹共享、标准统一、集中管理是各专业系统检测维护设备配置和功能提出的新要求。在目前轨道交通体制改革不断深化的大背景下，组建现代化企业集团，实现资本规模经营必然是未来轨道交通管理体制和组织形式的发展方向。

参考文献

[1] 应名洪，俞光耀，等．上海轨道交通网络化运营管理体系［M］．北京：中国铁道出版社，2013.

[2] 俞光耀．上海轨道交通网络维护保障策略与网络统筹管理的实践与思考［J］．城市轨道交通研究，2014（7）.

[3] 杨瑞龙．社会主义经济理论［M］．北京：中国人民大学出版社，2008.

现代导轨电车导向装置横移限位器国产化研究

杨永晓
（天津滨海快速交通发展有限公司）

摘　要： 天津现代导轨电车制式虽在现代电车业内市场占有率较低，但其独特的导向走行系统克服了双轨制式现代电车制动距离长、爬坡能力弱、转弯半径大的弊端。本文结合胶轮导轨电车导向走行系统的专有设备——横移限位器进行了深入的国产化设计及研究，全面阐述了其主要组成、工作原理、国产化方案、控制原理及应用调试、维护等。

关键词： 横移限位器；现代导轨电车；导向装置

1　国内现代电车发展

2007年国内首条100%低地板现代电车线路（天津）运营后，上海张江也规划并于2009年开通运营了现代电车，两条线路均采用单轨导向胶轮走行制式车辆。鉴于当时国内现代电车理念尚未普及，所有车辆厂均未涉及现代电车业务，现代电车的发展进入了“沉默期”。随着整个轨道交通行业的发展，现代电车作为中运量公共交通的重要组成迎来了“黄金期”，2010年后苏州、沈阳等多个城市开始了规划现代电车线路，各地机车厂也投入国产现代电车的研发当中。继2013年沈阳现代电车运营后，国内平均每年至少1个城市开通运营现代电车，截至2017年，规划运营现代电车线路的城市有30多个，2020年前需要建设的规划线路长度已逾2000km，远期规划累计超过5000km，其车辆多为双轨制式。

2　横移限位器在导轨电车的应用

天津开发区现代电车采用TRANSLOHR电车，制式比较独特，行业内占有率较低，但其制动力强，减速度可达5m/s^2，爬坡能力达13%，转弯半径最小为10.5m，在地势起伏较大及老城区具有先天优势。该电车最大的特色在于导向及走行系统，其重要的部件为TRANSLOHR电车独有的横移限位器，该设备位于车辆底部的导向装置上（见图1），在车辆行驶时导向装置行进方向上的横移限位器伸出并锁闭，保证导向系统前端与轨道紧密贴合，引导车辆的行驶；相反方向上的横移限位器解锁，使导向系统后端随动。各个导向装置横移限位器的状态信息会实时反馈至行车检测装置并进行显示。

该装置价格昂贵且外方进行技术封锁并存在防水、防尘缺陷，严重影响到了运营需求，开展国产化设计及研究是解决问题的长效措施。

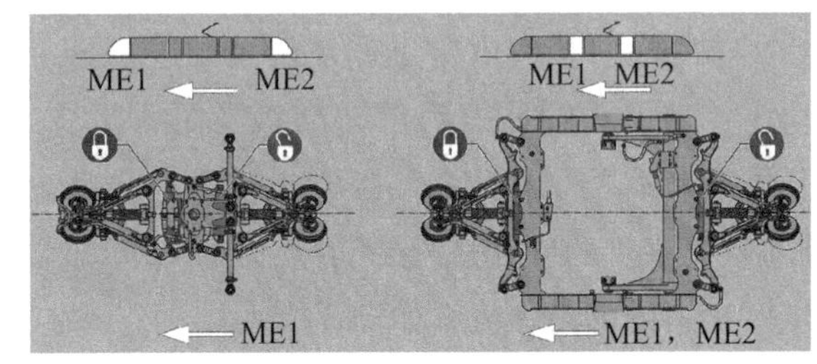

图1　现代电车导向装置图

3　横移限位器主要技术指标

3.1　技术参数

（1）供电电压：24±3VDC

（2）额定功耗：≤25W

（3）过流保护电流：3±0.2A

（4）最大瞬间启动电流：≤2.5A

（5）承受最大横向压缩力：≥21000N

（6）伸缩到位时间：≤30s

（7）重量：≤12kg

（8）温度：-40—50℃

（9）湿度：≤93%

（10）外形尺寸：长 388mm×宽 70mm×高 130mm（误差±2mm）

3.2 设备组成

横移限位器主要包括控制板卡、直流电机、行星减速器、行程开关、传动齿轮、丝杠、航空插头及线缆、铝合金壳体和铜合金传动轴等，平面剖视如图 2。

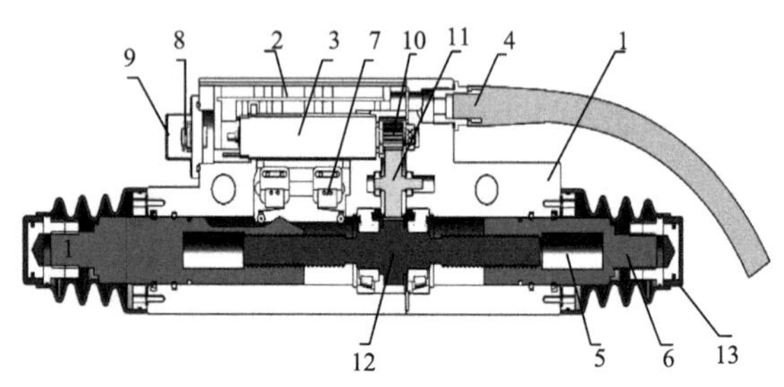

图 2 剖视图

4 横移限位器系统工作原理

4.1 横移限位器工作原理

控制板卡在接收到电车命令控制系统发出控制指令后，控制电机工作使传动轴进行伸缩动作，当传动轴伸缩到位时会触发行程开关，开关控制信号立即反馈给控制板卡及电车命令控制系统，控制电机停止工作，传动轴伸缩动作停止。内部工作流程如图 3 所示。

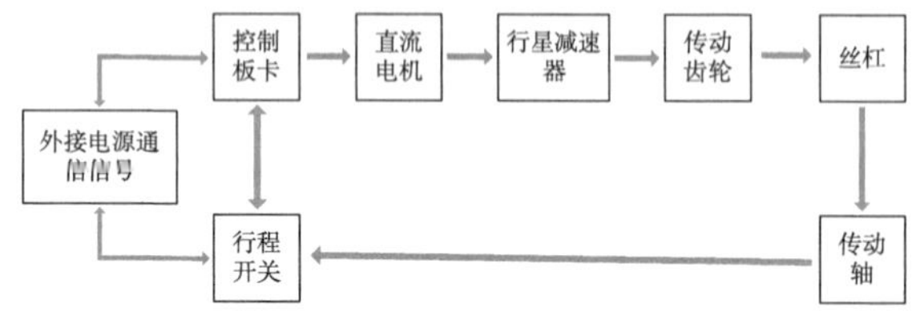

图 3 内部工作流程图

横移限位器与电车命令控制系统是通过 10 芯航插线缆连接，该航插接口定义详见表 1。

表 1 航插 10 芯线缆接口定义

序号	信号名	序号	信号名
A	+24V	H	VER 信号
B	0V	D	行程开关 out1_1
C	COM 信号	E	行程开关 out1_2
F	AN 信号	J	行程开关 in1_1
G	DEV 信号	K	行程开关 in1_2

参照图 4 系统功能结构图，10 芯线缆信号中的 A、B、C、F、G、H 这六路信号连接到控制板卡上；D、E、J、K 连接到行程开关 S1、S2 上。其含义如下：

（1）A（+24V）和 B（0V），为电源供电电源输入。

（2）C（COM 信号），为电车命令控制系统发出的伸缩指令信号。它是一个电平控制信号，当控制板卡上的 COM 端检测到 H 电平指令信号后，控制板卡会控制电机使传动轴伸出动作；反之，COM 信号为 L 电平时，控制板卡会控制电机使传动轴缩进动作。

（3）F（AN 信号），为故障指示信号。当横移限位器正常工作时，AN 信号为 H 电平，横移限位器检测设备面板的 DEFAULT 指示灯灭；当横移限位器运行故障时，AN 信号为 L 电平，DEFAULT 指示灯亮，或 AN 信号为 1Hz 脉冲信号输出，DEFAULT 指示灯以 1Hz 频率闪亮。

（4）G（DEV 信号），为缩进到位后反馈给电车命令控制系统的指令信号。只有当横移限位器处于缩进状态时，行程开关 in1 闭合，DEV 信号才输出 H 电平，否则一直为 L 电平。

（5）H（VER 信号），为伸出到位后反馈给电车命令控制系统的指令信号。只有当横移限位器处于伸出状态时，行程开关 out1 闭合，VER 信号才输出 H 电平，否则一直为 L 电平。

（6）D、E、J、K 为行程开关到位信号，默认情况下 D、J 连接电车系统上的+24V 电源，J、K 悬空，只有当伸缩到位，触发行程开关闭合后，J、K 接通+24V 电源，反馈给电车命令控制系统。

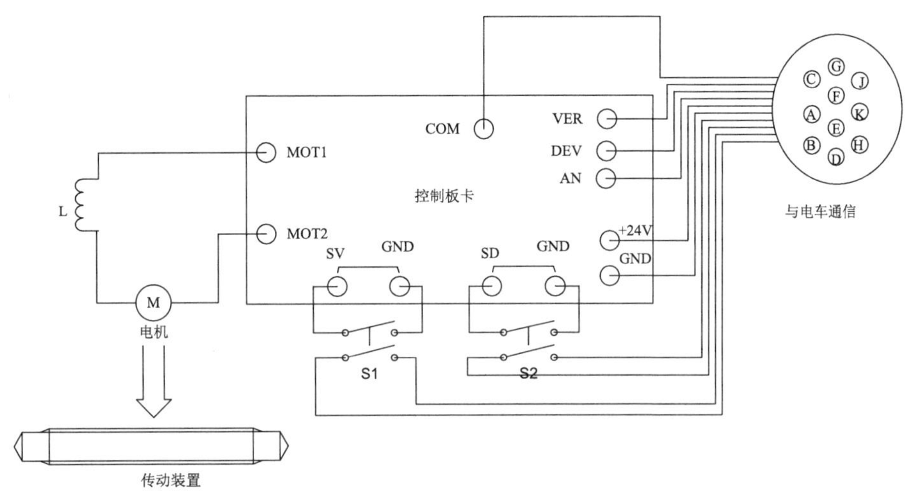

图 4　系统功能结构图

4.2　控制板卡的工作原理

控制板卡主要由 CPLD 控制电路、二次电源电路、电机 H 桥驱动电路，以及输入输出接口电路、过流保护电路等组成，其核心控制芯片为 ALTERA 公司的 EPM7128STC100，桥式驱动电路由 IFR5210S 和 IFR540NS 构成。

电路工作原理为程序控制芯片 CPLD 检测到 COM 信号变化时，CPLD 会发送控制信号到电机 H 桥驱动电路，控制电机相应地旋转。当横移限位器的传动轴伸缩到位时，触发的行程开关工作信号会通过接口电路反馈到 CPLD 芯片，程控芯片 CPLD 在检测到行程开关工作信号后，会发送控制信号到电机 H 桥驱动电路，控制电机停止工作。如果发生过流时，过流保护电路检测到过流信号，通过 CPLD 控制电机停止工作，直至过流信号消失（设置的过流保护点为 3±0. 2A）。

4.3　横移限位器动作机理

闭锁动作：横移限位器的控制板卡 2 在接收到导轨电车的闭锁控制指令后，会控制电机 3 旋转，通过行星减速器、传动齿轮组和丝杠 5，控制左右传动轴 6 向外伸出动作。当达到指定的闭锁位置后触发“闭锁位置”行程开关 7 闭合，闭合信号传递给控制板卡与电车命令控制系统，控制电机停止工作，传动轴静止在闭锁位置。

解锁动作：横移限位器的控制板卡 2 在接收到导轨电车的解锁控制指令后，会控制电机 3 反向旋转，通过行星减速器、传动齿轮组等传动装置，控制左右传动轴 6 向内缩进动作。当达到指定的解锁位置后触发“解锁位置”行程开关闭合，闭合信号传递给控制板卡 2 与电车命令控制系统，控制电机停止工作，传动轴 6 静止在解锁位置。

控制板卡 2 在接收到导轨电车的控制指令后，控制电机 3 运转，电机 3 连接行星减速器，带动主动轮 10 转动，通过中间过渡齿轮 11 带动下端齿轮轴 12 的转动，最后通过齿轮轴 12 两端丝杠 5 带动横移限位器两端传动轴 6 的伸缩运动。其中，行星减速器是一种动力传达机构，利用齿轮的速度转换器，将马达的回转数减速到所要的回转数，并得到较大转矩的机构。

5　横移限位器国产化方案

5.1　控制板卡设计方案

通过前期的研究已能够测绘出电路原理

图，可通过分析现代电车控制逻辑关系及现场采集信号数据行正向设计。控制板卡为数模混合电路板，主要包括以下部分：电源部分，晶体振荡电路，控制信号输入、输出电路，CPLD 自动控制信号发生电路，直流电机桥式控制电路，直流电机电流检测电路。

该电路板的核心器件是 CPLD，型号 IM4A5-128/64 10VC-12VI，通过可编程逻辑芯片 CPLD 自动控制直流电机转动——正转、反转及转动时间周期，处理输入、输出信号，处理欠压信号、时钟信号、电流检测信号等。

5.2 微电机及减速器选型

经设计及选型，国产电机无论在性能参数及尺寸上均无法满足要求，最终选用 FAULHABER 的 2642W024CR 电机及 26/1 系列减速器（减速比为 159：1）。

表 2 直流微电机基本参数

名称	指标	名称	指标
名义电压	+24V	端电阻	5.78Ω
最大功率	23.2W	空载转速	6400rpm
空载电流	0.058A	堵转转矩	139mNm
摩擦转矩	2mNm	转子电感	2μH
工作温度范围	-30—125℃		

5.3 其他部件选型

机械传动齿轮、丝杠、壳体等：出具参数及要求，委托加工厂进行制作（下称“机械外协”）。

航空插头及线缆：充分考虑防尘、防水及耐磨、柔软性，在原有橡胶线上加装金属护套。

呼吸阀：选用螺旋式呼吸阀（M12x1.5），并对其加装保护罩，强化防水、防尘功能。

行程开关及其他部件，可选择符合要求的通用性产品。可伸缩铜轴设计加装防水、防尘保护套。

5.4 机械外协设计方案

（1）外形尺寸：伸出轴最大长度为 482±2mm，最小长度为 388±2mm，厚度 70±2mm，伸出最大长度可以微调。

（2）壳体轴座：采用高硬度硬铝材料 2A12 铝合金，该铝合金为典型的硬铝合金，其成分比较合理，强度高，有一定的耐热性，综合性能较好。轴座在实际使用中会与两侧铜轴产生摩擦，为增加铝合金材料的硬度，减少轴座在使用中的磨损，两轴座采用淬火和有时效性的热处理强化方式来增加材料硬度和强度，减少损耗。

（3）齿轮轴：齿轮轴的两端丝杠对耐磨性和材料变形量的要求不是特别高，固选择普通精度等级的丝杠。实际加工中要保证两侧丝杠的磨削工艺性和良好的热处理工艺性，磨削时不易产生裂纹，热处理变形小，同时要考虑使用时其尺寸的稳定性，硬度、金相组织的均匀。

综合考虑以上因素，材料选择合金结构钢 40Cr。40Cr 经调质处理后，具有良好的综合力学性能、低温冲击性及低的缺口敏感性，淬透性良好，油淬时可得到较高的疲劳强度。

（4）两端铜轴：两端铜轴均由一段椭圆轴和一段圆轴组成，外侧椭圆轴在实际伸缩运动中起到径向和轴向限位的作用，同时留有一定间隙实现空气的进出。

两端轴采用 QSn7-0.2 锡青铜，强度高，弹性和耐磨性好，在大气、淡水、和海水中耐蚀性好，可加工性良好。可以承受中等负荷和中等滑动速度下的摩擦。

（5）齿轮啮合：电机带动主动轮转动，通过中间过渡齿轮带动下端齿轮轴的转动，最后通过齿轮轴两端丝杠带动横移限位器两端铜轴的伸缩运动。

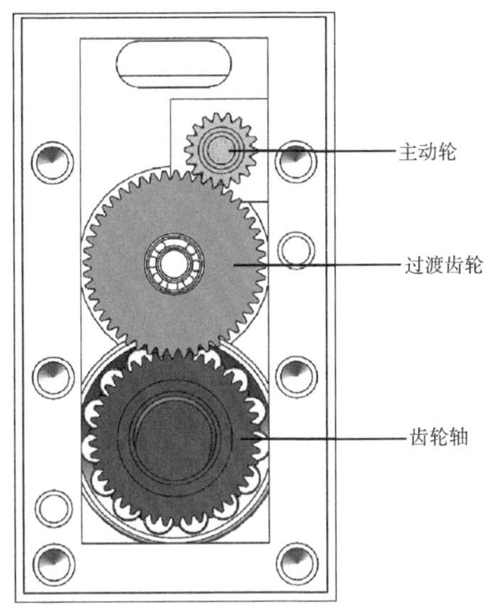

图 5　齿轮啮合图

6　横移限位器的调试过程

横移限位器的调试由专用的测试设备模拟电车信号，控制其动作并检测其状态信息。

（1）将横移限位器放在测试工作台上，安装固定螺丝，并拧紧。

（2）将横移限位器线缆连接到测试设备线缆上。

（3）打开测试设备电源开关。

（4）测试设备面板 COMMAND 拨动开关打到 IN 端，横移限位器开始缩进动作，当缩进到位后触动行程开关 in，横移限位器停止动作，测试设备面板 STATE IN 和 SWITCH IN 指示灯亮。

（5）测试设备面板 COMMAND 拨动开关打到 OUT 端，横移限位器开始伸出动作，当伸出到位后触动行程开关 out，横移限位器停止动作，测试设备面板 STATE OUT 和 SWITCH OUT 指示灯亮。此时调节传动轴两端的微调螺母，使之与测试台两端接触即可。

完成以上检测步骤，说明横移限位器逻辑功能正常，能准确地接收电车命令控制系统及行程开关的指令信号并完成相应动作，调试完成。

注意事项：

（1）系统上电后首先自动进行功能自检；自检时间约为 2s 左右。

（2）自检完成之后才能进行功能测试；横移限位器在每次伸缩到位后需要等待 2s 系统自检时间，使 CPLD 内部各个计数器清零，自己完成后发送 COM 指令进行伸缩动作，横移限位器能一次伸缩到位。如果在 2s 内动作，则横移限位器不能一次到位。

7　横移限位器的故障检测及定位

检查线缆连接无误，电源供电正常的情况下，如果执行 COMMAND 拨动开关动作，横移限位器传动轴不动作。

（1）可能为控制板卡故障，控制板卡不能接收并执行 COMMAND 命令。

（2）在确认控制板卡无故障后，直流电机、减速器损坏可能导致传动轴不伸缩。

（3）在确认直流电机减速器无故障后，可能为内部机械齿轮、丝杠等传动机构损坏导致传动轴不伸缩。

8　横移限位器维修时注意事项

（1）更换控制板卡时，操作人员应采取防静电措施。

（2）在进行电缆插、拔时，必须将与电缆相连的所有设备的电源关闭。

（3）在测试过程中一旦出现故障，应立即断电，待排故后再继续测试。

9　结束语

横移限位器作为一种锁闭/解锁机构，不仅应用在导轨电车上，在需联锁控制限位的大型设备领域也具有很好的应用前景。

参考文献

[1] 牟瑞芳．现代有轨电车概论［M］．四川：西南交通大学出版社，2015.

[2] 叶宏．金属材料与热处理［M］．北京：化学工业出版社，2015.

天津地铁3号线大小交路运行方式研究

刘　克

（天津市地下铁道运营有限公司）

摘　要：为进一步提升天津地铁3号线运营服务水平，缩短列车发车间隔，本文基于客流分布、行车组织分析，对3号线大小交路的运行方式进行研究，制定出开行大小交路的方案，并对方案进行检验和总结。本文为天津地铁实行大小交路运行方式提供了科学依据。

关键词：地铁；客流分布；行车组织；大小交路；发车间隔

天津地铁3号线（以下简称“3号线”）于2012年10月正式开通，从南到北贯穿天津市区，客流呈现出“南段、中段大、北段小”的特点。为进一步提升3号线的运营服务水平，缩短列车发车间隔，可以考虑采用大小交路的运行方式。以下结合3号线的客流特点从客流分布、行车组织等方面，对3号线大小交路的运行方式进行研究，得出最优的交路方案。

1　运行条件分析

1.1　线路特点

3号线南起天津南站，途径市商业区、天津站、天津北站，最终到达小淀站，是连接高铁、火车站、商业区的一条骨干线路，线路全长33.2km，共设车站26座，包括4个换乘车站。线路布局特点突出，南段及中段线路为人员集中区域，北段线路为新开发区域。

1.2　线路客流分析

全线自开通以来客流提高很快，至2018年1月，日均客流量超到30万人次，在所有线路中客运量最大。客流量一直呈现“南段、中段大，北段小；早高峰上行大，晚高峰下行大”的不均衡特征。以2016年11月份第三周工作日日均客流量为研究对象可以看出：客流高度集中在南站—铁东路区段，该区段客流量占比91%；张兴庄—小淀区段日均客流量占比9%。具体情况如图1所示。

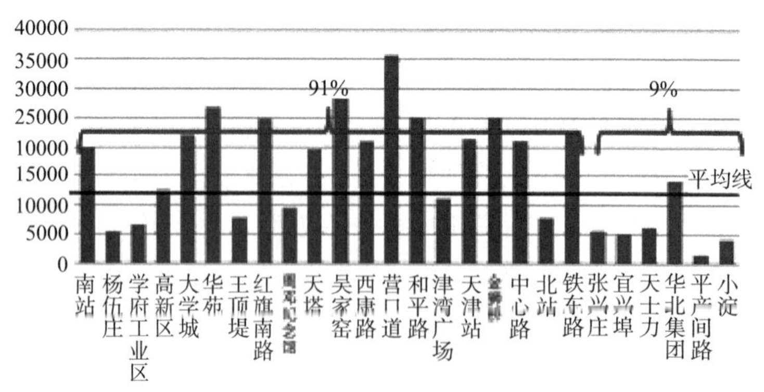

图1　3号线车站日均进出站客流量

1.3　断面客流分析

满载率即区间断面客流与列车运能之比，一定程度上能反映出列车的拥挤程度。满载率越大表明列车客流越拥挤，如长时间超过

100%，运营管理者视情况通过增加临时列车、跳停等方式缓解客流压力，降低运营风险。以2016年11月14日断面客流为研究对象可以看出：在早高峰7：45—8：15，金狮桥—西康路上行共5个区段满载率超过100%，其中列车最大满载率发生在天津站—津湾广场上行区间，满载率为127%，如图2所示。

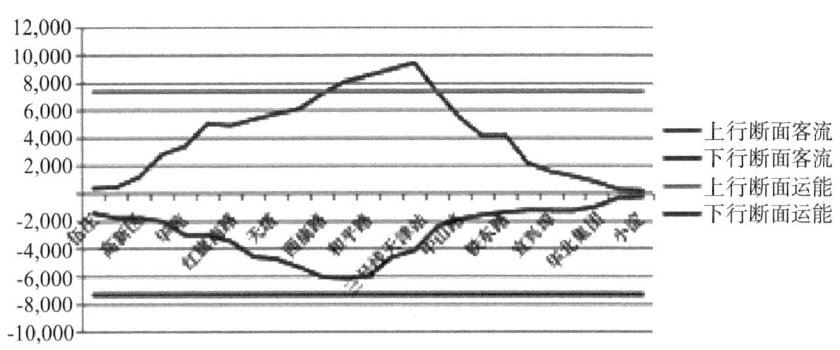

图2　11月14日7：45—8：15 3号线车站断面客流与列车运能对比

由上可知，目前3号线高峰期间运能已基本饱和，随着地铁线网新线不断的开通，3号线将迎来更大客流。在资源（地铁列车数量配置、司机人数等）有限的条件下，若在3号线上采用大小交路运行方式，可以在一定程度上缓解高峰期间客流压力。

2　大小交路方式介绍

2.1　单一交路

单一交路，是指列车从始发站到终点站开满全程的运行方式。适用于全线客流比较均匀的地铁线路，一般在工作日中低峰期和节假日全天使用，如图3所示。[1]

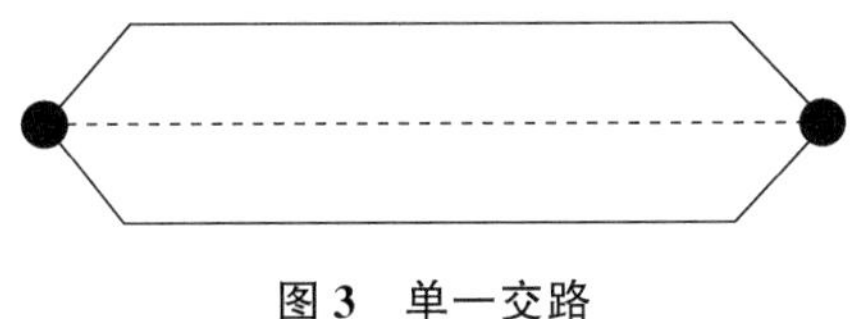

图3　单一交路

2.2　大小交路

大小交路，是在单一交路上通过增加折返点的方式，使列车可以在中间进行折返以满足客流较大区段的乘客出行需求。大小交路行车组织使一条线路有两个以上折返点，同时在交路重合区段行车间隔小，载客能力大。适用于客流分布不均匀的地铁线路，一般在工作日高峰期使用，如图4、图5和图6所示。[2]

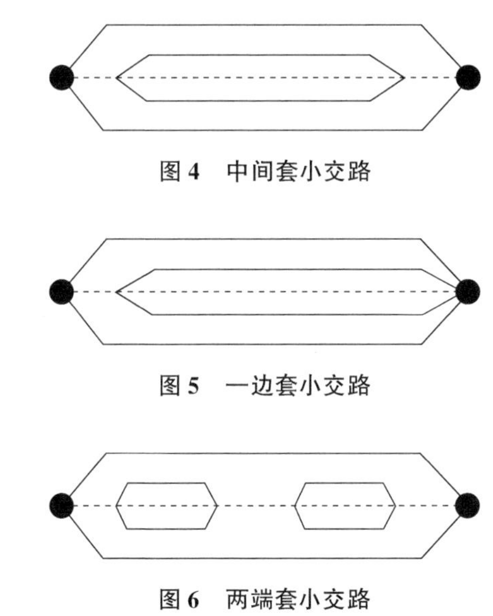

图4　中间套小交路

图5　一边套小交路

图6　两端套小交路

2.3　客流与大小交路行车组织关系

为了应对客流分布不均的现象，地铁运营者往往增加列车数量来保障运能需求。如早高峰郊区至市区上班客流量大，则组织加开开往市区方向列车增加运能。在资源有限的条件下（如地铁列车数量、列车司机、特殊区段通过能力的限制等），为合理科学地分配地铁列车运能，使运能分配符合断面客流分布规律，地铁运营者可以在断面客流较大的区域设置小交路运营以提高该区段的运能，同时可利用大交路兼顾断面客流量小的区段运能需求。

3 3号线大小交路方案

3.1 大小交路方式

3号线中间段设有折返线的车站有高新区站、红旗南路站、西康路站、铁东路站。由图1客流分析，工作日期间，小淀—张兴庄区间车站客流均未达到车站客流平均线，考虑到3号线南站与高铁南站接驳，且南站至红旗南路区段附近居民区、学校、企业分布较为集中，结合既有客流数据，现阶段可采用如下大小交路套跑行车组织方式：

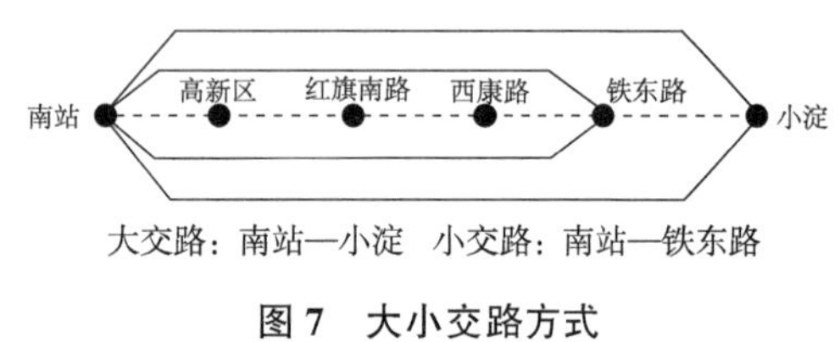

图7 大小交路方式

3.2 列车发车间隔的设定

目前3号线列车全周转时间为128分钟，高峰小时平均行车间隔为5.8分钟。综合考虑现有车辆数量配置、司机配置、列车折返能力、信号及供电能力等因素，高峰小时平均发车间隔时间最小能缩短到5分钟，因此小交路最小间隔时间不能小于5分钟。

3.3 大小交路比例

在工作日高峰期实行大小交路，这与地面公交的“高峰短线”“高峰快线”等方式类似，乘客的接受度高。目前3号线最大上线列车为22列，考虑到列车满载率、站台容量、折返时间，设大小交路上线列车比例为1∶1，即各为11列。

3.4 大小交路方式下的客流对比

假设3号线各车站区间断面客流无明显变化，3号线实行大小交路后，小交路（南站—铁东路）区间满载率大于100%的区间断面客流由5个降至2个，小交路区段的平均行车时间由5.8分钟降至5分钟，运能提升16%，列车最大满载率由127%降至109%，高峰期客流密集区段乘车舒适度有了较大提升；与此同时，张兴庄—小淀区间平均行车时间由5.8分钟增加至11.6分钟，能基本满足乘客出行需求。大小交路套跑方式下的断面客流与运能对比如图8。

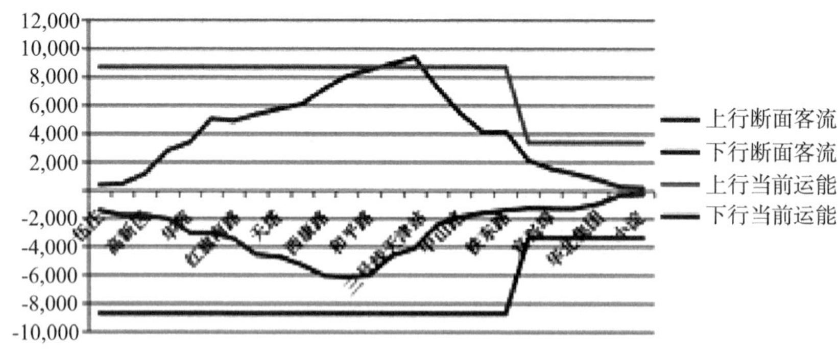

图8 大小交路方式下的断面客流与运能对比

4 结语

综上所述，天津地铁3号线实施大小交路运行是必要和可行的。通过现场调研，从服务质量、客流分布及行车组织等方面综合分析，3号线可选择在早晚高峰实行南站—铁东路小交路运行方式，大小交路发车比例为1∶1。经过一段时间的运行，设备稳定，人员操作熟练，市民接受和配合程度较高，现场运营秩序顺畅，可达到当初设定的目标。

同时，大小交路的运行将充分锻炼运营组织队伍。从行车、客服、设备等多方面锻炼行车调度、车站工作人员、司机、维修等相关工作人员，在实战中打造一支高水平的城市轨道交通运营队伍。[3]

参考文献

[1] 杜伟阳．城市轨道交通大小交路适用性性分析［J］．住宅与房地产，2016，（6）：27-28.

[2] 何江，魏巍．广州地铁 2 号线大小交路方案研究［J］．现代城市轨道交通，2013，（5）：71-74.

[3] 孙运奇，展晓义．南京地铁一号线大小交路运行方式分析［J］．交通世界，2008，（7）：122-123.

地铁地下线周期性屏障近场减振性能分析

戴华明

（中国铁道科学研究院城市轨道交通中心）

摘　要：城市轨道交通运营引起的环境振动问题日益突出，路径隔振是地铁减振降噪措施之一。本文采用周期性屏障对地铁地下线减振性能进行分析，通过有限元软件 ANSYS 建立“轨道—隧道—屏障—土体耦合”三维动力有限元模型，计算在不同埋深、距离和周期数下屏障的减振效果。计算结果表明，周期性屏障对城市轨道交通运营引起近场土体振动具有良好的减振效果。

关键词：地铁；环境振动；路径隔振；周期性屏障

近些年来，我国城市轨道交通得到迅猛发展，其在有效缓解城市拥堵问题的同时，也引起了环境振动和噪声问题。[1] 路径隔振作为缓解城市轨道交通运营引起环境振动问题的一种有效手段，国内外学者进行了许多研究。[2, 3] 本文利用周期性结构具有带隙的特点，将周期性屏障引入地铁隔振领域，并对其减振效果进行计算，对其在城市轨道交通减振降噪领域的适用性进行了探索和研究。

周期性结构（声子晶体）[4] 是由两种或者两种以上的弹性介质按照周期性排列组合而成的复合材料，其基本特征就是具有带隙特性。当弹性波在周期性结构中传播时，由于特殊的结构形式和材料特性，一定频率范围内的弹性波被禁止传播，这个频率范围被称为带隙[5, 6]，带隙特性使得周期性结构在减振降噪领域具有十分广阔的应用前景。

1　有限元模型

进行周期性屏障减振效果仿真研究时，列车模型的荷载采用实测荷载数定法得到。[7] 该法是一种根据实测钢轨加速度获得轨道竖向列车振动荷载的方法。本文只考虑车辆的竖向振动，将列车简化为一系、二系弹簧质量系统模型的组合，并设这个组合是沿纵向均匀分布的。可得如图 1 所示模型：

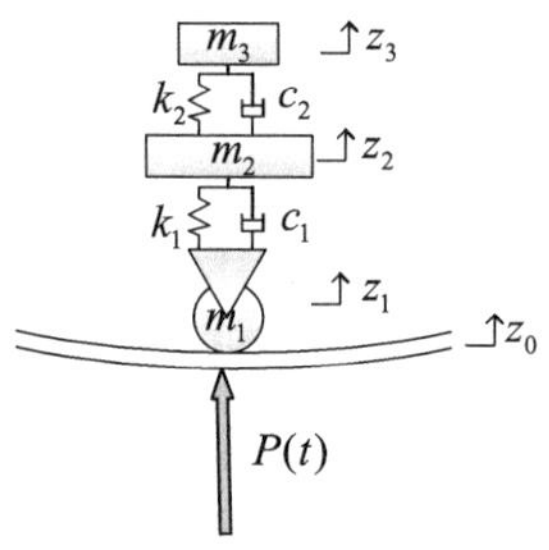

图 1　地铁列车竖向振动简化模型

根据地铁车辆相应参数，即可计算得到施加在轨道上的轮轨激励力。

利用上述数定方法，通过计算北京地铁某地下线普通道床钢轨垂向实测加速度可得到列车轮轨激励力，数定的列车轮轨激励力如图 2、图 3 所示。

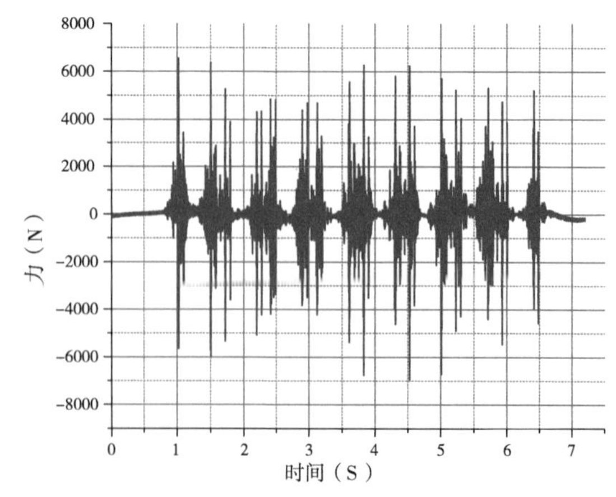

图 2　轮轨激励力时程图

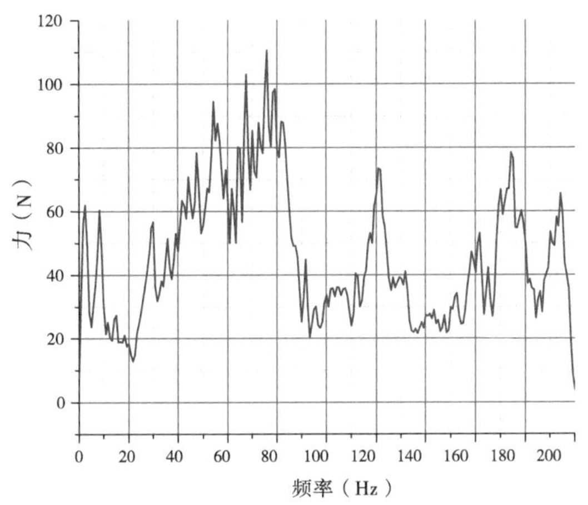

图 3 轮轨激励力频谱图

本文采用的周期性屏障为刚柔交替组成的三明治形式的连续屏障，两端都是刚性材料在外。针对城市轨道交通引起环境振动的特征频率设计对应带隙的参数组合。每个周期刚性材料厚度为 0.3m，柔性材料厚度为 0.15m，周期常数为 0.45m，具体参数如表 1 所示。将周期性屏障放置于地铁近场分析其减振效果，如图 4 所示。

表 1 周期性屏障参数表

项目	弹性模量（MPa）	密度（kg/m^3）	泊松比	厚度（m）
弹性材料	1.5	1000	0.3	0.15
刚性材料	28,500	2500	0.2	0.3
粉质黏土	100	2000	0.25	/
衬砌	28,500	2500	0.2	/
道床	28,500	2500	0.2	/

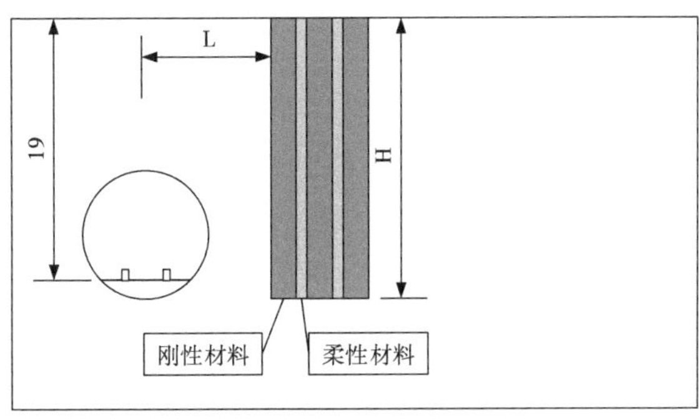

图 4 周期性屏障布置示意图

通过有限元软件 ANSYS 建立“轨道—隧道—屏障—土体耦合”三维动力有限元模型分析在地铁列车荷载作用下不同参数周期性屏障的减振效果，有限元模型如图 5、图 6 所示。

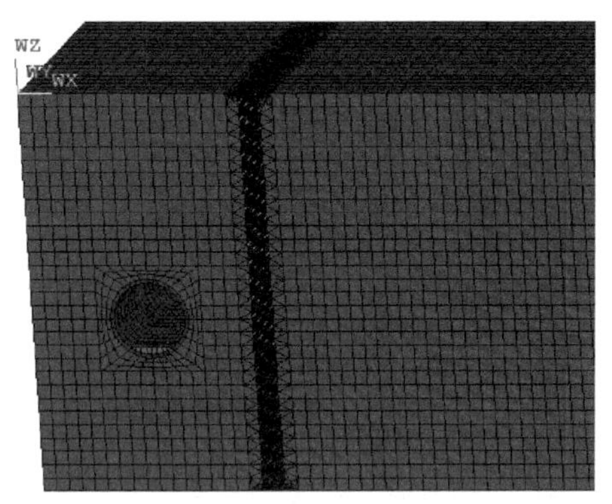
图 5 有限元模型整体效果图

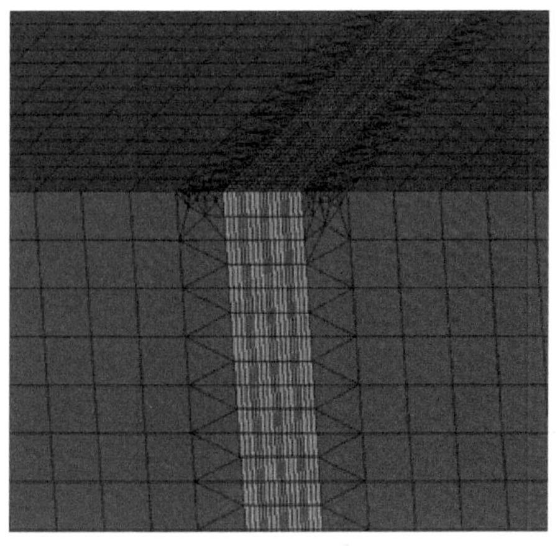
图 6 周期性屏障细部效果图

2 周期性屏障减振效果分析

2.1 不同深度和距离

为研究不同深度屏障的减振效果，建立了六种屏障深度分别为 10m、13m、16m、19m、22m、25m 的屏障深度模型，来分析屏障深度对减振效果的影响，模型中振源埋深为 19m。综合考虑屏障布置距离的影响，分析距离振源 5m、10m、15m 三种位置的隔振屏障。减振效果评价指标为最大 Z 振级 VL_{Zmax}，无减振措施和各深度屏障工况下地表最大 Z 振级随水平距离的衰减趋势如图 7—图 9 所示，其中 0m 为振源正上方位置。

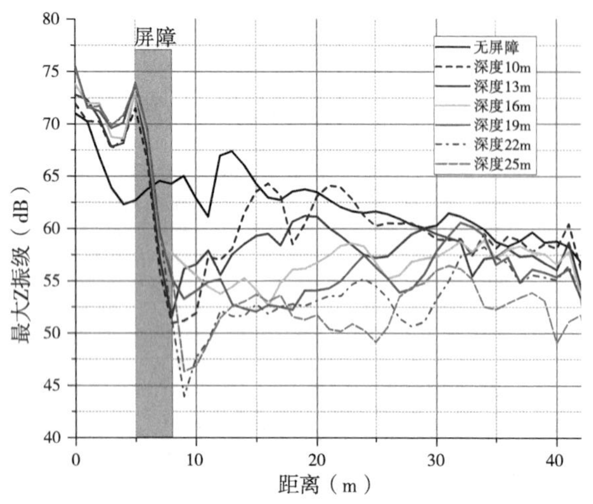

图 7　距离振源 5m 屏障地表振动衰减图

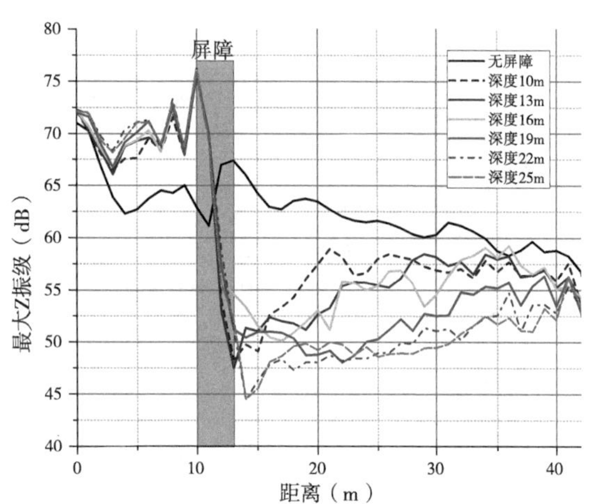

图 8　距离振源 10m 屏障地表振动衰减图

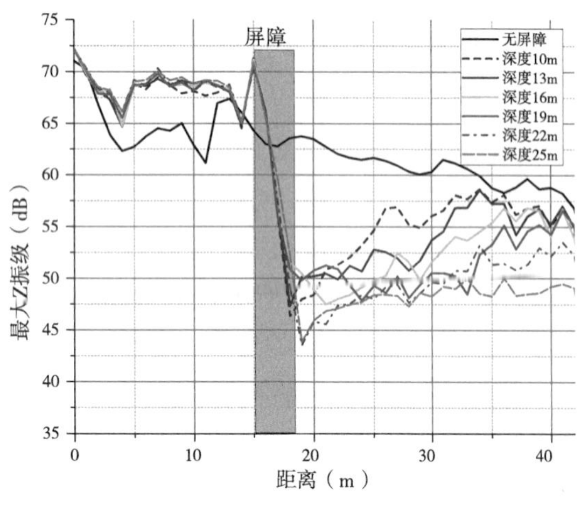

图 9　距离振源 15m 屏障地表振动衰减图

从图 7—图 9 可以看出，在无屏障工况下，最大 Z 振级随着距离的增加呈指数型衰减，在距离振源 10—15m 处有一振动放大区域。在有屏障工况下，屏障均有不同程度的减振效果，屏障前一定区域振动水平有一定程度的增大，屏障后方减振效果最佳，随着距离增加减振效果逐渐降低。距离振源越远减振有效区域越大。随着屏障深度的增加，减振效果逐渐增加。

将各工况中屏障后 2m 地表处作为减振效果评价点，提取最大 Z 振级做对比，如图 10—图 12 所示。

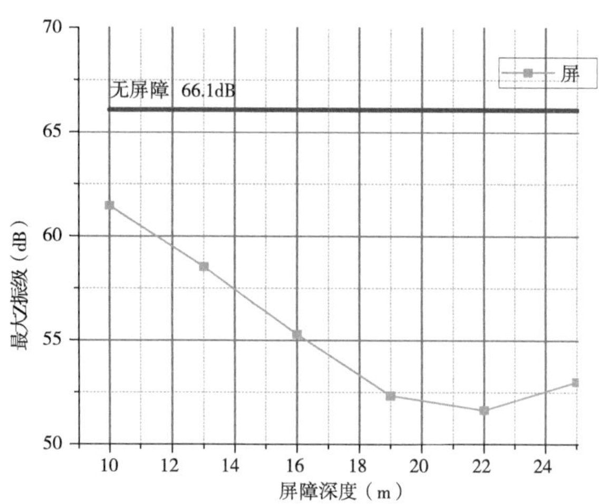

图 10　距离振源 5m 屏障后方最大 Z 振级图

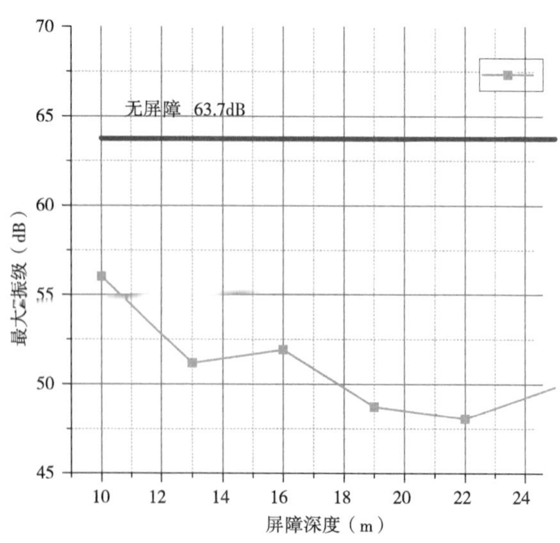

图 11　距离振源 10m 屏障后方最大 Z 振级图

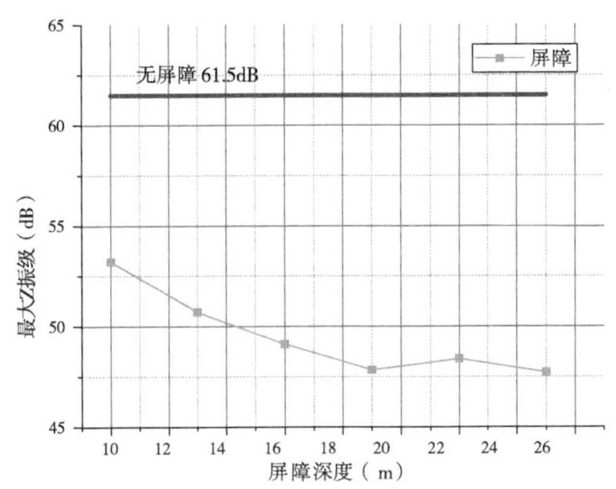

图 12　距离振源 15m 屏障后方最大 Z 振级图

从图 10—图 12 中可以看出，不同深度屏障均有一定程度减振效果；随着屏障深度的增加减振效果逐渐增加；在屏障深度达到 19m 后，增加屏障深度减振效果增加不明显，此屏障深度可视为屏障减振量随深度变化的拐点，综合考虑数值计算减振效果、施工难度及经济成本等因素，周期性屏障最佳深度应与振源深度相当。

2.2　不同周期数

为研究屏障周期数对减振效果的影响，计算距离振源 5m 周期数为 3、4、5、6 四种工况屏障的减振效果。评价点为 6、周期屏障后 2m 位置处地面点。不同周期数屏障最大 Z 振级计算结果如图 13 所示。

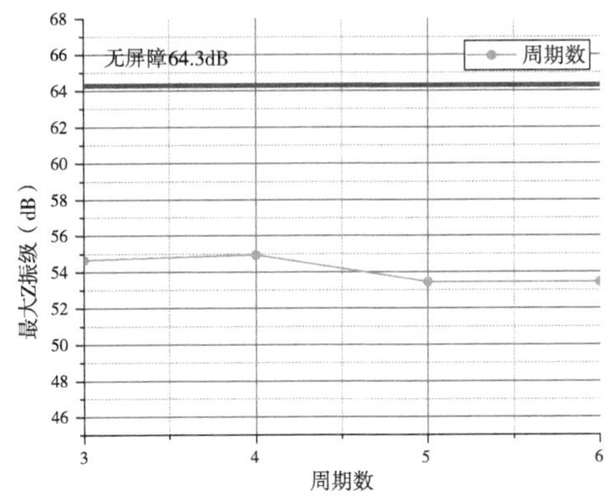

图 13　屏障不同周期最大 Z 振级图

从上图可以看出，各周期数屏障均有较好的减振效果，随着周期数的增加减振效果整体呈增大趋势，但增加不明显。综合考虑计算结果、实际施工成本、场地空间等因素，周围性屏障布置周期数采用 3 周期。

3　结论

本文利用周期性结构所具有的带隙特点，研究针对地铁地下线周期性屏障的减振效果，建立有限元模型施加列车荷载对不同参数周期性屏障进行减振性能分析，得出如下结论：

（1）在地铁地下线列车作用下地表振动呈现指数型衰减趋势，在距离振源 10—15m 处有一振动放大区域。

（2）周期性屏障对地铁地下振源具有良好的减振效果，屏障深度越深，减振效果越好，在振源埋深处达到拐点，再继续增加深度减振效果增加不明显，综合考虑各方因素屏障深度应与振源埋深相当。

（3）周期性屏障距离振源越远减振有效区域越大，故周期性屏障应靠近隔振目标布置。

（4）周期性屏障 3 周期能达到较好的减振效果，增加周期数减振效果增加不明显，综合考虑各方面因素屏障布置周期数为 3 周期。

参考文献

[1] 张胜龙．地铁列车引起的周围建筑物振动及二次噪声预测研究［D］．北京：北京交通大学，2016.

[2] 王文斌．基于脉冲实验的地铁环境振动响应传递函数预测方法研究［D］．北京：北京交通大学，2011.

[3] 吴宗臻，刘维宁，马龙祥，王文斌．基于土层振动频响函数预测地铁环境振动的频域解析方法［J］．中国铁道科学，2014（05）：105-112.

[4] 温熙森，温激泓，郁殿龙，等．声子晶体［M］．北京：国防工业出版社，2009.

[5] Liu XN, Hu GK, Sun CT, Huang GL. Wave propagation characterization and design of two-dimensional elastic chiral metacomposite［J］. *Journal of Sound and Vibration*, 2011, 330（11）：25, 36-53.

[6] 黄建坤．周期性排桩和波屏障在土木工程减振中的应用研究［D］．北京：北京交通大学，2014.

[7] 聂志理．基于钢轨动力特性的曲线轨道钢轨波磨整治措施研究［D］．北京：北京交通大学，2012.

津滨轻轨二期车辆蓄电池使用状况分析

侯振波

（天津滨海快速交通发展有限公司）

摘　要：通过分析及比较津滨轻轨二期电客车蓄电池故障率，结合目前津滨轻轨车辆系统的实际状态，对二期车辆蓄电池使用维护提出日常维护要点建议和均衡充电保养措施。

关键词：电客车；蓄电池；均衡充电

津滨轻轨二期电客车采用由湖南丰日集团公司提供的“地铁车辆用 DTM-120-2 型阀控式密封铅酸蓄电池”，其以优异的性能被广泛应用于城市轨道交通领域，目前，我段 132 车、133 车、134 车、135 车全浮充运行满一年，已于 2011 年 3 月 1 日前由检修室车电班组对其进行了均衡充电，并已投入下一充电周期运行，而剩余 5 列电客车充电计划也已纳入工作计划安排。

个体差异、温度差异等原因会造成电池端电压不平衡，为了避免这种不平衡趋势的恶化，根据该型蓄电池性能及由厂家提供的《使用手册》要求，在免维护阀控式密封铅酸蓄电池全浮充投入使用满一年后，需要提高电池组的充电电压，对电池进行活化充电，这便是上面提到的均衡充电。

1　本次均衡充电说明和解析

1.1　充电时间安排

2011 年 2 月 14 日—2011 年 2 月 16 日　134 车

2011 年 2 月 17 日—2011 年 2 月 19 日　132 车

2011 年 2 月 22 日—2011 年 2 月 24 日　133 车

2011 年 3 月 1 日—2011 年 3 月 3 日　135 车

1.2　均衡充电方法

每单节 2.35—2.40V（11℃—25℃），限定电流 0.1C5A—0.5C5A，充电时间 20—24h，结合蓄电池间修间实际环境温度，我们将本次充电电压定为恒压 121V，限定电流 12A。

1.3　本次均衡充电使用时间记录表及柱状对比图

表 1　均衡充电时间记录表

车号	132 车	133 车	134 车	135 车
预期时间（h）	24	24	24	24
2 车时间（h）	8	14	8	24
3 车时间（h）	8	15	8	24

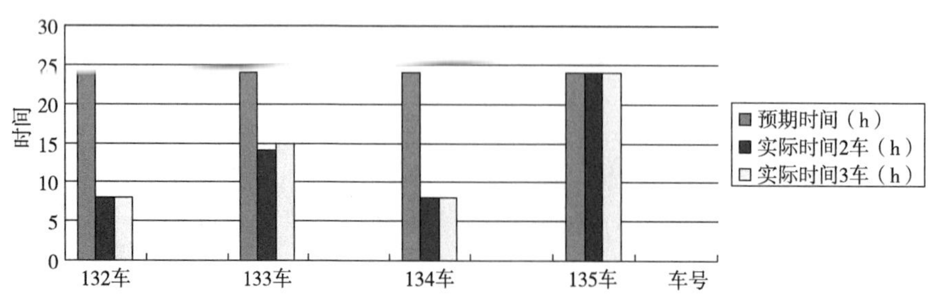

图 1　二期车充电均衡充电时间对比图

上述图表显示，实际均衡充电时间各车表现不尽一致，原因有以下两点：

（1）实施本次充电作业的检修室实行 8 小时工作制，夜间加班面临管理、技术、安全方面的问题，因此若大于 3.5 小时充电电流没有发生相应变化则认为均衡充电已完成。

（2）均衡充电对大多数单节蓄电池属于过充，持续时间越长，电池内部温度越高，极板格栅腐蚀加剧，不能复合成水而通过安全阀溢出的气体却很多，如此多次循环充电，将不可避免地造成水分流失甚至导致电解质干枯。因此均衡充电并不是次数越多越好，时间越长越好。均衡充电时间应根据现场实际情况而定。

1.4　4 列车均衡充电电流变化趋势

1.4.1　132 车

由图 2 可看出，132 车蓄电池在充电进行 2 小时后，充电电流曲线趋平，变化趋势与“最佳充电曲线”吻合（图 3），说明 132 车蓄电池组全浮充运行良好。从图 3 可看出，初始充电电流较大，但是衰减很快。主要原因是充电过程中产生了极化现象。在密封式蓄电池充电过程中，内部产生氧气和氢气，当氧气不能被及时吸收时，便堆积在正极板（正极板产生氧气），使得电池内部压力加大，电池温度上升，同时缩小了正极板的面积，表现为内阻上升，反应趋于停滞。

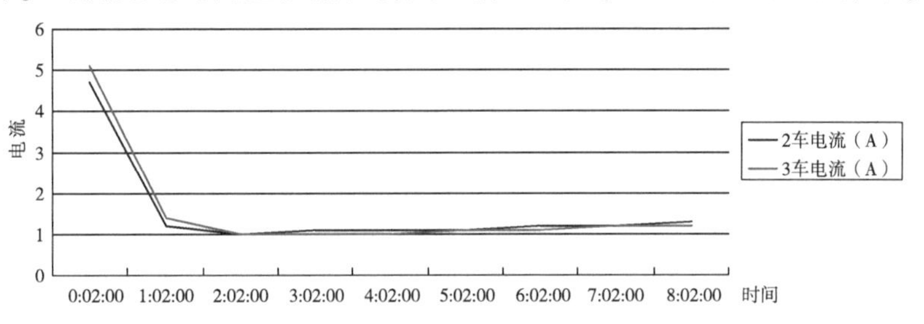

图 2　132 车均衡充电电流变化趋势图

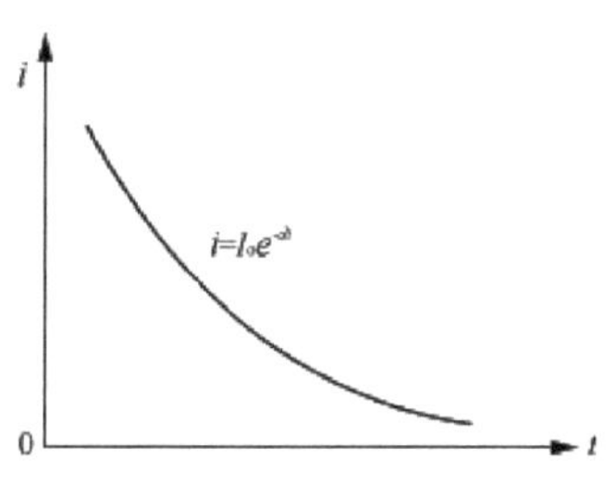

图 3　最佳充电曲线

1.4.2　133 车

由图 4 看出，2 车、3 车蓄电池均衡充电电流变化表现出较大的差异，2 车均衡充电电流在 3.5 小时几乎停止变化，而 3 车在充电 13 小时后才停止变化，为分析造成这种情况的可能原因，我们对 133 车均衡充电的有关数据进行了分析。下面表 3 为 133 车均衡充电前单节电压记录表。

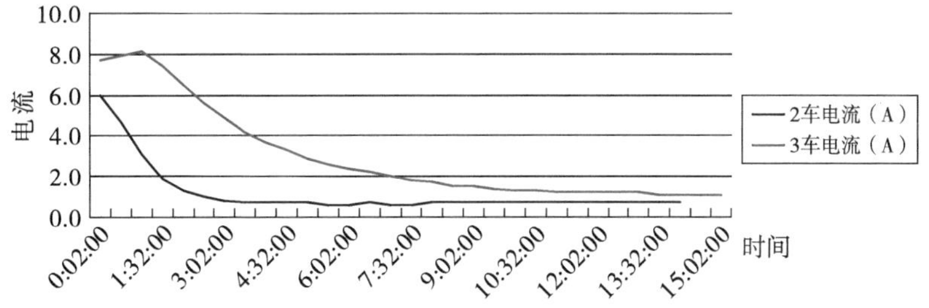

图 4　132 车均衡充电电流变化趋势图

表 2　132 车均衡充电前单节电压记录表

2.13	2.13	2.13	2.13	2.13	2.13	2.13	2.14	2.14	2.14
2.14	2.14	2.13	2.13	2.13	2.12	2.12	2.13	2.12	2.13
2.13	2.13	2.13	2.12	2.1	2.13	2.14	2.12	2.13	2.13
2.12	2.13	2.13	2.13	2.14	2.14	2.13	2.13	2.13	2.13
2.13	2.14	2.09	2.13	2.13	2.13	2.13	2.13	2.13	2.13

表 3　133 车均衡充电前单节电压记录表

2.1	2.1	2.1	2.09	2.09	2.1	2.1	2.1	2.09	2.08
2.1	2.1	2.08	2.09	2.09	2.1	2.1	2.1	2.1	2.09
2.1	2.1	2.07	2.09	2.09	2.1	2.1	2.1	2.09	2.09
2.09	2.1	2.09	2.09	2.1	2.1	2.1	2.1	2.09	2.09
2.09	2.1	2.09	2.1	2.1	2.08	2.1	2.1	2.1	2.05

根据《使用手册》“第四大节 DTM 系列蓄电池使用及注意事项”可知，在蓄电池组浮充使用发现有两个以上的蓄电池电压低于 2.10V 时，需对蓄电池组进行均衡充电，而从表 2 知，有 22 节低于 2.10V，平均单节电压 2.09V，离散率 44%，因此，133 车一年的全浮充运行已导致电池端电压部分失衡。图 5 为 133 车充电前单节电池电压对比图。

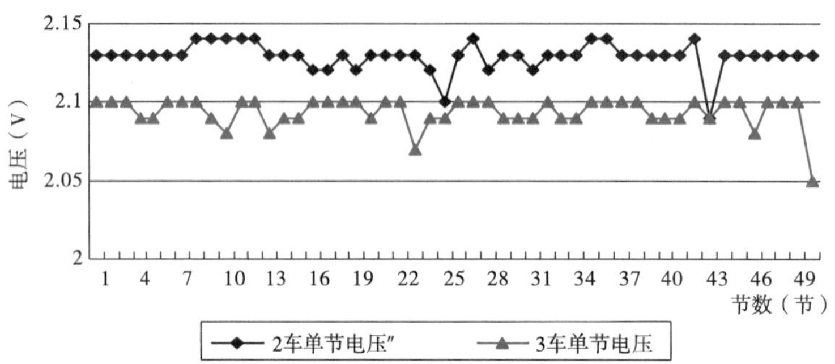

图 5　133 车均充前单节电池电压对比图

在均衡充电工程中发现该异常情况后，我们对其异常情况随即进行了追踪和调查。2011 年 3 月 7 日我们对 133 车浮充电进行了实地测量，并和 TMS 显示值进行了比对后有了新的发现，1333 车浮充电电压 106.4V，TMS 显示值比上一季度理论浮充值低 11V 左右，严重偏低。以此电压值进行全浮充运行，将出现充电不足、硫酸盐化、容量降低等对蓄电池安全高效使用产生危害的状况，若此充电状况不能及时调整，将严重影响蓄电池使用寿命。实践证明，实际的浮充电压与规定的浮充电压相差 5%时，免维护蓄电池的寿命将缩短一半。（摘自《免维护蓄电池特性介绍》）。

目前，我们已将浮充电压调整至 113.7V，并建议在对浮充电压值进行调整并在下一充电周期对该组蓄电池组进行重点观察。

1.4.3　134 车

134 车 2、3 车蓄电池组均衡充电电流变化趋势几乎一致，与“最佳充电曲线”相吻合，说明全浮充使用良好。

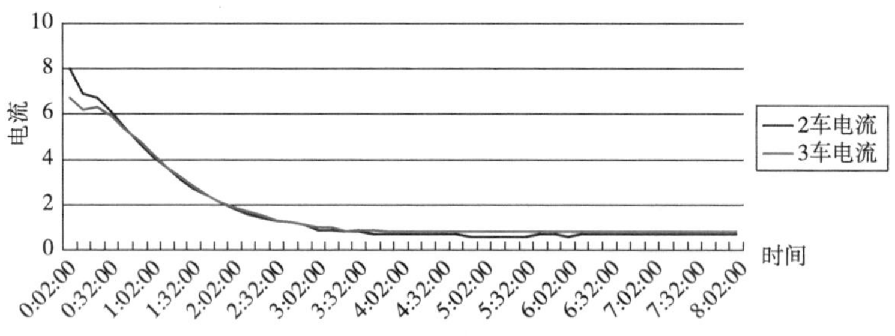

图 6　134 车均衡充电电流变化趋势图

1.4.4　135 车

135 车在本次均衡充电专项作业中是表现最突出的，充电用时 24 小时，我们认为原因有以下两点：

（1）为了解其使用状况，在厂家技术人员的指导下在均衡充电前对该车蓄电池以 24A 的电流恒流放电 30 分钟。但是 134 车在均衡充电前进行应急通风放电 20 分钟，充电状况良好，因此放电 30 分钟虽然会使充电时间加长，但并不是导致 135 车充电用时 24 小时的根本原因。

（2）135 车自投入使用以来，因 PWM 编码器输出异常问题其运营时断时续，后更是因为PWM编码器问题频繁发生而停运三月有余。在这种模式下，蓄电池因快速放电和自放电导致的容量亏损不能及时得到补充，并最终导致135车充电时间与其他电客车蓄电池相比，表现异常。

下表4为本次均衡充电前后电压对比表。

表4　本次均衡充电前后电压对比表

	130	131	132	133	134	135	136	137	138
2车浮充电压（V）	114.7	112.0	113.5	113.9	115.0	114.5	114.2	113.9	116.3
3车浮充电压（V）	114.8	111.7	113.6	106.4	115.0	114.8	114.3	113.8	118.2

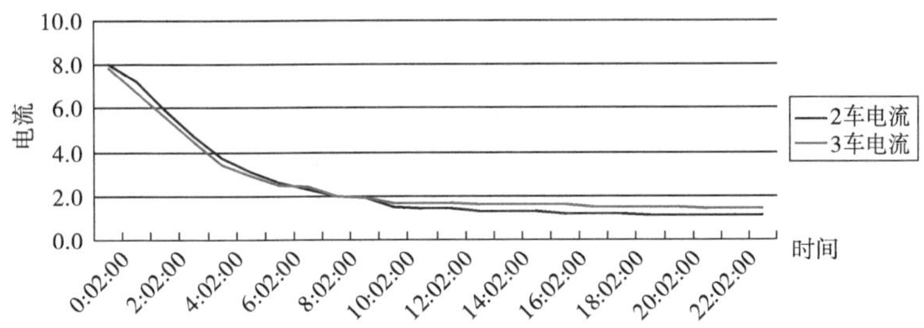

图7　135车均衡充电电流变化趋势图

从表4可看出，均衡充电完成后对其进行静止处理，之后测量显示，蓄电池组输出在108.4—111.43V，单节输出在2.17—2.23V，均处于合理状态，因此本次均衡充电达到预期目标。

2　全浮充运行的说明和解析

研究发现：电池充电过程对电池寿命影响最大，放电过程对其的影响较少。也就是说，绝大多数的蓄电池不是用坏的，而是“充坏”的。由此可见，正确合理地充电对蓄电池的使用寿命具有举足轻重的作用。在蓄电池的使用寿命周期里，蓄电池主要是以浮充模式运行的，因此浮充环境、浮充电压对蓄电池具有决定性作用。

下表5为我段二期车蓄电池浮充电压值统计表。

表5　二期车蓄电池浮充电压值统计表

单位：V

充电形式车厢号	132车		133车		134车		135车	
	充电前	充电后	充电前	充电后	充电前	充电后	充电前	充电后
2车输出电压	105.5	109.12	106.46	111.43	105.3	109.3	106.5	108.4
3车输出电压	106.3	109.9	104.69	109.2	105.7	109.3	106.3	108.8
2车单节输出电压	2.10	2.18	2.13	2.23	2.10	2.19	2.11	2.17
3车单节输出电压	2.12	2.18	2.09	2.18	2.11	2.19	2.11	2.17

目前，我们所采用的免维护铅酸蓄电池最佳使用温度为25℃，每单节全浮充电压定为2.23—2.25V（25℃）比较合适。如果温度未达到25℃的基准要求，应参照相关理论及结合当地实际气候条件对其进行温度补偿。温度作为决定蓄电池性能及使用寿命的重要因素，对

蓄电池容量、内阻、充放电性能都有着重要影响。

上节提到温度，现在着重就天津市塘沽区环境温度做一介绍。塘沽区地势平坦，属于暖温带季风型大陆气候，四季温度变化明显。年平均气温 12.6℃，其中 7 月份平均气温最高，为 27℃；1 月份平均气温最低，为-3℃。下表 6 为天津市塘沽区月度历史环境温度统计表。

从表 5 看出，天津市塘沽区最低温度、最高温度温差较大，而一年 12 个月月平均温度与基准温度相比，起伏较大。为直观体现月度温度变化，我已将其绘制成变化曲线图，具体如图 8 所示。

表 6　天津市塘沽区月度历史环境温度统计表

单位:℃

	1 月	2 月	3 月	4 月	5 月	6 月	7 月	8 月	9 月	10 月	11 月	12 月
最低温度	-7	-4	2	9	15	20	24	23	18	11	3	-4
最高温度	1	3	10	18	24	28	30	29	26	19	10	3
平均温度	-3	-0.5	6	13.5	19.5	24	27	26	22	15	6.5	-0.5

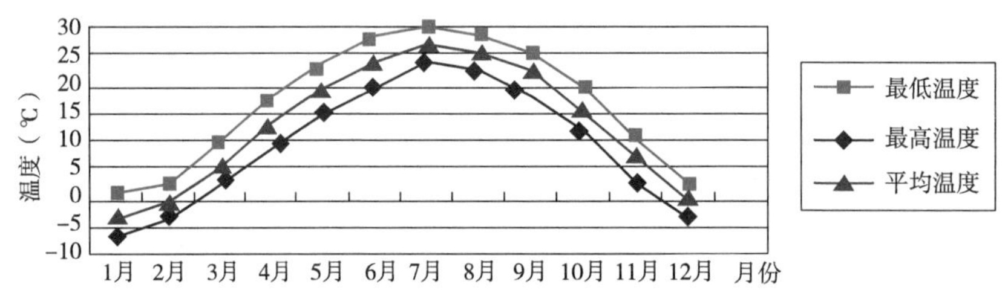

图 8　134 车均衡充电电流变化趋势图

从图 8 可以看出，天津市塘沽区极限温度出现在 1 月（极冷）和 7 月（极热）。温度过低，影响反应速率及电池容量；温度过高，尤其是在 7 月份，蓄电池箱体中内部温度及蓄电池室内部温度有可能突破 40℃，如果在此环境温度下采用不合理的充电电压，势必加剧电池老化，影响使用年限。

下表 7 为我根据天津市塘沽区月平均温度测算得出的对应浮充电压值。为直观显现月浮充电压变化趋势，经过处理，表 7 已被绘制成与之相对应的“蓄电池月度对应浮充电压值对比图”（图 9）。

表 7　月平均温度对应浮充电压值统计表

单位:℃

月份	1 月	2 月	3 月	4 月	5 月	6 月
对应浮充值（50 节）	118.25	117.625	116.0	115.8	113.417	112.667
对应浮充值（49 节）	115.89	115.2725	113.68	113.484	111.1487	110.4137
月份	7 月	8 月	9 月	10 月	11 月	12 月
对应浮充值（50 节）	112.4375	112.625	113	114.15	115.875	117.625
对应浮充值（49 节）	110.1888	110.3725	110.74	111.867	113.5575	115.2725

与表5比对，显然，我段二期车铅酸蓄电池浮充电压值与理论要求值上存在较大出入。浮充电压值过高（25℃时大于2.25±0.02V），将导致蓄电池内部电解水增多，温度提升，内压升高，排气频繁，壳体变形，寿命缩短；浮充电压值过低（25℃时小于2.20V），将导致蓄电池充电不足，硫酸盐化，容量降低。如果蓄电池组浮充电压值长期过高或过低，最终将发展为热失控，直接后果是外壳鼓包、漏气，电池失去放电功能，严重缩短使用寿命。

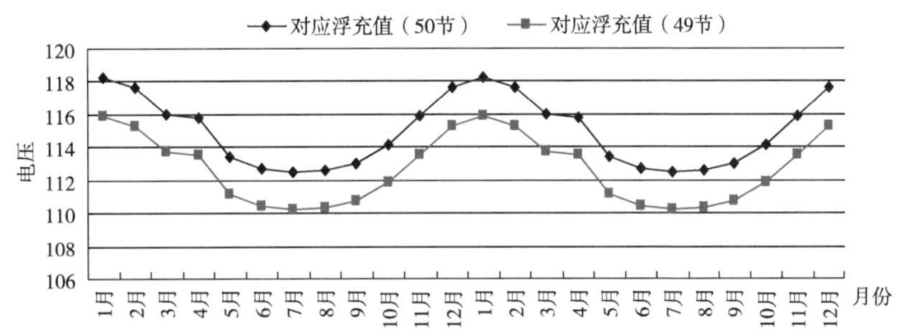

图9　蓄电池月度对应浮充电压值对比图

3　改进措施及日常维护

（1）对蓄电池浮充电压值进行普查，对浮充电压过高或过低的予以调整，并给予重点观察。

（2）针对二期车蓄电池，根据既有信息、资料，展开对其性能状况的研究和讨论并最终决定是否给予温度补偿。

（3）在每一个均衡充电周期的中期，对蓄电池组浮充电压进行普查，对过高或过低以及每组蓄电池组有两节以上的低于2.10V的予以重点观察，并根据实际情况做出相应调整，问题严重者均衡充电可提前。

对二期车蓄电池进行定期外壳除尘作业（积尘太多将导致机柱螺栓、金属连接片腐蚀加快，内阻增大，导电性降低），对安全阀进行清洁作业（排气孔堵塞将使盈余气体不能及时排出，若该状况不能及时处理，将导致壳体膨胀变形，影响寿命）。对通风孔进行定期检查，及时清除堵塞通风孔的杂物。

参考文献

[1] CRC. 天津滨海快速培训教材［Z］. CRC，2003.

津滨轻轨应急通风逆变器选型分析

侯振波

（天津滨海快速交通发展有限公司）

摘　要：通过分析及比较检修作业中应急通风系统的故障率，结合目前津滨轻轨车辆应急通风系统的实际状态，论证现阶段电客车应急通风系统存在的问题，并有针对性地开展设备更新改造工作。

关键词：应急通风；逆变器；斩波升压

1　项目基本情况

1.1　应急通风逆变器功能简介

（1）设备功能

应急供电工况下，将蓄电池提供的DC110V电压转换为三相交流电压，带动空调通风机转动，以保持车内通风。

图1

（2）关键参数

输入电压：DC110V（DC77V—143V）

输出电压：AC3×266V（35Hz）

额定功率：5.0kVA

安装尺寸：505×240（长×宽），4-Ø12

（3）设备分布及数量

每节车配备1台，29列车共计116台。采取车底吊装模式。

1.2　项目实施的必要性

（1）设备存在问题及影响

在正线突发接触网失电、SIV故障，引发清客或等待救援等极端情况时，应急通风逆变器作为通风机的供电设备，保证了客室最基本的通风需求。如此时应急通风逆变器无法工作，将对密闭车厢中的乘客情绪及安全产生严重的负面影响。

一期车应急通风逆变器装车使用年限已接近13年，原设备内部构造繁杂，大量地使用了对年限有特殊要求的电解电容（不少于8块）及电路板（多达7块），而且原设备已停产停供，维修损耗无法得到补充，针对故障件采取反复送修的方式，其中2012年2月至今共送修电路板20块，送修整机12台，设备性能下降，稳定性无法得到保障。

目前面临的最急迫情况为备件匮乏，缺件时故障无法及时排除，导致电客车不满足上线运营条件。同时受老化因素影响，在紧急工况下，设备伴随时间的延伸，发生故障的风险不断增大，对正线行车安全及客服质量构成了潜在危害。

（2）项目可实现的目标

通过实施应急通风逆变器技术改造，不仅有利于摆脱备件不足的困难局面，也有利于提升设备的可靠性、安全性。

2 可行性分析

2.1 项目风险、影响及应对措施

序号	项目风险（级别）及影响	应对措施
1	功率选型不当，不仅影响设备本身工作可靠性，也将直接影响客室通风质量	做好充分的市场调研与内部反复论证，确保改造的安全性、可靠性
2	箱体重量超标，将对吊挂强度及车体载荷强度产生不利影响。密封性设计或加工不到位，将可能导致进水等严重后果	

2.2 技术可行性分析

应急通风逆变器作为地铁及轻轨车辆必备设备，伴随电气技术的不断发展，日趋完善。目前，项目组与相关厂家就其改造的可行性进行了技术交流。

关于低压直流转变为高压交流的拓扑结构的选择方面，依旧采取通行的 boost 升压电路（见下图），即经过斩波升压后再进行逆变的方案，但是现有设计已采用单片机或 DSP 技术等前沿技术，呈现高集成、智能化的发展趋势，1—2 块电路板可替代现有 7 块电路板的所有功能，内部构件数目大幅减少，便于设备维护。

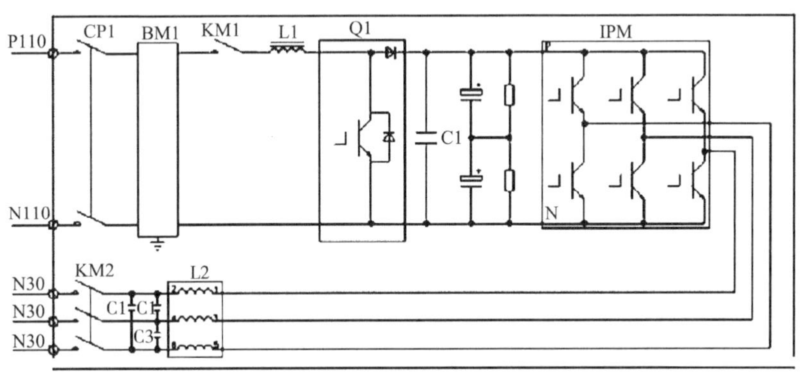

图 2

关于功率的选型，原设计为 5kVA，而实际投入约为 2kVA，目前城市轨道车辆基本采取 3.5kVA 的设计，因此，本次改造在保证通风量的前提下，将考虑转变为 3.5kVA。

关于接口方面，电气环境具备一致性，主要问题为电器连接器的机械接口，目前，已问询到相关的替代产品。

2.3 经济性分析

方案一：继续寻求与原单位合作

2010 年原单位最后一次供货，其中 1 台箱体中 7 块电路板采购费高达 4.9 万元，仅主控板要价 15,561 元，除电路板外，其他部件无法提供。对方表示可对其中三块电路板进行升级，费用 3 万元，仍然无法解决整体维护的问题。

方案二：装配同二期车相同的设备，费用 3.4 万元/台。主要缺点为箱盖与胶条的问题系设计缺陷，始终无法得到解决，有进水的先例。

方案三：与有相关业绩的厂家合作开发，可低至 2 万元/台。

综上，采取方案三最为合理。将最大限度地降低改造成本。

3 结论

通过分析及比较检修作业中应急通风系统的故障率，结合目前津滨轻轨车辆应急通风系统的实际状态，最终采取与相关业绩厂家合作开发，开展设备更新改造工作。

参考文献

[1] CRC. 天津滨海快速培训教材［Z］. CRC，2003.

CRTSⅢ型先张法预应力轨道板 45Mpa 脱模试验研究

段旭初[1]　黄　静[2]

（1 湖南天人安装劳务有限公司、湘潭天人中等职业技术学校；2 中国铁建二十三局集团有限公司）

摘　要：按现行《高速铁路 CRTSⅢ型板式无砟轨道先张法预应力混凝土轨道板暂行技术条件》的要求，轨道板放张脱模时，混凝土强度不低于 48MPa，蒸养时间一般在 13—15h。为保证轨道板生产工效的提升和质量的可控，试验以混凝土 45MPa 的强度进行放张脱模，通过放张时混凝土表面应力与应变的同步性测试，以及对平放、立放状态轨道板进行平整度检测和静载抗裂试验，判定在 45MPa 脱模是否影响轨道板质量。

关键词：CRTSⅢ型先张预应力混凝土轨道板；45MPa ；脱模；试验研究

1　前言

CRTSⅢ型先张法预应力混凝土轨道板为双向预应力结构，纵、横向预应力钢筋对称布置，并与混凝土之间握裹形成黏结力阻止纵、横向预应力钢筋的回缩，保证预应力锚固的均匀性，因而减小了轨道板翘曲的可能性。为减小单向放张对另一方向连接杆件的影响，并避免轨道板混凝土承受交变应力，采用以位移为控制点的双向同步放张工艺，按照《高速铁路 CRTSⅢ型板式无砟轨道先张法预应力混凝土轨道板暂行技术条件》（TJ/GW118-2013）的规定，轨道板混凝土强度不低于 48MPa（相当于轨道板设计强度的 80%）方可放张脱模，防止预应力筋的回缩和损失。

郑徐客专 CRTSⅢ型先张法预应力混凝土轨道板深化试验研究是中国铁路总公司 2014 年重大科研项目，中铁二十三局集团轨道交通工程有限公司作为深化研究的牵头单位，应中国铁道科学研究院轨道研究所委托，对 CRTS Ⅲ型先张法预应力轨道板能否在 45MPa 强度（预应力预制构件放张脱模强度不低于设计值的 75%）时放张进行相关研究试验，为今后技术条件的修订提供条件。

2　试验研究

2.1　试验条件

在不改变现有混凝土配合比和生产工艺的条件下进行试验，选定 3、4 号生产台座进行连续 3 天的试验观测。但需对生产台座、轨道板、模具的编号以及搅拌时间和张拉记录等原始数据进行收集整理。

试验轨道板脱模后正常水养护 3d，选 6 块轨道板进行立放，湿润养护至 10d；选 6 块轨道板进行三点支撑覆盖土工布洒水养护至 10d；待轨道板达到 28d 龄期后，进行轨道板平整度检测，并抽取 3 块轨道板进行静载抗裂试验。

2.2　试验过程

2.2.1　预应力张拉

预应力张拉分为初张拉和终张拉两个阶段，初张拉至设计应力值的 30%，消除连接杆件间的组装间隙后，在张拉端双向同步张拉至设计应力值。

表 1　轨道板张拉应力统计

台座	生产时间	平均初张拉应力（kN）		平均终张拉应力（kN）	
		横向	纵向	横向	纵向
3#	第一天	579.7	757.1	1932.3，偏差+0.64%	2523.4，偏差-1.4%
4#		573.5	764.4	1911.5，偏差-0.44%	2547.9，偏差-0.47%
3#	第二天	578.7	775.7	1929.1，偏差+0.47%	2585.6，偏差+1.0%
4#		569.0	773.8	1896.6，偏差-1.2%	2579.4，偏差+0.76%
3#	第三天	580.5	752.6	1928.5，偏差-0.44%	2544.3，偏差-0.61%
4#		566.8	755.0	1899.0，偏差-1.1%	2568.1，偏差+0.31%

2.2.2　混凝土制备及浇筑

混凝土采用分层式布料，当第一层布料厚度在 10cm 左右时，启动振动器，边布料边振捣，振捣基本时间控制在 3min 内。根据布料速度和混凝土状况，按 86Hz 振捣 50s、92Hz 振捣 40s、98Hz 振捣 30s 的方式，进行分段式振捣控制，减少局部过振和翻浆现象的发生。当板面不再明显下沉，有浆体泛出，且无大气泡排出时，判定为混凝土振捣密实。

表 2　3#台座轨道板混凝土质量统计

生产时间	坍落度（mm）	入模温度	振捣时间							
			17 号钢模	18 号钢模	19 号钢模	20 号钢模	21 号钢模	22 号钢模	23 号钢模	24 号钢模
第一天	95	26℃	3′40″	3′19″	3′25″	2′55″	3′30″	3′12″	3′30″	3′10″
第二天	110	25.8℃	3′18″	3′15″	3′1″	3′25″	2′58″	3′15″	2′50″	2′52″
第三天	115	27.0℃	2′58″	2′50″	3′10″	2′52″	3′28″	3′24″	3′10″	3′26″

表 3　4#台座轨道板混凝土质量统计表

生产时间	坍落度 mm	入模温度	振捣时间							
			25 号钢模	26 号钢模	27 号钢模	28 号钢模	29 号钢模	30 号钢模	31 号钢模	32 号钢模
第一天	105	26.5℃	3′25″	3′22″	3′30″	3′15″	3′10″	3′24″	3′12″	3′25″
第二天	120	26.8℃	3′15″	3′20″	2′52″	3′32″	3′25″	3′10″	2′50″	3′13″
第三天	100	27.6℃	3′25″	3′40″	3′25″	2′55″	2′50″	3′10″	3′25″	3′10″

2.2.3　轨道板蒸养

采用蒸汽养护，分为静置、升温、恒温和降温四个阶段。混凝土浇筑后在 5—35℃ 的环境中静置 3h 以上方可升温，升温速率不应大于 15℃/h；恒温时蒸汽最高温度不宜超过 45℃，且总时间不超过 6h，板内混凝土芯部温度不应超过 55℃，降温速率不应大于 10℃/h。轨道板蒸养平均情况统计，见表 4。

表 4　轨道板蒸养情况统计

序号	状态	脱模强度	弹性模量	养护状态	养护时间	芯部温度
1	正常生产	48MPa	3.89×10^4	静置 3h、升温 1.5h、恒温 6h、降温 1.5h	12h	最高 53℃
2	试验	45MPa	3.87×10^4	静置 3h、升温 1.5h、恒温 5.5h、降温 1.5h	11.5h	最高 52.6℃

2.2.4　混凝土 45MPa 时放张脱模

根据控制蒸养时间，保证同条件脱模试件强度在 45MPa 时进行放张脱模，并通过测试表明轨道板纵、横两个方向产生的压应力变化的同步性良好。

2.2.5　平放、立放检测结果

当试验轨道板达到 28d 龄期后，将立放的 6 块轨道板采用三点支承法于轨道板起吊套管对应位置；对平放的 6 块轨道板就其轨道板平整度进行检测，检测结果为：轨道板四角的承轨面水平均小于±1.0mm，单侧承轨面中央翘曲量均小于 10mm，表明试验的 12 块轨道板板顶平整度可靠。

2.2.6　静载抗裂试验结果

选取 3 块轨道板按分级加载进行横、纵向静载抗裂试验，加载至设计荷载时，轨道板纵、横向截面均无开裂，表明轨道板静载抗裂试验合格。再次加载到 1.5 倍设计荷载时，轨道板纵、横向截面均无开裂。

3　结论

（1）轨道板混凝土强度在 45MPa 时，能在混凝土内部形成预应力体系的自锁锚固，具备放张脱模操作的条件；

（2）应控制放张时的温差，尽量消除因轨道板板面与板底温度不均造成的温度应力，避免轨道板表面开裂的情况发生；

（3）放张以位移控制为主，双向同步、分级、缓慢放张，以消除因剪切力过大造成的轨道板端部承轨台内侧细裂纹的产生，并防止轨道板混凝土内部交变应力的产生；

4）为保证放张时能顺利松开张拉千斤顶的机械锁紧螺母，考虑预应力筋、张拉杆件等材料的热膨胀影响，造成锚固的预应力存在短暂的微弱松弛，因此放张时的张拉力不得超过设计张拉力的 95%，确保混凝土内部预应力体系不被破坏。

参考文献

高速铁路 CRTSⅢ型板式无砟轨道先张法预应力混凝土轨道板暂行技术条件［Z］.

The Application of Intelligent Transportation Technology in Beijing Metro

Zhenhai Zhang[1], Yongnan Weng[1], Yi Lu[1]
1: Subway Operation Technology Center, Mass Transit Railway Operation Corporation LTD. , Beijing 102208, China.

Abstract: In this paper, we first reviewed the application of information technology system in Urban Rail Transit; secondly we overviewed the efforts had been done and discussed the key points will be done in the future on information technology field of Beijing subway; Then described the being built systems that multi-disciplinary and cross-platform, such as "Integrated Management Information Platform" in Beijing metro and National key research and development project "safety guarantee technology of urban rail system" program. Finally this paper summarized the basic framework of urban rail transit information construction; we hope it will help the research on intelligent transport of city rail transit.

Keywords: Urban Rail Transit; information technology; system; platform

1 Introduction

Intelligent transportation system (ITS) is the integration of modern information technology, data communication and transmission technology, electronic sensing technology, control technology and computer technology in the field of traffic. So far, the intelligent system of urban rail transit has been widely applied, such as Integrated Supervisory Control System (ISCS), Passenger Information System (PIS), Integrated Supervisory Defend System (ISDS), communication system, Automatic Fare Collection system (AFC) and signal system. With the development of information technology and people pay more and more attention on security, comfort, green travel. Operators of urban rail transit must make greater efforts to improve the travel experience in the field of intelligent transportation system, such as monitoring and early warning of passenger flow; service state on-line monitoring of trains, lines and electromechanical equipment; intelligent maintenance of equipment and facilities etc. We have been made great achievements, although the ITS in urban rail transit appears lately in China.

Information construction of Shanghai Metro

The Shanghai Metro Group set up the Information Center in 2008. It has lots of functions, such as formulating the strategic development plan of the company's informatization, decision-making major issues, prevent and guarantee information security. Then, the "12th Five-Year (2011-2015)" information development plan was formulated by Information Center, which involves information application and construction, data structure, technology framework, information security framework and information security management system.

The IDC developed the Shanghai subway information platform in this period, which includes five sub platforms: the first is the coordination information platform, mainly served the business and operation needs of the company; the second is the construction of management platform, used in large-scale construction funds and the execution of the contract; the third is the operation management platform, serve to the operating company ticketing related businesses, including the bus driver management; the forth is the maintenance management platform, respond to indoor maintenance maintenance, including equipment and spare parts procurement; the fifth is the sunshine procurement platform, used in public procurement of bidding.

It will focus on building a network-level information management platform in the"13th Five-year (2016-2020)" Planning of Shanghai Metro Information Center. The key tasks include basic physical network (communication transmission network, optical fiber network and IP network), data center, updating video surveillance system and building an operation-dimensional management application platform. The projects involved are The core system of information communication, the public information transmission based on the high definition video transmission, the Metropolis app, the data center of the rail transit industry, the LTE-M comprehensive carrying service, the network level equipment operation monitoring platform. The goal is to make the Shanghai subway a safe, humane, green, technological and intelligent subway by 2020.

Information construction of Guangzhou Metro

Guangzhou Metro information development strategy is: overall planning, step by step implementation; the same platform, centralized management; demand guidance and promote development. As early as 2010, Guangzhou Metro has developed information application architecture application architecture, which can be divided into four types of application system; They are decision support and analysis, risk management, core production applications and support management applications.

The functions of decision support and analysis are enterprise performance management balance scorecard, investment analysis, budget analysis, human resource analysis, asset analysis and procurement analysis. Risk management includes monitoring, auditing, production safety management. The functions of core production applications include design management, logistics management, ticketing management, Operation organization management, asset management and maintenance and resource management. Support management applications include project management, contract management, knowledge management, financial management, Office synergy, human Resource management and scientific research management.

Guangzhou Subway has been the first to realize the information application of asset lifecycle management in the domestic urban rail industry, and has extended the experience of asset integration management to Suzhou and Hangzhou, and has also provided consulting and training work to several cities in China. Guangzhou Metro also introduced the internet of things and mobile interconnection technology for equipment maintenance management to achieve a standardized and meticulous control.

Guangzhou Metro Group Corporation had jointly established the "Urban rail transit system security and operation and maintenance of national Engineering Laboratory" united Beijing Jiaotong University, Zhuzhou South Motor Times Electric Co., Ltd., Guangzhou Subway design and Research Institute Co., ltd a total of 8 units in July 2016. The main research directions of the laboratory are system safety design, real-time acquisition of safety status of vehicle line network, train operation Safety evaluation, holographic networked traffic safety, Operation Safety decision, emergency rescue and disposal, large passenger flow emergency evacuation, RAMS (reliability, ability, maintainability and security) based on whole lifecycle dynamic monitoring. The informatization development of Guangzhou Metro will quickly take a new step based on the scientific research of the Metro National Engineering Laboratory.

Information construction of Shenzhen Metro

The main modules of Shenzhen Metro information construction are: operation and dispatch system, asset management system, OA system, construction management system. In order to cope with the future Operation command of more than 20 lines in Shenzhen Rail Transit, based on the existing TCC, the Shenzhen Metro has launched the Shenzhen Rail Transit Network Operations Command Center project (NOCC); it will be able to deal with emergencies quickly.

NOCC had developed the intelligent operation and maintenance management system that covers all rail transit industry in the order of "analyzing, improving maintenance mode, relying on information infrastructure construction" and "strengthening the coupling between people and equipment"; the goals of NOCC are to reduce operating costs, emergency rescue command, keeping abreast of equipment status and improving equipment maintenance efficiency. The system first constructs the basic database of equipment, then the state database of equipment had been formed, on the basis of these two database, the data model and analysis system are developed. Now the system can realized the early warning and intelligent management through tracking equipment development trend.

In future, Shenzhen Metro Informatization will focus on the following goals:

First, the equipment data is collected in real time to the comprehensive monitoring and management large data platform through the Internet of things technology, so the date can be analyzed as soon as possible, and the intelligent level of equipment maintenance will be improve significantly. Second, they will use intelligent robots with a variety of sensors equipped to patrol pipelines, in order to detect the situation of the pipeline. Third, the UAV will be used for Large-scale wide-area stereo monitoring. Forth, the tunnel civil structure and all related equipment can be handled by—three dimensional structure browsing, equipment information query, two dimensional drawings and three-dimensional model linkage, equipment inspection and on-site maintenance, contingency plan Simulation—based on using BIM completion model and backstage database.

2 ITSin Beijing metro

The review of 12th five-year information development

During the 12th Five-Year Plan period, Beijing Metro had invested a great deal of time, money and effort in information construction. The informationization work that has been completed and under construction mainly includes:

First is the information infrastructure. In order to ensure the data transmission between information systems, the basic cable network of Beijing Subway is built. All the organization and operation lines of Beijing Subway will be connected to the basic wired network through the access layer, the aggregation layer and the core layer network. We will also build wireless network covering all office buildings and garages, the wireless networks and wired networks are connected through wireless controllers.

Second is the control system. It mainly includes human resources (HR) system, financial management (FM) System, Office automation (OA) System, company call center, company extranet website, Resource coding and Information System interface specification and video conferencing.

Third is the business control system. It mainly includes train automatic control system (ATS), Supervisory Control And Data Acquisition (SCADA), Automatic ticketing system (AFC), Passenger information System (PIS), Automatic fire alarm system (FAS), environment and equipment monitoring System (BAS), Video Surveillance System (CCTV), Integrated Monitoring System (ISCS).

Four is the production management department. It mainly includes the Enterprise Asset Management (EAM) system, the equipment Operation level analysis management Platform (EOMS), the Training information management system, the Signal Maintenance support subsystem (MSS), the material management system, the meteorological monitoring and the water level early warning system, the Operation production management system, etc.

Beijing metro had made great progress in information construction during the 12th five-year period, but it still has lots of jobs to do, such as: Firstly, the network hardware infrastructure construction has not fully covered the Beijing subway, wireless network construction is still in the initial stage. Secondly, there isn't core database in Beijing metro, and the links between the systems are very less, and we still have lots of islands of information, the existence of these problems are unfavorable to the development and deployment of information sharing and integrated management application system. Thirdly, the top design planning is relatively lagging, core system status is not prominent, the support platform system is not clear, the systems have not formed the situation of linkage and orderly development. Finally, the level of data security management needs to be improved.

The focus of 13th five-year information development

The guiding ideology of the information system design of Beijing subway is "collectivization, internal marketization". We have always being referred to the information practice of the advanced rail transit operators in the international and domestic industry; we also take into account the information capital investment model and the distribution status of the information talents in our company. In the top design, we highlight the information sustainable development strategy with the characteristics of Beijing metro. That is " we will fully mobilize the operation branch and professional subsidiary's information innovation enthusiasm and the first-line's advantages' of the practical, continuously tamp information Network (wired, wireless) infrastructure and security infrastructure, establish a comprehensive management information platform, use modern information means, innovate production mode organization form and management mode and method, strengthen the combination of traditional industry and Internet, promote the innovation of business model".

The company concentrates on the construction of Integrated Management information platform, grasping the construction andusing of HR, FM,

EAM, EOMS, OA five core application systems in the platform, we will strongly standardize and unify data interface standard and application interface standard during popularizing.

This design will makesure the interconnection of data and work flow between subsystems and five application systems. The information systems that cannot inter-connection of data and workflow are the islands of information, which will be closed during the "13th five-year"period. The information systems that cannot positioned in the matrix of "cure, Control, save" and "human, machine, ring, pipe" are the islands of information, which will also be closed during the "13th five-year" period.

At the same time, Beijing metro will steadily establish the company-level database, in order to integrate various distributed subsystems database resources, to form the company-level data asset management capabilities and large data analysis capabilities. So the informatization will play more and more important role in the company's fine planned and forward-looking management.

The final integrated management platform consists ofthe company-level database, a set of data standard specifications, five core applications (HR, FM, EAM, EOMs, OA) and an important system that is Operation Security management System. The company-level database is the core of the platform, the data standard specification is the basic guarantee of platform realization, five core application systems can drive, unify and standardize the application of all kinds of information systems belong to subunits. At the same time, the information standards of the various information systems belong to subunits related to human, financial, material, equipment status must be consistent with the five core application systems, and they also must reserve the interface that interconnect to the five core information system, finally all information must follow the roles that "once generation, global sharing".

Special focus of Ministry of Science and Technology

Beijing metro had declared the subject of "safety guarantee technology of urban rail system" in program of "safety guarantee technology of rail transit system" in special focus of National key research and development plan "Advanced Rail Transit" in 2016, the subject will finished before June 2020. This topic focuses on the operation security technology of the mega-city rail transit, that the typical representative is the network operation of Beijing Urban Rail Transit. The subject mainly focus on study the theory of modeling and analysis of safety behavior of complex and harsh environment in urban rail transit, such as: modeling analysis and state regulation of train safety behavior, impact Analysis and online control of passenger flow propagation, service status modeling and regulation of infrastructure security, global behavior analysis and risk decoupling of system, and so on. The aim of this subject is to break through monitoring technology of urban rail transit vehicles in transit under severe environment, and infrastructure monitoring and early warning assessment technology in complex and harsh environment; The goal of this research is to develop a comprehensive safety guarantee platform for urban rail transit system, its' security decision application characterized by ubiquitous perception, global security analysis and based on large data, and this system has several sub-systems, such as: state holographic perceptual system, large passenger flow forecast and control assistant decision system, active maintenance system, global security comprehensive evaluation system, decision support system for emergency management. Finally, the systems developed by this subject will be applied in Bejing metro covering 12 lines.

The relationship between this subject and Beijing Subway's comprehensive management information platform is mutually complementary. On one hand, the data monitored by national key research and development subject for urban rail train, infrastructure, natural environment, passenger flow and typical electromechanical equipment can be connected to the company-level database in the future. On the other hand, the data collected from this subject can't meet the development of the comprehensive security platform system; we also need to extract existing data and information from the company-level database. To the end of 13th five-year, all the data and information collected and systems developed by this project will be merged into the Integrated Management information platform of the Beijing metro, so it can be a whole to improve the information management level of Beijing Metro.

3 Discussion

The level and progress of information development in various cities are very different, but in general, the data flow of its information architecture can be summarized as follows: first is the data and information collection of the equipment, facilities, personnel and passenger. Second they will do is to parse and process of the data and information collected. The third will be done is the background database architecture design and data storage. Then the developer can parse extract data and to develop application systems according to profession or function. Finally the comprehensive, cross-platform application systems will be developed.

The data and information collection is referring to basic information and status information of equipment, facilities and person, which mainly including civilian construction, line, vehicles, air conditioning and heating, water supply and drainage and fire protection system, power, communication, signal, elevators and escalators, automatic ticket sales, passenger information system, disaster prevention and alarm, environment and equipment monitoring, shielding door system, ACC and TCC equipment, station structure, driver, crew, station managers, passengers.

The analysis and processing of acquisition information means that the collected information is transmitted to the local server in various ways, then the information is parsed into data, standardized, filtered, classified and merged into standard structured or unstructured data.

Backgrounddatabase architecture design and data storage mainly refers to the cleaning and integration of data classified according with structured/unstructured or importance. The construction of the large data platform of urban rail transportation informatization also follows the two-eight principles that 20% of the data play 80% of the business value, and 80% of data requests are focusing on only 20% of the data. Therefore, the large data platform stores 20% of the most valuable data into relational database for structured data for people to query and analyze; the rest 80% unstructured data is stored on platforms relatively inexpensive, for example the hadoop cluster, for data analysts or data engineers to mine information.

The single professional/functional application system refers to a platform system that involves only one professional or function, this kind of system function is single, the interface is simple, and users are also easy to operate, but the pertinence is strong, these systems usually apply to the forefront of production practice or the first line position.

The comprehensive, cross-platform application system mainly refers to the integration of lots of professional and multiple functions, in the field of urban rail transit, these kinds of systems are used in the company headquarters and dispatching command center and so on, in order to understand and command the whole rail transit network belong to it.

4 Conclusion

Urban rail transit is developing rapidly in the direction of informatization, digitalization and intellectualization driven by new technologies such as internet of things, cloud computing and large data. The operation of rail transit needs to be integrated with informatization and intelligence; we can use informatization to drive intellectualization and intelligence to promote informatization, in order to provide strong technology support for the sustainable and rapid development of rail transportation industry.

AlthoughBeijing is the first city in China to open the subway operation, the other first line cities become leader in the information and intelligence field, such as Shanghai, Guangzhou and Shenzhen, the intelligent level of some second-tier cities' urban rail transit also presents trend that development faster and faster.

Beijing Subway began to vigorously develop information construction according to the 13th five-year information development planning, during these two years; the level of information has been greatly improved. To the end of the 13th five-year, the informationization level of Beijing Subway will be at the forefront of the industry again, the efficiency of enterprise and the level of operation and management will have a new face, and we can serve better for the citizens travel, the economic and cultural construction of our capital.

2

第二部分

设计与施工篇

土压平衡盾构在富水复合地层中的掘进技术

温法庆[1]　孙连勇[2]　王兴云[2]　王忠仁[1]　罗　灵[3]

（1 中铁十八局集团有限公司，2 济南轨道交通交通有限公司，3 南昌大学）

摘　要：土压平衡盾构在上部为富水砂层、下部为粉砂质泥岩的地层中掘进，盾构掘进参数控制难度较大，既有发生螺旋机喷涌的风险，又有刀盘、土仓结泥饼的风险。根据盾构掘进段的埋深与水文地质，及时调整土仓压力，采用优质泡沫与高分子聚合物优化组合有效规避螺旋机喷涌风险；增加泥饼冲洗系统，掘进中同步冲洗刀盘、土仓，达到泥饼防控的目的。实践证明，通过合理的参数控制并辅助必要的设备优化措施，可以有效控制土压平衡盾构在富水复合地层掘进中因螺旋机喷涌、刀盘（土仓）结泥饼引起的地面沉降超限（坍塌）风险，保证盾构施工安全。

关键词：富水复合地层；土压平衡盾构；喷涌；泥饼；参数控制

1　引言

土压平衡盾构在富水的复合地层中掘进，受到诸多因素影响，在刀盘结构、刀具配置一定的情况下，土压、推进速度、刀盘转速影响到推力、扭矩的大小；推进速度、土压、螺旋机转速影响到出土量的多少，直接影响到地面的沉降；在富水复合地层中，土压、推力、扭矩等参数又与螺旋机喷涌，刀盘、土仓结泥饼密切相关。

张旭东研究了富水砂层中盾构正常掘进时，土仓压力和螺旋机底部所能承受最大压力的计算方法，以判别富水砂层中土压盾构机在土压平衡状态下的工作能力，延长螺旋机的长度或采用双螺旋机以控制可能发生的喷涌[1]；王柳善以成都某工程为例，研究了富水砂卵石地层中土压平衡盾构出土量、土压、贯入度等参数对掘进的影响[2]；郭海结合北京地铁 6 号线工程，从设备性能配置、施工参数、渣土改良等方面，论证分析了富水砂层中土压平衡盾构施工的关键技术。[3] 本文以南昌轨道交通 2 号线某富水复合地层的构区间为例，研究土压、刀盘转速、推进速度、螺旋机转速等参数与螺旋机喷涌、刀盘（土仓）泥饼的关系，并通过合理的渣土改良控制喷涌，通过增加高压冲洗装置防控刀盘、土仓泥饼的形成，在实际施工中取得了良好的效果。

2　工程概况

2.1　水文地质

南昌轨道交通 2 号线某盾构区间位于南昌市红谷滩新区，区间长度 1420m，隧道区间地层，主要为：<1-2>层素填土，<2-1>层粉质黏土，<2-2>层淤泥质粉质黏土，<2-3>层细砂，<2-4>层中砂，<2-5>层粗砂，<2-6>层砾砂，<2-7>层圆砾，<2-8>层卵石，下伏<5-1-1>层强风化泥质粉砂岩，<5-1-2>层中风化泥质粉砂岩。隧道主要穿越粗砂、圆砾、砾砂、强风化泥质粉砂岩、中风化泥质粉砂岩。其中隧道穿越全断面沙砾（卵）地层 280m，上软下硬地层 740m，全断面泥岩地层 440m。隧道埋深 8.9—17.5m。

区间下穿丰和南大道 1 号桥、东方水城景观明渠 6 号箱涵、丰和立交 1、2、3 号桥。下穿 DN500 污水管（砼）、DN800 雨水管（砼）等管线等多处风险源。

隧道管片外径 6m、内径 5.4m、环宽 1.2m，采用 3 块标准块、2 块邻接块、1 块封顶快。

地下水位于地面以下 1.8—2.4m，主要接受大气降水垂直补给和赣江水体的侧向补给，该含水层具有一定的微承压性质。

取该工程区间隧道 20—140 环全断面沙砾地层，270—400 环上软下硬的富水地层进行研究，地质纵剖面如图 1 所示，隧道区段地层为：<1-2>层素填土，<2-1>层粉质黏土，<2-3>细砂，<2-4>层中砂，<2-7>层圆砾，<5-1-2>层中风化泥质粉砂岩。隧道穿越<2-7>层圆砾、<5-1-2>层中风化泥质粉砂岩地层。

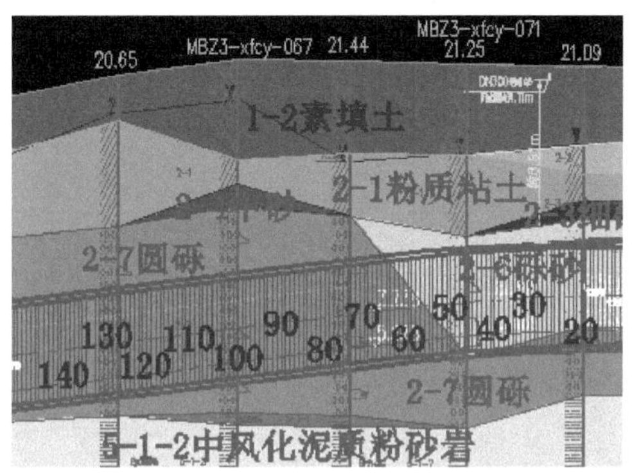

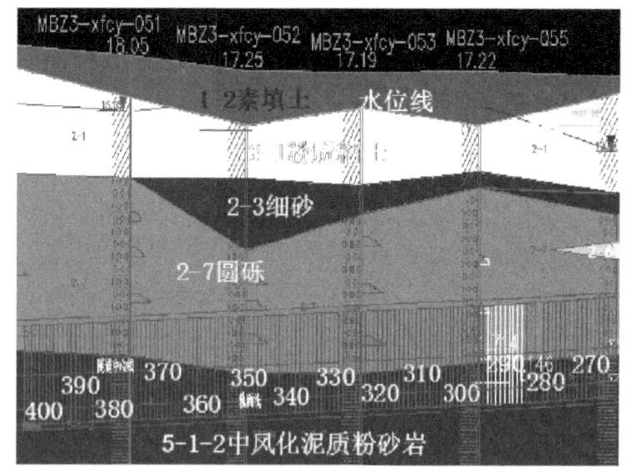

图 1 地质纵剖面图

2.2 设备概况

本工程所用盾构为 ZTE6250 土压平衡盾构，刀盘开挖直径 6280mm，刀盘驱动系统为变频电机驱动（驱动功率 6×132kW），刀盘最高转速 2.4rpm，额定扭矩 5700kNm、脱困扭矩 6300kNm；额定推力 34,212kN、最大推力 39,914kN；装机功率 1800kW。

3 螺旋机喷涌发生机理与控制

3.1 喷涌发生的机理

土压平衡盾构在富水的沙（卵）砾地层掘进中，土体中黏性颗粒少、松散无黏聚力，在丰富的（承压）地下水的作用下，渣土难以在土仓内形成流塑状，渣土通过螺旋机排出土仓过程中，难以在螺旋机内形成有效的“土塞”效应，具有一定压力的泥水夹带着渣土由螺旋机出口喷出，人们称之为喷涌。

盾构在土压平衡状态下掘进时有：

$$P=P_{水}+P_{土} \qquad 公式1$$

$$P=\triangle P+P_0 \qquad 公式2$$

式中：P 为土仓压力（kPa）；$P_{水}$ 为地下水产生的土仓压力（kPa）；$P_{土}$ 为土体产生的土仓压力（kPa）。

$\triangle P$ 为渣土在螺旋机内的压力降（KPa）；P_0 为螺旋机出渣口压力（kPa）。

将公式 1、公式 2 整理：

$$P_{水}+P_{土}=\triangle P+P_0 \qquad 公式3$$

在土压平衡状态下，螺旋机正常出土时 $P_0=0$，渣土在螺旋机内移动的压力降 $\triangle P=P_{水}+P_{土}$。

盾构掘进中，$\triangle P\geq P_{水}+P_{土}$ 时，螺旋机正常出土；反之 $P_0>0$，螺旋机喷涌。

渣土在螺旋机内移动所受阻力主要与渣土与螺旋机筒体、叶片的摩擦力有关，摩擦力的大小与渣土的流塑状、渣土组成、螺旋机结构有关。

3.2 螺旋机喷涌的控制方法

盾构掘进中，通过泡沫、膨润土对渣土进行改良，提高渣土的流塑性与止水性，在利用泡沫膨润土难以达到满意的渣土改良效果时，注入高吸水性树脂（聚合物），提高渣土改良效果，利于喷涌的控制。盾构掘进区间既有富水砂层、上软下硬地层，又有全断面泥岩地层，在由原盾构配置的泡沫膨润土系统中又增加了聚合物，以满足不同地层的渣土改良需要。

3.2.1 泡沫膨润土系统

工程所用盾构泡沫膨润土系统由单泵单供的6路泡沫及2路膨润土组成，如图2所示。其中刀盘面板有6个泡沫注入点，土仓有4个注入点，螺旋机2处没有8个注入点，泡沫膨润土管路在设备桥前部可相互切换。泡沫单泵额定流量1.2m^3/h、压力40MPa，膨润土单泵额定流量10m^3/h、压力1.6Pa，盾构配置8m^3/h、扬程93m的清水增压泵，用于土仓辅助加水、前部设备冲洗等。

3.2.2 聚合物注入系统

高分子注入系统由搅拌桶、注入泵、水气管路、管路组件等组成，如图3所示采用气动搅拌，将粉状高分子制成溶液，根据现场实际需要可通过注入泵将聚合物溶液注入刀盘、土仓、螺旋机等部位。

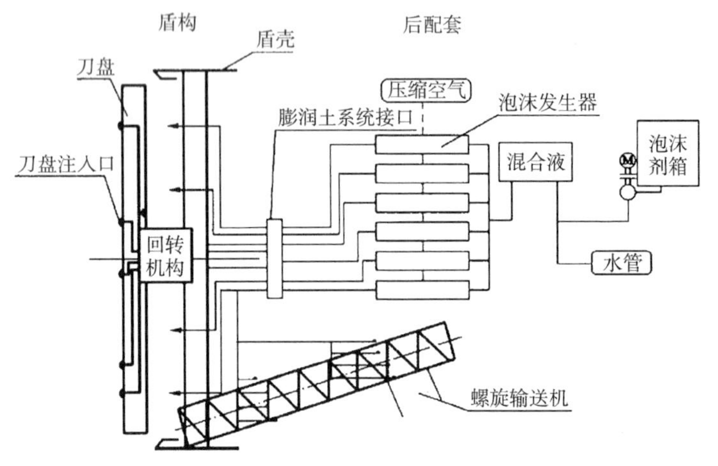

图2 泡沫膨润土系统原理示意图

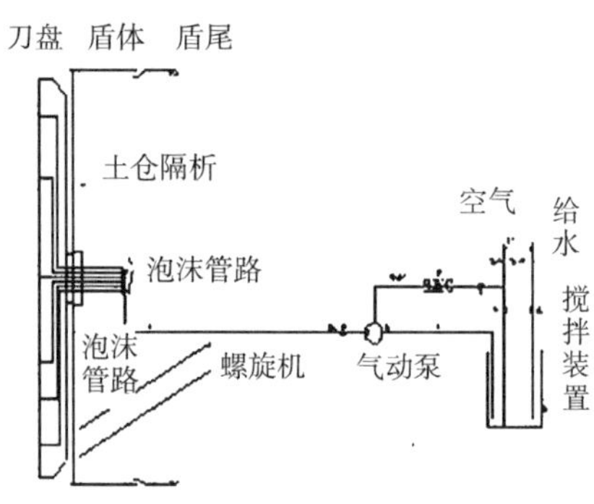

图3 聚合物注入系统原理图

3.2.3 渣土改良方法

根据掘进区段的地质情况，通过实验确定渣土改良剂的种类及相关参数。膨润土选用钠1级优质膨润土，（蒙脱石含量60%—88%，膨胀容25ml/g—50ml/g，胶质价≥99ml/15g，2h吸水率250%—350%，水分≤12%，湿压强度≥0.23MPa），泡沫为某知名品牌，高分子聚合物（HHZ-A）为白色粉剂（含有强亲水性基团，不溶于水，可吸收自重数十倍、数百倍甚至上千倍水）。

添加剂配比实验

膨润土不同配比试样如图4所示，不同泡沫、膨润土配比的渣土试样如表1所示，泡沫剂原液稀释到浓度3%。

图4 膨润土试样

表 1　泡沫膨润土配比试样

序号	渣土配比	试样图片	结　论	备注
1	渣土含水率 10%，采用水土比为 10∶1 的膨润土浆与发泡剂改良，膨润土浆注入率 15%，泡沫剂注入率 5%	改良前　改良后	改良后流动性大，有轻微泌水现象，未满足出渣要求	通过对不同地质、不同含水率的渣土进行模拟改良试验，得出了改良剂的注入参数。在施工中，应根据出渣情况不断调整并完善渣土改良效果，保证盾构的顺利推进
	渣土含水率 10%，采用水土比 6∶1 的膨润土浆与发泡剂改良，膨润土浆注入率 12%，泡沫剂注入率 5%	改良前　改良后	改良后和易性良好，可满足出渣要求	
2	渣土含水率 15%，采用水土比 6∶1 的膨润土浆与发泡剂改良，膨润土浆注入率 15%，泡沫剂注入率 5%	改良前　改良后	改良后流动性大，有轻微泌水现象，未满足出渣要求	
	渣土含水率 15%，采用水土比 4∶1 的膨润土浆与发泡剂改良，膨润土浆注入率 18%，泡沫剂注入率 3%。	改良前　改良后	改良后和易性良好，可满足出渣要求	
3	渣土含水率 10%，采用水土比 6∶1 的膨润土浆与发泡剂改良，膨润土浆注入率 23%，泡沫剂注入率 3%	改良前　改良后	改良后和易性良好，可满足出渣要求	
4	高分子聚合物改良，每 100mL 水加入 1g 高分子聚合物，充分搅拌	改良前　改良后	改良后和易性较好，可满足出渣要求	聚合物溶液

4　土压平衡盾构刀盘土仓泥饼的形成机理与控制

4.1　泥饼的形成机理

盾构在全风化、强风化、中风化等泥岩及泥质粉砂岩等含黏性颗粒较多的地层中掘进时，刀盘切削挤压黏性土体后，易在刀盘中心形成向外周扩散的泥饼[4]，随着泥饼的不断挤压与扩展，刀盘进渣口被堵塞，随着盾构的推进，泥饼变大变硬，刀盘失去切削土体的能力；泥饼加重了刀盘、刀具的负荷，极易引起掘进参数突变，降低施工效率。含黏性颗粒较多的土体在渣土改良欠佳、土仓内渣土置换不及时，易导致土仓底部形成泥饼，如图 5 所示为刀盘、土仓泥饼，土仓泥饼不仅影响到盾构的正常掘进，土仓泥饼严重时还会影响到主驱动密封的安全性。在富水地层中掘进时，土仓泥饼减小了土仓的有效容积，影响渣土改良效果，在较高水压下极易形成螺旋机喷涌。

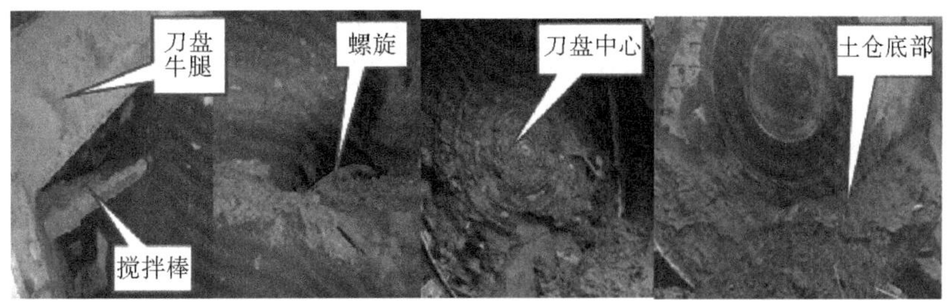

图 5　刀盘土仓泥饼图片

4.2 泥饼的控制措施

刀盘土仓泥饼以有效的渣土改良为主[5]，在黏性颗粒较多的地层以泡沫改良为主，根据实际需要可用增压水与泡沫进行改良，但仍有较大的结泥饼的风险。为了更有效地规避泥饼所带来的一系列施工风险，可采用如图6所示的高压水同步射流冲洗系统，利用新增高压水泵与原配离心泵串联，以提供较高的水压。

同步射流泥饼防治技术主要是应用高压水射流原理，即利用高压发生装置，以水为介质，使其在获得巨大的能量后，以流体方式，通过预装在土仓隔板、刀盘面板上的特定喷嘴产生高速的射流束，对刀盘及土仓内不同位置的土体进行冲洗、切割，避免渣土固结成块形成泥饼，从而达到泥饼防治与盾构掘进同步的目的。

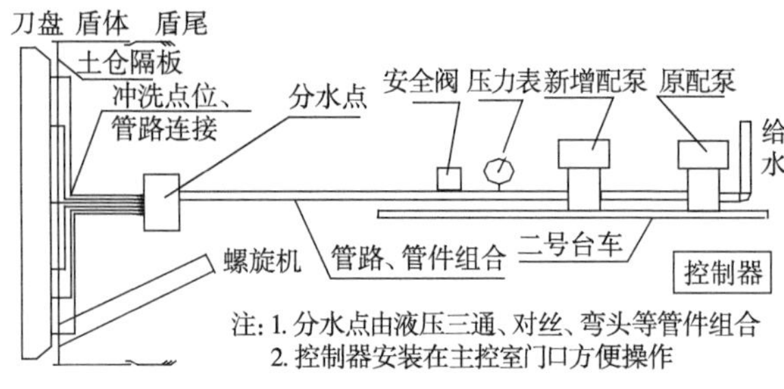

图6 同步射流冲洗系统原理图

该装置充分利用土仓隔板上的预留孔，安装用于喷射高压水流的冲洗喷头，在易形成泥饼的位置选择安装冲洗喷头，喷嘴安装在靠近刀盘中心部位及土仓底部的隔板预留孔上，实际使用中根据掘进需要确定冲洗喷头的开启数量。该系统可实现泥饼防治与盾构掘进同步进行，即在刀盘有泥饼形成时开启增压泵对泥饼进行冲洗，在泥岩地层掘进时，开启增压水既可预防泥饼的形成，又可达到渣土改良的效果。

5 工程应用

5.1 土压力计算

在盾构始发段，掘进地层为富水沙砾地层，以静止土压力为依据，采用水土分算的方式，取土的静止侧压力系数 K_0 为 0.42[6]，根据图1所示地质纵剖图，取 MBZ3-xfcy-067、MBZ3-xfcy-052 点计算土压力。

以 MBZ3-xfcy-067 为计算点，查阅该点地勘资料，<1-2>层素填土 5.5m，<2-1>层粉质黏土 1.2m，<2-4>层中沙 1.3m，<2-7>层圆砾 3.8m，埋深 11.8m，水位地面下 2.2m。

以 MBZ3-xfcy-052 为计算点，<1-2>层素填土 3m，<2-1>层粉质黏土 2.9m，<2-3>层细沙 3.9m，<2-7>层圆砾 3.7m，埋深 13.5m，水位 1.81m。

土层密度：<1-2>层素填土 1.87g/cm³，<2-1>层粉质黏土 1.87g/cm³，<2-3>层细沙 1.9g/cm³，<2-4>层中砂 1.8g/cm³，<2-7>层圆砾 2.0g/cm³。将以上数据代入公式4得到：

$$P_{土}=K_0\left[\gamma_{砂}\times(h-h_{水})+(\gamma_{砂}-\gamma_{水})h_{水}\right]+\gamma_{水}h_{水} \qquad 公式4$$

以 MBZ3 - xfcy - 067 为计算点，$P_{土}$ = 120kPa，考虑地面荷载 20kPa，取土压力 1.7bar。

以 MBZ3 - xfcy - 05 2 为计算点：$P_{土}$ = 163kPa ≈ 1.6bar，考虑地面荷载取土压力 1.8bar。

根据以上土压力计算，借鉴类似地层的成功经验，取推进土压力 1.5—1.6bar，不低于 1.4bar，保压时土压力 1.6—1.8bar。

4.2 富水砂层中的渣土改良

在盾构掘进 20—140 环，全断面砂富水砾地层，经渣土取样，渣土含水率 10%—14%，渣土改良采用泡沫膨润土，采用两种方式注入泡沫膨润土。

（1）刀盘注入泡沫、膨润土，土仓注入膨润土（20—40 环）

采用水土比 4：1 的膨润土浆与发泡剂改良（泡沫原液 3%，膨胀率 8—10 倍），膨润土浆每环注入 4m³—6m³，泡沫剂注入率 2m³—

$3m^3$，刀盘外周注入 2 路膨润土，刀盘靠近中心部位注入 4 路泡沫，土仓注入 1 路膨润土。刀盘转速 1.1—1.2rpm，土压 1.5—1.6bar，推力 1200—1350 吨，扭矩 3200—3800kNm，推进速度 25mm/min—35mm/min，推力、扭矩、速度平稳，渣土流塑性较好，每环出渣量 $39m^3$—$40m^3$，地面累计沉降 5—10mm。

（2）刀盘注入泡沫，土仓注入膨润土（40—50 环）

采用水土比 4∶1 的膨润土浆与发泡剂改良（泡沫原液 3%，膨胀率 8—10 倍），刀盘注入 6 路泡沫，土仓注入 2 路膨润土，膨润土浆每环注入 $3m^3$—$4m^3$，泡沫剂注入率 $4m^3$—$4.5m^3$，刀盘转速 1.1—1.2rpm，土压 1.5—1.6bar，推力 1360—1450 吨，扭矩 3800—4200kNm，推进速度 17mm/min—25mm/min，推力、扭矩、速度均有较大波动，渣土有离淅现象，每环出渣量 $39m^3$—$42m^3$，地面累计沉降 5—15mm。

（3）膨润土、泡沫、高分子聚合物（50—55 环）

为验证在富水沙砾地层土压与地面沉降关系，掘进中土压降到 1.0—1.2bar，刀盘注入 6 路泡沫，土仓注入 2 路膨润土，渣土出现明显离淅，螺旋机出渣口土压 0.3—0.7bat，螺旋机出现微喷涌，随着螺旋机出口压力升高喷涌加剧，刀盘转速 1.2—1.4rpm，推力 1460—1750 吨，扭矩 4200—5270kNm，推进速度 10mm/min—15mm/min，扭矩随刀盘转速波动较大，推力、速度均有大的波动，每环出渣量 $41m^3$—$45m^3$。推进 2 环后，刀盘外周注入 2 路聚合物、4 路泡沫，土仓注入 2 路膨润土，刀盘转速 1.2rpm，推力 1380—1670 吨，扭矩 3900—4800kNm，推进速度 10mm/min—20mm/min，刀盘扭矩、推进速度、推力波动减小，螺旋机出渣口土压 0.1—0.4bat，螺旋机喷涌有所减轻。随掘进的进行，提高土仓压力到 1.4—1.5bar 之后，螺旋机出口压力降为 0bar，渣土流塑性变好，推力 1350—1450 吨，扭矩 3900—4170kNm，推进速度 15mm/min—25mm/min，掘进中推进速度、扭矩波动变小。每环出渣量 $42m^3$—$44m^3$，最大一环出土约 $46m^3$，地面沉降明显增加，由 20mm 增加到 50mm，出渣多的点对应地沉降增大。

随着推进参数的正常化，在富水沙砾地层采用表 1 中（序号 1）中配比，并根据实际情况微调，掘进参数稳定，地面沉降 10mm 以内。刀盘外周注入的膨润土具有良好的止水、降低摩擦力的作用。土仓压力不低于掌子面水土压力，地下水不易进入土仓，土仓压力较低时，地下水进入土仓，渣土离淅，易造成螺旋机喷涌，刀盘注入聚合物可有效控制喷涌，需根据实际情况确定注入量与聚合物的浓度。

5.3 富水上软下硬地层的渣土改良

盾构掘进到上软下硬地层区段，在泥岩厚度 1.5m 以下时，采用刀盘 2 路膨润土加 4 路泡沫的添加剂注入方法，根据渣土的流塑性可在土仓注入适量泡沫或增压水，掘进土压 1.5—1.6bar，不低于 1.4bar，掘进参数稳定正常。在土压降至 1.0—1.2bar 时，渣土离淅，螺旋机出口背压 0.4—0.7bar，土压越低至 1.0bar 时，螺旋机出口背压 0.6—1.0bar 间波动，喷涌较严重，出渣不易控制，地面沉降较大，土压提高到 1.5bar 出渣正常。随着泥岩的增加停止膨润土注入，刀盘注入 6 路泡沫，根据情况土仓适量加水。掘进到 300—305 环时，推力由 1150—1260 吨增加到 1780—2000 吨，推进速度由 30mm/min—40mm/min 降低到 10mm/min—20mm/min，扭矩由 3300—3770kNm 增加到 3800—4270kNm，且波动较大。根据掘进参数及现场情况确认，判断土仓底部、刀盘面板结泥饼较为严重，地层中粘性颗粒的增多及欠压掘进导致水土离淅，土仓底部离淅的渣土积聚导致推力增加，土仓泥饼、刀盘面板、背部泥饼导致刀盘扭矩增加。启用增压水冲洗系统，减小刀盘中心部位泡沫流量，刀盘面板中心开启2路中心冲洗喷头（设计4路根据需要确定开启数量），开启一个隔板固定喷头冲洗刀盘中心背部，根据掘进参数可开启1—2路土仓底部冲洗点。具体开启喷头数量、冲洗点位根据出渣情况确定，设计喷头流量 $1m^3/h—2m^3/h$，具体流量与喷头开孔增加与数量相关，增压泵流量 $8m^3/h$，满足冲洗需要。

6 结论

盾构在富水复合地层掘进，渣土的改良因地质情况而异，在富水沙砾地层的刀盘外周注入膨润土，其余部位注入泡沫，根据地层的含水量，膨润土浆液水土比于6:1—4:1间调整，泡沫原液浓度3%—4%、其膨胀比砂层为8—10，黏性土体膨胀比为10—12（膨胀倍数因泡沫质量而异，以实验为主），以土压平衡模式掘进，土压不宜低于计算值（0.2bar）。可根据实际地质情况及掘进参数选用70%仓位的气压模式掘进，土压平衡模式利于控制喷涌，聚合物注入刀盘外周（浓度0.5%—1%），可很好地抑制喷涌。

针对黏性颗粒较多的地层，采用同步射流冲洗刀盘面板、刀盘背部、土仓底部，该系统在泥岩地层中，在控制泥饼的同时可起到加水辅助渣土改良作用，具有良好的效果，加水量以实际情况确定。

参考文献

[1] 张旭东. EPB盾构机在富水砂层中的适应性分析[J]. 铁道建筑技术，2009（2）：99-102.

[2] 王柳善，杨龙才，孟庆明. 富水卵漂石地层土压平衡盾构施工参数研究［J］. 华东交通大学学报，2015（6）：14-18.

[3] 郭海. 浅谈土压平衡盾构机在富水砂层下穿风险源的施工技术［J］. 施工技术，2015（S1）：251-255.

[4] 赵广资，贾璐，等. 南昌富水砂砾石地层土压平衡盾构渣土改良技术研究［J］. 施工技术，2015（S1）：160-164.

[5] 贾璐，温法庆. 土压平衡盾构刀盘泥饼防治综合技术研究及应用［J］. 施工技术，2015（S1）：243-246.

[6] 杨永强. 土压平衡盾构土仓压力设定与控制方法探讨［J］. 施工技术，2012（8）：26-39.

上海轨道交通资源经营传输网络工程设计介绍

龚　齐
（上海申通地铁资产经营管理有限公司）

摘　要：为满足上海轨道交通非票务业务发展的需要，应建立一个统一的数据传输、管理通道。上海地铁将建设资源经营传输网络，在已有网络资源的情况下，既要满足非票务业务的实际及发展需求，同时要规划设计出合理的网络结构，满足经济性、扩展性及落实好平移割接等各项难点工作。这些需在工程设计工作中着重考虑，本文主要介绍上海轨道交通资源经营传输网络工程的设计。

关键词：传输网络；工程设计；设计难点；网络结构

1　项目的背景现状及必要性

根据上海市轨道交通线网规划，上海轨道交通远期运营里程将达到970公里，为满足基础非票务业务板块发展需求及新兴媒体业务的发展需求，需要建设资源经营传输网络，为各种管理数据、多媒体数据提供传输通道。同时由于资源经营传输网络是以车站为基础点，可以满足任意车站之间的互联，因此轨道交通资源经营传输网络的建设不仅可以满足本站非票务业务系统的管理，还可以实现跨车站、跨线、全网络的管理，为实施“互联网+”的经营战略打下坚实的基础。

1.1　上海轨道交通传输网络现状

目前上海轨道交通内部传输网络主要包括专用通信传输网络、民用通信传输网络及资源经营传输网络。专用通信网络是满足轨道交通生产运营管理部门需求的专用网络。在结构上分为上层网和线网两部分，各线通过上层网实现线路间的互联互通。民用传输网络是为满足三大运营商移动业务引入地下而建设的通信网络，在结构上主要以各条线路分别组网并接入运营商网络节点。第三种是用于非票务收入的资源经营传输网络，这三个传输网络在功能及产权上互不相同。

1.2　上海轨道交通资源经营传输网络现状

资源经营传输网络随着轨道交通的逐步建设，逐渐形成了三层架构，即核心层、汇聚层和接入层。目前线网核心层区域及控制中心汇聚层分别设置核心及汇聚层交换机，互联互通，车站作为接入层设置满足接入需要的接入层交换机。目前接入层的干线光缆因三大运营商回购已无可用光缆资源及交换设备，仅依靠租赁运营商的光缆与设备进行数据传输，建设标准不统一、网络架构不完善等问题以及设备老化故障频发现象使其已无法承担业务的顺利开展及非票务收入的可持续发展。

2　项目建设的技术方案选定

2.1　依托既有专用传输网络建设

专用传输网络根据路网线路发展统一规划建设，其拓扑结构和节点设置均可以满足非票务业务发展需求。利用专用传输网络的设备及光纤资源，虽可降低建设成本及后期网络维护管理的复杂性，然而专用通信传输网络主要是为满足运营需求而设置的，在网络信息安全方面有较高要求，因此和以承载乘客公众信息、多媒体等需求的资源经营传输网络合建给网络安全带来隐患。依托既有专用传输网络可以降低建设成本，但是不利于运营安全。

2.2 依托既有民用传输网络建设

依托民用传输网络建设的资源经营传输网络逐步暴露出各种不足。民用传输网络主要是为满足三大运营商的移动用户在地下环境而建设的，其节点设备仅设置在地下车站，网络节点设备布局上已存在先天不足。民用传输网主要是为满足民用通信2G/3G语音业务需要而建设的，其能提供的传输带宽较少，无法满足新型多媒体业务对带宽的需求。因此依托既有民用传输网络方案可以利用部分民用传输网络的传输通道和干线光缆，但是存在布局不合理、设备产权不一致，维护困难和设备老化升级改造困难等缺点。

2.3 建立独立资源经营传输网络

建立独立资源经营传输网络的方案是将资源经营传输网络独立于专用传输和民用传输网络，实现专网专用的方案。建立独立资源经营传输网络便于根据资源经营需求合理设置网络节点，并可根据经营变化需求灵活调整配置网络。缺点是需要重新投资，与前两种方案相比建设成本较高。但独立建设网络有利于后期资源经营进一步发展，有利于网络维护，因此应采用建立独立资源经营传输网络方案。并考虑到不同线路对资源需求的差异，根据需求同时结合资源经营传输网络现状，针对不同线路采取差异化建设方案，最终建立完善的上海轨道交通资源经营传输网。

3 项目建设的系统方案

3.1 经营传输网络已有核心层、汇聚层结构

上海轨道交通资产经营传输网络体系结构分为以下三个层次：核心层、汇聚层、接入层。其中核心层被设置于控制中心核心机房，汇聚层位于各线路控制中心。本工程建设主要实施分布在各线路车站的接入层。

3.1.1 核心层交换系统

核心之间采用交换机CSS双机系统模式，分别为两台核心交换机主备引擎配置了4个堆叠功能模块，并使用8根高速电缆将其互连。通过设备“多虚一”和跨设备的链路聚合，不但简化了网络拓扑，而且极大地提高了网络性能：CSS在简化网络、提升转发性能的同时，没有带来任何网络功能的损失。物理交换机具有的所有功能，都在CSS系统下得到继承，并且还得到了性能的放大。

3.1.2 汇聚交换系统

各线路汇聚采用特有的istack堆叠模式。可将堆叠中的所有交换机视为一个整体的交换机来进行管理，堆叠中所有的交换机从拓扑结构上可视为一个交换机。此外，可将堆栈在一起的交换机当作一台交换机来进行统一管理。

3.1.3 核心与汇聚冗余互连

所有汇聚与核心节点之间采用双冗余、双上行的三层以太通道模式（E-TRUNK LACP），由于核心交换系统和汇聚交换系都使用了系统级的双机或者堆叠技术，在E-TRUNK的设计上可以使用跨机箱的以太通道模式。一方面，可以将骨干带宽捆绑复用；另一方面，骨干架构中冗余系统中的任意节点和线路通道故障失效，系统级的冗余技术结合跨机箱的E-TRUNK能够迅速切换，保证网络业务不间断运行。

3.2 整体网络拓扑设计

整体网络拓扑将采用层次化多层交换结构进行设计，大多数的网络都可以被层次性划分为不同的逻辑服务单元，采用模块化网络设计方法的目的在于：把一个大型的网络元素划分成一个个互连的网络层次。实质上，模块化方式把网络划分为一个个子网，因此网络节点和流量变得更容易管理，也使网络的扩展更容易处理，因为新的子网模块和新的网络技术能被

更容易集成进整个系统中，而不破坏已存在的汇聚网，如下图1所示：

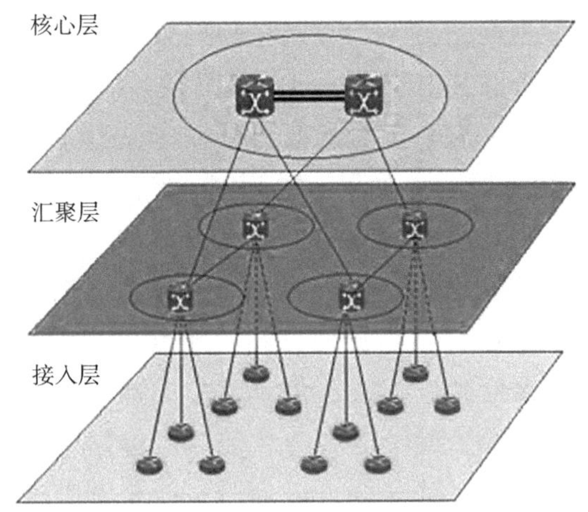

图1 层次化网络结构设计图

层次设计方法可为网络带来以下三个优点：(1) 层次性网络的可扩展性；(2) 层次性网络的可管理性；(3) 优化广播和多点广播的流量控制。要建设一个网络性能优良的、具有很强扩展能力和升级能力的大型综合网络，那么在网络的设计中就必须遵循层次化的网络设计原则。根据这种层次化网络设计原则，可以把整个网络体系结构分为以下三个层次：核心层、汇聚层、接入层。其中核心层位于控制中心核心机房，汇聚层位于各线路控制中心，而接入层则分布在各线路站点。

3.3 接入层方案设计

3.3.1 传输网制式比选

目前在轨道交通通信传输网中采用的传输设备有OTN，基于SDH的MSTP（IP），基于SDH的MSTP（RPR），增强型MSTP、IP等几种制式和技术的设备。

目前上海轨道交通资源经营传输网络的建设已基本实现，可以通过增强现有以太网功能实现电信级以太网的传送，相较于新建一套分组传送网络，无论从整体投资、实施难度、建设规模等方面，还是从可操作性上来说，均更多、更高、更大、更好。各种制式在系统的稳定性及可靠性方面不相上下，但从系统所承载的业务需求角度分析来看，工程各种业务均为IP数据业务，在系统的功能性、灵活性及业务的适应性等方面，后者更具优势，故应采用IP技术组建以太网。

3.3.2 接入层组网结构比选

本建设项目要求在各线路的车站设置一台接入层交换机，车站交换机通过资源经营网络自行敷设的干线光缆进行组网，将各车站下联业务接入后汇聚至所属线路的控制中心。线路侧物理组网的设计需要结合各线路自身的资源特征来设计网络结构。结合地铁线路资源特征，主要的组网方式可以分为以下几种：

(1) 星形组网

各线路在控制中心设置汇聚交换机，各车站设置接入层交换机，汇聚层交换机与接入层交换机通过光纤点对点连接，各车站接入层交换机通过光纤与控制中心核心交换机相连组成星形网络。优点：网络层次清晰，其中一个节点的网络中断不会对其他网络节点造成影响。缺点：占用光纤资源多。

(2) 多层星形组网

使用大小站的组网方式，根据光缆资源的分布情况，在线路合适的位置上选定大站作为二级汇聚点，在大站下就近联入相邻站点交换机。以这种方式组网，建议一条线路选定5—6个大站，每个大站下挂4—5个相邻站点。优点：单站可用带宽高，具备一定冗余性，管理层次清晰。缺点：消耗光缆资源数量较大，方案造价高，底层小站冗余性不足。

(3) 多环网组网

在控制中心设置堆叠汇聚层交换机，在各车站设置汇聚层交换机，线路以控制中心为界分为多个环来组网，每个环网按8—11个节点考虑，各环在控制中心相切。在所有车站的机房设置一台接入层交换机，各车站接入层交换机通过干线光缆将各站点设备跳站光模块互连，并在控制中心附近节点连接至线路汇聚。主要优势：全线冗余，有效避免单点单站故障，节省光纤资源，造价适中，故障收敛速度小于50ms。主要劣势：单站可用带宽相对较低。如图2所示：

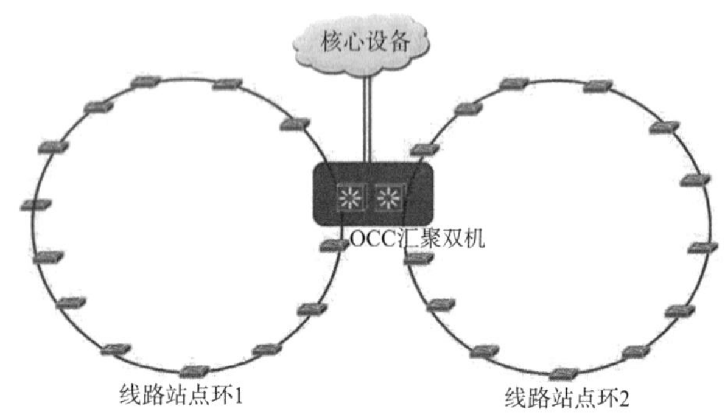

图2　多环网组网拓扑图

根据上述分析，星型网络虽然可靠性高、带宽大，但光纤资源消耗太大，资产经营干线光缆资源有限，考虑长期发展，因此不推荐星型网络方案。多层星型网络虽然可节省光缆资源，但层次过多、过复杂，造价偏高。考虑到上海轨道交通既有线路车站数量一般在30个左右，如果按单环网方案组网，以太网环网技术的自愈时间优势会有所下降，抗故障能力也会有所下降。而多环网网络结构方案避免了上述几种方案的缺点，其具备全线冗余度高、有效避免单点单站故障、节省光纤资源、造价适中等优势，而单站带宽相对较低的劣势完全可以通过交换机选型来弥补，如采用千兆或万兆以太网技术，可满足本项目工程需求。

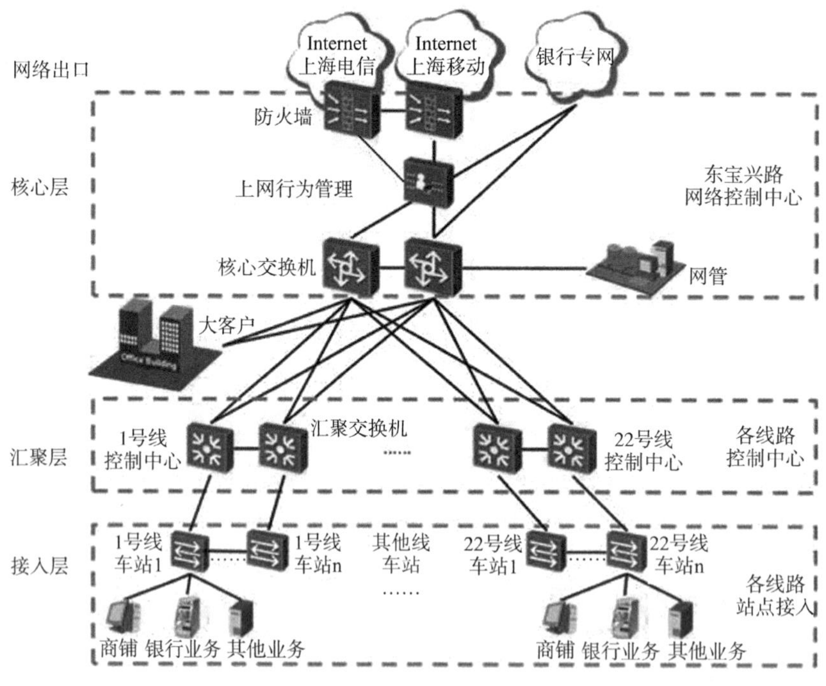

图3　传输经营网网络拓扑图

综合上述分析，上海轨道交通资源经营传输网络接入层网络结构推荐采用多环网组网方案，根据上海市轨道交通各线的车站数量，每条线路组建2—3个以太环网。

4　项目工程中的主要难点

4.1　各线路情况不同造成工程设计难度大

本项目需要逐个分析不同线路的具体情况，针对不同线路设计最为合理、经济、有效的改造方案。早期线路接入交换机老旧，设计建议升级换代，原有的民用通信传输系统由运营商回购，其经营业务也需要剥离，较新的线路基本可以保持原有配置继续使用。

4.2　业务的割接

在业务割接时必须做到平滑过渡，不可影响既有资源经营的正常业务，不可影响运营商传输业务，更不可影响专用通信相关业务。因此制定一套完善的业务割接方案是本工程设计难点，也是本工程的重点。除了制定割接方案，还应根据不同线路及业务情况制定几套紧急预案，如发生意外情况应能最大限度地减少业务影响，并能在较短时间内恢复业务。

4.3　网络逻辑架构调整后面临的难点

对于大客户上网业务和商铺宽带租用业务而言，只要骨干网络运行一套合理的静态或者动态路由协议，业务的迁移并没有太大难度，但是如果骨干网络仅部署静态或者动态路由协议，对于银行 ATM 和监控电话通道业务就面临着一系列问题，因此方案的设计必须充分研究各业务应用特征，设计一套合理的路由系统，并引入其他的技术手段来弥补单纯路由骨干架构存在的问题缺陷，而最合适的解决方案是部署一套基于 MPLS VPN 的骨干网络架构。

参考文献

[1] YD/T 5137-2005，本地通信线路工程设计规范[S].

[2] GB50490-2009，城市轨道交通技术规范[S].

[3] 轨道交通信息安全技术建设指导意见（试行）[Z].

基于 BIM 的地铁施工智慧化建设研究

田　军
（北京城建勘测设计研究院有限责任公司）

摘　要：地铁施工建设是轨道交通建设的重要组成部分，为了城市和轨道交通的发展需要，亟须对项目建设中涉及的人、机、料、法、环进行管理和分析，提高项目的管理效率，提升项目的精细水平，并且最大限度保证项目的安全生产和降低成本。本文依托 BIM、物联网、移动互联等技术，实现地铁施工智慧化和精细化的完美结合，对地铁施工建设中的每一流程和环节进行事先计划、过程控制和事后分析，实现项目的多方协同办公，数据互联互通，消除信息孤岛，最终全面提升项目的精细化管理。

关键词：BIM；物联网；智慧化建设

1　引言

随着 BIM、大数据、物联网的快速发展，传统意义上的施工管理已经满足不了地铁建设和管理的需要，地铁施工需要趋于智慧化。基于 BIM 的施工智慧化，是将 BIM、移动互联和物联网充分融合，对工程建设过程中所涉及的人员、机械、材料等进行有效监管，结合项目的实际管理需求，监控施工过程中的每一流程和环节，实现工地的信息化、精细化、智能化管控，最终提升工程项目管理品质。

2　需求分析

2.1　工地建设管理需求

工地安全事故频发，质量问题频出，建筑工地扬尘、噪声扰民等问题引起了社会的广泛关注。如何对工地实现有效的监管，促进工地安全施工、绿色施工、文明施工是亟须解决的问题。项目管理部门对现场的精细化管理存在较强的需求。

2.2　工地智慧化需求

工地施工过程中，存在施工现场事故多发，扬尘噪声污染大，重点部位生产操作过程不规范，隐患未及时消除，人员精力有限，无法全方位检查、监管，施工进度、施工质量得不到保障等问题，亟须通过智慧化提高工地的安全生产监管和建筑质量监管水平等。

3　环卫智能化体系方案

3.1　人员管理

人员管理模块主要包括对施工现场实行全封闭管理，对劳务人员实施实名制管理。在出入口安装门禁闸机设备，所有劳务人员实名制刷卡进出现场，避免因非法外来人员进入施工现场而带来的麻烦；实时读取闸机数据信息，并进行整理统计；实时统计现场劳务人员数量，查看劳务队和个人考勤、教育等情况。

3.2　机械设备管理

机械设备管理模块主要包括机械设备信息管理、机械设备使用统计、特种设备管理、设备巡检及维保等功能。结合 BIM 技术显示场地中各设备三维模型，模型中以不同颜色表示机械设备的不同使用状态。

3.3　物料管理

以电子化的方式反映物料的种类、规格、数量、单价、采购、入库、验收、出库、库存、使用情况。对物料出库、运输、入库等阶段进行跟踪监测，强化出入库、调拨管理，有效控制物料所处的不同阶段，在及时获取物料的同时保证质量。将物料信息与二维码系统结合，方便现场人员对物料的管理。

3.4 进度管理

进度管理模块功能主要包括进度查询、进度对比、进度上报、预警提示、统计分析、权限控制等。

三维场景中根据计划进度和实际进度信息对比模型中所显示的提前开始、按时开始、滞后开始、提前完成、按时完成、滞后完成等状态。

结合BIM模型进度计划相关数据，实时获取模型数据，并根据模型导出对应工序进度计划；由项目责任人每日汇报进度情况，实时更新工程进度，及时调整施工计划和方案，对运料车、人员进行随时调度，通过监控运料车到达时间及数量，提前做出准备。同时可以对各工序实时进度情况进行跟踪，并实施进度预警管理。

3.5 安全质量管理

安全质量管理模块主要包括隐患管理、隐患排查、质量巡检、问题上报、整改反馈、预警提示等功能。

巡视人员在现场安全与质量安全检查工作中，记录其间所发现的隐患信息，通过手机拍照、问题填报提交给系统，包括隐患点位置、隐患情况，责任单位、责任人等信息，系统提醒相关负责人及时处理，并针对相关问题的后续整改过程进行实时记录记载，并提供事后查询功能，确保整个管理记录的完整性和管理过程的可追溯性。

3.6 环境管理

环境管理模块主要包括数据实时监测、监测数据统计分析、预警提示等功能。

噪声扬尘监测仪器通过GPRS/3G网络与智慧工地管理平台进行数据交换，实时获得数据对建筑工地对周围环境的影响监测。当粉尘、噪音超过定值后就会实时提醒管理人员对施工情况进行处理，逾期不处理即将报警数据上传到管理平台。

4 关键技术

4.1 基于BIM的三维可视化技术

BIM是以建筑工程项目的各项相关信息数据作为模型的基础，进行建筑模型的建立，通过数字信息仿真模拟工程项目所具有的真实信息，是一种可以用于设计、建造、管理的数字化方法。地铁施工过程中的BIM模型，不仅可反映工程的三维真实形态，与施工中产生的大数据进行充分结合，还可帮助人们深层次挖掘数据价值。即通过BIM和MVC网络技术，结合地铁工程现场施工管理的特殊需求，建立基于三维BIM技术的可视化平台，实现BIM模型有机地融入三维平台中，将现场视频、人员管理、数据监测、施工进度、安全质量管理、物料管理等与BIM技术相挂接，统一集成在可视化管理平台中，直观展示项目周围环境信息、项目现场情景、项目BIM模型、各种物联网信息等，以供大数据的自动化采集保存和数据分析。

4.2 物联网数据融合技术

地铁施工过程中结合BIM、物联网、移动互联等技术，产生大量多源数据，包括BIM数据、空间数据、各类监测数据、影像数据、文档数据、流程数据等，实时收集并分析地铁工程项目领域所获取的所有数据信息，结合相关物联网设备的数据规范与接口技术，实现多源数据融合，利用空间定位、空间分析、大数据分析、云计算等技术手段，对获取的数据进行融合分析，辅助项目和公司的管理层及时做出决策并采取适当的措施，实现地铁施工的智慧化。

4.3 数据共享和协同技术

通过集成三维可视化、制定数据接口、建立管理规范，在各级子系统充分覆盖基层业务的基础上，实现各信息化子系统的“数据共享”与“协同工作”，构建智慧工地一体化集成管理平台，对现有各个松散的业务系统进行集中化管理、标准化管理，实现智慧工地各业务系统的统一部署、统一维护、统一运行监控、统一接口技术标准、统一用户管理、统一集成展现等。

4.4 智慧工地数据库

归纳数据分类及数据存储标准，建立地铁工程智慧工地管理数据库，有序管理BIM模型数据、工程资料（勘察资料、设计资料、监测资料、相关施工资料和周边环境资料）、物联网数据、监测数据、资料等，支撑工程施工管理，并为后续智慧建造、智慧运维提供数据支持。

参考文献

［1］曾凝霜，刘琰，徐波. 基于BIM的智慧工地管理体系框架研究［J］. 施工技术，2015，44（10）：96-100.

［2］裴卓非. BIM技术与物联网在施工阶段的应用［J］. 建材技术与应用，2013（1）：60-62.

［3］闫鹏. BIM与物联网技术融合应用探讨［J］. 铁路技术创新，2015（6）：45-47.

智慧城市顶层设计探讨

林必毅[1] 赵 瑜[2] 周清华[3]
(1 深圳市赛为智能股份有限公司，2 合肥赛为智能有限公司，3 深圳市赛为智能股份有限公司)

摘 要：城市规划是一个城市对明天发展方向的梦想选择，智慧城市顶层设计是一个城市未来梦想的智慧构想。智慧城市顶层设计，在“城市规划”基础之上融入“智慧”二字，并有新的延伸。本文从智慧城市投资、建设、运营综合服务商角度出发，探讨智慧城市顶层设计。

关键词：智慧；智慧城市；城市规划；顶层设计；总体规划；详细规划

联合国人类住区规划署发布的《伊斯坦布尔宣言》中强调：“我们的城市必须成为人类能够过上有尊严的、健康、安全、幸福和充满希望的美满生活的地方。”智慧城市，对城市的要求更高，既要考虑“宜居”，也要考虑“宜业”，还考虑“宜游”。为了发展为绿色、智能、人文城市，智慧城市顶层设计的重要性日益显著。

1 智慧城市顶层设计概述

1.1 顶层设计

“顶层设计”是工程学术语，本义是统筹考虑项目各层次和各要素，追根溯源，统揽全局，在最高层次上寻求问题的解决之道。“顶层设计”在中共中央关于“十二五”规划的建议中首次出现，成为中国新的政治名词。

1.2 城市规划

城市规划是一个城市对明天发展方向的梦想选择。“城市规划”，即“城市顶层设计”，通常意味着“空间规划”。它是为了实现一定时期内城市的经济和社会发展目标，确定城市性质、规模和发展方向，合理利用城市土地，协调城市空间布局和各项建设所做的综合部署和具体安排。城市规划，一般分为总体规划（总规）和详细规划（详规），其中详细规划又可分为控制性详细规划（控规）和修建性详细规划（修规）。

1.3 智慧城市顶层设计

智慧城市顶层设计，即智慧城市规划，在“城市规划”基础之上融入“智慧”二字，并有新的延伸，是一个城市未来梦想的智慧构想。它针对智慧城市建设，从全局的视角出发，进行总体架构的设计，对整个架构的各个方面、各个层次、各种参与力量、各种正面的促进因素和负面的限制因素进行统筹考虑和设计。与城市规划类似，由智慧城市总规和智慧城市详规组成。

2 智慧城市顶层设计事项探讨

2.1 智慧城市顶层设计之复杂性探讨

智慧城市顶层设计活动，所需要的信息量和专业知识量都大大超过大多数其他的规划活动或设计活动，它几乎涉及了人类的全部经验。理想的智慧城市顶层设计师或总规划师，应该是一位好的经济学家、社会学家、地理学家、社会心理学家、统计学家和系统分析家，而且要掌握新一代信息技术和其他必要的科学技术技能，如熟悉土木工程、方法论和控制论等。

2.2 智慧城市顶层设计之多面性探讨

智慧城市顶层设计活动，它是多方面（multi dimensional）、多目标（multi objective）的规划。国内方面，2014年国务院发布的《国家新型城镇化规划（2014—2020 年）》中，智慧城市建设方向（目标）包括信息网络宽带化、规划管理信息化、基础设施智能化、公共服务便捷化、产业发展现代化、社会治理精细化这六个方向，均可以设置多项指标。国家发展改革委员会、中共中央网络安全和信息化委员会办公室等 25 个部门，成立了新型智慧城市建设部际协调工作组，并于 2016 年 11 月颁发了《新型智慧城市评价指标（2016 年）》。该文件按照“以人为本、惠民便民、绩效导向、客观量化”的原则制定，包括客观指标、主观指标、自选指标三部分。国际方面，全球智慧社区论坛（Intelligent Community Forum，简称 ICF）认证标准，智慧城市评价体系有 5 个一级指标（宽带连接、知识型劳动、创新、数字包容、营销与宣传）和 24 个二级指标，欧洲智慧城市组织的“六指”评价体系，包括 6 个一级指标（智慧产业、智慧民众、智慧治理、智慧环境、智慧生活、智慧移动）和 26 个二级指标，这些目标或评价指标体系，凸显了智慧城市顶层设计的多方面性、多目标性。

2.3 智慧城市顶层设计之基础性探讨

智慧城市建设，应基于目标城市信息化发展水平和经济实力（水平）等基础条件，有条件的先行先试，没有条件的慎行缓行。目标城市信息化基础和经济基础，决定了“是否上智慧城市”，“何时上智慧城市”，以及“智慧城市建设内容”“优先建设内容”等问题。国家 PPP 战略，有助于引进社会资本，参与智慧城市建设，但本地政府，应实事求是进行“财政承受力论证”，兼顾“时不我待，快速发展本地经济”和未来“财政承受力”。

2.4 智慧城市顶层设计之决定性探讨

智慧城市顶层设计，具有顶层决定性，处于智慧城市建设金字塔图的顶端（详见图 1）。顶层设计是自高端向低端展开的设计方法，核心理念与目标都源自顶层，因此顶层决定底层，高端决定低端。智慧城市顶层设计，决定了解决方案（包括系统解决方案和项目实施方案等），解决方案又决定了相关产品和核心技术的选择，层层递推。随着时间的推移，技术的进步和经验的不断积累，各个环节也在持续优化、持续创新并相互影响。

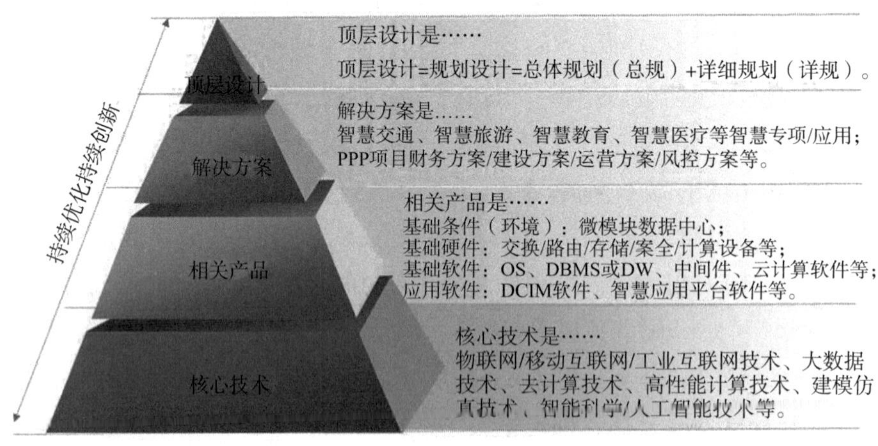

图 1 智慧城市建设金字塔图

2.5 智慧城市顶层设计之公正性探讨

智慧城市顶层设计，应具有“公正性”，以实现“社会更和谐”。“公正性”是指性别、阶层、民族、教育、宗教和政治信仰不同的公民，在基本的政治、经济和社会文化权利上一律平等。例如，低收入家庭，很难保证获得公平的教育资源，导致家庭成员进入社会之后技能知识不具竞争力，工作和收入得不到保障，形成恶性循环，南美一些国家通过笔记本电脑的赠送、教育/培训课件的制作和播放、家庭宽带接入自愿缴费或免费等措施，改善教育不公正的程度。为了保证公正性，除了技术和产品层面以外，还需管理上、机制上设计的智慧！

2.6 智慧城市顶层设计之操作性探讨

智慧城市顶层设计，应具有实际可操作性。实际案例中，顶层设计往往不能落地，因为设计者考虑的是未来的完美功能，用户需要的是解决当前的问题，设计者关注的是新技术应用，使用者关注的是实用的便利，阳春白雪的方案与下里巴人操作的鸿沟超出人们的想象。设计的基本要求是表述简洁明确，设计成果具备实践可行性，因此顶层设计成果应是可实施、可操作的。一方面，依托智慧城市运营中心，利用新一代信息技术处理城市资源、部件、事件、经济、政治、历史、文化等，实现城市规划、建设、管理和服务的智慧化；另一方面，应同时关注政府、企业与民生三方面的需求，特别是不能忽略公民的需求。注重顶层设计过程中的公民需求的调研，以及智慧城市项目建设完毕后公民的参与和合作，才能保证智慧城市项目顺利执行。

3 智慧城市总体规划

3.1 智慧城市总体规划

智慧城市总体规划，应包含智慧城市规划范围、规划时间、指导思想、规划依据、规划原则、总体规划内容、发展方向（目标）规划、特色规划、总体部署（推荐策略或行动计划）、总体规划架构、投资估算、应急规划、（旧系统）改造规划等。各个城市，依据本城市的历史文化、自然资源、经济状况、信息基础、环境条件等，进行有特色的智慧城市总体规划，避免“千城一面”。

3.2 智慧城市总体规划内容

可将智慧城市总体规划内容总结为“1+1+1+1+1+1+N+智能终端”（详见图2），即“一网+一图+一库+一云+一平台+一中心+N个智慧应用+智能终端”。其中，“一网”指的是泛在、融合、移动、智能、宽带、多样的大网络；“一图”指的是时空信息云平台；“一平台”指的是智慧城市公共信息平台；“一库”指的是公共数据库；“一云”指的是云计算（数据）中心；“一中心”指的是智慧城市运营中心；N个智慧应用，指的是面向民生、产业与政务（详见图3），应用可以根据需要添加或减少，包括：智慧政务、智慧城管、智慧应急、智慧安监、平安城市、智慧规划（多规合一）、智慧国土、智慧管网、智慧交通、智慧旅游、智慧医疗、智慧教育、智慧环保、智慧物流、智慧能源、智慧水务、智慧支付、智慧社区、智慧园区、智慧家居等；智能终端，可特指移动智能终端，既包括市民使用的常规智能手机，也包括特殊定制的智能手机（如警务通）。

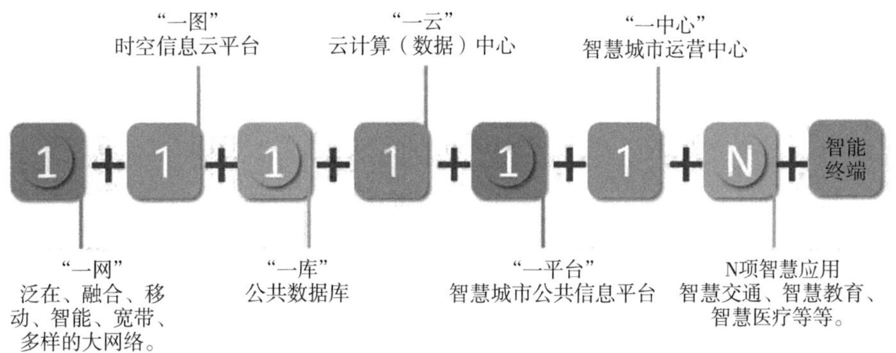

图2 智慧城市总体规划内容图

图3　N个智慧应用内容图

4　智慧城市详细规划

智慧城市详细规划，是智慧城市总体规划的深化和具体化，但它不是智慧城市详细设计。智慧城市详细规划，可以依据智慧城市总体规划内容、智慧城市总体规划架构、智慧城市发展方向（目标）规划进行。

4.1　依据智慧城市总体规划内容进行详细规划

智慧城市详细规划，可以依据智慧城市总体规划内容进行详细规划，即对一网、一图、一库、一云、一平台、一中心、N个智慧应用、智能终端进行详细规划。详细规划内容，包括空间或路由规划、系统构成、设备布置、关键指标、主要功能、接口界面等。此种方式，依据内容进行切块（垂直）设计，因带有纵向集成的特征，较易为原从事智能建筑行业的人员所理解，也较易与政府几十个委办局沟通，所以，这也是目前最常见的一种详细规划方式。

4.2　依据智慧城市总体规划架构进行详细规划

智慧城市详细规划，可以依据智慧城市总体规划架构进行详细规划，即对感知层、通信层（网络层）、数据层、平台层和应用层进行详细规划。此种方式，依据架构进行分层（水平）设计，因带有横向集成的特征，较易为原从事计算机信息系统集成行业的人员所理解。因从事信息化的人多为计算机专业，较少了解自动化专业内容，且智慧城市业务涵盖范围较广，故目前较少碰见此种详细规划方式。

4.3　依据智慧城市发展方向（目标）规划进行详细规划

智慧城市详细规划，可以依据智慧城市发展方向（目标）规划进行详细规划，即对“信息网络宽带化、规划管理信息化、基础设施智能化、公共服务便捷化、产业发展现代化、社会治理精细化”或“为民服务全程全时、城市治理高效有序、数据开放共融共享、经济发展绿色开源、网络空间安全清朗”进行详细规划。此种方式，依据智慧城市发展方向（目标）进行综合（矩阵）设计，带有综合集成的特征。智慧城市六或五大发展方向（目标）及细分的子目标，可以视同为客户需求，智慧城市的顶层设计、详细设计、建设或运营，都应该围绕客户需求进行，力求客户满意或超预期，这与企业的质量管理等体系建设是一个道理。因智慧城市顶层设计的人员目前多为技术型人才，对企业管理、城市管理不熟悉，另外城市需求不清晰，故此种详细规划方式目前较少碰见，但此种方式，可以先将发展方向（目标）与总体规划内容用矩阵方式一一对应列出，然后采用4.1中所述的方式。

5　总结

智慧城市顶层设计，颇具艰巨性和挑战性，充满了使命感和责任感，需要有顶级的总规划师，也需要多方共同努力提供较为清晰的城市需求。智慧城市顶层设计，按步骤进行，先总体规划，后详细规划，推荐依据智慧城市总体规划内容进行详细规划，方便多方沟通。智慧城市一网、一图、一库、一云、一平台、一中心是智慧城市核心，是城市“智慧”之基础，顶层设计时须密切关注。智慧应用，在顶层设计时应依据客户需求取舍，控制规模，并尽量选取有盈利模式的智慧应用。

参考文献

［1］彼得·霍尔，马克·图德-琼斯．城市和区域规划（原著第五版）［M］．邹德慈，等译．北京：中国建筑工业出版社，2014.

［2］戴维·R. 摩根，罗伯特·E. 英格兰等．城市管理学：美国视角（第六版·中文修订版）［M］．杨宏山，陈建国，译．北京：中国人民大学出版社，2016.

［3］杨宏山，齐建宗．数字化城市管理模式［M］．北京：中国人民大学出版社，2009.

［4］发改办高技〔2016〕2476 号．关于组织开展新型智慧城市评价工作务实推动新型智慧城市健康快速发展的通知［Z］．2016.

［5］林念修，庄荣文，等．新型智慧城市发展报告（2015—2016）［R］．2016.

［6］岳梅樱，等．智慧城市顶层设计方法论与实践分享［M］．北京：电子工业出版社，2015.

［7］林必毅，等．智慧城市核心要素研究［J］．智能建筑，2017（3）.

［8］胡小明．智慧城市顶层设计的浴火重生［J］．办公自动化，2018（6）.

基于价值工程的盾构绿色施工技术

孙连勇[1]　温法庆[2]　王永军[1]　王秋昌[2]　李海峰[3]

（1 济南轨道交通集团有限公司，2 中铁十八局有限公司，3 南昌大学）

摘　要：以价值工程理论为基础，结合绿色施工的相关要求，对某工程的盾构选型进行绿色分析，针对所选择的土压平衡盾构施工中的各要素进行功能评价及价值分析，确定把隧道土体开挖、盾构推进和同步注浆三个功能作为进行技术优化的重点研究对象；从资源消耗角度分别对三者尽可能地优化途径进行了分析，提出了盾构绿色施工的控制技术。

关键词：价值工程；盾构；功能优化；绿色施工技术

1　引言

地铁作为一种绿色交通模式，对解决城市交通拥堵和环境污染等问题有积极的作用，绿色施工以“四节一环保”为目标，最大限度地节约资源，降低能耗，减少施工过程中对环境、资源产生的负面影响，构建以综合效益最大化为目标的建造模式也是地铁建设的必然趋势。用于地铁施工的盾构在设计时应考虑多种因素，而针对某一具体工程，可能存在一些功能的过剩设计，在实际施工中，依据价值工程的相关理论，对评价出的过剩功能进行优化，以求达到降低施工成本的目的。

杨彦忠硕士论文以某体育场工程为例，运用价值工程理论工程方案进行评价，提出了方案优化建议，对降低工程成本起到了积极作用[1]；卜东雁硕士论文运用价值工程理论，对某建筑工程筏板基础设计及基坑支护结构进行功能分析，提出了建筑工程中应用价值工程的一些潜在研究方向[2]，饶睿硕士论文以某矿山为例，通过对研究对象的功能评价，发现价值工程机低碳价值工程扩展公式有较广的应用范围，根据功能评价得出的价值系数，优化施工方案有利于提高企业的经济效益和社会效益[3]。少有文献运用价值工程理论对盾构施工进行功能评价，以南昌轨道交通1号线某标段盾构施工为例，通过对盾构及配套设备的功能评价，提出优化措施，并利用绿色施工的相关理论对优化方案进行验证，取得了理想的应用效果。

2　工程概况

2.1　工程水文地质概况

南昌轨道交通1号线某标段东起彭家桥站，西至八一广场站，共3个区间（彭家桥站—师大南路站，区间长度661m，师大南路站—丁公路北站区间长度857m，丁公路北站—八一广场站区间长度877m）。区间隧道主要穿越砾砂、圆砾和强风化、全风化、中风化泥质粉砂岩层），地下水位在隧道顶部6—11m之间，具承压性。

2.2　设备概况

用于本工程的盾构机型号为ZTE6250，刀盘开挖直径6280mm，刀盘驱动由6台132kW变频电机驱动，额定扭矩5700kNm、脱困扭矩6300KNm、额定推力34, 195kN（30MPa），最大推力39, 893kN（35MPa）。螺旋机为有轴后部马达驱动，最大扭矩178KNm，最高转速19rpm。

3　价值工程基本理论与碳扩展公式

3.1　价值工程的定义

价值工程是通过各相关领域的协作，对所研究对象的功能与成本进行系统分析，持续创新，旨在提高研究对象价值的一种管理思想和技术，价值工程涵盖价值、功能和寿命周期成本三个要素，基本思想是以最低的费用满足所需的功能。将价值工程应用于工程建设施工的活动，即在满足工程项目建设任务的前提下实现资源的最优分配。[3]

3.2 价值工程的原理

价值、功能和成本是价值工程的三个基本要素，其表达式为：

$$V=\frac{F}{C}$$

式中：V——价值；F——功能；C——成本。工程建设施工活动中，功能一般指的是工程建设任务；成本为完成建设任务所消耗的资源。通常提高价值的途径有5种，如表1所示。在盾构施工过程中，以完成满足设计要求的盾构隧道施工任务为目标，将隧道施工过程作为价值工程的研究对象，以提高功能的方式减小对环境的影响，提高隧道的质量，降低成本（施工资源消耗）。通常具体的措施为加强管理和采用新技术、新工艺和新材料等。

表1 价值提高途径

序号	模式	方法
1	$\frac{F\uparrow}{C\downarrow}$	降低成本，提高功能
2	$\frac{F\rightarrow}{C\downarrow}$	降低成本，功能不变
3	$\frac{F\uparrow}{C\rightarrow}$	成本不变，提高功能
4	$\frac{F\uparrow\uparrow}{C\uparrow}$	小幅增加成本，大幅提高功能
5	$\frac{F\downarrow}{C\downarrow\downarrow}$	大幅降低成本，小幅降低功能

3.3 价值工程的工作程序

价值工程的实施阶段可以划分为分析、综合和评价三个阶段，各阶段的主要内容如下：

（1）分析阶段：确定价值工程实施（研究）对象，选择的具体方法有经验分析法、价值测定法、ABC分类法、成本比重法、功能比重法、功能成本双重比重法、降低费用可能性指数法、目标成本法、相互关系法等[4]，本文以成本比重法对盾构各系统的运行成本进行分析，以找出成本可控制的系统。

（2）综合阶段：对研究对象进行功能分析，这首先要明确其所具备的功能及各功能之间的联系；其次，在此基础上对研究对象进行功能评价，以计算出各功能的价值系数；最后，根据价值系数，确定研究对象存在的关键问题及需要改进的功能领域。

（3）评价阶段：针对上述过程确定的需要改进的功能领域提出具体的改进方案，并对方案的实施结果进行评价。

4 盾构绿色施工技术

4.1 设备选型

在保证盾构施工安全、质量的前提下，通过科学管理和技术进步，最大限度地节约资源和减少对环境负面影响，实现节能、节材、节水、节地和环境保护（“四节一环保”）。[5]在实际盾构施工中，减少施工废弃物的排放，减少消耗性材料的使用，降低电力、水资源消耗，通过采用新技术减少设备占地、施工用地，合理节约土地资源，以实现可持续发展为根本目的绿色施工。

盾构绿色施工从设备的选型开始，在保证安全、可靠、适用、先进、经济的前提下，统筹考虑工程水文地质条件等多种因素，确定最佳设备形式。南昌轨道交通1号线某工程，根据绿色施工的基本要求对土压平衡盾构、泥水平衡盾构进行绿色施工分析，并遵循设备选型的基本要求，确定采用土压平衡盾构完成本工程施工，从节地、节能、节材、节水、环境保护角度对土压平衡盾构与泥水平衡盾构进行分析，如表2所示。表中的对比结果表明本工程适宜选用土压平衡盾构施工。

表 2 土压平衡盾构与泥水平衡盾构的对比表

序号	效用	对比结果
1	减少道路占用 $500m^2$—$600m^2$	减少了泥浆池、地面泥水分离站等设备的用地
2	减少电能消耗 478,800kW·h 左右，节约成本约 43 万元	主要电能消耗差异为泥水分离、膨润土制浆、泥浆输送等耗电，根据盾构区间长度及现场实际情况、设备的功率配置情况；临近项目数据为 2200kW/环，土压平衡盾构电能消耗约 1000kW/环，工程总环数为 3990 环
3	节约设备购置费用 2700 万元—3700 万元	主要为泥浆处理设备，其配置标准不同，价格相差较大；土压平衡盾构配套设备费用：电瓶车编组 300 万元，龙门吊 120 万元；泥水盾构增加设备费。用：场地泥浆处理设备 2000 万元—3000 万元；中继泵站（电机功率 380kW，扬程 60m）每套 170 万×5＝850 万元；泥浆输送管道 169 万元，用于中继泵站的高压电缆 120 万元
4	减少用水 $79,800m^3$—$119,700m^3$，节约成本 295,260—442,890 元（水费 3.7 元）	本工程施工耗水量为 $13m^3$—$15m^3$/环，工程总环数为 3990 环，根据每环泥水盾构泥浆制备耗水与土压盾构渣土改良（含台车冲洗用水）耗水之差 $20m^3$—$30m^3$（具体差值因地质而异）
5	减小噪声污染及对地面环境的影响	土压平衡盾构噪声（主要为龙门吊、拌和站噪声，为非连续性）较小，达到了昼间≤70dB，夜间≤55dB 的噪声排放达标；泥浆分离时（连续）噪声大≥85dB；土压平衡盾构废弃泥浆较少，对地面环境的影响也较小

由对比结果看出，综合考虑安全、可靠、适用、先进、经济、环保、资源消耗等因素，本工程宜选用土压平衡盾构施工，但经典的盾构选型理论及类似工程经验都表明该工程宜选用泥水平衡盾构。为解决采用土压平衡盾构施工难以对喷涌进行有效控制的难题，对盾构机的渣土改良系统进行了优化，并采用保压泵装置（由拖式混凝土泵优化改装而成）出渣技术，从而保障本工程土压平衡盾构施工的安全性。相较于泥水平衡盾构，本工程减少道路占地 $500m^2$—$600m^2$，减少电能消耗 4.788×106kWh 左右，降低了施工用水和用电的消耗量节约成本 725,260—872,890 元，节约设备购置费用 2600 万元—3600 万元，节约高压电缆购置费 120 万元，因选用土压平衡盾构增加保压泵装置投资 98 万元，综合经济效益达 2700 万元以上。

4.2 盾构施工电能消耗

盾构机是机、电、液高度一体化的机械设备，在盾构施工中大多数机械动作都是通过液压系统将电能转化为机械能的，电能是盾构掘进施工中消耗的最主要的能源。根据土压平衡盾构施工的特点及能耗的相关性，将盾构掘进施工划分为 12 个电能消耗系统单元。本工程以各系统额定功率、功率使用率、工作时间和本工程的平均每环耗电量测算各系统的耗电量占比，其中通风系统、循环水系统和“其他”不间断工作，按每天掘进 10 环进行换算，其余系统均按工程的统计数据取平均值计算。经过统计分析得出盾构各系统功率消耗数据及所占总功率消耗的比例，如表 3 所示。

表 3 数据显示，刀盘驱动系统电能消耗占总耗电量的比重最大，达到了 33.7%；通风系统、循环水系统、水平运输系统电能消耗占总耗电量的比重分别为 15.3%、12.3% 和 10.0%。这四个系统的能耗比重达到了总耗电量的 71.3%。可见，盾构掘进施工的电耗主要集中在这几个能耗系统上。

表 3　盾构机电能消耗测算表

序号	系统单元名称	主要功能及耗能设备	额定功率（kW）	工作时间（min）	功率使用率（%）	实际耗电量（kW·h）	占电能消耗（%）
1	刀盘驱动系统	给刀盘的旋转提供动力，主要由主驱动（变频电机驱动或液压马达驱动、减速机、主轴承等）、驱动润滑及液压油过滤装置组成	796	40	75	396	33.7
2	盾构推进系统	给盾构机提供推进动力，主要由推进油泵、油缸和液压油（冷却）过滤装置等组成	97.5	40	60	39	3.3
3	渣土传送系统	将渣土从土仓传送至台车内，主要由螺旋输送机、皮带运输机组成	252	40	40	67.2	5.7
4	管片拼装系统	将管片拼装成环，由管片吊机和管片拼装机组成（与注浆系统共用电机）	74	25	50	37	3.1
5	渣土改良系统	提高渣土的流塑性，主要由泡沫系统、膨润土系统、聚合物注入装置组成	24	40	85	13.6	1.2
6	注浆系统	填充管片与隧道间的空隙，固定管片，主要由砂浆搅拌装置、注入装置（与拼装机共用泵站）及制浆设备组成	80	35	80	37.3	3.1
7	循环水系统	外循环水为隧道内提供工业用水，内循环水用于冷却液压油与减速机（马达等），污水系统将洞内污水排到洞外（洞内与洞外排放）	86	144	70	144.4	12.3
8	垂直运输系统	将渣土吊出，另将管片等其他施工材料、设备吊入隧道，动力设备为龙门吊（50 吨龙门吊）	178.5	30	80	71.4	6.1
9	水平运输系统	运输渣土、管片及其他施工材料、设备，动力设备是电瓶车（每台盾构配置 2 列电瓶车编组）	235	40	75	117.5	10.0
10	通风系统	更换隧道内的空气，主要耗能装备为通风机（洞外风机、洞内风机）（按每天 10 环计算）	150	144	50	180	15.3
11	其他	包括隧道内照明、污水处理、施工临时用电等	约 100	144	30	72	6.2
总计		一台盾构消耗功率	2000			1175.4	100

备注：工作时间根据工程统计数据取平均值，各系统功率使用率根据统计及现场记录数据确定的平均值。实际消耗电量 kW = 系统装备功率×功率使用率×工作时间。

5　施工技术优化对象选择

5.1　成本比重法

由于掘进过程中的始发试掘进、到达接收两个阶段的相关参数（数据）差异较大，仅以正常掘进施工时的循环作业过程作为研究界限；根据表 3 统计数据对本工程绿色施工因素的分析及土压平衡盾构施工的特点，按工作内容的相关性对土压平衡盾构施工进行功能定义，功能成本则为完成某功能包含工作内容所需消耗的所有资源，利用各功能所包含的工作内容对顺利完成土压平衡盾构掘进施工的重要程度进行功能评价。土压平衡盾构施工的功能定义及成本比重（系数）如表 4 所示，各功能成本的直方图如图 1 所示（成本为本标段工程实际施工统计数据）。

表4 功能定义及功能成本比重（系数）表

序号	功能	工作内容	成本（元）	成本系数（%）	排名
1	隧道土体开挖	破碎、切削土体	4, 539, 485	22. 99	1
2	盾构推进	给盾构机提供推进动力	3, 762, 044	19. 06	2
3	渣土传送	将渣土从土仓传送至台车内	818, 145. 2	4. 14	6
4	管片拼装	完成管片洞内吊运及拼装作业	495, 732	2. 51	10
5	渣土改良	改善渣土的流塑性	3, 025, 469. 6	15. 33	4
6	同步注浆	将砂浆注入管片与隧道间的空隙，固定管片	3, 559, 025. 3	18. 03	3
7	循环用水	为隧道内提供工业用水，帮助冷却液压油、减速机、马达等，为渣土改良提供用水，或用于设备清洗等	571, 960. 4	2. 90	9
8	垂直运输	将渣土吊出，另将管片等其他施工材料、设备吊入隧道	670, 247. 4	3. 40	8
9	水平运输	运输渣土、管片及其他施工材料	1, 604, 617. 5	8. 13	5
10	隧道通风	更换隧道内的空气	694, 458	3. 52	7
合计			19, 741, 184. 4	100	

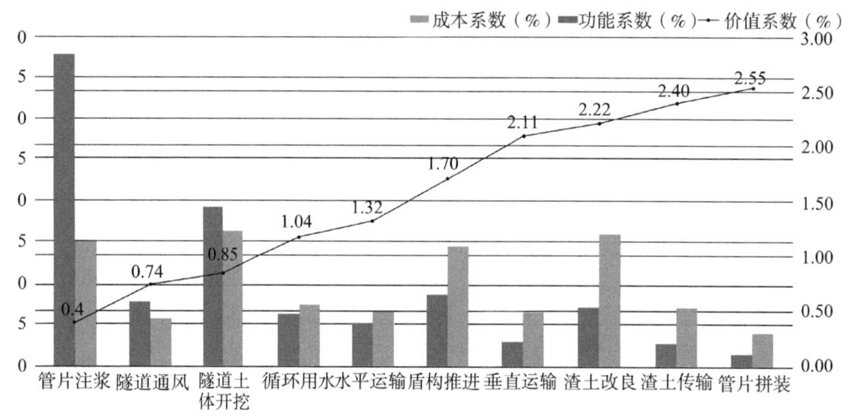

图1 功能成本直方图

5.2 ABC 分类法

按照土压平衡盾构各功能的成本比重（系数）进行 ABC 分类，由表5可以看出，属于A类的功能有隧道土体开挖、盾构推进、同步注浆和渣土改良；属于B类的功能有水平运输、渣土传送和隧道通风；属于C类的功能有垂直运输、循环用水和管片拼装。因此隧道土体开挖、盾构推进、同步注浆和渣土改良应被作为施工技术优化的重点研究对象。

表5 功能 ABC 分类表

排名	功能	成本系数（%）	累计成本系数（%）	分类
1	隧道土体开挖	22. 99	22. 99	A
2	盾构推进	19. 06	42. 05	
3	同步注浆	18. 03	60. 08	
4	渣土改良	15. 33	75. 41	
5	水平运输	8. 13	83. 54	B
6	渣土传送	4. 14	87. 68	
7	隧道通风	3. 52	91. 2	
8	垂直运输	3. 4	94. 6	C
9	循环用水	2. 9	97. 5	
10	管片拼装	2. 51	100	

5.3 价值系数法

依据价值工程活动的实施程序，选择8位具有地铁盾构施工相关执业资格的专家（其中2名大学教授、2名监理工程师、2名项目经理、2名技术负责人），采用“0—4”打分法，针对土压平衡盾构施工中的10项功能，进行功能评价（如表6所示），并计算得出功能系数（如表7所示）。

表6 土压平衡盾构施工功能得分表

功能	隧道土体开挖	盾构推进	渣土传送	管片拼装	渣土改良	同步注浆	循环用水	垂直运输	水平运输	隧道通风	得分
隧道土体开挖	×	2	4	4	2	2	4	4	4	4	30
盾构推进	2	×	4	4	2	2	3	4	4	4	29
渣土传送	0	0	×	3	0	1	2	2	3	2	13
管片拼装	0	0	1	×	2	0	1	1	2	1	8
渣土改良	2	2	4	2	×	4	4	4	3	4	29
同步注浆	2	2	3	4	0	×	4	3	4	3	25
循环用水	0	1	2	3	0	0	×	3	3	3	15
垂直运输	0	0	2	3	0	1	1	×	1	2	10
水平运输	0	0	1	2	1	0	1	3	×	4	12
隧道通风	0	0	2	3	0	1	1	2	0	×	9

表7 功能重要度系数表

序号	功能名称	专家打分								总分	功能系数（%）
		一	二	三	四	五	六	七	八		
1	隧道土体开挖	30	29	30	27	32	30	29	29	236	16.39
2	盾构推进	29	28	27	25	26	25	24	28	212	14.72
3	渣土传送	13	9	12	15	11	14	16	11	101	7.01
4	管片拼装	8	11	4	8	5	7	10	6	59	4.10
5	渣土改良	29	28	30	31	27	27	32	26	230	15.97
6	同步注浆	25	27	27	28	28	28	29	28	220	15.28
7	循环用水	15	17	11	9	14	15	12	14	107	7.43
8	垂直运输	10	12	13	11	8	13	13	14	94	6.53
9	水平运输	12	11	12	14	15	12	9	12	97	6.74
10	隧道通风	9	8	14	12	14	9	6	12	84	5.8
合计		180	180	180	180	180	180	180	180	1440	100

由表4中的成本系数和表7中的功能系数，可得到土压平衡盾构施工的价值系数（如表8所示）和价值系数对比图（如图2所示）。从图2可知，渣土传送、管片拼装、渣土改良、循环用水、垂直运输和隧道通风的价值系数大于1，不是进行技术优化的关键对象，但需保证功能的实现；隧道土体开挖、盾构推进、同步注浆和水平运输的价值系数小于1，是价值工程确定的需进行施工技术优化的主要对象。

表 8　价值系数表

序号	功能	成本系数（%）	功能系数（%）	价值系数（%）	排名
1	隧道土体开挖	22.99	16.39	0.71	10
2	盾构推进	19.06	14.72	0.77	9
3	渣土传送	4.14	7.01	1.69	3
4	管片拼装	2.51	4.10	1.63	5
5	渣土改良	15.33	15.97	1.04	6
6	同步注浆	18.03	15.28	0.85	7
7	循环用水	2.90	7.43	2.56	1
8	垂直运输	3.40	6.53	1.92	2
9	水平运输	8.13	6.74	0.83	8
10	隧道通风	3.52	5.8	1.66	4

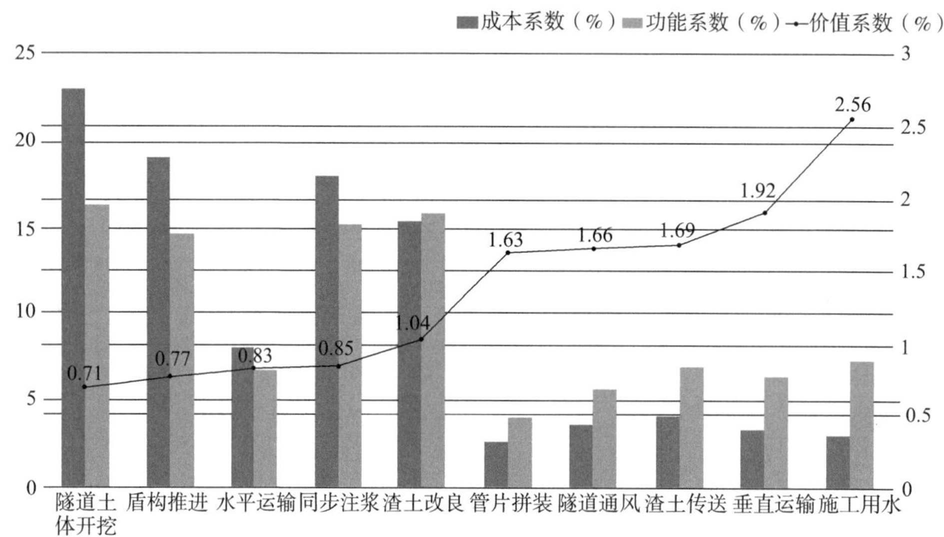

图 2　价值系数对比图

5.4　优化分析

综合对比成本比重法和价值系数法的选择结果：隧道土体开挖、盾构推进和同步注浆三个功能应作为进行技术优化的重点研究对象；水平运输的价值系数小于 1，需进行施工技术优化，但其成本比重相对较小（B 类），可不作为重点研究对象；渣土改良的成本比重较大（A 类），但其价值系数为 1.04，说明成本与功能相对平衡，可不进行技术优化，但需保证其功能的实现。

隧道土体开挖和盾构推进的成本都主要由油（脂）类耗材、电能和配件及其他消耗组成，如图 3、图 4 所示。其中油（脂）类耗材成本分别占隧道开挖成本的 54.85%和 65.92%，是降低成本最关键的对象。油脂主要是用于对土驱动的保护、润滑及对盾尾的密封，以刀盘转动提供动力；油脂、电能的消耗与盾构掘进施工的时间成正比。因此，提高盾构掘进效率，缩短每环的掘进时间是降低油脂、电能消耗的最有效途径；合理调整油脂流量，根据土仓压力及时调整 HBW、EP2 的流量，不宜高于设定流量的 5%—10%，以保证在掘进时间一定的情况下，合理降低油脂的消耗量。

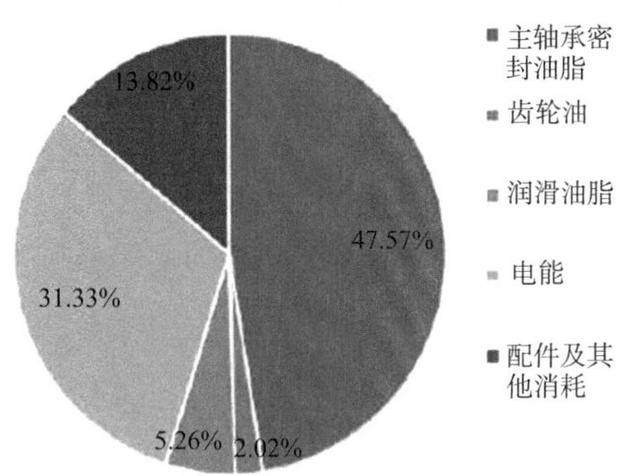

图 3　隧道土体开挖成本比例

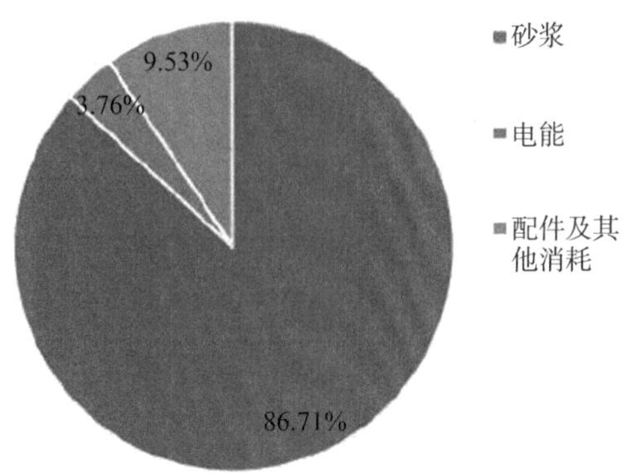

图 4　盾构推进成本比例

隧道土体开挖中电能消耗成本达 31.33%，刀盘电能的消耗与地质条件、渣土改良、刀盘转速的选择、推进速度等有关。在地质条件一定的前提下，通过合理的渣土改良，提高渣土的流塑性，合理选用刀盘的转速，优先采用恒扭矩转速（刀盘转速在恒扭矩区域，刀盘功率消耗与扭矩成正比），选择合理推进速度，合理缩短每环的掘进时间，可有效地降低隧道土体开挖时的电能消耗。

隧道土体开挖的配件及耗材主要是刀具。针对地质情况，对刀具进行正对性的修复和保护可有效延长刀具使用寿命，降低刀具的更换频率，以节约成本；盾构推进中的配件及耗材主要为油脂系统配件，可通过及时的维修保养，提高机电维修保养人员的技术水平，减少油脂系统的配件更换量，以降低刀盘驱动系统的配件消耗。

管片注浆的成本主要基于砂浆消耗，如图 5 所示，占总成本的 86.71%。砂浆主要用于填补衬砌（管片）与隧道土体之间的空隙，从而控制地层沉降和固定管片，其消耗量波动较大。砂浆消耗由同步注浆和二次注浆组成，其中同步注浆量一般为理论值的 200%—250%。在实际施工中，根据盾构掘进位置的水文地质条件及隧道的埋深，计算同步注浆参考压力。注浆施工中采取压力与流量双重控制标准，以压力为主、流量为辅，以保证在满足地面沉降控制要求的前提下减少注浆量；由于设备构造原因及浆液凝固收缩原因，在同步注浆不能满足地面沉降控制要求时，及时二次注浆弥补同步注浆的不足，可通过在注浆头上（二次注浆）加装压力表等组件，实现对二次注浆压力的实时监控、调节，从而减少砂浆的消耗量。另外，可通过严格控制砂浆搅拌，防止其发生离析、凝固或超出使用时间，避免砂浆浪费。

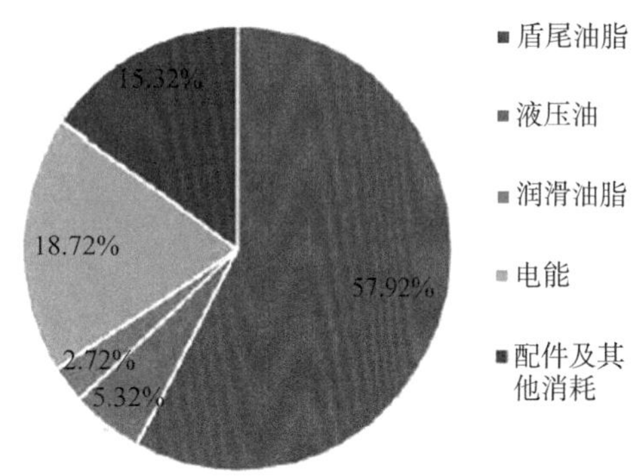

图 5　盾构管片注浆成本比例

6　结束语

盾构掘进施工中的 12 个电能消耗系统单元中，刀盘驱动系统、通风系统、循环水系统和水平运输系统占到了总耗电量的 71.3%。降低电能消耗的最主要方式是设备的合理选型及掘进参数的优化；其次，对施工用泵的合理选用，也能产生较大的效用。

在盾构施工中，应将隧道土体开挖、盾构推进和同步注浆三个功能作为进行技术优化的重点研究对象，这三个功能有较大的节能空间，根据盾构掘进的水文地质情况，选择合理的掘进参数，可有效降低盾构施工成本。

参考文献

[1] 杨彦忠. 价值工程原理在建筑工程施工方案评价中的应用研究 [D]. 株洲：湖南工业大学，2014.

[2] 卜东雁. 价值工程在施工方案优选中的应用与研究 [D]. 西安：西安建筑科技大学，2008.

[3] 饶睿. 价值工程在矿山机械企业低碳生产中的应用研究 [D]. 北京：北方工业大学，2014.

[4] 成晓芳. 基于价值工程的连接器成本控制 [D]. 上海：上海交通大学，2012.

[5] GB/T 50905-2014 建筑工程绿色施工规范 [S].

合肥地铁车站能耗负荷及节能优化控制方案的设计与研究

杨志奋　林必毅　赵　健　余承英
（深圳市赛为智能股份有限公司）

摘　要：合肥目前有1号线、2号线两条地铁线路处于开通运营状态，自合肥正式进入换乘时代以来，地铁不仅为广大市民出行进一步提供了便利，而且带动了整个城市的经济发展。笔者作为合肥1号线、2号线综合监控系统参建者，深刻明白节能优化控制对降低地铁车站能耗负荷的重要性。因此，在本文中，首先对合肥地铁车站的主要能耗负荷因素进行分析，在此基础上，分别从通风空调大系统、通风空调小系统、冷水系统、隧道通风系统以及照明系统的节能优化控制方案进行了详细的分析，希望可以为合肥既有线路及未来续建线路的节能提供有益的借鉴。

关键词：合肥地铁；地铁车站；能耗负荷；节能优化；控制方案

1　合肥地铁建设概况

合肥地铁第一条线路于2016年12月26日正式开通运营，合肥成为安徽省第一个、长三角第七个开通地铁的城市。截至2017年12月，合肥轨道交通运营线路共有2条，即合肥轨道交通1号线、合肥轨道交通2号线，线网覆盖合肥瑶海区、包河区、肥西县、蜀山区、庐阳区，运营线路总长52.38公里，全线共设47座站点。

截至2017年12月，合肥轨道交通在建线路共有4段，包括3号线、1号线三期、4号线、5号线，约118.2公里。根据合肥市《合肥市域“1331”综合交通规划》，到2021年前合肥市将建成5条地铁线，运营线路约175.56公里。2025年前建设15条主城区轨道，总长度586公里。

2　合肥地铁车站能耗负荷分析

笔者结合自身在合肥地铁1、2号线综合监控系统中的实践工作经验，认为在合肥地铁的运营过程中，电气化能耗负荷的40%—50%集中在通风空调系统中，主要分为如下几个方面因素：

2.1　机电设备

车站内照明灯具、自动售检票机、电梯扶梯等设备此类设备数量固定不变，功率稳定。屏蔽门隔离了隧道与车站的环境，所以车站导热面积不变，内外温差稳定。这部分负荷为定值。

2.2　时间、客流

时间及客流也是影响合肥地铁车站能耗负荷分布的重要因素。不同时期、不同时段站内乘客数量的差异很大，该负荷是变量。

2.3　季节、天气、新风负荷

季节、天气对能耗也有着较大的影响。同时选取新风量的原则一般是取人员需求的新风量、局部排风量、有害物浓度控制新风量中的最大值，且不应少于系统总风量的10%。其中车站屏蔽门开启时的漏风量，是新风量选取的决定因素，屏蔽门的漏风量随其开启时间（行车密度）变化，同时新风的焓值随室外温湿度变化。因此，当新风量根据屏蔽门的漏风量来选定时，新风负荷是受室外温湿度、屏蔽门开启时间（行车密度）影响的变量。

2.4　建筑负荷

建筑负荷也是合肥地铁车站能耗中不可忽视的一个重要方面，比如出入口与外界热交换造成的热负荷。该负荷也是变量，主要受室外温湿度变化的影响。

2.5 其他负荷

除去以上机电设备、时间、客流、季节、天气、新风负荷、建筑负荷外，还存在其他负荷，这部分负荷也占有一部分比重，在分析时不能忽视。

本文将基于合肥地铁车站以上主要的能耗负荷，提出有效的节能优化控制方案，以为既有线路及后续线路的节能优化控制提供一定的借鉴价值。

3 车站通风空调大系统节能优化控制方案

合肥地铁车站通风空调系统主要设于车站两端的站厅层，设备对称布置，基本上各负担半个车站的负荷，其中大系统主要实现对站厅、站台公共区的通风空调、防排烟的系统监控，包括两台组合式空调机组、新风机、两台回/排风机、排烟风机及相应的各种风阀、防火阀等设备。其作用是通过空调或机械通风来排除车站公共区的余热余湿，为乘客创造一个舒适的乘车环境，并在发生火灾时通过机械排风方式进行排烟，使车站内形成负压区，新鲜空气由外界通过人行通道或楼梯口进入车站站厅、站台，便于乘客撤离和消防人员灭火。

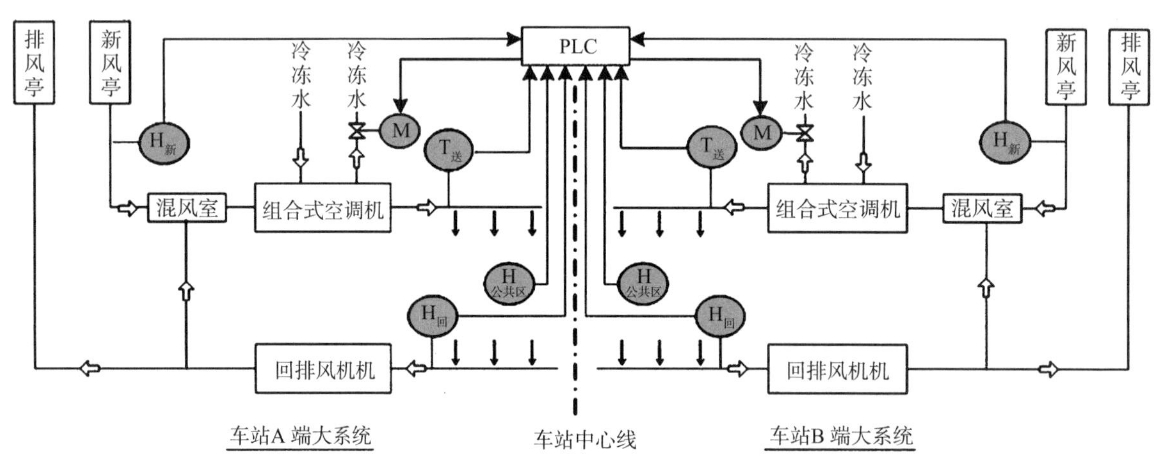

图1 车站通风空调大系统示意图

因此，笔者建议可对地铁车站公共区内通风空调大系统的组合式空调机组和回排风机采用变风量进行控制，对组合式空调机组和回排风机的运行频率采用智能PID调节控制，风机的运行频率根据回风温度（公共区温度）进行调节，同时根据车站公共区内所需冷负荷的需求，对组合空调器的二通调节阀进行PID调节控制，保证组合空调器送风温度和公共区温度（回风温度）维持在目标设定值，使车站公共区保持舒适的环境温度，降低通风空调系统的功耗，实现节能。

3.1 二通调节阀的PID控制

以二通调节阀的控制为例，其开度可采用PID调节控制方式，以公共区站台（或回风）的设定温度作为调节的设定值，以公共区站台温度（或回风）温度测量值作为过程变量，以组合空调机组冷冻水二通调节阀的开度为调节手段，对组合空调机组二通阀的开度进行调节控制。通过调节二通阀开度来改变流经空调机组的冷冻水量，从而抵消空调区域冷热负荷的变化，减少室外空气变化对室内温度的干扰，控制室温保持在设定温度及允许范围内。

控制方框图如下图所示。为了获得较好的控制品质，引入了串级控制方式。其中，主回路（外环）为室内温度控制回路，控制量为室内温度，室外新风温度的变化为回路的前置扰动；副回路（内环）为水量控制回路，控制量为二通阀开度。控制系统本身具有一定的自适应和抗干扰能力。副回路控制器采用比例调节，主要用于消除系统的惯性和延迟，实现快速跟踪。

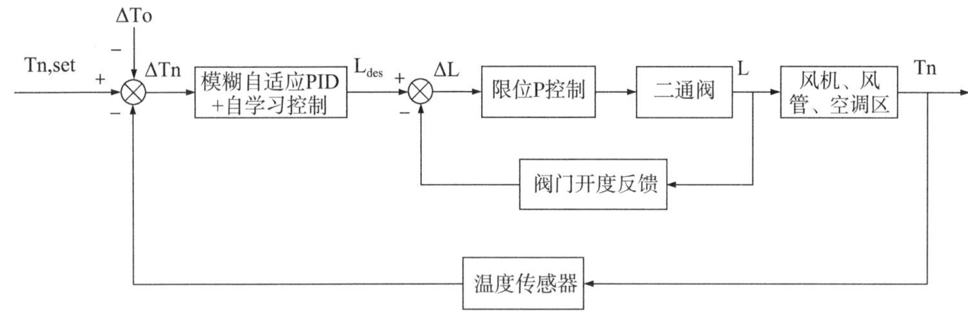

图 2　室内温度控制示意图

3.2　变风量调节控制方式

当然，PID 除了可以对二通调节阀的开度进行调节，也可以对大系统的风量进行变化调节。

首先，站厅和站台调节的空间范围很大，而且是上下分层的，不利于冷量迅速扩散，导致调节大滞后；其次，干扰因素很多，调节对象是一个大开间，车站出入口对室内的扰动很大；再有就是站内人流量不定，因此人体散热也是一个很大的扰动。可以考虑将站台和站厅作为一个调节对象，以站台为基准进行调节。

车站通风空调大系统可将车站两端的空调系统视作一个控制对象，同时对其进行调节控制，也可将车站两端的空调系统视作两个调节对象，分别进行控制。具体情况可根据工艺设计确定。

在综合监控系统监控工作站 HMI 上可对调节参数进行设定，操作员可根据需要对调节对象、调节对象的目标设定值及调节控制参数进行相应的修改与设定。

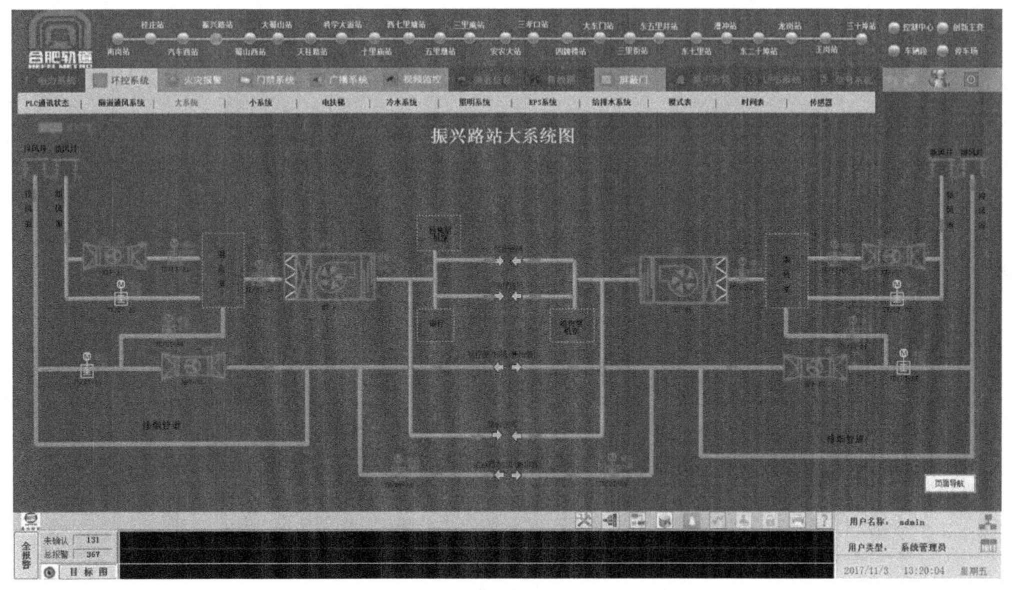

图 3　合肥地铁 2 号线综合监控系统大系统 HMI 画面

4 车站通风空调小系统节能优化控制方案

小系统又被称为车站设备用房通风空调系统，合肥地铁车站的机房一般布置在车站两端的站厅、站台层，站厅层主要集中了通信、信号、环控电控室、低压供电、环控机房以及车站的管理用房，于站台层主要布置的是高、中压供电用房。主要实现对车站内设备及管理用房的通风空调、防排烟系统的监控，包括空调器、设备用房的送风机、排风机、排烟风机、相关风阀等。

对合肥地铁小系统的节能优化主要是通过对车站设备及管理用房空调小系统柜式空调器的二通调节阀进行PID调节控制来实现的，根据所选房间的温度对柜式空调器的二通调节阀开度进行调节，控制流经柜式空调器冷冻水的流量，保证房间温度与设定目标温度相符。

通风空调小系统柜式空调器二通调节阀调节回路如下图所示：

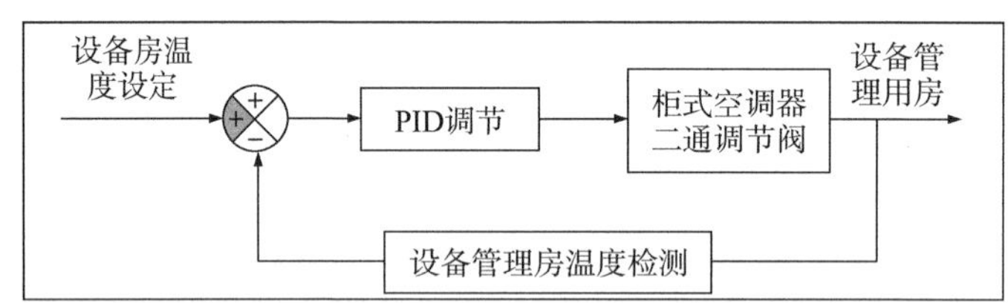

图4　柜式空调器二通调节阀控制示意图

具体来说，在综合监控系统画面上可以将通过人工选择的设备房间温度或回风温度作为调节对象或以工艺设计的设备房间为对象，以选定对象的设计温度作为调节的设定值，以被选定对象的检测温度作为过程变量，以柜式空调器冷冻水二通调节阀的开度为调节手段，对柜式空调器二通阀的开度进行调节控制。其中合肥地铁2号线综合监控系统小系统的HMI界面如下图所示：

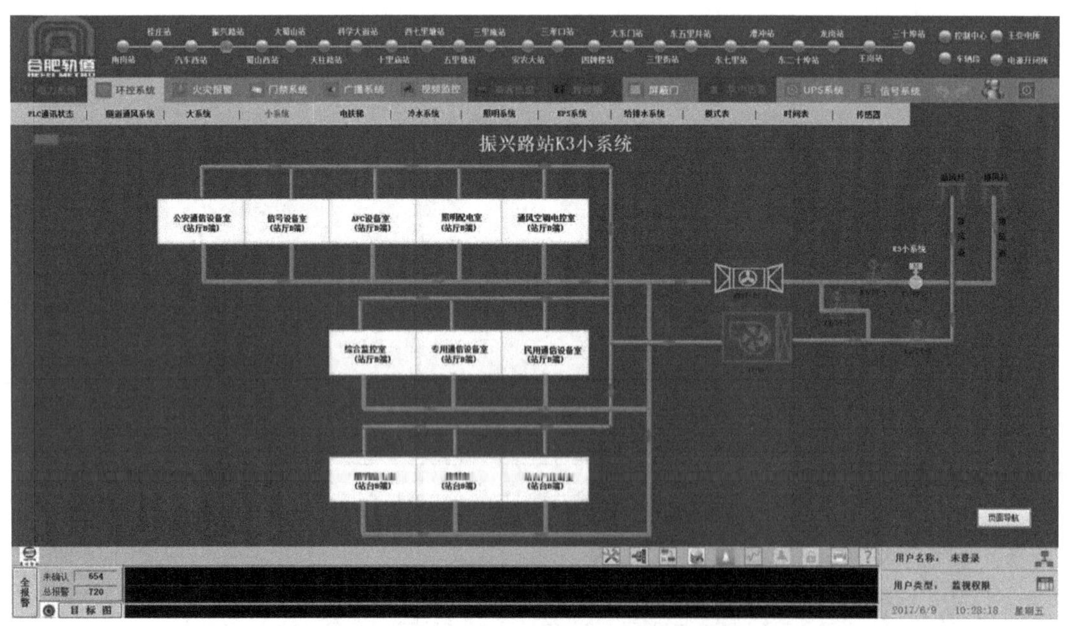

图5　合肥地铁2号线综合监控系统小系统HMI画面

5　车站冷水系统节能优化控制方案

合肥地铁车站水系统由统一的冷源设备提供。水系统相关设备的加载、减载、联动控制及调节功能由冷水机组供货方提供的冷水机组群控系统负责实现。BAS 与冷水机组群控系统之间采用通信接口进行连接，实现信息的交互。BAS 将冷水机组所需要的参数通过数据通信传送给冷水机组群控系统。

冷水机组的群控及优化节能控制也可由 BAS 子系统实现，具体实现方案有如下几个方面：

（1）根据时间表，对设备采取早间预冷的控制策略。早晨车站运营前对车站站厅、站台公共区和车站设备及管理用房进行预冷，进入空调预处理程序。此时启动所有冷水机组，关闭所有空调二通调节阀，使冷水机组不带负荷，保证冷冻水能迅速降到设计要求的 7℃；打开空调送风机，利用室外新风对车站进行通风换气。

（2）根据时间表，对设备采取提前关机的控制策略。晚上车站停运前，提前关闭冷水机组，利用地铁车站和建筑的热惰性，用余冷维持空气参数的缓慢变化，从而节省能耗。

（3）冷水机组台数控制策略。早间预冷时，启动所有的冷水机组；预冷结束后，根据最近天气状况和运营经验，启动经验台数。冷水机组带上负荷后，根据冷负荷计算，进行自动台数控制。

（4）根据冷却塔出水温度控制冷却塔风机转速。

（5）避免冷水机组等大型设备频繁启动对电网的冲击，保证同一台冷水机组两次启动的时间间隔。

6　车站隧道通风系统节能优化控制方案

对合肥地铁车站隧道通风系统节能优化控制，可以根据不同季节室外空气温度的变化，实行开式运行和闭式运行，BAS 根据不同季节室外的温度对活塞风阀进行开度控制。

（1）对于开式控制来说，BAS 控制活塞风阀处于全部打开状态，充分利用列车的活塞风效应加强区间隧道与外界的通风换气。

（2）闭式控制则 BAS 控制活塞风阀开启一定角度，控制活塞风进入量，满足地铁内部的新风要求，控制地铁内部温度不至于过低。

7　车站照明系统节能优化控制方案

合肥地铁车站照明系统也是能耗的重要组成部分，在对其节能优化控制时，可以采取如下几个措施：

（1）对照明系统，BAS 根据时间表控制照明回路在不同的运营时间段内开启不同的照明模式，实现照明节能控制。

（2）在正常运营时间段内，BAS 控制照明系统按工作照明模式运行，控制区间照明按照正常运营模式运行。

（3）在夜间停运时段内，BAS 控制照明系统按夜间停运照明模式或节电照明模式运行。

8　结束语

随着城市化进程的不断加快，包括合肥在内的很多城市地铁建设也进入了快速发展时期，在当前国家节能政策方针的引领下，降低地铁能耗是应对目前能源危机多发的重要举措。因此，希望通过本文的探讨，能为后续合肥地铁的节能优化提供一定的有益借鉴。

参考文献

［1］唐敏. 基于负荷预测的地铁通风空调系统节能优化方案［J］. 都市快轨交通，2008（4）：74-77.

［2］於浩. 基于地铁综合监控系统的节能管理方式探讨［J］. 现代经济信息，2017（13）：371.

［3］董存祥. 基于综合监控系统的城轨交通节能研究［J］. 铁道标准设计，2014，58（08）：168-171.

［4］李金法. 综合监控系统参与通风空调系统的节能优化控制流程研究［J］. 科技创新与应用，2014（16）：34.

［5］周桔红，赵驰，张劭. 浅析地铁综合监控系统引领城市轨道交通综合能耗管理变革［J］. 自动化博览，2012，29（02）：50-52.

土压平衡盾构的绿色施工技术

温法庆[1]　孙连勇[2]　尹长凤[2]　蒲　强[1]　李春林[1]
（1 中铁十八局集团有限公司，2 济南轨道交通集团有限公司）

摘　要：以“四节一环保”的绿色施工核心要求为导向，由盾构的选型为起点，以土压平衡盾构施工为研究对象，进行绿色施工技术应用、创新，分析了土压平衡盾构施工过程中应重点控制的环节与盾构能耗控制的重点系统，将研究成果应用于实际工程，取得了良好的经济效益和社会效益。

关键词：盾构；四节一环保；效益

1　引言

各大中城市轨道交通的快速发展表明，轨道交通作为一种绿色交通模式，有利于节能降耗环境的影响以“四节一环保”的绿色施工核心要求为导向，以综合效益最大化为目标的建造模式是“可持续发展”理念在地铁的建造过程中的体现。由于地铁隧道施工所处地段的地质条件和周边环境的复杂性及难预见性，地铁盾构施工是地铁建造过程中难度最大、危险系数最高且资源消耗最多的单位工程之一。

李军[1]将绿色施工的概念和内涵概括为“四节一环保”，并介绍了绿色施工管理六大方面，并针对绿色施目标多、影响因素广、层次复杂的特点，将灰色聚类评价模型引入绿色施工的评价体系，提高了其科学性和准确性。何良波[2]对复合式 TBM 在城市轨道交通施工中绿色施工技术的应用进行了分析，结果表明，在地铁施工中应用绿色施工技术，能有效地提高施工效率，具有良好的经济和环保效果。

本文以南昌轨道交通 1 号线某标段盾构施工为例，利用绿色施工的相关理论对盾构选型方案进行验证，根据盾构施工成本统计数据进行绿色施工分析，提出土压平衡盾构的绿色施工技术设想。

2　工程概况

2.1　工程水文地质概况

南昌轨道交通 1 号线土建六标段东起彭家桥站，西至八一广场站，共 3 个区间（彭家桥站—师大南路站，区间长度 661m，隧道主要穿越中砂、砾砂、圆砾地层；师大南路站—丁公路北站，区间长度 857m，隧道主要穿越中粗砂、砾砂、圆砾、卵石地层；丁公路北站—八一广场站，区间长度 877m，隧道主要穿越砾砂、圆砾和强风化、全风化、中风化泥质粉砂岩层），三个盾构区间地下水位在隧道顶部 6—11m 之间，具有承压性。

2.2　设备概况

用于本工程的盾构机型号为 ZTE6250，刀盘开挖直径 6280mm，刀盘驱动由 6 台 132kW 变频电机驱动。额定扭矩 5700kNm，脱困扭矩 6300kNm；额定推力 34, 195kN（30MPa），最大推力 39, 893kN（35MPa）。螺旋机为有轴后部马达驱动，最大扭矩 178kNm，最高转速 19rpm。

3　设备选型

在满足盾构设备选型基本原则的前提下，统筹考虑工程水文地质条件等多种因素，依据“四节一环保”的基本要求，对土压平衡盾构与泥水平衡盾构进行对比，如表1所示，并考虑安全、可靠、适用、先进、经济、环保、资源消耗等因素，确定南昌轨道交通1号线土建六标工程选用土压平衡盾构。

表1 土压平衡盾构与泥水平衡盾构的对比表

序号	效用	对比结果
1	减少道路占用 $500m^2$—$600m^2$	减少了泥浆池、地面泥水分离站等设备的用地
2	减少电能消耗 478, 800kW · h 左右，节约成本约43万元	主要电能消耗差异为泥水分离、膨润土制浆、泥浆输送等耗电，根据盾构区间长度及现场实际情况、设备的功率配置情况；临近项目数据为2200kW/环，土压平衡盾构电能消耗约1000kW/环，工程总环数为3990环
3	节约设备购置费用2700万元—3700万元	主要为泥浆处理设备，其配置标准不同，价格相差较大；土压平衡盾构配套设备费用：电瓶车编组300万元，龙门吊120万元；泥水盾构增加设备费。用：场地泥浆处理设备2000万元—3000万元；中继泵站（电机功率380kW，扬程60m）每套170万×5=850万元；泥浆输送管道169万元，用于中继泵站的高压电缆120万元
4	减少用水 79, $800m^3$—119, $700m^3$，节约成本 295, 260—442, 890元（水费每立方米3.7元）	本工程施工耗水量为 $13m^3$—$15m^3$/环，工程总环数为3990环，根据每环泥水盾构泥浆制备耗水与土压盾构渣土改良（含台车冲洗用水）耗水之差 $20m^3$—$30m^3$（具体差值因地质而异）
5	减小噪声污染及对地面环境影响；	土压平衡盾构噪声（主要为龙门吊、拌和站噪声，为非连续性）较小，达到了昼间≤70dB，夜间≤55dB的噪声排放达标；泥浆分离时（连续）噪声大≥85dB；土压平衡盾构废弃泥浆较少，对地面环境的影响也较小

4 盾构施工电能消耗与节电

根据土压平衡盾构施工的实际情况，依据盾构的系统组成，将电能消耗系统划分为12个单元。如表2所示为各系统实际电能消耗数据及所占总消耗功率的比例，其中通风系统、循环水系统和照明等不间断工作，其余盾构系统按每天掘进10环进行换算。

表2 盾构机电能消耗测算表

序号	系统单元名称	主要功能及耗能设备	额定功率（kW）	工作时间（min）	功率使用率（%）	实际耗电量（kW · h）	占电能消耗（%）
1	刀盘驱动系统	给刀盘的旋转提供动力，主要由主驱动（变频电机驱动或液压马达驱动、减速机、主轴承等）、驱动润滑及液压油过滤装置组成	796	40	75	396	33.7
2	盾构推进系统	给盾构机提供推进动力，主要由推进油泵、油缸和液压油（冷却）过滤装置等组成	97.5	40	60	39	3.3
3	渣土传送系统	将渣土从土仓传送至台车内，主要由螺旋输送机、皮带运输机组成	252	40	40	67.2	5.7
4	管片拼装系统	将管片拼装成环，由管片吊机和管片拼装机组成（与注浆系统共用电机）	74	25	50	37	3.1
5	渣土改良系统	提高渣土的流塑性，主要由泡沫系统、膨润土系统、聚合物注入装置组成	24	40	85	13.6	1.2

续表

序号	系统单元名称	主要功能及耗能设备	额定功率（kW）	工作时间（min）	功率使用率（%）	实际耗电量（kW·h）	占电能消耗（%）
6	注浆系统	填充管片与隧道间的空隙，固定管片，主要由砂浆搅拌装置、注入装置（与拼装机共用泵站）及制浆设备组成	80	35	80	37.3	3.1
7	循环水系统	外循环水为隧道内提供工业用水，内循环水用于冷却液压油与减速机（马达等），污水系统将洞内污水排到洞外（洞内与洞外排放）	86	144	70	144.4	12.3
8	垂直运输系统	将渣土吊出，另将管片等其他施工材料、设备吊入隧道，动力设备为龙门吊（50 吨龙门吊）	178.5	30	80	71.4	6.1
9	水平运输系统	运输渣土、管片及其他施工材料、设备，动力设备是电瓶车（每台盾构配置 2 列电瓶车编组）	235	40	75	117.5	10.0
10	通风系统	更换隧道内的空气，主要耗能装备为通风机（洞外风机、洞内风机）（按每天 10 环计算）	150	144	50	180	15.3
11	其他	包括隧道内照明、污水处理、施工临时用电等	约 100	144	30	72	6.2
总计		一台盾构消耗功率	2000			1175.4	100

备注：工作时间根据工程统计数据取平均值，各系统功率使用率根据统计及现场记录数据确定的平均值。实际消耗电量 KW = 系统装备功率×功率使用率×工作时间

表 2 数据显示，刀盘驱动系统电能消耗占总耗电量的比重最大，达到了 33.7%，通风系统、循环水系统、水平运输系统电能消耗占总耗电量的比重分别为 15.3%、12.3% 和 10.0%。这四个系统的能耗比重达到了总耗电量的 71.3%。

渣土传送系统的电能消耗主要由螺旋输送机、皮带运输机组成，其所消耗的电能占总耗电量的 5.7%，螺旋机具有排土与保压功能，提高渣土的流塑性，可大幅度降低螺旋机的电能消耗。

通风系统主要是利用通风机对盾构掘进施工处的空气进行更换，为确保盾构施工安全，进行通风系统设计时通常选取最不利情况下的最大通风量，以此来计算风压，选取风机。因此，通风系统也是盾构掘进施工中的电能消耗大户，占总电能消耗的 15.3%，选用变频风机，根据隧道长度及洞内实际情况调整风量及风机开启级数，可有效降低隧道通风的电能消耗。

盾构推进系统占总耗电量的 3.3%，它承担着盾构机的顶进任务，盾构推进系统消耗的电能是用来克服盾构推进过程中盾体外围与土体之间的摩擦力及工作面推进等阻力等。盾构推进系统的功率消耗与渣土改良、地质有关，在地质条件一定的条件下，渣土改良的优劣对盾构推力的影响较大。

垂直运输、水平运输功率消耗分别为 6.1%、10%，垂直运输主要为龙门吊的功率消耗，其中起吊功率为 132kW，采用变频控制，可降低电力消耗；水平运输为电瓶车的功率消耗，一台盾构配置 2 列电瓶车编组，电瓶充电后通过逆变系统将直流电转换成交流电驱动变频电机，电瓶车在运输中功率的消耗与负载大小及线路坡度有关。这两项的实际消耗与负载密切相关，在实际施工中，负载基本确定，节

能空间相对较小。

管片拼装（与同步注浆共用）电能消耗系统占总耗电量的3.1%；渣土改良系统包括泡沫系统（9kW）、膨润土系统（7.5×2）、聚合物注入装置（气动），占总耗电量的1.2%，实际功率消耗与盾构掘进的水文地质有关（渣土改良方法根据水文地质条件确定），实际施工中用泡沫相对较多，功率消耗相对减少；同步注浆系统（与管片拼装共用，只计算搅拌功率及砂浆制备消耗）占总耗电量的3.1%，其中的筛沙机、砂浆搅拌的功率消耗基本恒定，砂浆在储浆罐的搅拌时间与施工管理有关，根据实际需要，及时拌浆，减少砂浆搅拌（11kW）时间，可降低电力消耗。

水系统包括外循环、内循环两部分，内循环功率基本固定，外循环水泵的消耗功率与隧道的长度有关，一般情况下外循环水的流量根据盾构的技术要求确定。流量确定后，水泵的扬程根据隧道的长度计算，不宜选择扬程、流量过大的泵。[3]

5 材料消耗与节材

盾构在正常段掘进过程中消耗的材料主要分为结构耗材和机械维护耗材。其中结构耗材主要有管片、砂浆（水泥、粉煤灰、水、砂、膨润土）、泡沫剂、高分子聚合物、膨润土等；机械维护耗材主要有盾尾油脂、主轴承密封油脂和润滑脂、液压油脂、刀具磨损与配件消耗等。表3为盾构每推进一环所消耗的材料（按正常掘进考虑，不计异常情况）。

表3 盾构每环消耗材料统计表

材料名称	单位/环	数量	备注
泡沫剂	L	30—60	因地质而异
高分子聚合物（粉剂）	kg	2—4	因地质而异
膨润土	kg	200—800	由地质确定
盾尾油脂	kg	30—40	1h消耗量
主轴承密封油脂	kg	8—12	1h消耗量
主轴承润滑脂	kg	6—8	1h消耗量
液压油	kg	5000	一般掘进3000m根据检测结果确认更换
砂浆	m^3	6	一般每环注浆$6m^3$，具体用量因地质而异

砂浆主要用于填补衬砌（管片）与隧道土体之间的建筑空隙，从而控制地层沉降和固定管片，理论上其消耗量应为衬砌（管片）与隧道土体之间的那部分体积，由于地质情况及地层周边环境的不同，实际工程中砂浆消耗量与理论值存在较大差异。在满足地面沉降要求的情况下，合理确定注浆参数，以压力为主、流量为辅有效控制注浆量。

泡沫剂、膨润土和高分子聚合物用于提高渣土的流塑性，保证土仓内的土压稳定及出渣的效率。根据具体掘进地质情况，通过实验确定合理参数，并在掘进中根据渣土改良情况实时调整。

主轴承密封油脂、设备润滑脂和盾尾油脂作为盾构机动力设备的维护性耗材，消耗量相对固定，主要由盾构机的相关参数决定。盾尾油脂是用来密封管片与盾尾之间的空隙，防止泥沙、污水等渗入盾构机内，保证盾构施工的顺利进行，其消耗量主要和管片表面质量、隧道线路情况、盾构姿态和管片的拼装质量有关。

管片作为隧道的永久性支护结构，其消耗量也最大，约占隧道总费用的40%。管片的结构尺寸由隧道的埋深及工程水文地质所确定，当隧道设计完成时，其消耗量也已基本确定，管片的节省方式主要为负环管片重复利用及配套件的保护和管理。

盾构刀具的磨损也是盾构施工过程中的一大材料消耗。刀盘刀具和土体间的摩擦，造成盾构刀具的严重磨损，为保证盾构掘进施工的正常进行，需及时对盾构刀具进行修复、更换。以增焊耐磨层的方法减少刀具的磨损，施工中应加强渣土改良减少刀具磨损，延长其使用寿命，减少更换数量，节约刀具更换成本，降低制造刀具的材料消耗，同时加强设备维修保养及配件管理，降低配件消耗。

6 水资源消耗与节水

土压平衡盾构施工用水主要包括机械设备的冷却用水及相应的附属用水等。其中施工用水包括混凝土、膨润土、砂浆、泡沫等材料制备用水，还用于对混凝土等其他半成品材料的养护、工作面及现场设备的清洗和地面施工现场清洗。

土压平衡盾构施工用水中，泡沫、土仓加水等渣土改良用水、二次注浆用水皆为必需的消耗，可加强施工控制，在满足渣土改良要求的前提下合理控制用水量；施工设备冲洗用水量较大，包括台车冲洗用水、注浆管堵塞疏通用水、砂浆罐冲洗用水等，其中台车冲洗用水占总耗量的90%以上。加强同步注浆管理，降低同步注浆管堵塞的风险，可减少注浆管堵的通用水。通过皮带的调整及合理的冲洗管理，可降低皮带的掉泥量，减少隧道冲洗用水总量。同时，通过合理优化冲洗管路接口，将DN25管口接入口径为2mm小孔的冲洗枪对台车进行冲洗，既提高冲洗效果，又可大量节约用水。经测算，台车冲洗用水可节约60%以上。内循环用水一般不会减少（总量1.5m^3），不予考虑。

隧道冲洗用水经沉淀后可用作地面冲洗用水，膨润土、砂浆拌制用水，根据施工现场统计可节约用水30%以上。

7 土地资源占用与节地

每个盾构施工区间需要一个工作场地用作吊车、渣土运输车等机械设备停放及运行的场地，用作管片等材料的存放地和施工人员的工作场地等；并且为了满足消防、环保和安全等要求，各场地之间必须留有一定的空间。按照以往工程经验，5000m^{2}左右的施工场地才能满足土压平衡盾构施工的需要。地铁车站施工空间非常狭小，造成盾构施工场地的紧张，根据实际情况合理布置施工场地，尽可能减小施工场地。

隧道开挖将产生大量渣土，常采用选址堆放的处理方式。而隧道开挖出来的渣土体量巨大，其堆放场地将是对土地资源的一个巨大占用。本工程渣土沙砾含量高，其中某些区段掘进地层全部为沙砾层，可运用渣土冲洗的方法，将其中的泥土洗掉，以作混凝土的砂石用料，减少渣场的面积需求。

8 施工环境因素分析

盾构施工对环境影响最明显的是环境安全风险，如地面沉降超限、塌陷，影响地面交通，甚至造成如煤气泄漏、自来水管断裂、临近建（构）筑物倒塌等事故；其次是渣土堆放场地对周边环境的影响。

在盾构掘进过程中，刀盘旋转土体开挖对地层产生了扰动，导致地层变形而产生沉降（隆起），地层沉降过大会对地面、临边建筑物产生影响，严重时会影响周边建（构）筑物的安全与正常使用。引起地层移动的因素有很多，其中覆土厚度、地层土体模量、隧道开挖直径和管片注浆填充率对其的影响显著，且这些因素之间还相互影响，地层的最终变形也是他们综合作用的结果。盾构施工对环境安全的影响主要表现为地下管线的爆裂，地表的不均匀沉降（隆起），地面的塌方和建（构）筑物倾斜、倒塌等。

盾构掘进施工对环境安全的影响由地层变

形的程度及影响范围决定。土体变形规律如图1所示。盾构引起的地层沉降均按"V"字形分布，且沉降量由地面向隧道顶部逐渐非线性增大，离隧道顶部越近，沉降量增大的越快；侧向水平位移由地面向下也呈现非线性增大规律，在略高于隧道轴线处达到峰值，再逐渐减小，一直到零为止；地层位移与离隧道间的距离有关，距离越短，位移越大。[4,5,6]

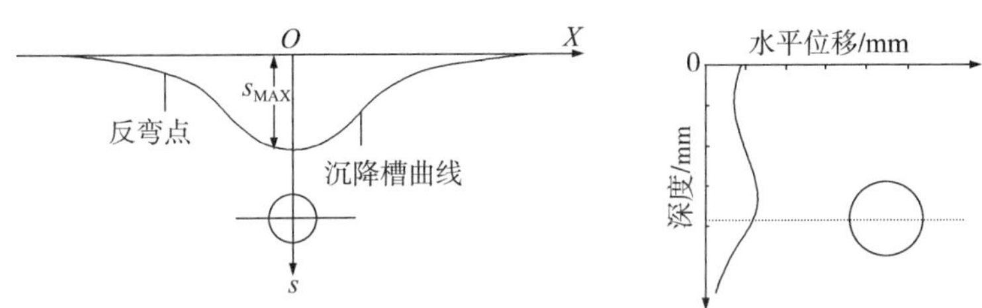

图1 土体竖直与水平位移图

9 结束语

盾构的绿色施工技术，由设备选型开始，在满足盾构选型的必要条件的同时统筹考虑，电能、材料、水资源、土地的占用情况及周边环境情况，对设备选型进行绿色分析与优化。

土压平衡盾构掘进施工中的12个电能消耗系统单元中，刀盘驱动系统、通风系统、循环水系统和水平运输系统占到了总耗电量的71.3%。降低电能消耗的最主要方式是设备的合理选型及掘进参数的优化；其次，对施工用泵的合理选用，也能产生较大的效用。

材料消耗中较大的节约空间为油脂类耗材、注浆材料的控制，盾构刀具的合理配置及通过掘进参数的优化降低刀具的磨损，减少刀具使用费用，通过积极有效的设备维修保养与配件管理，降低设备的维修费用

合理控制施工用水，加强施工废水的回收利用，可节约水资源30%以上。合理布置施工场地，减少施工占地，合理利用渣土，在减少土地占用的同时会带来相应的经济效益。加强盾构施工风险管控，规避因施工对环境造成的负面影响。

参考文献

[1] 李军. 建筑工程绿色施工评价体系研究 [D]. 沈阳：沈阳建筑大学，2013.

[2] 何良波. 复合式TBM绿色施工技术在城市轨道交通建设中的应用 [J]. 国防交通工程与技术，2015 (01)：72-74.

[3] 张立泉，温法庆，赵红专. 盾构施工用泵的选型与安装 [M]. 智慧城市与轨道交通，2015：4.

[4] 张远荣. 盾构过富水砂层对环境影响的分析研究 [D]. 北京：中国铁道科学研究院，2011.

[5] 胡斌，莫云，胡新丽，唐辉明，冯晓腊. Peck法在武汉地铁隧道地表沉降预测中的适用性分析 [J]. 工程勘察，2012 (07)：6-10.

[6] 韩煊，李宁，J. R. Standing. Peck公式在我国隧道施工地面变形预测中的适用性分析 [J]. 岩土力学，2007 (01)：23-28，35.

盾构隧道渗漏的分析及预防措施

李加男
（中铁十六局集团地铁工程有限公司）

摘　要：管片的拼装质量是造成隧道渗漏最关键的因素，本文结合现场施工经验，对隧道渗漏进行分析，就如何加强控制管片的拼装质量，防止隧道渗漏，提出相应的对策和措施。

关键词：隧道渗漏；管片拼装质量；同步注浆；管片止水条粘贴

1　引言

盾构掘进完成，进行管片拼装，这是对隧道最外层的衬砌，也是最关键的工序。衬砌的好坏直接影响隧道的质量和安全，对日后投入运营及管理起到至关重要的作用。

2　隧道渗漏的危害

2.1　已贯通却出现渗漏的隧道

对于出现渗漏的隧道，只能进行注浆堵漏，待隧道铺轨运营一段时间后，若渗漏处仍然继续渗漏，这就需要不断去封堵，非常浪费人力物力财力，周而复始恶性循环且对隧道的质量和安全也构成威胁。

图1　某盾构隧道出现的渗漏

图2　渗漏处注环氧树脂堵漏（底部）

图3　渗漏处注环氧树脂堵漏（侧面）

2.2　已运营却出现渗漏的隧道

隧道渗漏所带来的危害不可估量的。对轨道交通而言，隧道贯通验收合格后，就会进行铺轨装修等工作，满足使用要求后就开始投入运营，不管是财力还是工期都不允许对隧道进行二次衬砌，若隧道出现渗漏只能边运营边修理，且不能彻底解决问题，所以在初次衬砌就必须把可能出现渗漏的问题解决掉。

图4　某地铁隧道道床“翻浆”“冒泥”

图5　工人在已开通运营的隧道内清理堵漏残留物

3　盾构隧道出现渗漏的主要原因

3.1　管片拼装质量不规范

管片的拼装质量是隧道出现渗漏的主要原因，管片拼装人员的熟练程度和责任心将直接影响管片的拼装质量。例如：管片拼装前有没有把盾尾的杂物彻底清理干净，若不彻底清理干净，将造成管片之间缝隙较大；拼装过程有没有将管片均匀摆正，若不均匀摆正，管片之间会有错台；拼装完成后有没有将管片螺栓打紧；拼装下一环时有没有将上一环管片再次复紧；管片拼装过程中有没有按照由下至上左右交叉的顺序进行，是否造成管片边角破损等。

3.2　同步注浆质量不达标

由于盾构掘进过程中开挖直径比管片外径大，当管片脱出盾尾后，管片与周围土体之间会存在一圈环形间隙。环形间隙在盾构施工工艺中以同步注浆的方式进行填充，注入的水泥浆一方面能有效地抑制地面沉降，另一方面起到固定管片和防止隧道渗漏的作用。当同步注浆量不足，或者注浆参数选择不当时，如浆液凝固时间较长、注浆压力不当、注浆时机不合适，将不能有效地填充管片与周围土体之间的环形间隙，势必会导致管片错台以致漏水。

3.3　管片止水条粘贴不牢靠

管片之间的止水是通过橡胶止水条实现的。每块管片侧面相应的位置都有一条橡胶止水条，在拼装过程中，通过接触挤压密实相邻管片间的止水条来实现止水效果。若管片止水条粘贴不牢固，在拼装前发生脱落或者位移，没有修复完整，就将管片进行拼装，势必不能将管片止水条挤压密实，自然会造成漏水。

4　防止渗漏的控制措施

为了防止管片在拼装以后出现渗漏，应从管片生产一直到运送至掌子面进行拼装加强管理，其中包含以下四个重要的环节：管片生产过程质量控制、管片止水条粘贴质量控制、管片拼装质量控制、同步注浆质量控制。

4.1　管片生产过程质量控制

在管片厂里应对管片生产的每一个工序严格控制，尤其是管片的钢筋绑扎焊接、混凝土浇筑捣振、吊装孔锚固、管片养护等。每一个过程都需有专业的质检人员进行检查，发现问题及时处理，避免管片出现气泡、裂缝、缺角掉边、吊装孔不合格等，杜绝有质量缺陷的管片进入盾构施工场地。

图6　管片钢筋笼焊接

图7　管片混凝土的浇筑

图8　管片吊装孔内螺纹丝套锚固不合格

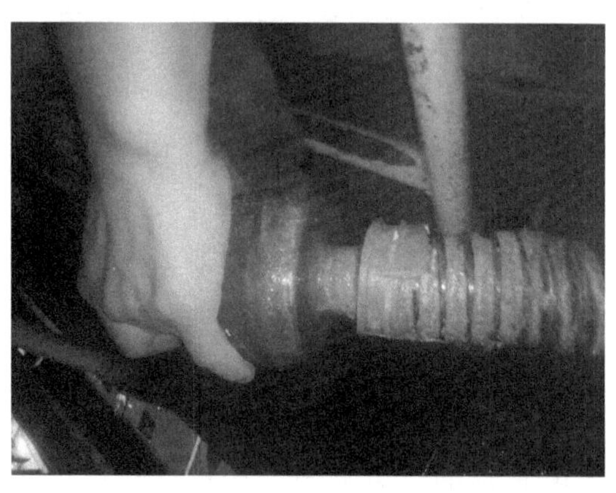

图9　拼装过程中管片吊装孔内螺纹丝套被拔出

4.2　管片止水条粘贴质量控制

将管片运送到盾构施工场地内，应对每一块管片进行验收。首先，要对其外观进行初步检查，核对出厂编号，是否有裂纹、破角、外封面破损等质量缺陷，经检验合格后才能使用。其次，进行止水条粘贴，涂刷防腐剂前，应对粘贴止水条人员进行培训并做技术交底，明确告知粘贴方法及注意事项；若粘贴止水条在管片厂进行，还需要加强监督管理工作。

施工流程图：

材料准备 → 管片槽清理 → 管片及密封垫涂胶 → 胶黏剂晾干 → 角部安装 → 直条部位安装 → 木锤/橡胶锤击打压实 → 停放12h后方可下井使用

施工工艺说明：

（1）管片粘贴沟槽清理

使用钢丝刷清除管片预粘贴槽中的水泥屑、沙粒、灰尘、异物，使预留槽中保持清洁。

（2）管片密封垫分块悬挂

将密封垫套在管片上，检查型号及位置是否正确，然后让其反向悬挂于管片上，以方便涂胶。

图10　管片止水条粘贴流程（1）

(3) 管片与密封垫涂胶

管片密封垫涂刷胶粘剂，涂刷要均匀，注意一定要100%覆盖止水条的底面和侧面。（胶水需搅拌均匀，并经常搅动）

(4) 胶粘剂晾干

刷胶后需要3~5min的风干时间，具体时间根据施工的天气气温情况而定，待溶剂挥发至用手轻触胶膜稍粘而不粘手时，方可将密封垫放入管片槽中安装。

(5) 管片密封垫四角安装

采用四角定位法，先把四个角装入（两边各安装进30cm），角度应与管片保持一致。该步骤特别重要，直接影响井下防水的效果应特别注意。

(6) 管片密封垫直条安装

待角部安装后，将其余直条部分的密封垫安装进管片槽，先短边后长边，从中间往两边进行安装。

(7) 管片与密封垫涂胶

使用木锤或橡胶锤均匀敲击密封垫，使其与管片粘接牢固。

(8) 停放时间

盾构管片专用胶粘剂属于室温硫化型，在粘贴12小时后可以达到使用的强度，时间越长，强度越高。胶粘剂未达到使用强度禁止下井使用。

注意：

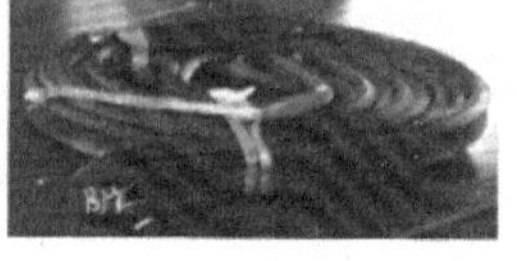

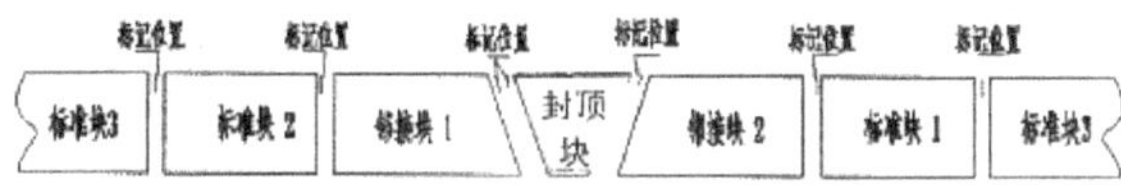

"管片中特别是邻接块的两条短板一般是一长一短（斜边与直边），密封垫套管片时注意胶条上的标记，标记的位置在短条中较长边与长条中较短边相交的短边接角侧，如上图所示。"

施工注意事项：

（1）胶粘剂涂刷完毕后装管片密封垫时，经常保持胶粘剂桶盖处于盖好状态，以免使胶粘剂挥发造成浪费。

（2）复合型盾构管片密封垫或遇水膨胀密封垫表面因有遇水膨胀橡胶条，所以产品粘贴在管片上之后，应做好防护，避免与水接触，以免使遇水膨胀橡胶过早产生膨胀，导致脱落与防水性能下降。

（3）为防止纵缝密封垫管片拼装时因反向力的作用而发生错位或卷起，在洞内每环管片拼装前纵缝密封垫表面应涂润滑剂。

防水材料存储注意事项：

（1）产品装卸时为保证包装的完好性，建议小心轻放，在运输与贮存时，注意勿使包装损坏，放置于通风、干燥处，并应避免阳光直射，禁止与酸、碱、油类及有机溶剂等接触，且隔离热源，防止被利器划伤。

（2）平时管片密封垫应储存在室温在10℃以上的室内，室内应保持干燥，严禁接触水汽、易燃品等，仓库内做到通风、防尘、防潮和防晒。冬季施工时，密封垫使用前需在烘房烘热24小时，确保密封垫不僵硬，方可使用。

（3）产品按类别分类存放，物品存放不得直接接触地面，以防受潮、变质。做到安全稳妥，采用木托架/货架等方式堆放摆好，并不得重压。

图 11　管片止水条粘贴流程（2）

管片下隧道前，应对管片再次检查，如管片型号、止水条、传力衬垫等，并形成检查记录表，可将管片吊运送至掌子面进行管片拼装。

表1　管片下井前检查记录表

进场批次	管片编号	生产日期	外观检查项目								备注
			裂缝≤0.2mm	无缺角掉边	修补质量	注浆孔	管片清洁	止水带	传力垫	外防水涂层	
技术负责人： 年　月　日						质检员： 年　月　日					

4.3　管片拼装质量控制

4.3.1　拼装质量过程控制

盾构掘进完成后，应将推进油缸行程、盾尾间隙、铰接油缸行程、盾构走向等综合考虑后，再选择拼装点位。拼装管片时要严格控制以下几点：

①拼装前察看前一环管片的环面情况和盾尾间隙，决定本环的纠偏量及纠偏措施；检查上一环与这一环的止水条是否完好无损，若有损坏应及时修补，拼装前必须清理干净止水条表面的污物才能拼装。

②拼装前必须确认盾尾是否干净，无杂物、积渣、积水、积浆，切记应将盾尾清理干净才能进行拼装，过程中环与环之间应紧贴密实，无错缝错台，尤其是底部管片，方可将管片进行拼装，油缸均匀靠拢顶紧、螺栓打紧；应严格控制管片拼装过程可能出现的错台，每环管片的平整度应控制在4mm以内，纵向相邻管片环面的平整度应控制在5mm以内。

③拼装过程要严格监督拼装质量，选择有经验责任心强的拼装手，拼装时要小心谨慎，动作平稳，减少管片的撞击破损；必须穿进并打紧所有螺栓，螺栓遵循“螺栓紧固，三锤定音”的原则，若外封面管片破损，应重新更换管片。

④管片拼装时应有专人监督管理，待这一环管片拼装完成检查无误后，方能开始下一环的掘进。下一环掘进完成后，应将上一环的管片螺栓再次复紧。管片出台车后，应搭设平台，再次复紧管片螺栓。对已拼装成环完成的管片，应粘贴管片拼装实名制标示牌。

管片拼装实名制标示牌	
盾构机司机	
管片拼装手	
质　检　员	
环　　　号	

图12　管片拼装实名制标示牌

4.3.2　拼装出现误差采取的措施

对已成环管片产生的误差，应及时发现尽早纠偏，采取的具体措施：

①已成环环面不平的管片在下一环拼装时及时加贴木楔子纠正环面，若需要纠正量较大，应采取多环纠正，每环的纠偏量不应超过5mm，直至下一环环面平整；同时还应控制管片拼装直径的椭圆度，不大于5‰。

②对产生骑缝的管片，在掘进中可将部分

油缸屏蔽，保证环面平整，纵缝不张开。

③测量环面的垂直度，可采用重锤测量管片上沿的超前量或落后量，测量左右两腰千斤顶的长度差，计算左右的超前误差，及时安排制作木楔子纠正环面。

4.4 同步注浆质量控制

加强同步注浆的管理，首先应确定同步注浆的最佳注入时期，应在盾构掘进的同时或者掘进后立即注入，注入的宗旨是完全填充环形间隙，并保证初凝时间与早期强度；应根据不同的地质、水文等情况确定浆液的性能，选择合适的注浆材料确认浆液的配合比；在同步注浆过程中掌握合理的注浆压力，使注入量、注浆速度与掘进速度等施工参数形成最佳的参数匹配。当注入的浆液能够有效地控制地面沉降和保证管片稳定，且有一定的早期强度时，可防止隧道出现渗漏。

5 结束语

本文通过对隧道渗漏的分析，提出相应的预防措施，在每一个具体过程中都应严格监督执行，只有保证所有过程的控制质量，才能最大限度地减少隧道的渗漏，提高隧道的成型质量。

参考文献

[1] 钟志全. 盾构管片错台分析及措施［J］. 建筑机械化，2006（09）：43-45.

[2] 黄平. 盾构隧道的防水处理［J］. 铁道建筑技术，2011（51）：96-101.

[3] 韩君. 浅析影响盾构管片拼装质量的问题及解决措施［J］. 建筑设计，2016（14）：825.

3

第三部分

应用篇

合肥轨道交通2号线综合监控系统深度集成及联动应用研究

余承英　林必毅　赵　健　孙阳松
（深圳市赛为智能股份有限公司）

摘　要：合肥轨道交通2号线为合肥地铁运营的第二条线路，至此，合肥正式进入了地铁换乘时代，为广大市民的出行提供了极大的便利。综合监控系统作为合肥2号线的重要综合自动化系统，为各专业的设备信息互通、资源共享，以及地铁运营安全性、可靠性和响应性的提升发挥了重要的作用。本文主要结合笔者在本项目中的实践经验，先对合肥2号线ISCS的深度集成子系统（BAS、FAS、PSCADA）进行了详细的探讨，后对系统联动功能的实现进行了分析。

关键词：合肥地铁；综合监控系统；集成方式；深度集成；联动应用

1　合肥地铁2号线ISCS概况

合肥轨道交通2号线西起长宁大道口，东至大众路口。全线依次沿长江西路、长江中路、长江东路敷设。设计全长27.764km，全线为地下线。共设车站24座，全部为地下车站，包括换乘站6座，分别与1、2A、3、4、5、6、7、8号线换乘。全线最大站间距1.665km，位于玉兰大道与蜀峰路之间；最小站间距0.714km，位于王岗大道与大众路之间。平均站间距1.182 km。

为实现各专业设备信息互通、资源共享，提升自动化水平，提高地铁运营的安全性、可靠性和响应性，最终达到减员增效的目的，合肥地铁2号线设置综合监控系统。综合监控系统（ISCS）由中央级综合监控系统（CISCS）、车站级综合监控系统（SISCS）等组成。

2　合肥地铁2号线综合监控系统的集成模式

2.1　两种集成模式分析

对于目前主流的综合监控系统来说，其集成模式主要有两种，一种是子系统完全集成在ISCS中的综合自动化系统，另外一种是子系统独立设置，互联进入到综合监控系统之中，前者可以称为深度集成模式，后者则称为顶层信息集成方式。在当前的地铁综合监控系统中，深度集成的专业子系统主要有环境与设备监控系统（BAS）、火灾自动报警系统（FAS）、门禁系统（ACS）以及电力监控系统（PSCADA）等，这些系统和综合监控系统为一个紧耦合系统，一般是由一个集成商进行完成。而顶层信息集成方式所集成的子系统和综合监控系统之间互为异构系统，接口界面通常处于综合监控集成商所设置的通信前置机（FEP）处，以实现异构间协议的转换，这些子系统主要有屏蔽门系统（PSD）、信号系统（SIG）、视频监控系统（CCTV）、集中告警系统（ALM）、乘客信息系统（PIS）、广播系统（PA）等等。

综合监控系统深度集成模式的结构示意图如图1所示：

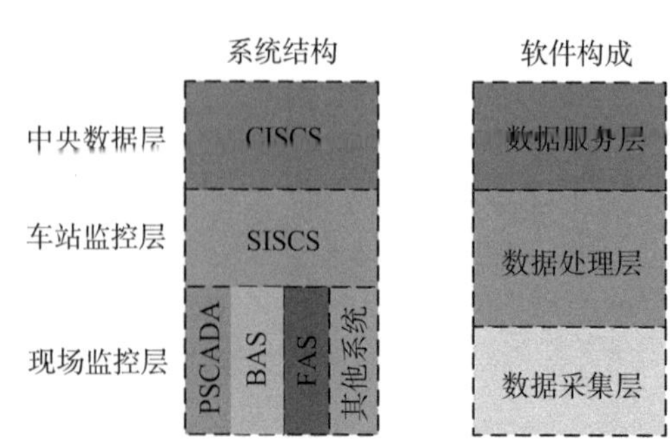

图1　合肥2号线综合监控系统总体构成示意图

2.2 合肥地铁2号线的集成模式

合肥地铁2号线深度集成的系统主要有火灾自动报警系统（FAS）、环境与设备监控系统（BAS）、电力监控系统（PSCADA）等，而顶层信息集成方式接入的子系统主要有门禁系统（ACS）、站台门控制系统（PSD）、广播系统（PA）、视频监控系统（CCTV）、乘客信息系统（PIS）、自动售检票系统（AFC）、信号系统（SIG）、时钟系统（CLK）、防淹门控制系统（FG）以及集中告警系统（ALM）等。

合肥2号线综合监控系统总体构成图如下图2所示：

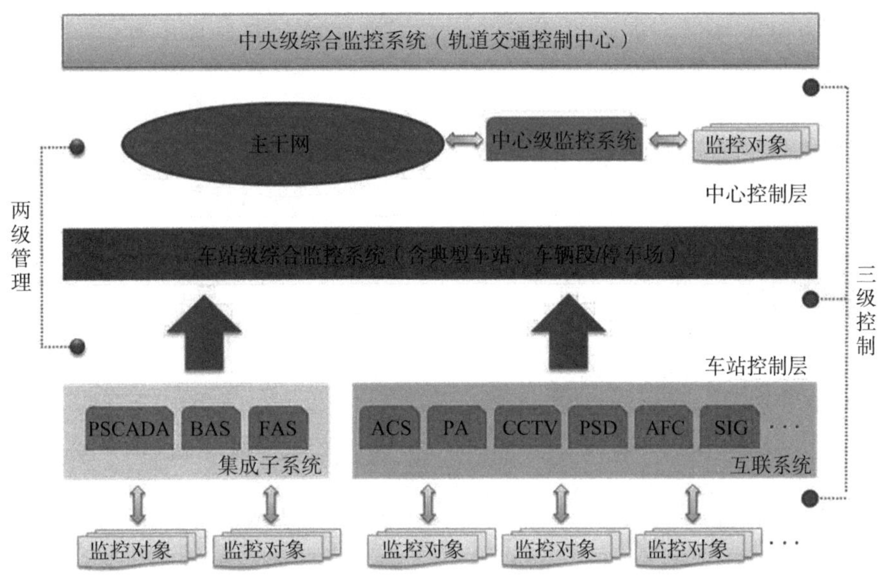

图2 合肥2号线综合监控系统总体构成示意图

3 合肥地铁2号线综合监控系统深度集成的子系统

3.1 环境与设备监控系统（BAS）

合肥地铁2号线环境与设备监控系统（BAS）包括2号线全线24座地下车站、车辆段与综合基地、停车场范围内的BAS，对通风空调系统设备、给排水设备、自动扶梯、照明设备、导向标志、车站事故照明电源等车站设备进行全面、有效地自动化监控及管理，确保设备处于安全、可靠、高效、节能的最佳运行状态。合肥地铁2号线工程全线BAS作为子系统完全融入综合监控系统，其中央级、车站级设备及功能由综合监控系统实现。BAS现场级主要通过过程控制技术，对地铁通风空调等机电设施按设置功能、系统运行工况和地铁环境标准等要求进行监测、控制和科学管理，并能配合综合监控系统下的火灾报警子系统、PSCADA子系统等为地铁线路创造舒适、安全可靠的乘车环境，并达到节能的目的。

在集成过程中，BAS中央级与车站级的数据流基于ISCS主体系统的机制，为双向传输。车站ISCS负责采集现场的环境参数、设备运行状态等信息，形成设备运行数据，继而和归档数据实时或定时地上传给中央级。中央级对全线的上传数据进行处理和归档，实时监测各车站机电设备的运行状态和车站环境状况，刷新数据库的相关记录，确定各站的运行模式和时间表，下发指令触发各站BAS的模式控制和时间控制，必要时进行设备调控。

车站BAS通过ISCS与BAS子系统的接口

采集 BAS 设备、模式号和时间表等各项信息；同时，通过该接口下发 ISCS 的各项设备控制、模式控制和时间表等控制指令。

ISCS 是一套分布式计算机监控系统，其在车站和中央的 BAS 各项功能的实现机制完全相同；区别在于两者的监控对象的范围不同，以及车站和中央操作员的操作权限的不同。从系统控制的角度来看，这几类子系统间没有工艺上的联系与制约，各自的模式表也不相关。所以，ISCS 初步将 BAS 基础设备划分为若干个子系统，主要包含通风空调大系统、通风空调小系统、隧道通风系统、电扶梯系统、冷水系统、照明系统、给排水系统，以及时间表管理、模式控制等等。

其中通风空调系统大系统、模式控制的 HMI 画面如图 3、图 4 所示，限于篇幅，其余子系统的 HMI 画面不再一一罗列：

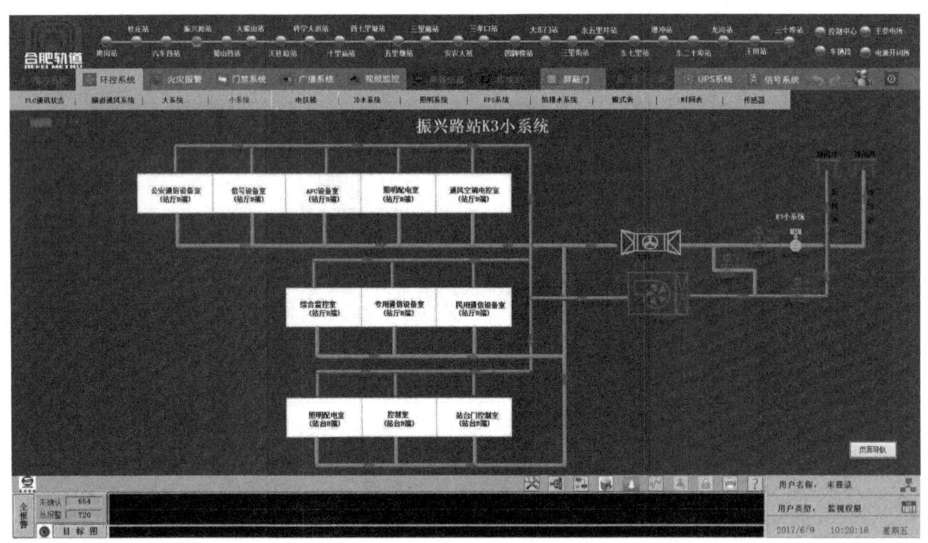

图 3　合肥 2 号线 BAS 大系统 HMI 界面图

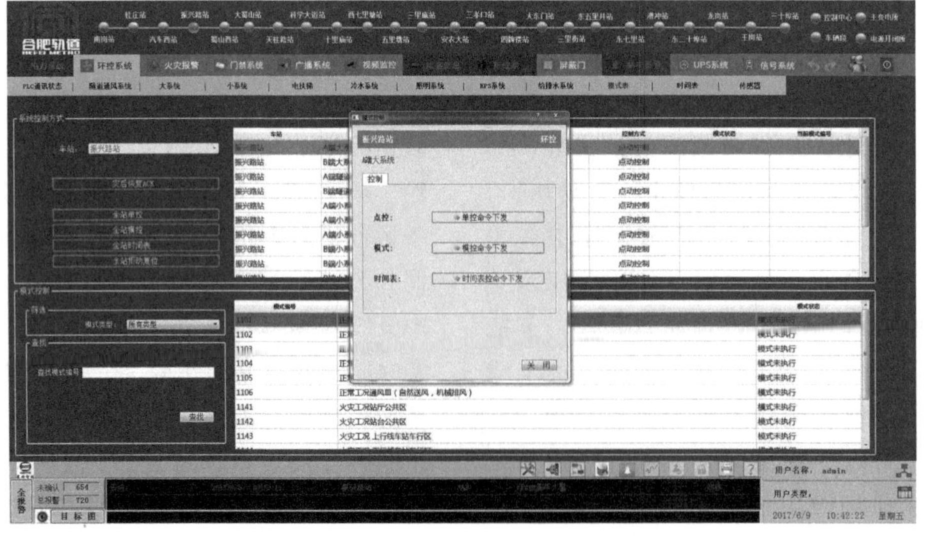

图 4　合肥 2 号线模式控制 HMI 界面图

表1为合肥2号线深度集成的BAS系统所包含的子系统及其所包含的监控设备：

表1　合肥2号线BAS子系统及其监控的设备

子系统	HMI监控设备
大系统	组合式空调机组、各类风机、各类风阀等
小系统	空调机组、各类风机、各类风阀等
隧道通风系统	各类风机、组合风阀、电量调节阀等
PLC通讯状态	主机、备机各端口状态
电扶梯系统	升降电梯/自动扶梯
冷水系统	空调机组、二通阀、空调水系统、群控系统
照明系统	广告照明、标志照明、区间照明、区间疏散指示灯
EPS系统	站台、站厅AB端
给排水系统	车站/区间雨水泵、污水泵、排水泵、废水泵、消防蝶阀等
多联体空调	室外机及各房间对应的室内机
传感器	各位置温湿度传感器、二氧化碳传感器
模式表	隧道系统、大系统、小系统当前控制状态，当前模式号，当前模式名称；每一个模式对应的系统里面各个设备的预期状态、实际状态；可以下发全站设备的控制方式是模控还是单控
时间表	当前时间表是plc里面的已经保存在plc寄存器里面的时间表；三个时间表的模板，分别是工作日时间表模板、节假日时间表模板、特殊日时间表模板，可以在这三个模板里面对时间表进行编辑、保存，还可以下发到plc寄存器里面

3.2　火灾自动报警系统（FAS）

合肥2号线各个车站的FAS信息通过交换机接入ISCS，ISCS只监视FAS的各类状态信息并接受FAS的联动指令，即FAS主机通过交换机向ISCS传送区间火灾告警信号、各防灾分区告警信号、火灾联动模式号等信息。ISCS通过车站交换机接收到本车站范围内FAS各主机状态、防火分区报警信息和火灾告警信息等数据，传送给车站服务器。车站服务器对FAS数据进行处理、记录，一方面上传给中央实时服务器，另一方面在车站操作员工作站HMI按照预配置的告警形式发出告警，如告警画面、声音告警等。中央实时服务器接收到车站服务器的防火分区报警和火灾告警信息后，对数据进行处理、记录。一方面，在OCC操作员工作站HMI按照预配置的告警形式发出告警，如弹出告警画面、声音告警等；另一方面，将告警信息写入报警历史数据库。操作员可以在操作员工作站上直观地观察各个车站的FAS设备状态，以及是否有火灾报警的发生。

FAS各设备状态在人机界面上通过颜色的变化来显示相应的信息。当火灾发生时，如烟感、温感等探测器探测到了火灾信息，设备颜色将会从绿色变为红色；当发生故障的时候，设备状态以黄色显示；当该设备被屏蔽的时候，设备状态以洋红色显示；火灾报警系统其他设备的颜色变化和烟感温感类似，以控制模块和反馈模块为例，当模块动作的时候，设备显示为红色，当模块发生故障的时候显示为黄色，当模块被屏蔽的时候显示为洋红色。

火灾自动报警系统HMI界面包括系统拓扑图、设备平面布置图、0.4kV强切系统图、区间手报系统图、感温光纤系统图等。系统拓扑图（见图5）用来显示系统比较重要的设备的状态；设备平面布置图主要用来显示烟感、温感、手动报警按钮以及消火栓按钮的状态；0.4kV强切系统图主要用来显示0.4kV非消防电源是否处于切断状态。

图 5　合肥 2 号线 FAS 系统拓扑 HMI 界面图

3.3　电力监控系统（PSCADA）

合肥地铁 2 号线综合监控系统提供的电力监控功能主要对全线主变电所、牵引降压混合变电所、降压或跟随式变电所、DC1500V 接触网、低压配电室等的供电系统设备进行监控，其所包括的主要供电设备有 110kV 供电系统设备、35kV 供电系统设备、DC 1500V 牵引供电系统设备、DC 1500V 接触网设备、400V 配电系统设备，以及应急电源设备等。电力监控系统部分传送给综合监控系统的监控信息包括 110kV 供电系统、35kV 供电系统、1500V DC 牵引供电系统、1500V DC 接触网及 400V 配电系统等。

其中合肥地铁 2 号线集成的电力监控系统（PSCADA）一次系统图 HMI 界面如图 6 所示：

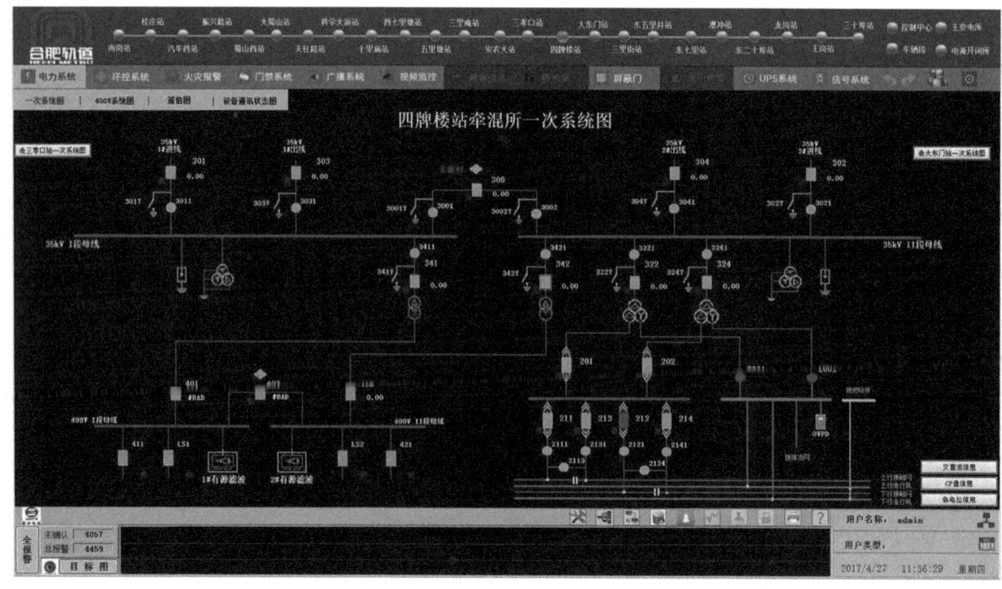

图 6　合肥 2 号线 PSCADA 系统一次系统 HMI 界面图

4 合肥地铁 2 号线综合监控系统联动功能的应用

合肥地铁 2 号线综合监控系统提供的联动功能和目前国内主流综合监控系统的联动分类相同，均为全自动、半自动和手动三种。合肥 2 号线设置联动系统的目的是减少手工操作，避免人为误操作，提高操作的速度和准确率。综合监控系统将简化与各子系统的传输环节，缩短紧急事件的处理时间。综合监控系统的操作者秉持“安全第一”的思想，坚持高度集中、统一指挥的原则，对可能会导致严重后果的联动功能采用人工确认的半自动和手动方式，避免事故扩大化。

图 7 为合肥 2 号线综合监控系统联动功能的 HMI 界面图：

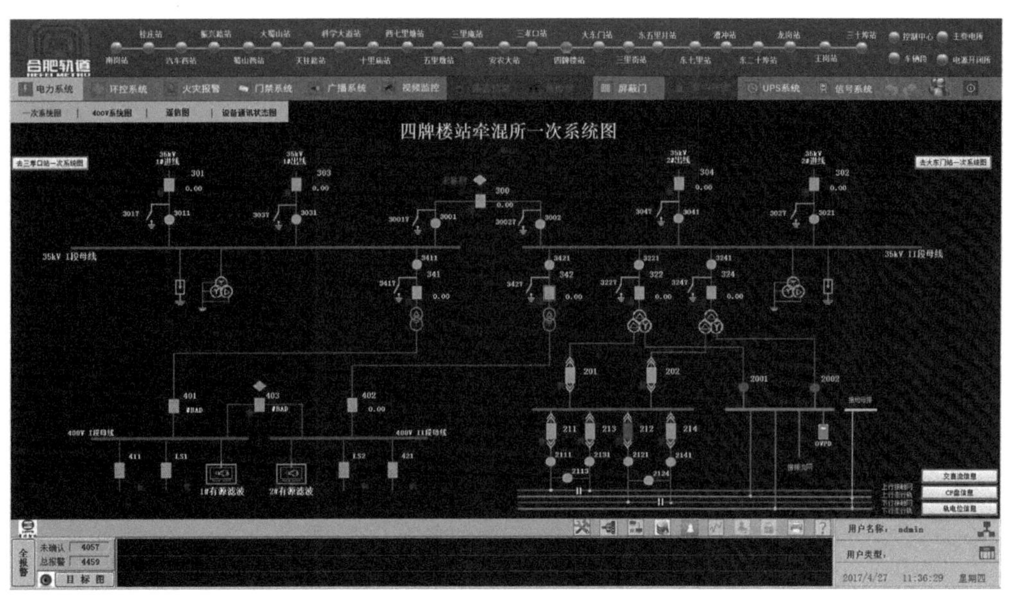

图 7　合肥 2 号线联动功能 HMI 界面图

合肥 2 号线综合监控系统提供的系统间联动功能主要包括：

（1）隧道列车阻塞模式；

（2）列车进站广播及旅客信息显示；

（3）自动扶梯与导向标识联动；

（4）自动售检票闸机与导向标识联动；

（5）火灾报警的联动；

（6）自动售检票系统与信号系统联动；

（7）车站关闭/疏散模式功能。

合肥地铁 2 号线综合监控系统的联动功能，有机地将站内各个分散的机电自动化系统连成一个整体，实现了合肥地铁内部信息资源的无障碍共享，打破了传统那种封闭状态的业务系统，提升了信息的综合利用效率，继而强化了管理决策和信息服务的能效。

5 结束语

合肥地铁 2 号线于 2017 年 12 月 26 日正式开通运营，由笔者所在企业建设的综合监控系统目前运行良好，利用软件平台技术、计算机技术、网络技术等多项目前国内最为先进的自动化技术，有机地将各个分散的机电系统连成一个整体，正是在其深度集成的 BAS、FAS、PSCADA 以及其他互联子系统的共同作用下，才进一步保障了合肥地铁运营的高效、安全等。

参考文献

[1] 马云飞，王铮. 地铁综合监控系统联动控制功能

的应用［J］. 现代城市轨道交通，2018（01）：8-13.

［2］宋树胜. 地铁综合监控系统深度集成火灾报警系统的应用［J］. 城市轨道交通研究，2018，21（01）：143-146.

［3］李绪琛. 城市轨道交通行业综合监控系统与火灾自动报警系统的深度集成方案分析［C］//中国城市科学研究会数字城市专业委员会轨道交通学组. 智慧城市与轨道交通 2016. 北京：中国城市出版社，2016：6.

［4］王宏森. 地铁综合监控系统列车预到站、到站联动功能接口需求及改进［J］. 机电工程技术，2015，44（02）：95-98.

［5］葛鑫，蔡金，徐俊杰，汪侃. 城市轨道交通综合监控系统联动功能的设计与实现［J］. 城市轨道交通研究，2012，15（09）：122-124.

车载综合监控系统在无人驾驶技术下的应用

徐腾云　芦　宁

（浙江浙大中控信息技术有限公司）

摘　要：随着地铁全自动驾驶在国内的推广，对列车的监控要求逐渐提高；而无人驾驶线路在国内的运营使用，对于综合监控提出了更高的要求。无人驾驶下司机的职责由中心调度员承担，而车载综合监控系统，既满足了调度的功能需求，又拓展了综合监控范围。本文旨在分析车载综合监控系统功能、车载系统连接方式，提出一种车载综合监控设计方案，并列举其在两种场景下的应用。

关键词：车载综合监控；无人驾驶

1　绪论

2013年4月在汉诺威工业博览会上，德国人提出了“工业4.0”的概念，并且迅速在全球范围内推广，标志着智能化时代的到来。这种智能化，也影响到了地铁行业，全自动运行、无人驾驶等概念迅速被点燃。而ISCS系统，也面临着新的冲击。

国际公共交通协会（UITP）将地铁自动化等级分为五等（GoA0—GoA04），截至2016年7月，已开通的全自动运行地铁线路共53条，遍布于全球36个城市，总里程超过789公里。UITP预测，自动运行线路将在未来的10年内翻两番。

无人驾驶技术是地铁自动化的最高级（GoA4），其主要特点是列车运行全自动化及列车无人值守，已在国外30多个城市成功应用；在国内，随着香港、北京相继开通运行无人驾驶线路，更多的城市也在尝试采用这个高科技的运行模式。综合监控系统（ISCS）作为地铁监控大脑，除了要继续加强对车站设备的监控外，应尽可能将包括车辆信息在内的车载系统监控纳入正常管控中。

2　车载综合监控系统功能

2.1　无人驾驶模式特点

全自动运行模式分为有人值守的无人驾驶（DTO，GoA3）模式和无人值守的全自动驾驶（UTO，GoA4）模式。这两种模式的共同点都是列车运行的全自动化和停车场的自动化管理；不同点是UTO模式列车上没有乘务员，甚至没有司机室，一切都靠系统和中心调度员处理。

无人驾驶相比目前常用的有人驾驶的列车自动运行（STO，GoA2）模式，就是将原来司机的工作转移给控制中心调度员处理，由中心调度通过系统完成列车监控、乘客沟通、应急处置等。[1]

表1　各运行模式对比[2]

运行模式	列车唤醒	开关门	车站发车	区间运行	障碍物检测	日常清洗、维护
UTO（GoA4）	系统	系统	系统	系统	系统	系统
DTO（GoA3）	系统	司机/系统	司机	系统	系统	系统
STO（GoA2）	司机	司机	司机	系统	司机	司机

2.2　车载综合监控系统功能

无人驾驶模式的很大一个变化就是司机室的取消，而司机的职责由控制中心调度员和车站站务人员共同承担。司机的职责如图1所示可以分为列车唤醒、障碍物观察、开关车门、停发车、应急指挥、乘客沟通、车厢监视、设备监控等。而在这些职责全部转交控制中心调度后，调度员不但需要实时知道列车的运行位置，还要对列车车载设备、车厢环境等实时监控。

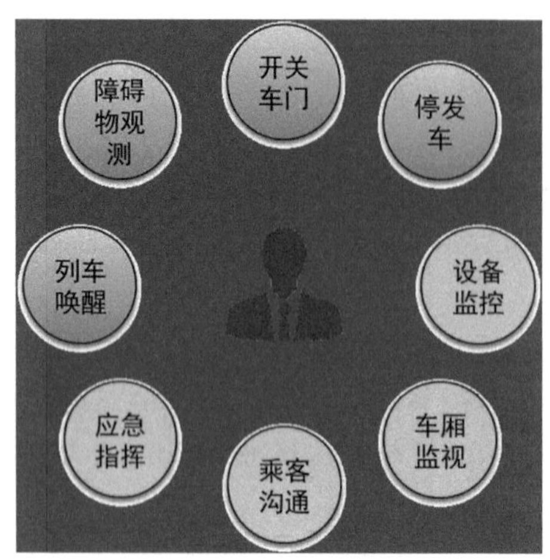

图1　列车司机职责

目前STO模式下的信号系统，在行调工作站上只显示列车位置、运行模式等信息；而综合监控工作站基本不显示列车信息，只对车站设备进行监控。在UTO模式下，信号系统功能加强，可以实现包括列车唤醒、障碍物观测、开关车、停发车在内的列车自动运行功能；而车载综合监控系统（车载ISCS），可以承担包括设备监控、车厢监视、乘客沟通、应急指挥在内的功能。这两个系统互相配合，可以取代司机，成为列车新的“大脑”。

车载综合监控实现的具体功能包括：

● 设备监控

对列车车载设备、车辆信息的监控。车载设备包括车载PA、车载PIS、车载CCTV、车载FAS等，车载综合监控系统实时采集这些车载子系统的设备运行状态，并接收车辆设备传送过来的车辆设备信息，上传到行调、乘客调等综合监控工作站显示；并且接收来自各个工作站下发的车载系统控制指令，实现调度控制。

● 车厢监视

当通过声控系统监测到车厢乘客有异常行为时，综合监控能及时监测并在工作站有报警提示。调度员通过调用车载CCTV实时查看车厢状况。同时，综合监控系统周期性接收车辆传输的是与信号系统直接控制无关的，无须调度员立即远程确认或现场人员马上处理的车辆的故障报警信息和维护信息。[3]

● 乘客沟通

在出现车厢异常或者车厢紧急手柄下拉等需要查看乘客状态的情况时，调度员除了能通过车载CCTV监测外，还能通过车载PA对乘客进行引导；而如果有乘客按下紧急对讲按钮，在乘客调的综合监控工作站会弹出对应的是否需要通话的提示。

● 应急指挥

综合监控系统的一个重要功能是联动功能，而这个功能在发生紧急情况时能起到非常大的作用。调度人员根据无人驾驶的场景，提前将紧急预案存到综合监控系统中，当出现紧急情况时，综合监控系统会自动/弹出确认框的方式执行预案，联动相关系统，协助调度应急指挥，快速完成事件处理。

3　车载综合监控系统设计

3.1　系统结构

考虑到目前普遍使用的模式依然是STO模式，而现有线路在一定的改造下也能运行UTO模式，因此在设计车载综合监控系统的方案时就不得不兼容现有车载各系统的连接方式。

如图2所示，实线为各车载系统间原有的连接方式，虚线为车载ISCS和各系统的连接方式。

● 车载ISCS在列车内和车载系统进行数据交互，包括PA、PIS、TCMS等；

● 车厢内的IPH设备直接与控制中心调度大厅相连，由调度员负责与乘客的沟通；

● 控制中心调度员通过车载ISCS实现车载PA、PIS的紧急控制，以及车载CCTV视频的调用。

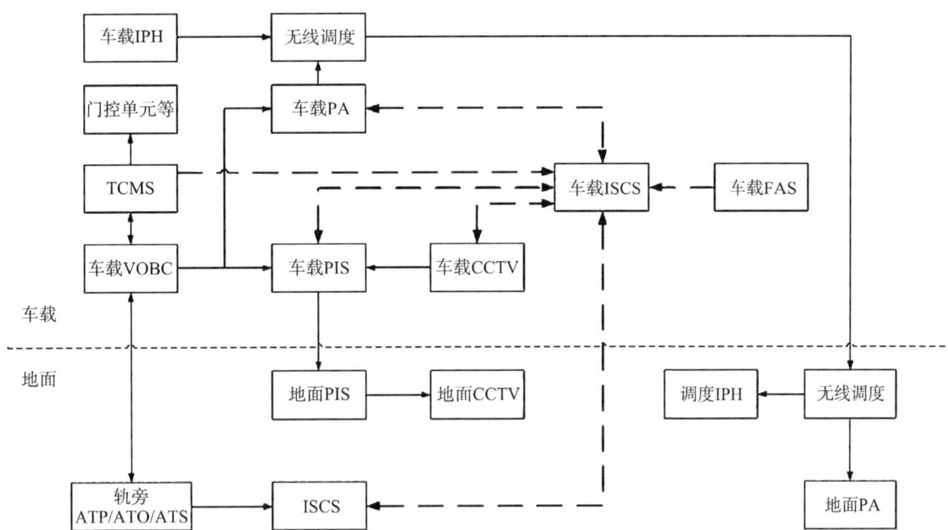

图 2 车载综合监控系统结构

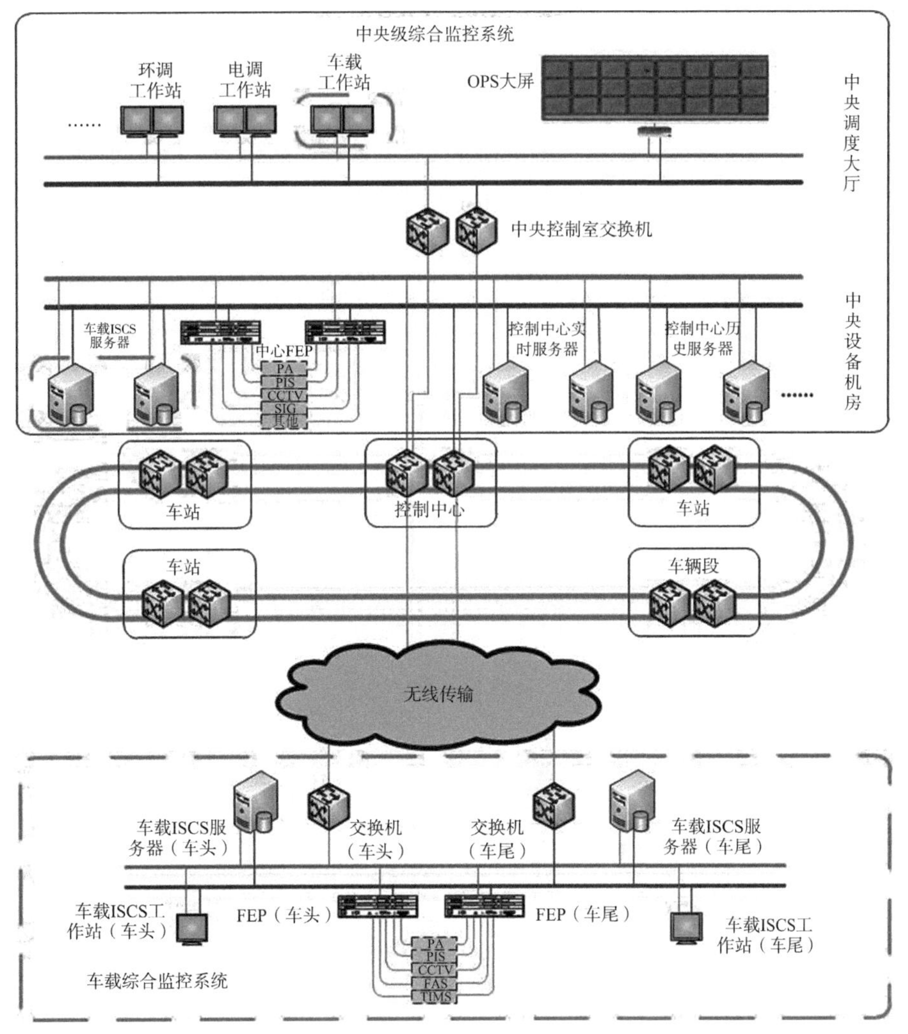

图 3 车载综合监控系统结构

3.2 整体架构

综合监控系统的基本结构为客户端工作站、FEP（前置机）、实时/历史服务器。[4] 车载综合监控系统也采用同样的部署方式：

● 列车上：车头车尾各配置一台服务器、FEP、工作站、交换机；

● 控制中心：中央设备机房新增两台服务器作为车载ISCS地面服务器，用于接收处理来自各列车FEP的数据；中央调度大厅新增两台工作站，作为车载工作站，用于显示车载HMI；

● 列车上车载综合监控工作站根据线路具体要求决定是否设置；服务器和FEP可以共用，建议分开部署；

● 车载工作站、服务器等设备性能不差于车站相应设备，且有较高的抗震、抗干扰性能。

采用车载综合监控系统，对于调度和综合监控，有以下优点：

（1）接口调试方便：PA、PIS、CCTV、FAS等系统，在车站与车站ISCS就有接口，调试起来更加方便，降低了调试成本；

（2）操作方式统一：所有调度工作站操作方式、界面风格均一致，方便调度使用；

（3）功能实现方便：用ISCS直接来处理车载系统数据，数据上送和命令下发数据流都在ISCS系统内完成，且ISCS本身就有视频调用、广播下发等功能，实现上更容易；

（4）综合监控功能更强大：大大增强了控制中心操作员对车厢乘客的广播、视频监控以及对讲，对车辆设备的管理、监控、联动等功能。

4 应用场景分析

在全自动驾驶模式下，可能会新增近千种甚至以上的新场景，涉及诸多方案的制定，其中有需要信号系统去完成的，有需要综合监控系统去完成的，有需要其他系统去完成的；而对于分配给综合监控系统的场景，综合监控系统必须实现。

车载综合监控系统的设置，既能使调度员实时监视列车运行情况，在发生问题时也能帮助调度员第一时间掌握现场情况并及时做出处理。

（1）列车火灾联动

a. 当列车上的FAS系统检测到客室内部物体或列车车体发生火灾时，TCMS将报警信息传至车载VOBC，由车载VOBC将报警信息发送至ISCS和ATS；ISCS调度工作站报警，通过调用车载CCTV确认报警，并反馈至车载VOBC；

b. 车载VOBC接收到ISCS的火警确认信息后，通知TCMS执行火灾工况；ISCS根据火警触发对应的区间火灾联动和列车火灾联动，联动系统包括车站/车载PA、车站/车载PIS、车站/车载CCTV、车站BAS等，共同完成紧急疏散和救援。

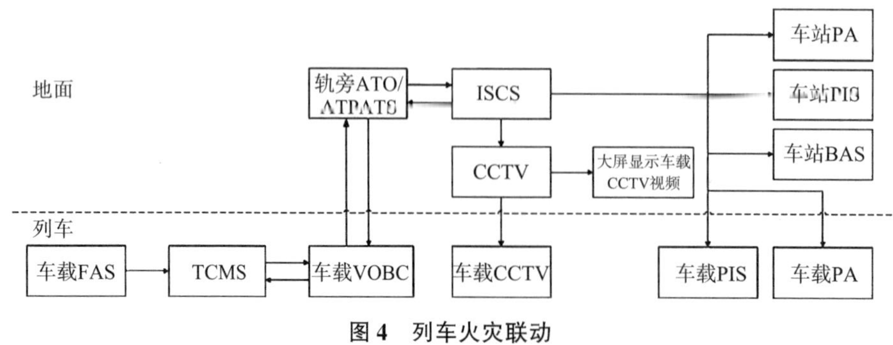

图4 列车火灾联动

（2）乘客紧急手柄

a. 车辆 TCMS 采集到手柄被拉下信息，将紧急手柄拉下信息通过网络发送给车载 VOBC；

b. 车载 VOBC 将紧急手柄拉下信息转发至 ISCS 和 ATS，ISCS 调度工作站报警；

c. 车载 VOBC 根据列车位置，反馈 TCMS 采取何种工况；乘客调通过 ISCS 工作站调用车载 CCTV 视频确认，并通过车载 PA 向列车内广播。

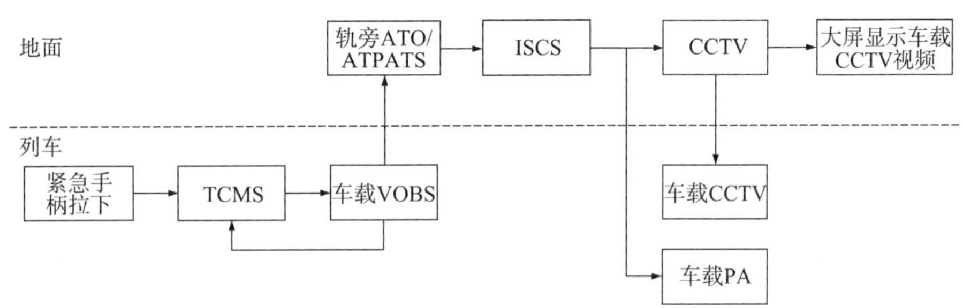

图 5　乘客紧急手柄

5　结语

在国内尚没有一套在成熟应用的车载综合监控系统，一来是车载系统相互间已经有一套比较稳定的连接方式，二来是由司机来监控车载系统更方便，综合监控通常只对车载视频监控。国际公共交通协会估计，到 2020 年国际上 75%新线路将采用全自动运行技术，40%的既有线路改造时将采用全自动运行技术。预计到 2025 年全球会有 2300 公里的全自动行驶线路。

车载综合监控系统的部署应用，不仅能极大地提升综合监控系统的管控范围，使其范围更广、功能更强大，同时也满足运营调度在无人驾驶模式下的功能需求；对于综合监控系统本身，将列车的信息纳入管控只是其中一个目标，最终目标是构建一个以行车指挥为核心的行车综合自动化系统。

参考文献

[1] 郑伟. 全自动无人驾驶模式下系统功能与场景分析［J］. 城市轨道交通研究，2017，20（11）：107-109.

[2] 饶东. 全自动运行系统地铁车辆技术［J］. 铁路技术创新，2015（4）：13-17.

[3] 李苏雯. 全自动无人驾驶模式下对通信系统的需求分析［J］. 铁路计算机应用，2015，24（7）：57-60.

[4] 蒋卫中. 轨道交通车载综合监控系统设计［J］. 都市快轨交通，2012，25（4）：116-119.

浮置板轨道技术现状分析

周迎春

（北京九州一轨隔振技术有限公司，北京 100070）

摘　要：浮置板轨道作为城市轨道交通工程中最高等级的隔振措施，被广泛应用于新建或扩建的线路中。本文针对目前应用最广、隔振效果最优的隔振垫和钢弹簧浮置板轨道，从结构形式、施工工艺、过渡段处理以及性能指标等方面进行剖析，重点对比分析了两种隔振措施的隔振效果、横向刚度、使用寿命、可更换性、对差异沉降的适应性、施工速度、造价等差异性和优缺点，可为工程合理选择浮置板轨道提供参考。

关键词：浮置板轨道；隔振垫；钢弹簧；隔振效果

现代社会城市规模不断扩大，由此造成的交通拥堵问题日益突出，地铁等轨道交通以其运量大、用时短、乘坐舒适等优势成为缓解现代城市交通压力的主要途径。近年来，随着地铁建设的快速发展，越来越多的地铁线路下穿居民区、学校、医院等人员聚居地，影响着人们的日常生活，因此各种减振产品如雨后春笋般涌现。浮置板作为最高等级的隔振措施，被广泛应用于新建或扩建的地铁线路中。

浮置板隔振系统中起隔振作用的核心部件是浮置板下的弹性元件，目前国内外使用的浮置板隔振系统按照弹性元件不同主要分为橡胶浮置板隔振系统（这里的橡胶为广义概念，包括橡胶、聚氨酯、岩棉等材料）和钢弹簧浮置板隔振系统，前者又包含了隔振垫和橡胶隔振器。就目前应用情况看，橡胶隔振器浮置板的应用远低于另外两种弹性元件，因其结构、施工工艺与钢弹簧浮置板相差无异，只是由于弹性元件材质的不同，造成使用寿命、横向刚度、隔振效果等性能有所不同，因此本文主要阐述橡胶隔振垫和钢弹簧隔振器构成的浮置板。

1　隔振原理

浮置板隔振系统属于质量—弹簧系统，其基本原理是在轨道上部结构与基础间插入一固有频率远低于激振频率的线性谐振器，即将具有一定质量的钢筋混凝土道床板浮置在弹性元件上使其处于悬浮状态。列车运行时，轮轨系统相互作用产生的振动经由轨枕传递至浮置板，利用浮置板质量惯性吸收激励振动产生的一大部分动力载荷，仅有很少的一部分动力载荷和静荷载才会通过弹性元件传到隧道结构上，有效地吸收和衰减了由上部结构传递来的振动，达到隔振的目的。

2　结构形式

基于浮置板隔振系统在全国各大城市的地铁线路中的广泛使用以及运营后显著的隔振效果，国内很多学者对其进行了大量的研究。以矩形隧道为例，分别介绍各种浮置板道床的结构形式。

2.1　橡胶隔振垫的结构形式

按支承方式不同，隔振垫可分为三种，整体表面支承、线性支承、点支承，如图1—图3所示。三种铺设方式，适用于不同的工况条件，形成的浮置板隔振系统属于高等级隔振系统。

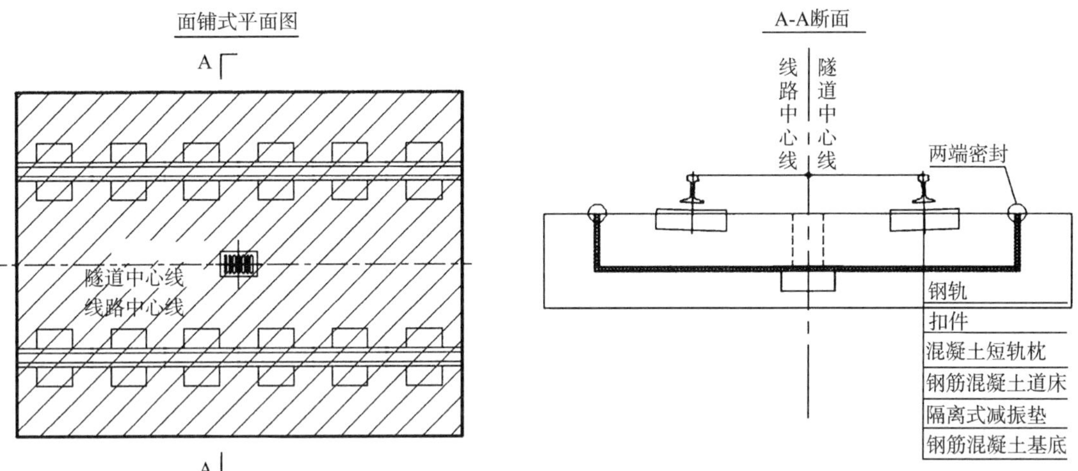

图 1　整体表面支承隔振垫浮置板

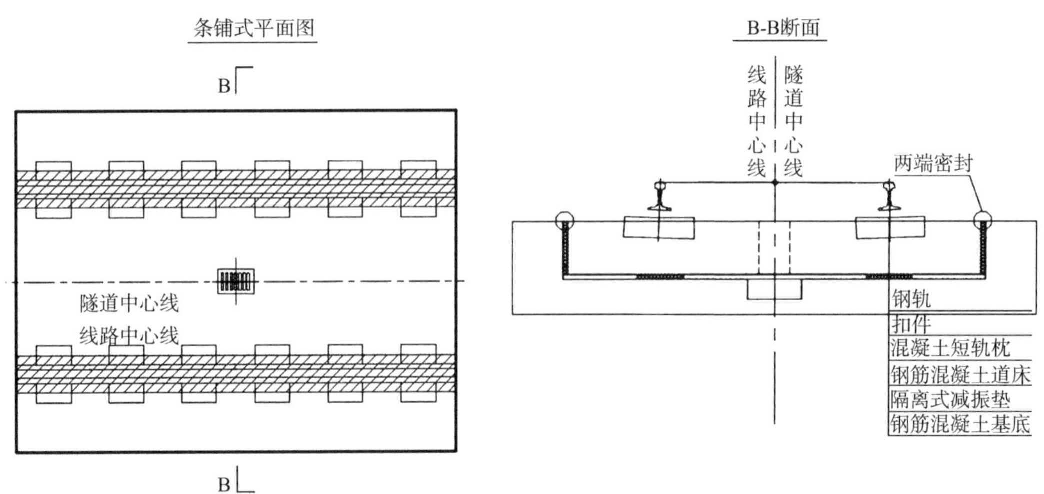

图 2　线性支承隔振垫浮置板

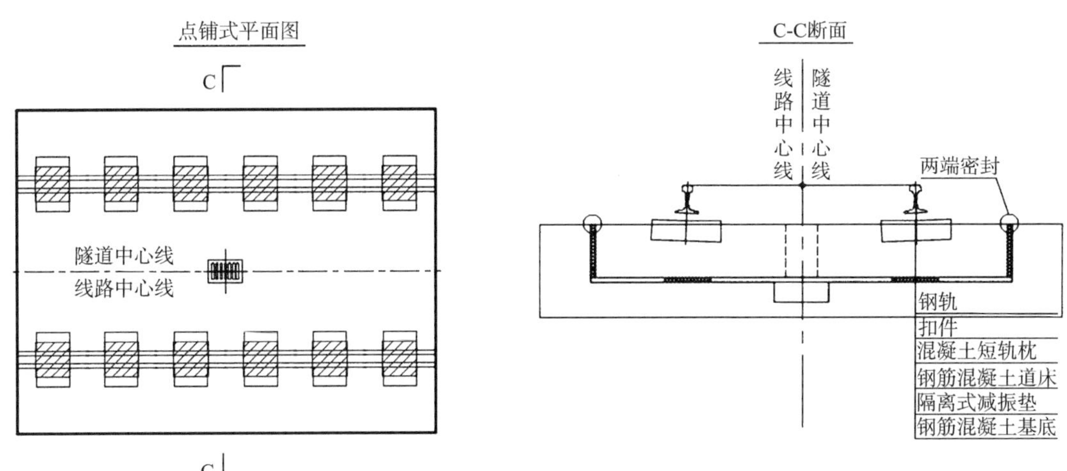

图 3　点支承隔振垫浮置板

整体表面支承就是在基础面上100%铺设隔振垫，因属于全断面铺设，隔振垫之间的接头少，需要裁切的工作量少，施工速度快、支承面积大、道床受力均匀；缺点是橡胶材料的用量大，可维修性差。

线性支承是分别在两根钢轨正下方的基础面上沿着与钢轨相同的方向铺设一定宽度的隔振垫。需要裁切的工作量相对较大。

点支承方式即在钢轨的正下方基础面上沿钢轨方向间隔一定的距离铺设一定尺寸的隔振垫。为准确定位，通常需要在隔振垫的安装位置设置凹槽，可以有效地提高浮置板的稳定性，为更换板下隔振垫提供可能性，但增加了施工的难度与周期。

相比于整体表面支承隔振垫浮置板，线支承和点支承能够大大降低隔振垫材料的使用量。对于单块浮置板，线支承的材料使用量为满铺式的14.3%；点支承的材料使用量仅为满铺式的7.3%。[1] 同时，线支承和点支承的轨道结构的固有频率低，隔振效果好。整体表面支承施工快、道床受力均匀。隔振垫三种铺设方式的优缺点对比见表1。

表1 隔振垫三种铺设方式的优缺点对比

优缺点对比	整体表面支承	线支承	具体值
材料用量	最多	其次	最少
隔振效果	最差	其次	最好
固有频率	最大	其次	最小
造价	最高	其次	最低
板下橡胶垫的可更换性	差	差	好

注：可更换性指的是隔振垫上方浮置板为短板的情况，浮置板为长板时，均不可更换。

以上三种支承方式，均可通过调整隔振垫的厚度、材料配方等方式实现支承刚度的调整以适应不同的工况要求。隔振垫的厚度和弹性模量是影响隔振垫浮置板轨道结构传递特性的重要因素。实际工程中，可以通过适当设置相关参数，提高隔振效果。

2.2 钢弹簧/橡胶隔振器浮置板的结构形式

图4为钢弹簧隔振器浮置板的结构断面。沿着线路方向，间隔一定的距离，在钢轨两侧对称布置一对隔振器，可通过调整隔振器的刚度和布置间距适应不同工况的要求。通过顶升作业，浮置板与基础之间存在一定的间隙。

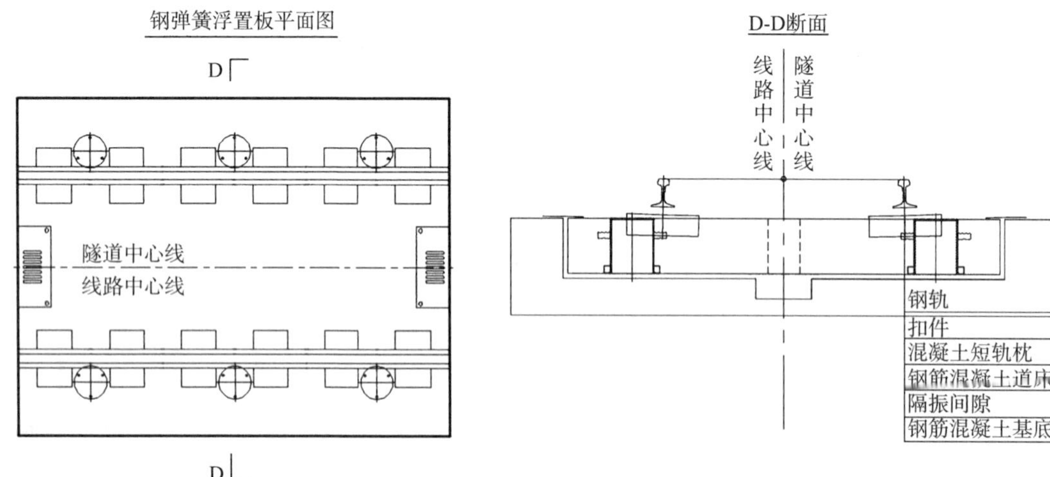

图4 钢弹簧浮置板

钢弹簧隔振器根据内部阻尼材料不同又分为液体阻尼弹簧隔振器和固体阻尼弹簧隔振器，其所形成的浮置板隔振系统等级分别为特殊等级和高等级。

橡胶隔振器浮置板与钢弹簧隔振器浮置板在结构形式上是大同小异的，但在国内应用极少，也属于高等级减震的范围，这里不再赘述。

3 施工工艺

3.1 隔振垫施工工艺

以面铺为例，施工工艺如下：

（1）基础垫层的施工

为了保证隔振垫的使用效果，混凝土基础表面的平整度、标高和宽度等指标需要满足设计和规范要求后，再进行隔振垫铺设。

（2）铺设道床隔振垫

铺设隔振垫之前，将基础面清扫干净，确保表面平整度误差控制在 $5mm/m^2$ 内。

隔振垫铺设分为两步：

第一步，裁切合理长度的隔振垫条，垂直于钢轨方向整齐合理地铺设在基础面上。

第二步，用搭接条连接隔振垫条的缝隙。将隔振垫边缘和搭接条部分清理干净，固定隔振垫。

（3）密封

在对隔振垫上方的道床进行施工前，将两侧的缝隙处用密封条牢固密封好。

（4）道床板的施工

将观察筒精确定位，并与隔振垫牢固固定，进行混凝土道床浇筑，施工过程中要采取对隔振垫的保护措施。

3.2 钢弹簧隔振器浮置板的施工工艺

以钢弹簧隔振器浮置板为例，施工工艺如下：

（1）基础垫层的施工

对混凝土基础表面的平整度、标高和宽度等指标的要求同隔振垫道床。尤其是隔振器安装位置处平整度误差为 $\pm 2mm/m^2$[2]，对于偏差尺寸超过设计要求的地段要整体修补，严禁采用局部垫高或挖深的方法来满足要求。

（2）水沟盖板安装及隔离膜铺设

在水沟的正上方铺设水沟盖板，盖板中心线要与水沟中心线重合。隔离膜沿线路纵向铺设，水沟盖板上的锚固筋穿透隔离膜处要进行密封处理，防止浇筑混凝土时漏浆。

（3）道床板的施工

将外套筒、观察筒与道床板的钢筋固定牢靠，并与隔离膜之间进行密封。进行混凝土浇筑，待混凝土养护至设计强度之后，进行顶升工序。

（4）顶升施工

清理浮置道床范围内的杂物。用密封条将浮置板四周缝隙加以密封。在隔振器中心位置的基底上安装水平限位器，装入内套筒。用顶升设备分几轮进行顶升，在内、外套筒之间放入分体式垫片，将浮置板浮起到设计高度。

从施工工艺的角度看，钢弹簧/橡胶隔振器浮置板比隔振垫的施工工序多、施工速度慢，对施工人员的技术水平要求高，且施工质量直接影响到实际的隔振效果。

4 过渡段的处理

4.1 隔振垫浮置板

与低等级减振道床形式过渡时，过渡段设置在隔振垫地段，采用比非过渡段刚度大一些的隔振垫。与钢弹簧浮置板过渡时，过渡段在钢弹簧浮置板段实现。

4.2 钢弹簧浮置板

与其他道床形式过渡时，过渡段均在浮置板地段实现，通过增大过渡段钢弹簧隔振器的刚度和数量来实现。对于不同道床形式，采用不同的过渡方式，以便更好地与其他道床实现更好的刚度过渡。

5 性能特点

隔振垫与钢弹簧浮置板的性能特点如下：

5.1 隔振效果

隔振效果是轨道隔振措施选型考虑的最主要的因素。隔振垫浮置板固有频率较高，隔振效果一般在10—15dB，将其置于软土地基及对人们来说较敏感的振源低频部分，隔振效果并不理想，隔振效率和固体传声效率较低。[3] 钢弹簧结构固有频率低，只有4Hz—8Hz，隔振效果 > 15 dB，是目前所有隔振措施中最好的。[4]

5.2　横向稳定性

隔振垫浮置板由于自身横向刚度较低，列车运行至隔振地段时车内振动噪声明显增大，钢轨内侧磨损加剧，需要横向限位装置。[5] 钢弹簧浮置板同时具有三维弹性支撑，并具有很好的横向稳定性。

螺旋钢弹簧变形曲线线性好，其动态刚度和静态刚度接近，具有较高的承载力。

5.3　使用寿命

隔振垫长期暴露在空气中，易受到紫外线、化学腐蚀的老化作用，其物理力学性能会随时间推移而有所退化。以上老化虽然可以通过添加化学防老剂或物理途径得以改善，但疲劳老化难以消除。使用寿命受到限制，后期的减振效果不理想。钢弹簧性能稳定，使用寿命长，设计使用寿命可达50年。[6]

橡胶材料在长期往复疲劳载荷作用下，使用寿命低，无法达到与金属材料相同的使用寿命，需要经常更换，维护成本高。

5.4　可更换性

钢弹簧浮置板的隔振器检修和更换很方便，只需打开外套筒顶盖板，用简便的顶升设备即可随时更换，无须拆轨，不影响地铁运营。但隔振器数量多，板自身刚度较大，个别隔振器失效很难被及时发现，需要配套安装断簧指示装置。隔振垫浮置板上部道床施工后，隔振垫无法检查，维修和更换需要将钢轨拆除，将上部道床吊起移开，但因道床配重太大，除非停运大修翻新，否则日常运营中实际上是无法实现的。

5.5　对差异沉降的适应性

钢弹簧浮置板对差异性沉降具有一定的适应性。当部分隔振器因隧道结构下沉而丧失对浮置板的支承时，可在隔振器内部增设调高垫片作为弥补。但隔振垫一旦铺设，高度便无法调整。如果出现差异性沉降，会使其底部隔振垫部位出现局部空吊，隔振垫无法调整又无法实施注浆填充，使浮置板纵向支承不均匀，对轨道稳定性、隔振垫使用寿命等方面的影响难以消除。

5.6　施工速度

钢弹簧浮置板配筋多、结构复杂、工序多，导致施工进度慢，常规的现浇钢弹簧浮置板的施工速度为每个工作面每天20-40m。预制板钢弹簧浮置板的施工速度快，每个工作面每天50-60m。隔振垫的施工进度比钢弹簧浮置板稍快，常规为每个工作面每天30-50m。

5.7　造价

造价是绝大多数工程隔振措施选型的最重要的决定性因素。目前隔振垫每公里造价比钢弹簧浮置板低200万元左右。

6　结论

本文详细介绍了目前应用最广、隔振效果最优的两种隔振措施——隔振垫和钢弹簧浮置板，对比分析了两种隔振措施的结构形式、施工工艺、过渡段的处理以及性能特点。其中，隔振垫有整体表面支承、线性支承、点支承三种铺设方式，可以用于不同工况条件，目前应用最多的是整体表面支承方式。钢弹簧隔振器有固体阻尼和液体阻尼两种隔振器，对应了不同隔振等级的浮置板。与隔振垫相比，钢弹簧浮置板的优点有隔振效果好、横向刚度大、使用寿命长、可更换性好、对差异沉降的适应性好，缺点是施工速度慢、造价相对高。通过对两种浮置板轨道的分析，可为工程合理选择浮置板轨道提供参考。

参考文献

[1] 金浩，刘维宁，周顺华. 板下减振垫对橡胶浮置

板轨道减振性能的影响［J］. 铁道科学与工程学报. 2016，13（2）：245-249.

［2］CJJ/T191，浮置板轨道技术规范［S］. 北京：中国建筑工业出版社，2012.

［3］高世兵. 钢弹簧浮置板减振轨道在城市地铁中的应用［J］. 铁道工程学报，2008，3.

［4］刘峰，曾向荣，张宏亮，等. 新型橡胶减振垫浮置板的应用研究［J］. 都市快轨交通，2013，26（3）：50-53.

［5］刘作为. 减振垫浮置板轨道的振动及隔振效果研究［D］. 北京：北京交通大学，2012.

［6］郑小康. 地铁高架桥上浮置板轨道的减振研究［D］. 北京：北京交通大学，2010.

津滨轻轨车辆与屏蔽门接口改进措施

李　明

（天津滨海快速交通发展有限公司）

摘　要：津滨轻轨是连接天津市与滨海新区的重要轨道交通线路，东起天津火车站，西至滨海新区东海路，分为东西两段工程，东段以高架线路为主，未设置屏蔽门/安全门，所以信号及车辆都未与其设置接口。西段工程2012年开通运营，为地下线路，根据《地铁设计规范》设有屏蔽门。为确保全线运营，东段站台加装安全门，在车辆上增加独立的屏蔽门控制及通信设备，使屏蔽门参与车门、车辆牵引的联动。本文主要介绍津滨轻轨车辆与屏蔽门接口。

关键词：津滨轻轨；车载屏蔽门设备；列车门

1　基本情况

1.1　背景

2003年津滨轻轨东段运营，2007年随着西段工程的推进，提议增加独立的屏蔽门控制及通信设备，使屏蔽门参与车门、车辆牵引的联动。之后形成了车辆与屏蔽门接口方案，即在司机室安装车载屏蔽门控制设备，实现屏蔽门参与车门、车辆牵引的联动。

1.2　概况

经过反复论证，车辆为车载屏蔽门设备提供电源、开关门信号等，具体要求如下表1。最终屏蔽门以“列车最后1个门”的形式，参与运营。

车载屏蔽门设备中110V电源接口及信号接口分别采用两芯和15芯航插，设备端带两芯和15芯航空插头的屏蔽线，线缆自设备端连接到司机操作台下方的端子排上（JX33），然后连接到机柜端子排上（JX11/13/16）。JX33、JX11、JX13、JX16端子为普通分线端子，用于隔离车载屏蔽门接口信号。

表1　车辆为屏蔽门控制盒提的信号

序号	线号	线色	定义	功能
1	PM01	棕	5km/h信号，DC110V，高电平有效	实现屏蔽门与列车门同步联动
2	311	红	右开门信号，DC110V，高电平有效	
3	313	粉	右关门信号，DC110V，高电平有效	
4	312	黄	左开门信号，DC110V，高电平有效	
5	314	绿	左关门信号，DC110V，高电平有效	
6	PM02	蓝	头尾信号，继电器闭合时为头部，断开时为尾部	
7	PM03	青	GND	
8	PM04	灰	屏蔽门状态信号传输控制触点1	实现屏蔽门与牵引联动
9	207D	黑	屏蔽门状态信号传输控制触点2	
11	322	红	110V+，主机电源	提供电源
12	100M	蓝	110V-	

1.3　问题

事件1：2011年6月26日，1201车屏蔽门控制盒的航空插头中关门信号与零速信号搭接，列车门1直接收到关门信号，列车门的开门信号无法执行，导致主控端整列车门无法打开。

事件2：2012年7月13日，1314车车载屏蔽门控制盒内部短路，造成4车的列车门电源空开跳开，致使1车主控时列车不能牵引，4车主控时主控端不能开关门。

同时期车载屏蔽门设备故障高发，且不同程度的造成车辆系统功能异常，整改效果不明显，严重影响正线运营。

2　改进方案

2.1　原因分析

造成车载屏蔽门设备车辆系统功能异常的原因是车载屏蔽门设备与车辆的接口设计不合理。事件1说明航插质量问题不能隔离。事件2说明列车门与车载屏蔽门设备两套不同的设备不能共用同一个电路保护开关。

屏蔽门设备使用2年来，由于车门与车载屏蔽门设备的接口电路设计不太合理，已发生两起由车载屏蔽门设备内部短路导致的列车门控制回路大范围失电故障，一起反馈给列车门控制回路关门命令的故障，所以对列车门与屏蔽门接口电路进行改造是必要的。

2.2　方案

如下图1所示，针对事件1，可以在通往车载屏蔽门控制盒的开关门信号处增加合适规

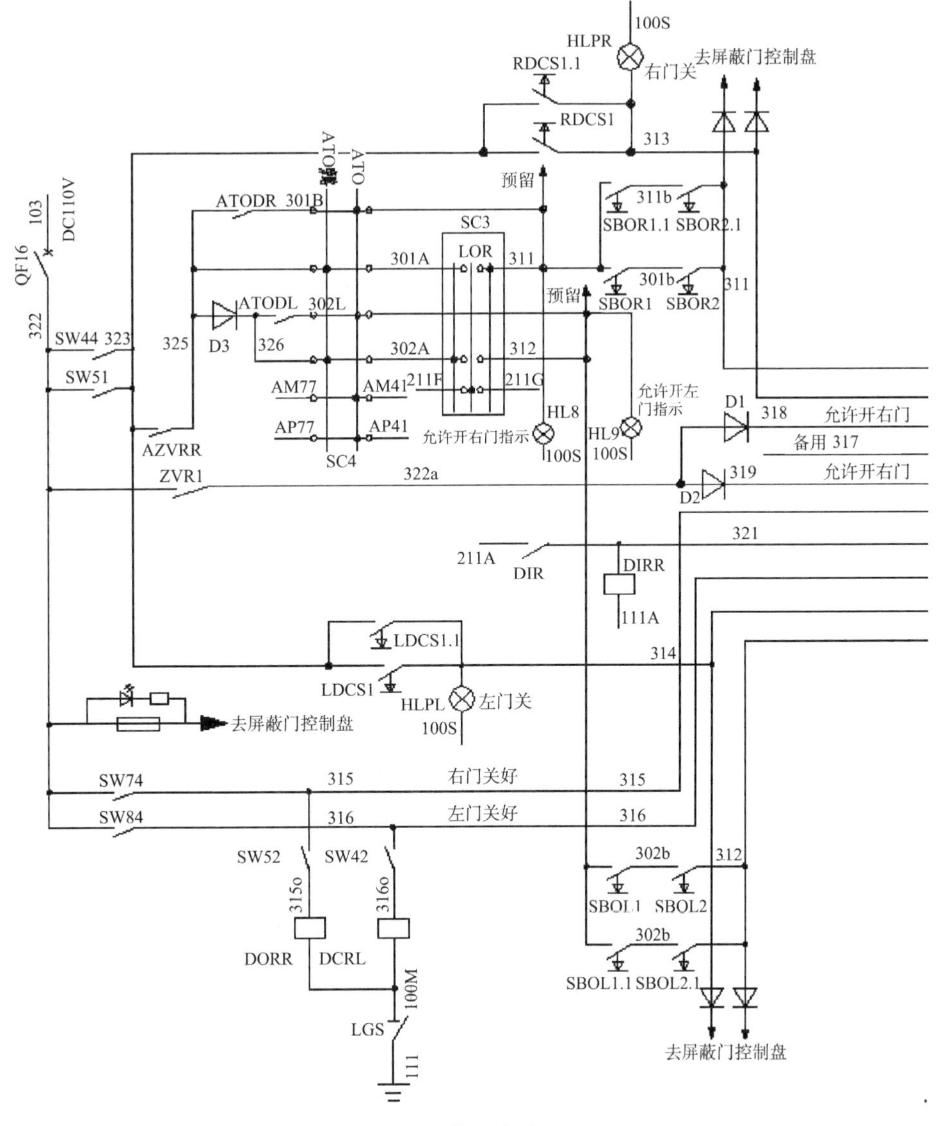

图1　接口方案图

格的二极管，可以阻断车载屏蔽门设备反馈给列车门控制回路错误的信号。针对事件 2，可以在 QF16 下端设置合适的空开或保险，对车载屏蔽门设备进行二次保护。由于车辆未有多余空开且空开安装位置受限，通过在 QF16 下端引出且通往车载屏蔽门控制盒的接线上，增加合适规格的保险管，可以在车载屏蔽门设备短路时熔断，QF16 将能正常对列车门控制回路供电。

2.3 实施

解决事件 1 的关键是隔离二极管的安装位置，经过现场勘查，将车辆与车载屏蔽门接口的 JX33 端子更换为带二极管的端子。

解决事件 2 的关键是保险安装及选型。经过市场调研，万可品牌的型号为 281-656 端子配合 281-512/281-418 保险丝插头可以有效解决安装的问题。QF16 空开为西门子品牌的型号为 5SJ51 C10，额定电流为 6A，时间—电流特性曲线见下图 2。车载屏蔽门控制盒电源支路的电压为 77—121V，实测平均电流为 50mA，峰值 500mA，据此选定保险管的额定电压为 250V，额定电流 1.25A，品牌及型号为 Littelfuse_Fuse_213，其时间—电流特性曲线见下图 3。保险管要实现二级保护，要满足两个条件：（1）保险管的额定熔断电流要小于 QF16 的额定跳扣电流，保险丝的额定熔断电流一般是 2 倍的额定电流（2.5A）；（2）在 2 倍保险管的额定电流下，QF16 的跳扣时间（40s）大于保险管的熔断时间（20s）。保险管的时间—电流特性曲线与 QF16 的脱扣曲线匹配，理论上可以实现保险管要实现二级保护，如遇较大短路电流造成保险及 QF16 同时断开，也能在发现故障后及时复位 QF16，保证车辆功能正常。

3 总结

轨道交通车辆作为机电集成设备，在车辆上安装部件要充分考虑安装空间狭小及运用环境工况差的特点，可以适当地开拓思路，通过使用市场成熟的小部件解决实际问题。

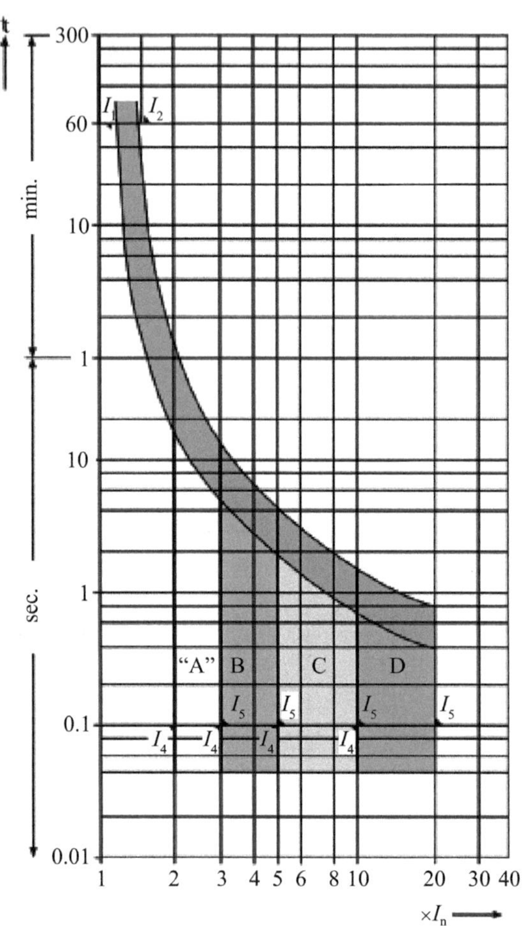

		A	B	C	D
t	I_1(t≥1h)	$1.13\times I_n$	$1.13\times I_n$	$1.13\times I_n$	$1.13\times I_n$
	I_2(t<1h)	$1.45\times I_n$	$1.45\times I_n$	$1.45\times I_n$	$1.45\times I_n$
m	I_4(t≥0.1s)	$2\times I_n$	$3\times I_n$	$5\times I_n$	$10\times I_n$
	I_5(t<0.1s)	$3\times I_n$	$5\times I_n$	$10\times I_n$	$20\times I_n$

用于直流时，时脱扣器电流限制（I_1，I_5）应乘一个系数K（K=1.2）

图 2 5SJ51 C10 的时间—电流特性曲线

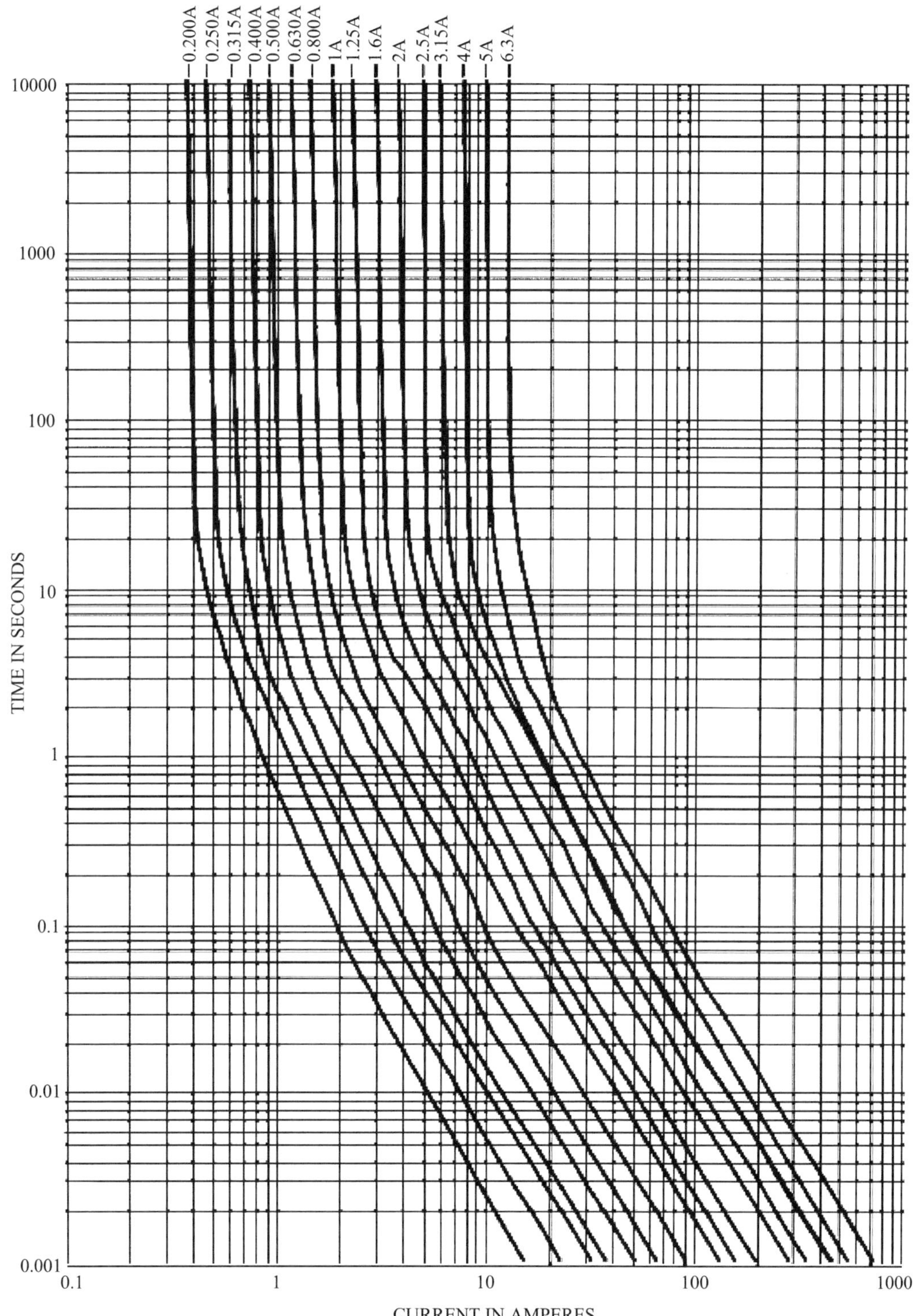

图 3　Littelfuse_ Fuse_ 213_ Time_ Curve 的时间—电流特性曲线

大数据在城市轨道交通轨道运维安全管理中的应用

丁德云[1,2]　邵　斌[1]　张厚贵[1]
（1 北京九州一轨隔振技术有限公司；2 北京九州铁物轨道科技服务有限公司）

摘　要：随着我国城市轨道交通线网的形成和运营里程爆炸式的增长，运维期的安全将成为城市安全稳定的重要保障，受到各方的关注。目前城市轨道交通轨道安全管理方式、方法较传统，数据挖掘使用不足，信息孤岛现象严重，设备状态信息反馈滞后，缺乏全程化、高效化、信息化和智能化的管理方法和手段，总体安全管理效率低下。基于大数据技术，深度挖掘轨道设备的大数据信息，重点讨论大数据在轨道几何劣化、钢轨状态劣化、道岔大轨件状态劣化、轨道状态安全预警、轨道维修计划优化、轨道更新改造计划优化等技术层面的应用，研发城市轨道运维安全管理信息平台，实现轨道运维安全管理的标准化、规范化、智能化和精细化，提升轨道运维管理的效率与安全。

关键词：城市轨道交通；大数据；轨道；运维安全管理

1　引言

“十二五”以来，我国城市轨道交通进入飞速发展时期，已经成为解决城市交通拥堵的最重要的方式之一。截至 2017 年 12 月 31 日，北京城市轨道交通运营里程达 684.4 公里，我国城市轨道交通运营里程达 5021.7 公里[1]；“十三五”末，北京和全国运营里程将分别超过 900 公里和 9000 公里；到 2050 年，全国预计运营里程将超过 15,000 公里。随着各城市轨道交通新建项目的不断实施，我国城市轨道交通已由高速建设期快速转入安全运维期，运维期的安全将成为城市安全稳定的重要保障，受到各方的关注。

作为城轨列车安全运行重要基础的轨道系统，在运维期间的安全管理好坏直接关系到轨道交通的运行安全。[2] 随着人民对环境振动和噪声控制要求的提高，不同种类的减振轨道被大量使用，产生了大量轨道病害[3,4]，导致了行车安全的隐患出现，降低了轨道系统的寿命。

通过大量调研和调查，目前城市轨道交通轨道安全管理方式、方法较传统，数据挖掘使用不足，信息孤岛现象严重，设备状态信息反馈滞后，缺乏全程化、高效化、信息化和智能化的管理方法和手段，总体安全管理效率低下。[5]

基于大数据技术，深度挖掘轨道运维安全管理的大数据信息，研发城市轨道安全智能管理信息系统，实现轨道安全管理标准化、规范化、精细化和智能化的管理，提升城市轨道交通运维的效率与安全，是行业发展的大势所趋。

2　轨道运维安全管理信息系统

为提高对轨道运维安全管理的水平，世界各国铁路均在积极研发轨道管理信息系统，比如日本、加拿大、英国、美国等国相继开发出适合本国铁路的轨道管理信息系统[6,7,8,9]，且普遍结合了信息技术、GIS 技术及线路计划、检测维护工程的最新技术，能够高效地维护铁路基础设施，优化投资计划和方向，可实现铁路基础设施的计划、设计、执行和维护等方面的辅助决策。

从 20 世纪 80 年代开始，我国铁路工务部门着力开发工务管理信息系统，并将其大量应用于工程中[10,11,12,13]。中国铁路物资集团有限公司提出钢轨全寿命周期管理理念，通过引入大数据处理、廓形设计、预打磨、伤损在线管理等技术手段，开发形成钢轨全寿命周期管理信息系统。

目前，国内城市轨道交通管理系统也在逐步开发中。北京地铁运营公司线路分公司经过几十年的轨道运营实践，积累了丰富的轨道运维经验，在2012年联合北京交通大学完成了线路设备动态管理和轨道检查车检测数据处理分析系统的建设，初步搭建了以线路静态设备和图表信息管理为主的线路信息管理系统，于2013年完成项目成果评审。国内多个轨道交通发达的城市，也分别开发了各自的管理信息系统。如广州地铁集团有限公司基于IBM的资产管理MAXIMO 7.5，开发了精细化管理信息系统LMIS，推动轨道装备维修管理信息化；基于全生命周期理论，开发了的“轨道全生命周期综合管理智能平台”，形成了轨道设备的研发、设计、制造、施工、运维、回收等全过程的管理及技术解决方案[5]。

表1 轨道管理信息系统列表

国家	使用者	管理信息系统
德国	德国国铁	SISTEMI、DINAMICS
英国	英国国铁	MARPAS、RRNPV
美国	—	SMS、REPOMAN
日本	JR集团	SMIS
瑞士	瑞士国铁	GEV
荷兰	荷兰国铁	BINCO
波兰	波兰国铁	DONG、KOMPLAN
法国	法国国铁	GOP
加拿大	—	EPMS、TMAS
匈牙利	匈牙利国铁	PATER
欧盟	欧洲铁路	ECOTRACK
中国	中国各大铁路	PWMIS

3 大数据与智能管理

近年来，随着移动化产品、宽网通信技术、扁平化沟通以及虚拟化云计算技术的普及，迎来了大数据时代。

大数据（Big Data）是指无法在一定时间范围内用常规软件工具进行捕捉、管理和处理的数据集合，是需要借助新处理模式才能具有更强的决策力、洞察发现力和流程优化能力的海量、高增长率和多样化的信息资产。大数据具有“5V”特性：Volume（大量）、Velocity（高速）、Variety（多样）、Value（低价值密度）、Veracity（真实性）。

2015年9月国务院印发《促进大数据发展行动纲要》，系统部署大数据发展工作，明确指出要推动大数据发展和应用，要强化安全保障，提高管理水平，促进健康发展，要健全大数据安全保障体系，强化安全支撑。

目前，开发和应用大数据智能管理的行业和企业越来越多，IBM、阿里巴巴、华为、腾讯等均在大数据应用方面走在了前头。大数据已经渗透到各行各业，成为重要的生产因素。然而，通过“加工”实现数据的“增值”才是大数据技术的真正意义所在！通过开发智能管理系统，让数据开口说话，隐藏在数据背后的深层次价值才能体现出来。

大数据与智能管理技术在城市轨道交通运营管理中受到高度重视，在运输调度、客流预测等方面取得了重要应用成果，使轨道交通运营管理的信息化水平迈上了新台阶。例如，上海申通地铁集团针对上海地铁运营网络，把大数据技术应用于轨道交通客流分析、预测与组织，开发了上海轨道交通客流分析系统，为客流预测报警、新线规划、客运组织、行车防范等提供了科学的技术手段；长沙市轨道交通集团有限公司把大数据分析技术应用于地铁与公交票务清分系统（AFC），深化了外部数据分析、收益清分、成本分析、运输计划编制等业务，在多元化城市公共交通网络和多类型票务支付模式下，实现了科学的票务清分和大数据的挖掘应用；苏州轨道交通集团有限公司运营分公司以实现从有效管理到量化管理和创新管理为突破目标，建立混合云多数据中心和数据仓库，由设备资产管理、人员管理、业务管理转化为以数据整合为核心的信息管理，实现轨道交通运营管理的数字化转型，建设支撑多线网管理的新模式；等等。

目前，国内针对城市轨道交通轨道运维安全管理的大数据和智能管理方面尚无研究成果应用。

4 轨道运维安全管理的大数据应用

4.1 大数据构成

涉及轨道运维安全管理的大数据主要包括两大类：一类是基础数据，另一类是动态数据，见图1。在不同的轨道运维安全管理阶段，基础数据会转变为动态数据，动态数据的持续更新，就是轨道所有信息的实时表征。

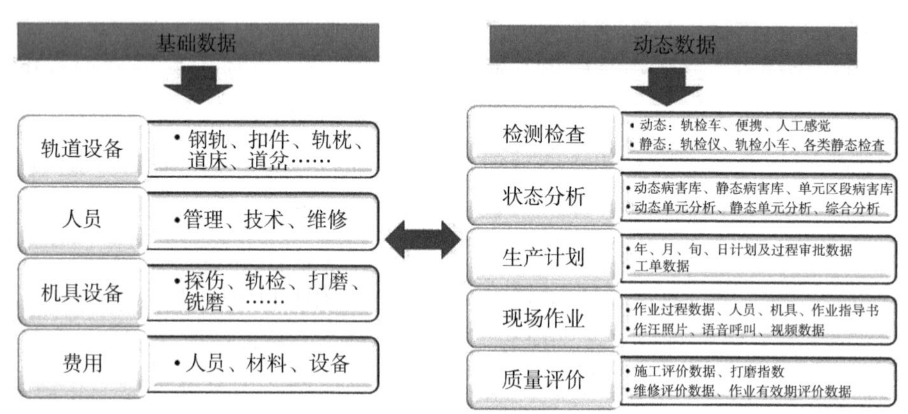

图1 大数据构成

4.2 大数据应用

基于大数据技术，对轨道系统进行全寿命周期实时管理，可消除轨道管理信息的碎片化，提高决策管理信息化和智能化程度，科学控制轨道运维成本，延长轨道寿命，保障城市轨道交通的安全性、舒适性和经济性，促进资源节约和环保。大数据的应用具体体现在以下几个技术层面，见图2。

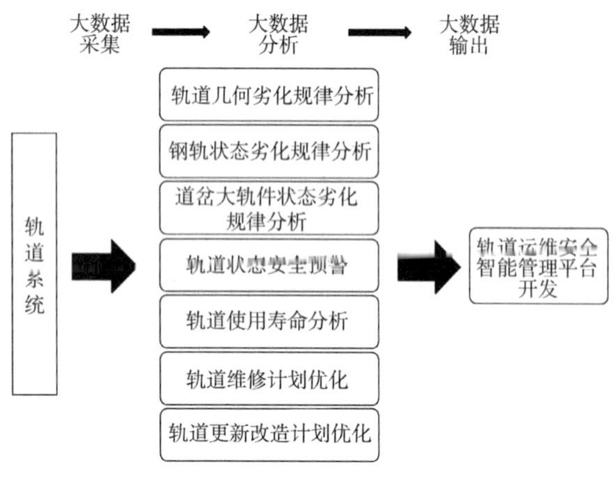

图2 大数据仓库应用

（1）轨道几何劣化规律分析

轨道几何劣化规律分析主要包括轨道单元区段轨道几何状态历史变化趋势分析、不同轨道单元区段轨道几何状态排序分析以及轨道单元区段轨道几何状态预测等。

轨道单元区段轨道几何状态历史变化趋势分析是以单个轨道单元区段为分析单元，利用里程信息关联各区段的历次轨检车检测数据、轨检仪检查数据等轨道几何状态检测数据，基于TQI、公里扣分等指标评定轨道单元区段的轨道几何状态，根据评定结果分析各区段轨道几何状态的历史变化趋势，掌握各区段轨道几何状态的劣化速度情况。

不同轨道单元区段轨道几何状态排序分析是基于TQI、公里扣分、状态变化速率等状态指标对一次检测各区段的轨道几何状态进行排序分析，定位轨道几何状态劣化速度快、轨道几何状态较差的线路薄弱区段，为编制轨道修理计划提供可靠的决策依据。

轨道单元区段轨道几何状态预测是以单个轨道单元区段为分析单元，基于里程关联各区段的轨道几何状态历史检测数据、异质性因素状态数据，采用时间序列、寿命分布、数理统计、灰色系统、神经元网络等数学模型，通过数据挖掘、统计分析、系统辨识和参数估计，建立每个轨道单元区段适合的轨道几何状态变化规律数学模型，预测未来一段时间内的各轨道单元区段的轨道几何状态，为实现轨道“状态修”提供决策支持。随着轨道几何状态数据的不断采集和积累，更新和调整模型参数，优化轨道几何状态变化规律模型，提高模型的精度。

（2）钢轨状态劣化规律分析

钢轨状态劣化规律分析主要包括单根钢轨状态历史变化趋势分析、不同钢轨状态排序分析以及钢轨性能状态预测等。

单根钢轨状态历史变化趋势分析是以单根钢轨为分析单元，利用里程信息关联每根钢轨历次的钢轨探伤车检测数据、钢轨磨耗检查数据等钢轨状态检测数据，基于钢轨伤损等级、钢轨伤损数量、钢轨磨耗量等指标评定每根钢轨的状态，根据状态评定结果分析每根钢轨状态的历史变化趋势，掌握每根钢轨状态的劣化速度情况。

不同钢轨状态排序分析是基于钢轨伤损等级、钢轨伤损数量、钢轨磨耗量等状态指标对一次检测不同钢轨的状态进行排序分析，定位钢轨伤损等级较高、钢轨伤损数量较多、钢轨状态劣化较快的线路薄弱地段，为编制钢轨打磨、更换钢轨等维修计划提供可靠的决策依据。

钢轨性能状态预测是以单根钢轨为分析单元，基于里程关联每根钢轨的状态历史检测数据、异质性因素状态数据，采用时间序列、寿命分布、Markov 随机过程等数学模型，通过数据挖掘、统计分析和参数估计，建立每根钢轨的性能状态变化规律数学模型，预测未来一段时间内的各根钢轨的状态，为实现钢轨的“状态修”提供决策支持。随着钢轨探伤车检测数据、钢轨磨耗检查数据等钢轨状态数据的不断采集和积累，更新和调整模型参数，优化钢轨状态变化规律模型，提高模型的精度。

（3）道岔大轨件状态劣化规律分析

道岔大轨件状态劣化规律分析主要包括单组道岔大轨件状态历史变化趋势分析、不同组道岔大轨件状态排序分析和道岔大轨件状态预测等。

单组道岔大轨件状态历史变化趋势分析是以单组道岔为分析单元，利用里程信息关联每组道岔历次的道岔轨道静态几何检查数据、道岔伤损检查数据等道岔状态检测数据，基于道岔轨道静态几何超限等级、超限数量以及尖轨及辙叉伤损等级、伤损数量等指标评定每组道岔大轨件的状态，根据状态评定结果分析每组道岔大轨件状态的历史变化趋势，掌握每组道岔大轨件状态的劣化速度情况。

不同组道岔大轨件状态排序分析是基于轨道静态几何超限等级、超限数量以及尖轨及辙叉伤损等级、伤损数量等状态指标对一次检测不同组道岔大轨件的状态进行排序分析，确定线路中病害较多、状态劣化较快的大轨件的空间位置，为编制道岔大轨件修理计划提供可靠的决策依据。

道岔大轨件状态预测是以单组道岔为分析单元，基于里程关联每组道岔的状态历史检测数据、异质性因素状态数据，采用时间序列、寿命分布、Markov 随机过程等数学模型，通过数据挖掘、统计分析和参数估计，建立每组道岔大轨件的状态变化规律数学模型，预测未来一段时间内的每组道岔大轨件的状态，为实现道岔大轨件的“状态修”提供决策支持。随着道岔大轨件状态数据的不断采集和积累，更新和调整模型参数，优化大轨件状态变化规律模型，提高模型的精度。

（4）轨道状态安全预警

轨道状态安全预警是根据管理者对轨道设备状态劣化程度设置的阈值，利用轨道几何状态劣化规律分析、钢轨状态劣化规律分析以及道岔大轨件状态劣化规律分析得到的轨道设备当前状态及未来状态信息，对急需重点关注、可能危及行车安全的轨道设备状态安全隐患进行及时的分析和预警，并基于GIS等可视化技术直观展示轨道设备状态安全预警问题的分布情况及详细信息，包括问题编号、所在设备名称、所在设备编号、线名或车站、行别或股道道岔编号、里程或位置、预警日期、问题描述、严重程度、是否处理、处理人、是否复查、复查人、问题详情等，辅助管理人员及时地采取整改措施，消除安全隐患，保障行车安全。

（5）轨道使用寿命分析

轨道使用寿命分析是指在设备劣化规律分析的基础上，利用轨道设备的全寿命数据，包括前期设计、制造、建设、安装等数据以及运营阶段设备状态的检测、评价等数据，构建轨道设备使用寿命分析模型，分析设备使用寿命情况，包括轨道平均使用寿命以及轨道当前的剩余使用寿命，为编制设备的修理和更新改造计划提供决策基础。

轨道平均使用寿命分析是指利用威布尔分布、指数分布或伽马分布等设备寿命可靠性分析方法构建轨道设备平均使用寿命分析模型，将设备的使用寿命用相应的分布函数来描述，将每个时刻设备的失效率用相应分布的失效函数来表示，并根据轨道设备的全寿命数据，利用最大似然估计等方法对分析模型的参数进行估计，以此得到每个轨道设备两次大修之间的平均可使用时间。

轨道剩余使用寿命分析是指同样利用威布尔分布、指数分布或伽马分布等设备寿命可靠性分析方法构建轨道设备剩余使用寿命分析模型，在设备已经进行过多次状态检测和修理的条件下，根据相应的状态检测数据和维修数据，分析得到设备从当前时刻劣化到下次需要进行大修更换的剩余使用时间。

（6）轨道维修计划优化

轨道维修计划优化是指在设备劣化规律分析、设备状态安全预警和设备使用寿命分析的基础上，以设备状态最优或维修成本最少等为目标合理优化轨道设备的大修和维修计划，辅助管理者实现设备的“预防修”，保障线路安全，并科学控制维修成本，主要包括单个设备的维修计划优化和设备网络的维修计划优化。

单个设备的维修计划优化是以每个轨道设备为研究对象，利用马尔科夫决策过程等方法构建维修决策优化模型，模型以设备状态最优或维修成本最少等为目标，在状态标准、维修资源限制、使用寿命限制等约束条件下得到该设备最优的维修决策。

设备网络的维修计划优化是以路网上多个轨道设备为研究对象，利用马尔科夫决策过程等方法构建维修决策优化模型，以设备状态最优或维修成本最少等为目标，在状态标准、维修预算限制、使用寿命限制等约束条件下同时得到路网上多个轨道设备最优的维修决策。

（7）轨道更新改造计划优化

轨道更新改造计划优化是指基于设备状态评定结果和设备使用寿命分析结果，构建更新改造计划优化模型，以成本最优为目标，在轨道设备更新改造标准、预算限制等约束条件下，利用遗传算法、混合整数规划算法等优化算法优化设备更新改造计划的编制，并进行投资估算分析和更新改造技术方案分析，提升轨道设备更新改造管理水平。

（8）轨道运维安全智能管理平台开发

运用运筹学最优化理论，为编制合理的生产作业计划、更新改造计划、减少过度修和欠修、创新状态修模式等提供智能决策依据，构建“检测检查—状态分析—生产计划—现场作业—质量评价”信息化闭环管理模式，形成轨道运维安全管理智能决策技术。建设集基础数据管理、安全状态管理、预测预警管理、地理信息应用、移动终端应用和智能决策管理于一体的“轨道运维安全智能管理平台”。

5 结语

遵循“创新、协调、绿色、开放、共享”的发展理念，基于《北京市“十三五”时期加强全国科技创新中心建设规划》之“实施轨道交通产业技术跨越工程”的要求，立足于服务“轨道上的京津冀”和国内城市轨道交通运维市场，研究和加强大数据在城市轨道交通轨道运维安全管理中的应用势在必行。

通过大数据技术的应用，有助于提升轨道安全管理的水平和效率，制定轨道安全智能管理标准体系，引领轨道运维安全管理向智能化发展，保障城市轨道交通的运营安全和运营环境质量，促进资源节约。

参考文献

[1] 中国城市轨道交通协会. 2017 年中国内地城轨交通线路概况［R］. 城市轨道交通，2018（01）.

[2] Esveld C. Modern Railway Track. Second Edition［M］. The Netherlands：MRT-Productions，2001.

[3] 郭建平，刘维宁，雷黔湘，等. 北京地铁 4 号线钢轨异常波磨调查及整治措施［J］. 都市快轨交通，2011，24（3）：10-13.

[4] Zhang H G，Liu W N，Liu W F，*et al*. Study on the cause and treatment of rail corrugation for Beijing metro［J］. Wear，2014，317（1-2）：120-128.

[5] 丁德云，曹卫东，李凡华，邵斌. 城轨交通轨道全生命周期综合管理智能平台［C］//中国城市科学研究会数字城市专业委员会轨道交通学组. 智慧城市与轨道交通（2017）. 北京：中央民族大学出版社，2017：386-390.

[6] 高亮. 轨道工程［M］. 北京：中国铁道出版社，2010.

[7] Ben-Daya M，Kumar U and Prabhakar Murthy D N. Introduction to Maintenance Engineering：Modelling Optimization and Management［M］. Hoboken：John Wiley & Sons，Inc.，2016.

[8] Prasad Patra A. RAMS and LCC inRail Track Maintenance［D］. Sweden：Lulea University of Technology，2007.

[9] Schoech W. Development of rail grinding strategies in Europe［C］// Rail achieving growth：CORE 2006：conference on railway engineering. Adelaide，Railway Technical Society of Australasia，2006：95-100.

[10] 梁晨. 基于状态修的城市轨道交通线路与轨道养护维修模式研究［D］. 北京：北京交通大学，2006.

[11] 华文静，李旭宏，朱彦东，等. 我国城市地铁设备维修保养模式探讨［J］. 都市快轨交通，2004，17（6）：60-63.

[12] 吴启东，陈依新. 基于在线监测的轨道交通网络运营设备维护管理研究［J］. 地下工程与隧道，2012，（3）：45-49.

[13] 高玲然. 城市轨道交通运营成本结构分析与控制研究［D］. 重庆：重庆交通大学，2015.

天津地铁线路病害分析及整治方法

张建强
（天津轨道交通集团工务维修分公司）

摘　要：地铁线路质量关系到地铁运行的平稳与安全，提高线路维修保养质量，避免或降低线路病害的发生，是工务维修部门一项重要的工作。病害的整治工作一直以来都是铁路工务维修部门极为重要的环节，本人在通过查阅大量有关地铁线路病害和整治资料的基础上，针对天津地铁线路病害现状，发现了一些常见病害发生的机理，本文将有针对性地介绍线路病害的类型、防治原则和整治措施。

关键词：线路病害；整治措施

1　概况描述

天津地铁目前运营的线路有1号线、2号线、3号线、6号线、9号线，5号线及1号线东延线即将开通运营，就目前运营的线路，除地铁6号线为新线路（自2016年8月开始试运营），其余4条线路为旧线路，其中1号线使用年限最长，部分区间始建于1970年。随着天津地铁使用年限的增长，线路病害也越来越多，维护工作也越来越重。地铁线路质量关系到地铁运行的平稳与安全，提高线路维修保养质量，避免或降低线路病害的发生，是工务维修部门一项重要的工作。线路病害的发生影响行车的安全，病害的整治工作一直以来都是铁路工务维修部门极为重要的环节，病害发生的原因多种多样，本人在通过查阅大量有关地铁线路病害和整治资料的基础上，针对天津地铁线路病害现状，发现了一些常见病害发生的机理，本文将有针对性地介绍线路病害的类型、防治原则和整治措施。

2　病害分析及整治措施

2.1　线路病害

2.1.1　钢轧爬行

导致钢轨爬行的主要原因有：钢轨在动荷载下的挠曲，受列车运行的纵向力影响，钢轨温度变化，车轮在接头处撞击钢轨，列车制动等。当线路上防爬设备不足，扣件的扣压力及道床纵向阻力不够时就会加剧线路爬行。

从天津地铁线路来看，地下无缝线路钢轨爬行量很小，基本上在1—2mm，轨温没有超过23℃±5℃，高架线路混凝土整体道床连续梁地段轨温变化也很小。高架线路钢梁受温度影响较大，钢轨伸缩量较大，需要设置伸缩调节器来补偿钢轨爬行。地面线路也受温度变化大的影响，钢轨温度应力过大，就会加大胀轨跑道的风险。天津地铁9号线地面线路碎石道床线路较长，应当加以预防，防治的一般方法是增加道床横向和纵向阻力，增加扣件的压力，增加轨道整体刚度。可以采取的措施有：适当增加道床宽度和增加砟肩高度，枕盒内道砟保持充足，采用弹条II型扣件，保持弹条足够压力，枕间距不应过大。此外，在有条件时，应当在适当位置设置一些抗拔桩，抗拔桩每组两个，对称设置在两个轨枕之间，通过轨距杆固定在抗拔桩上。抗拔桩可采用废旧钢轨，竖向打入路基内部。

2.1.2　钢轨伤损

车轮表面与钢轨接触，除正常磨耗外，钢轨伤损的类型主要包括钢轨表面掉块、裂缝、核伤、折断、灼伤。

钢轨表面掉块可发生在钢轨表面的任意位置。掉块发生在钢轨接头位置有两种情况。一种情况为接头处钢轨端部产生“飞边”，当接头处出现“瞎缝”时，“飞边”对另一端钢轨端部造成切压伤害，致使另一端钢轨表面掉块。另一种情况为掉块出现在冻结接头处钢轨端部，以及正常轨缝处钢轨端部。本人初步分析产生的原因是车轮经过轨缝时冲击力首先作用在轨端与轨顶表面相交的直角处，造成此处应力沿轨顶纵向向后发展，车轮的不断冲击造成此部位钢轨产生疲劳，进而发生剥离掉块。除曲线侧面磨耗发生掉块外，钢轨表面其他部位发生的掉块，考虑是与钢材材质及加工过程有关。钢轨在生产压制过程中，本身内部就发生原子间的位置变化，加之钢轨中渗碳体分布不均匀等因素，造成钢轨表面掉块。就钢轨材质来讲，75V 钢轨表面比 71Mn 钢轨表面更容易发生掉块，就是因为前者钢轨中渗碳体比后者多，而加入钒的目的就是让渗碳体分布均匀。

钢轨裂缝通常情况发生次数最多且危害最大的部位是接头螺栓孔。从目前天津地铁维护检测来看，地下线整体道床普通地段与浮置板道床交接地方是钢轨发生裂缝的高风险处。随着线路使用年限的增加，浮置板道床隔震器中钢弹簧的弹性会降低，如果钢弹簧疲劳折断，则折断处道床形成空吊状态，两侧钢轨承受弯力、剪力增大，扣件受力增大，增加了钢轨折断的风险。目前天津地铁只在 1 号线东沿线浮置板道床隔震器内加装了断簧指示器，其他线路则没有加装。地铁 3 号线在整体道床普通地段与浮置板道床交接地方经常出现弹条折断情况，也出现过几次钢轨裂缝情况，本人分析与隔震器内弹簧弹力下降有关。北京地铁曾发生过隔震器失效情况，经连夜抢修，使用速硬混凝土从隔震器上面向下浇筑，硬化的混凝土起到支撑道床的作用，从而消除了险情。此方法虽不可取，但就抢险来讲，也是无奈之举。防止此情况的出现，本人认为还是以预防为主。当使用轨道检查车检查线路状态时，如出现垂直加速度报警，而线路维修工区检查轨道平顺不超限，则应考虑隔震器出现故障。

地铁施工过程中由于施工不当，也容易造成钢轨伤损。例如供电回流扁钢在轨底通过，道床上外露的钢筋头在轨底部位，人防门处轨腰部位混凝土外露的钢筋头，都会造成钢轨带电打火，灼伤钢轨。回流线采用爆炸焊与钢轨联结，也对钢轨造成一定的损伤。爆炸焊接过程中，轨腰焊接部位焊接点处钢轨局部受热，达到金相组织发生变化的温度，金相组织从 α 相区转变到 β 相区，钢轨内部产生巨大压应力，在降温过程中，金相组织从 β 相区又转变到 α 相区，钢轨内部会产生巨大拉应力。拉应力的存在，可致使焊接部位出现细小裂纹，随着时间的推移，逐步发展为黑核。

2.1.3　整体道床破损、开裂、翻浆冒泥

随着地铁运营年度的增加，整体道床的病害也随之出现，表现为道床支撑块破损、道钉变形。主要发生在 1 号线二纬路站和海光寺站区间，短轨枕挡肩破损 475 块，螺旋道钉歪斜 812 个，短轨枕与道床间有裂纹 114 块，短轨枕道床脱空 1 块，短轨枕裂纹 364 块。此情况的发生既有当年设计的缘故，也与客流量大、使用时间长等因素有关。此区间是 1970 年设计施工的，当时技术条件有限，所以造成现在维护保养难度增加。整体道床开裂、翻浆冒泥，在 3 号线华苑站和王顶堤站区间及天津站和津湾广场站区间出现的最为严重，主要表现形式为道床混凝土遭到严重破坏，有大面积道床混凝土与垫层之间出现空鼓、离析，有硅酸盐结晶体溢出，多处道床混凝土出现通透型裂缝，有泥浆冒出，部分短轨枕与混凝土之间出现缝隙。出现翻浆冒泥是隧道管片间渗水透过

基底混凝土，从道床混凝土裂缝处涌上来的。此类问题较为严重，目前天津轨道交通集团工务维修分公司正在积极筹措，准备凿除病害部位，重新浇筑混凝土，以根治此项病害。

本人在查阅相关设计图纸时发现从设计方面应当避免两种问题的出现。一是基底混凝土伸缩缝设计不当。基底混凝土伸缩缝设计使用沥青木板填塞，而有的渗水点就是此处。建议采用遇水膨胀橡胶作为填塞物效果更好。二是基底混凝土和道床混凝土设计强度较低。基底混凝土和道床混凝土设计采用强度等级为C40，基底混凝土是小半圆形，厚度较为薄弱，又承载着道床、客车的载荷，又起着封闭底部管片避免渗水的作用，所以基底混凝土的强度要适当提高，并建议采用抗渗混凝土，同时在混凝土中采用掺加钢纤维，同时要严格控制混凝土的水灰比，施工时采用二次振捣工艺。

2.1.4 结构柱破损

天津地铁库内线柱式检查坑结构柱有破损的情况，即使是新线6号线，也有柱子破损的情况，表现形式为自柱子顶面垫板套管处开始向下45°—60°方向沿柱子内外两个面开裂。3号线华苑车辆段与6号线大毕庄车辆段柱子开裂表现形式相同。经现场查看，发现柱式检查坑柱子既无竖向结构主筋，也无箍筋。查阅6号线图纸，图纸设计柱子无钢筋，而且柱子间距按照每公里720对布置。试想一下，无钢筋的柱子在受压与受弯的状态下怎能不裂，而且柱子间距越大，钢轨弯矩越大，柱子的弯矩也越大。自此，我认为设计上的缺陷是柱子开裂掉块的直接原因。

2.2 道岔病害

2.2.1 道岔方向不良

道岔方向不良主要出现在碎石道床地方，病害的原因主要是养护维修不彻底。在日常维修中，只顾道岔本身方向，不考虑前后线路方向情况，列车通过时，增加列车的冲击和摇晃，使道岔方向发生变化。防治办法为两侧道床道砟要饱满，有条件的情况下堆高两侧道砟并加强捣固作业，做好道岔前后50m大方向的整体维修，保持轨面平、方向顺，及时检查并更换失效零件，使各部位零件发挥作用，防止基本轨横向移动。

2.2.2 转辙器部位的病害

转辙器部位的病害有尖轨跳动、尖轨不密贴、尖轨磨耗、尖轨爬行以及尖轨扳动不灵活等。

尖轨跳动一般是由捣固不均匀、岔枕有空吊板、跟部接头错牙、尖轨防跳器失效等原因造成的。尖轨与基本轨不密贴主要由组装不合适、基本轨轧出飞边、框架尺寸不合适、尖轨动程不符合规定、尖轨顶铁过长、基本轨弯折点位置不恰当或弯折量不当、基本轨或尖轨有硬弯等。尖轨爬行窜动是由于线路锁定不良，或无缝线路缓冲区轨缝不足，影响到道岔引起的。

道岔尖轨磨损分为直尖轨磨损和曲尖轨的侧磨。曲尖轨侧磨：曲尖轨侧磨多集中在收、发列车通过的侧向道岔，及站后折返线转换轨上。列车起动后逐步加速，形成滚动加滑动的趋势，列车进入侧向道岔时轮缘紧贴钢轨内侧的踏面圆弧形成刨切趋势并逐渐积累产生钢轨侧磨。直尖轨侧磨：直尖轨侧磨与道岔结构及养护状态密切相关。尖轨是一个变截面钢轨件，其可动部分支承在滑床台上，与滑床台无扣件联结，尖轨前部密贴基本轨，在基本轨中后部设置顶铁，顶铁与尖轨贴靠。这种结构造成道岔转辙部分的线性刚度较低，结构相对松散。造成直尖轨侧磨的主要原因我认为是尖轨方向不良，轨距变化率太大。同时道岔前后轨向不良使列车蛇行运动，也是造成尖轨侧磨的原因之一。

造成尖轨扳动不灵活的原因是活接头处螺栓扭力过大，第二连接杆处尖轨先于第一连接杆处与基本轨密贴。

天津地铁6号线首先使用了三开道岔，使用在中间车站上下行之间停车线上，共涉及3个车站、6组道岔。从目前使用情况看，主要是尖轨不密贴、尖轨中部轨距偏大、直尖轨最小轮缘槽尺寸偏小。上述问题系施工遗留问题，相关设计人员、道岔生产厂家技术人员都曾到现场查看，但是目前仍未解决。从运营1年多的情况看，除了水上公园东路站2604号道岔尖轨严重掉块，更换过一次尖轨外，尚未出现其他故障。

防止尖轨病害的发生首先是整治好道岔的方向水平，框架尺寸要精确调整，整治转辙部位吊板。由于天津地铁1、2、3、9号线为旧线路，车辆段及停车场道岔均为木枕道岔，岔枕劈裂、腐蚀较重，把持道钉能力较差，轨距及方向不易保持，即使是新换木枕，其强度和耐久度也不及混凝土岔枕，而且浪费木材、污染环境。建议在以后的大修中逐步更换为混凝土枕道岔。

2.2.3　道岔滑床板、垫板病害

从道岔滑床板折断现场分析，滑床板和轨枕的不密贴是造成其折断的主要原因。在列车荷载作用下滑床板与岔枕不密贴使滑床板同时受弯剪作用而损坏。滑床板开焊既有设计、制造上的原因，又有养护维修方面的原因。制造上的原因主要是焊接件质量不过关、强度不够。设计制造方面的原因主要体现在对钢材材质的选择上。垫板材质应当选择中碳钢较合适，可锻铸铁和灰口铸铁应当减少使用。维修方面的原因是在基本轨进行调高作业时，调高垫板只垫了一半，造成另一半有空隙。一些施工单位在整治尖轨与滑床板不密贴时经常采用此方法，有一些工务老师傅们也采用此方法。在我看来，这实际上是错误的方法，滑床板材质为铸铁，铸铁件抗弯能力差，不易发生塑性变形，一旦折断，可能导致尖轨卡在折断位置而无法正常扳动，造成严重行车事故。所以在滑床板底部加设调高垫板时必须整体来垫，保障维修质量。

2.2.4　辙叉病害

辙叉部分的病害有辙叉水平下沉、辙叉方向不良、翼轨裂缝、磨耗严重等。

由于辙叉存在“有害空间”，当车轮过渡到叉心时冲击力很大，造成叉心尖端产生凹陷，加上辙叉体积大，叉心道床不易捣固，因此往往造成叉心部分木枕弯曲，辙叉下沉，水平不良。

为减小辙叉病害的发生，延长辙叉使用寿命，本人认为应当从以下几个方面入手：一是控制辙叉几何尺寸，查照间隔不能大于1396mm，护背距离不得小于1342mm，护轨轮缘槽平直段尺寸不大于45mm；二是保持辙叉水平良好，减少辙叉扭曲和倾斜。

3　总结

以上是本人结合目前天津地铁线路方面存在的一些问题的总结及本人对线路病害所做的一些分析。总的来看，我认为是防治结合，以防为主，检查工作要做仔细，关键部位要把握住，这样才能保障列车运行安全。

参考文献

[1] 卢祖文. 铁路工务技术手册 [M]. 北京：中国铁道出版社，2008：02.

[2] 沈相宙，等. 铁路道岔养护 [M]. 北京：中国铁道出版社，2004.

[3] 中国祥. 铁道工程，[M]. 北京：中国铁道出版社，2005.

地铁车辆智能化系统应用浅析

朱宏飞
（天津市地下铁道运营有限公司）

摘　要：随着国内城市轨道交通的快速发展，地铁已成为人们日常选择的主要出行方式，具有“大运量、高密度”的行车特点。针对地铁车辆运行的安全风险，合理地选用地铁车辆智能化系统，搜集数据分析各核心部件的运行状态，采取针对性的防控措施，可有效地提升地铁车辆运行安全性。但目前地铁车辆智能化系统在实际应用中还并未十分成熟，还需进一步结合实际应用进行完善，本文将对地铁车辆智能化在实际应用中的一些问题进行浅析并提出一些合理化建议。

关键词：智能轨道交通；在线监测；大数据分析；状态修

1　综述

据不完全统计，截至2017年10月，我国共有33个城市开通运营城市轨道交通，营运里程超过4000公里，线路超过100条，车站2083座。已获得国务院城市轨道交通建设项目批复的43个城市，规划的线路总规模5020公里，总投资3万亿元，计划于“十三五”期间开始建设。

随着城市轨道交通的快速发展，地铁日趋成为人们出行不可或缺的交通工具，但是，由于同时具有封闭性强、起停频繁、客流量大且来源复杂、乘客自助乘车、应急疏散难度大等固有特点，地铁车辆作为运送乘客的主要载体，对其自身的可靠性及维修保障工作提出了非常高的要求。智能化列车检测系统具体包括车辆的信息数据采集和传输，以及地面对数据处理结果的反馈等，最终指导运行和维修以提高地铁运营的可靠性和安全性。

针对地铁车辆运行的安全风险，合理地选用在智能化的线监测系统，搜集数据分析各核心部件的运行状态，采取针对性的防控措施，可有效地提升地铁车辆运行安全性。但目前厂商对业主的真正需求并不十分了解，还存在着一定的问题，值得双方共同研究完善。

2　系统概述

智能化地铁以全息化列车状态感知和动态数字化运行环境为基础，以信息智能处理与交互为支撑，具有自检测、自诊断、自决策能力，通过对牵引/辅助、走行部、车门、网络等直接影响行车安全的关键系统与部件进行动态监控，根据所获得的列车及主要部件数据，对列车自身状态进行评估，给出预警和报警信息，并通过“车—地”传输网络将数据传输到地面数据中心，为管理人员对高速列车的运行状态进行综合评估，以及对车辆的关键部件进行维修维护提出指导意见，以保证地铁车辆安全运行。

列车的智能化管理系统主要由两部分组成：车上数据采集管理系统和地面专家系统。智能化系统独立于TCMS，能够和PIDS系统共同使用网络，其主要作用为对列车上的关键部件进行实时监控，实时记录并上传包括车门、走行部、受电弓、牵引、制动、火灾报警等在内的运行状态相关数据、故障相关数据以及预报警数据。这些数据再通过无线公共网络或LTE通道传输到维修基地的相关设备及线网控制中心中。

维修基地的主要功能为对从列车上搜集整合到的各类数据和信息进行综合分析，进而对列车状态加以评估，对故障隐患做出预报警，同时对实时数据加以存储，构建列车故障分析及对应处理方案的数据库。

智能化地铁车辆管理系统功能通过网络传输及数据存储实现，其中网络主要包括两部分：其一是车载网络，它的作用是实现列车与地面之间的信息传递和数据传输，通过车载网络将列车上的实时数据传输到地面；其二是地面网络，它的作用是通过地面的服务器向地面维修中心传输数据管理人员利用上传过来的数据对列车进行综合性评估，从而发现列车中的故障或潜在故障，做出相应的报警或预报警处理。车载以太网络主要由列车各子系统智能化检测设备、以太网交换机、数据记录仪、网络智能控制单元、车载无线数据传输网关及 LTE 综合承载网络组成，列车级骨干网为千兆以太网，各车厢为百兆以太网。车载以太网的拓扑图如图 1 所示。

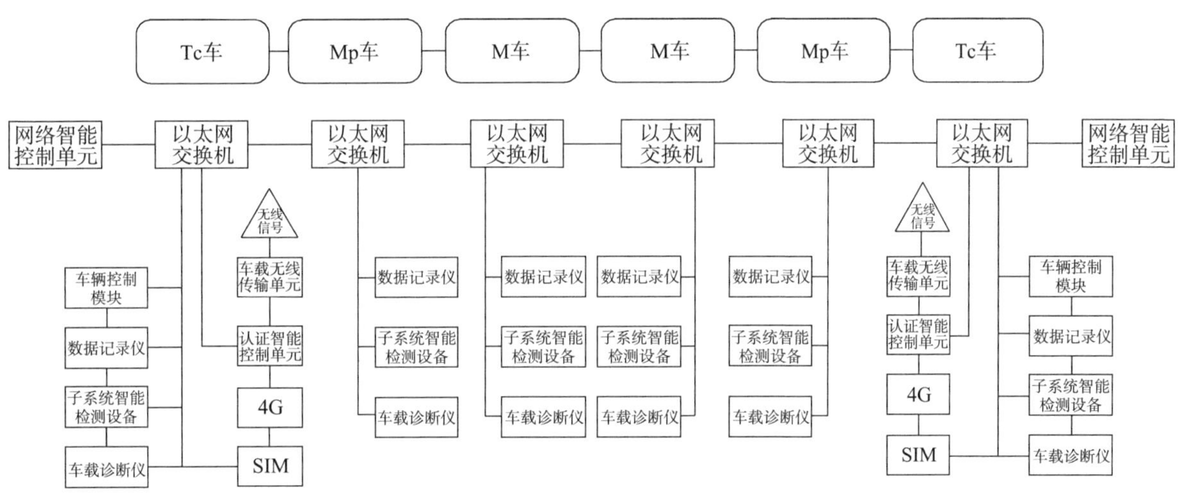

图 1　车载以太网的拓扑图

在列车内各个车厢的数据传输过程中，首先将各个车厢中的实时数据及状态信息传输给各个车厢对应的交换机，通过交换机将所有数据信息传输到整辆列车的主机单元，最后通过主机将信息传输到地面的维修终端。

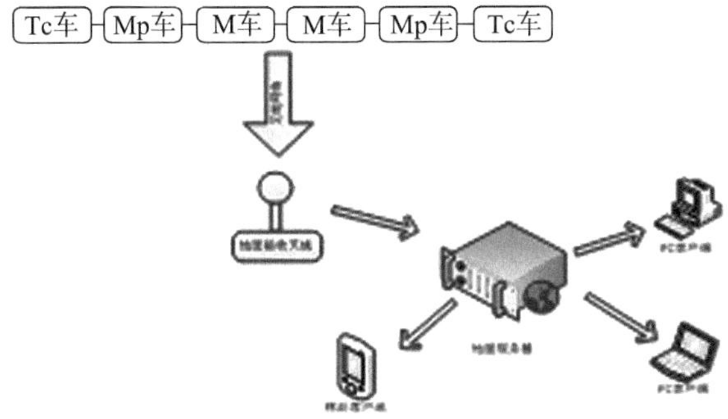

图 2　地面组成简图

3　子系统简析

3.1　走行部

走行部监测系统是针对城轨列车走行部轴箱、齿轮箱、牵引电机故障，以及轮对踏面故障、轨道波磨检测而研制的一套车载实时监测装置。该系统包括车载故障诊断主机、数字传感器和通信网络，可在复杂的振动环境以及车辆频繁变速的运行条件下，精确监测部件的振动、冲击信号和温度变化，对监测数据进行实时的分析，实时定位故障并提供分级报警。传感器具有检测频段宽、精度高、数字滤波的特点，支持通过地址标识监测对象以实现故障部件的精确定位。传感器在复杂的振动环境中，经过共振放大、带通滤波、放大器放大及包络检波技术检测不同故障固有频率的振动信号。

车载智能诊断主机自动提取复合传感器监测到的数据，采用多种技术提取并匹配故障特征，自动完成故障的诊断。

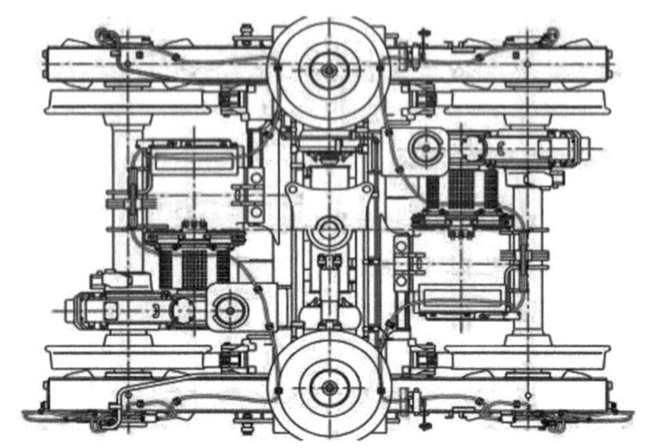

图 3　走行部安装示意图

厂商提供监测走行部温升，分别对轴箱轴承、轮对踏面和轨道振动进行在线监测和分析。通过在走行部关键部件上安装复合传感器，同时监测冲击、振动、温度 3 个物理量，实现走行部关键部件的在线诊断及故障预警。然而在发生机械失效的情况下，机械部件的振动异常一般先于温升异常发生。单就轴箱轴承失效而言，研究表明一般在轴承温度异常前，轴承的振动应已先发生了异常，所以对轴承进行振动监测，可不再加设温度监测系统，节约业主一定的成本。

3.2　接触网及受电弓

接触网及受电弓智能化检测系统一般通过高速红外摄像头、信息采集传感器及系统分析主机等部件，采用高速、高分辨率图像分析测量技术和现代传感技术，实现受电弓关键特性参数的在线动态自动监测和车顶关键部件、车顶异物的室内可视化实时观测。当受电弓脱网等异常现象发生时，可通过实时传递的图像信息第一时间发现故障，及时解决问题，杜绝安全隐患。针对气囊损坏、钢丝绳破损、气管破裂、阀板故障、阻尼器故障等原因引起的受电弓无法正常升降，接触压力未调整，滑板严重磨损或破裂引起的电流传输频繁中断，滑板磨损不均匀等故障信息也可通过以太网络实时传输到车辆主机中，供地面控制系统分析和处理。

其中厂商提供的图像视频采集是需要较大的数据分析及存储装置，而正常情况下的弓网图像视频是业主方所不需要的，大量的正常状态下弓网图像视频存储对于业主则是一种成本浪费，还有待厂商进一步合理优化。

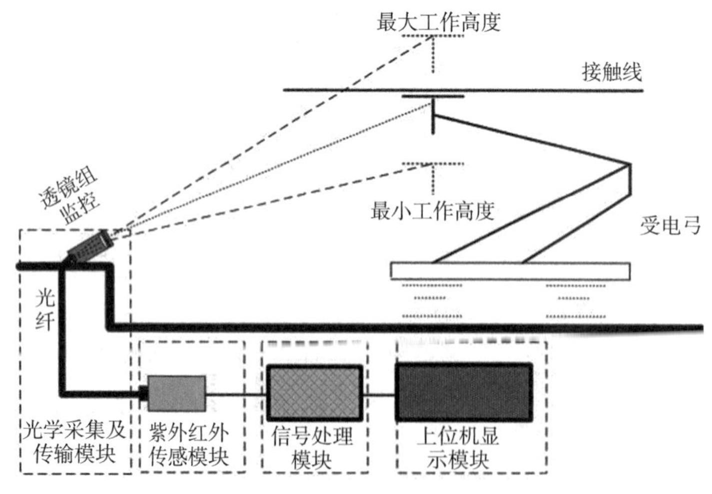

图 4　弓网监测示意图

3.3 牵引、制动及辅助系统

通过智能化控制系统的建立，可以将DCU/ACU对车辆牵引/辅助系统的监测数据、故障自诊断和故障信息处理办法等通过以太网和无线网络及LTE通道传送给司机室和地面控制中心，向司机、乘务人员和地面检修人员发送故障发生时的第一手现场信息，工作人员针对出现的故障问题可以做出及时应对。

对于牵引、制动及辅助系统，目前地铁车辆有比较完善的故障的记录、故障诊断和故障处理策略功能，业主需要对故障实行等级分类，例如分为“自恢复故障”“可复位故障”“不可复位故障”，便于故障的分类处置。而目前的状态只是通过列车网络系统与智能化列车检测系统联通，将相应系统运行状态数据和故障信息整合分析，得出车辆整体安全运行状态用以指导维护。对于业主来说，车辆每一个部件的安全性都不可忽略，应从单个部件的状态进行研究分析，只有保证所有部件都达到稳定、安全的状态，才能保证车辆整体的安全运营。

4 其他问题

4.1 老旧车的改造

厂商提供的在线监测及分析系统离不开传感器数据的采集，可以说需大范围地加装传感器。一般车辆新造出厂前统一由主机厂设计加装，这种方式较为合理，安全性相对较高。而对于老旧车就势必涉及加装改造，而改造加装前则应慎重考虑。一般建议加装夹具或在加持部位打孔，如果在部件表面打孔势必造成部件的应力强度发生改变，增加部件疲劳损伤的概率，这样就可能造成一定的安全隐患。

而后加装的夹具及传感器则需定期检查维护，因而增加了检修作业的工作量，且一旦传感器或夹具失效，将增加维护更换成本或造成安全事故。这种形式的改造加装是目前大部分业主方所不能接受的。业主更多地考虑在保证安全运营的前提下，以最小的维护成本、最少的维护工作量，达到预警准确、状态修建议合理的目的。

4.2 数据处理及预警

在数据分析、故障预警及维修建议的问题上，也同样存在一些待解决的问题。厂商预想通过大数据分析提出合理的维修策略，以达到状态修的目的。但因各设备在不同工况下运营，状态表现差异明显，总结各部件相应时段状态参数需要长时间、大量数据的积累和试验验证，才可能确定出决策的标准，所以短时间并不能为业主提供准确可信的决策信息替代现有修程。

故障预警标准也需双方进一步确定，如厂商将报警提示标准阈值定得较低，则可能造成系统频繁报警，提示进行检修维护，但部件状态还可应用较长时间，造成检修人员工作量的增加；而将报警提示标准阈值定得较高，则势必影响运营安全性。所以，供需双方还应通过大数据的积累及分析，确定出既可保证安全又不增加检修工作量的合理决策标准，保证故障预警、维修建议的准确性，实现状态修的维护愿景。

计量支付云平台在轨道交通长沙地铁6号线中的应用与研究

谭展军　肖青海

［亿通优地（北京）科技有限公司］

摘　要：随着互联网技术、云计算的不断发展，计量支付云平台在其他工程建设中的引用，不仅规范了投资控制的管理，而且提高了工程计价与计算的效率。本文介绍了在轨道交通工程建设领域如何快速应用计量支付云平台，以解决管理信息化的迫切需求，并给出了一种典型的系统架构设计与实现方案。

关键词：计量支付；管理系统；预算管理；竣工计价；验工计价

1　概述

轨道交通建设项目计量支付云平台的建设既融入了国际先进项目管理思想，又结合了中国行业规范标准，充分参考了PMI、FIDIC条款，利用成熟的互联网技术、大数据（Big Data）分析，并依托计支宝项目管理云平台API接口，建立了统一的建设项目在线业务办理平台。整个平台以计量支付为核心，以在线填报、审核、审批为方向，实现轨道交通建设项目全生命周期的过程化资金动态管理。

2　系统总体设计

轨道交通建设项目计量支付云平台的建设，充分考虑到本平台能与轨道交通PPP模式下的管理衔接，特采用了国内大型建设项目管理平台（计支宝）API接口，并在大型数据库（Oracle 11g）的基础上进行了二次开发研究，实现了信息管理平台与轨道交通长沙地铁6号线的无缝对接，总体开发框架如图1所示。

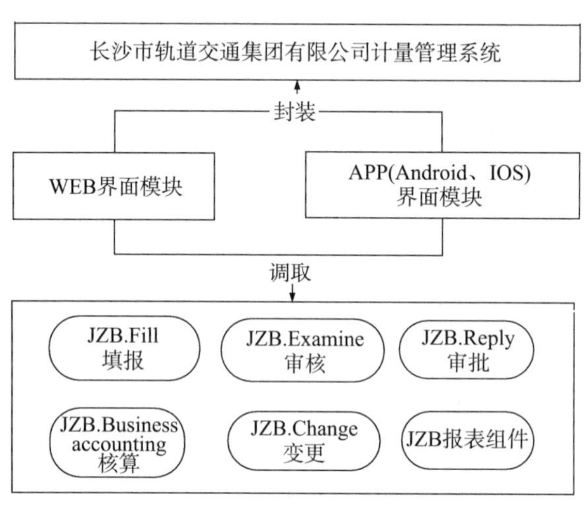

图1　开发框架图

2.1　逻辑架构

根据项目的主要建设内容，本项目拟建系统架构主要由作业层进行数据填报、审核、审批、采集等，平台将数据收集在云端数据处理层，对数据进行逻辑处理后形成建设项层及行业监管层的应用，总体架构如图2所示。

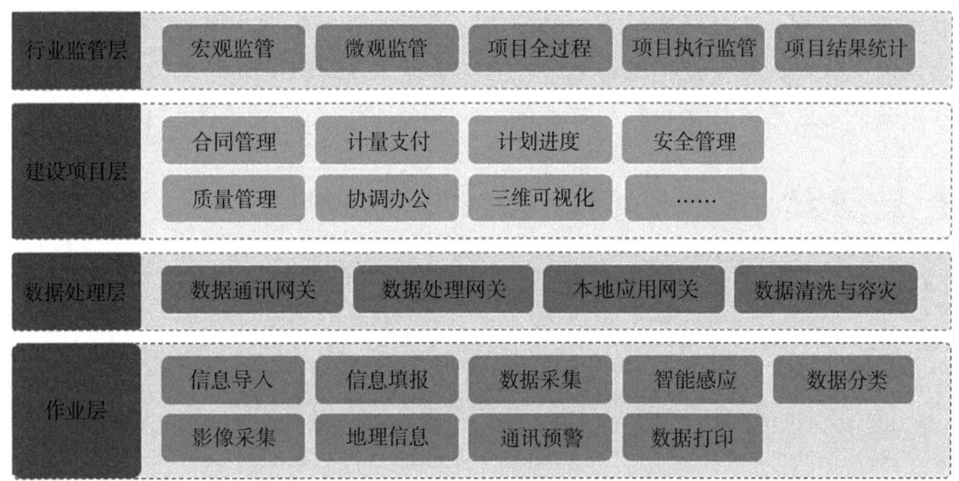

图 2　系统逻辑架构

2.2　系统模块划分

轨道交通建设项目计量支付云平台设计为 B/S 版和移动端两种方式，分别可在桌面 PC 端和移动手机终端显示应用，如图 3 所示。桌面 PC 端可进行数据填报、附件加载等数据操作，移动手机终端可进行数据查询、数据审核等操作。

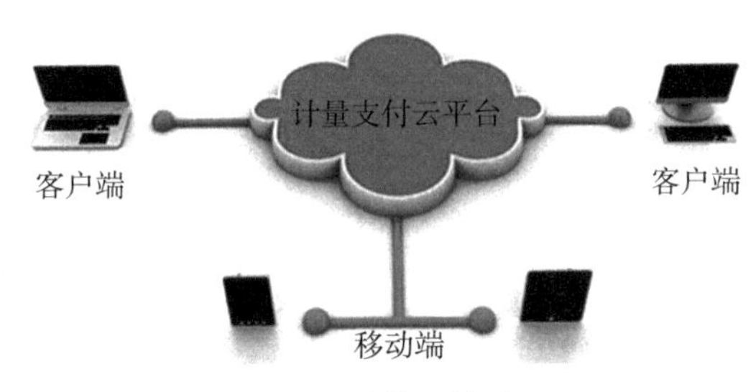

图 3　网络设计图

3　系统功能应用

轨道交通建设项目计量支付云平台已投入应用于项目管理中，具体应用中的功能主要包括项目配置、计量支付、施工图核算、变更管理、考勤管理、报表管理、系统管理和帮助，系统进入界面如图 4 所示。

3.1　项目配置

项目配置模块主要实现参建单位、监理单位的基本信息录入，辅助项目组织机构及操作人员的管理工作，其中包含项目基础信息，各单位承包合同、合同费用条款及计量支付审核流程的自定义设置内容，功能菜单如图 5 所示。

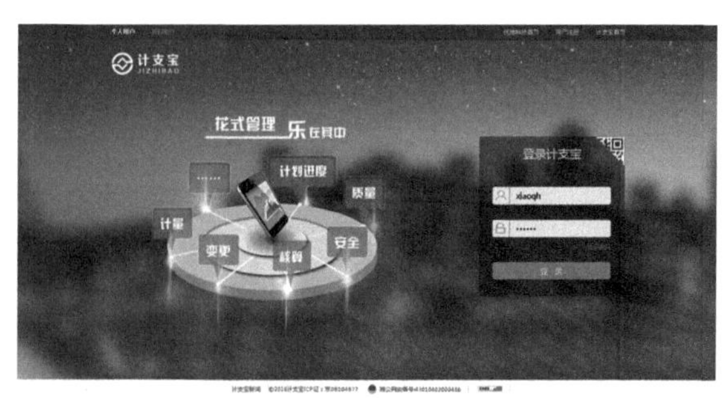

图 4　云平台登录界面

长沙轨道交通 Changsha Metro　长沙市轨道交通集团有限公司计量管理系统

您好，gdjt-admin

项目配置：项目配置　合同配置　单位用户　流程管理

计量支付　材料管理　质安管理

项目列表　概算条目　项目推进　概算匹配　项目路线　路线配置

添加　修改　删除　授权　技术参数　打印设置　导入路线

	项目编号	项目名称	创建时间
1	ZF-06	长沙市轨道交通六号线工程	2017-01-10
2	ZF-05	长沙市轨道交通五号线工程	2018-02-26
3	ZF-04	长沙市轨道交通四号线工程	2018-02-28
4	ZF-03	长沙市轨道交通三号线工程	2018-02-28

图 5　项目配置界面

3.2　计量支付

计量支付模块通过导入承包合同中的工程量清单并进行 WBS 分解，将工程量分解到具体分部分项工程部位，然后定期进行工程计量结算。该模块设计包含合同清单管理、合同费用条款、计量模式设置、计量周期设置等具体操作功能，如图6所示。施工方填报基础计量信息，在线提交，之后进入计量审核流程，最终实现自动生成结算报表、计量台账等功能，业务流程如图7所示。

长沙轨道交通 Changsha Metro 长沙市轨道交通集团有限公司计量管理系统

您好，gdjt-admin

项目配置
计量支付
- 计量设置
- 核算管理
- 变更管理
- 清单计量
- 概算分项
- 清单分项
- 合同支付
- 结算台账

材料管理
质安管理

合同清单管理 | 合同费用条款 | 计量合同设置 | 清单年度计划 | 章节费用条款

年份 2017年 项目 长沙市轨道交通六号线工程 合同 文昌阁至东屯渡

添加同级 添加下级 修改 删除 核算工程量 导入excel 导出excel 锁定 解锁

	编号	名称	类型	单位	单价
1	一	文昌阁站	合同清单		
2	二	文昌阁站~芙蓉中路站区间	合同清单		
3	三	芙蓉中路站	合同清单		
4	四	芙蓉中路站~烈士公园站区间	合同清单		
5	五	烈士公园站	合同清单		
6	六	烈士公园站~迎宾路口站区间	合同清单		
7	七	迎宾路站	合同清单		
8	八	迎宾路口站~窑岭站区间	合同清单		
9	九	窑岭站	合同清单		
10	十	窑岭站~朝阳村站区间	合同清单		
11	十一	朝阳村站	合同清单		
12	十二	朝阳村站~东郡站区间	合同清单		
13	十三	东郡站	合同清单		

图6 计量支付模块菜单

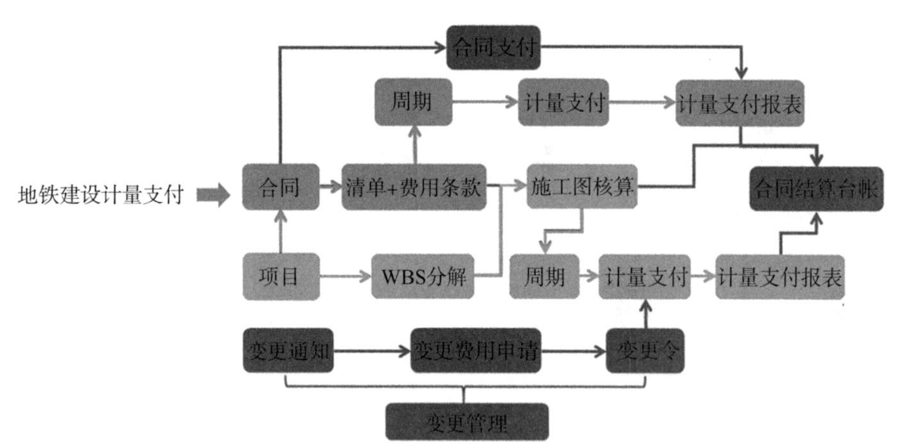

图7 计量业务流程图

将计量支付功能与轨道交通长沙6号线计量支付管理办法相结合，在计量过程中对工程量清单进行了锁定，施工、监理方不可随意修改清单数量，计量时云平台自动分析工程量计量情况，并通过分析进行预计，具体可有如下预计模式：

- 清单合算量超累计计量量时触发预警；
- 工程量清单计量超出清单总量时出发预警；
- 某个工程部位计量超出部位核算量时出发预警；
- 变更计量不能超变更核算量；
- 变更计量不能超变更累计量。

针对计量支付，在移动手机终端 App 设计了相应的管理模块，如图 8 所示。通过 App，人们可以快速、直观地查看本期计量及往期计量情况。同时，App 中可自动生成记录对比列表与对比图，方便工程管理人员动态掌握工程资金状态。

图 8　App 计量支付

3.3　变更管理

变更管理模块中实现了工程变更通知、变更在线申请、变更令信息管理功能，如图 9 所示。业主可在线下发工程通知，施工方通过在线进行变更项目的填报与监理审核工作。最终批复后的数据会自动引入计量模块中进行变更计量。

3.4　考勤管理

考勤管理功能设计采用 GPS 定位技术、影像处理技术，对项目施工关键技术人员是否在岗，通过地理位置实时上报判断分析。另外，对监理人员进行每日在线考勤，自动统计在岗情况，并与监理费用挂钩，自动生成监理计量报表，如图 10、图 11 所示。

图 9　变更管理

图 10　App 现场考勤

长沙轨道交通 Changsha Metro 长沙市轨道交通集团有限公司计量管理系统　服务 电话:400-965-0588 手机:17343617510 QQ群:651050275

您好，管理员 | 项目监管 | 项目配置 | 计量支付 | 材料管理 | 质安管理 | 协同办公（消息会议、资料档案、工具箱、实名制管理） | 计划进度

考勤管理 | 报表输出 | 养护日志 | 工作汇报 | 日汇报 | 周汇报 | 月汇报 | 隐蔽工程

年份: 2017年　项目: 长沙市轨道交通六号　单位: 文昌阁至东屯渡地下配套工程交通疏解　日期: 2017-11-07

	用户名	姓名	单位	当日次数	本周次数	当月天数	当月次数
1	longqkq		文昌阁至东屯渡地下配套工程交通疏解施工项目	1	7	15	23
2	liuqkq		文昌阁至东屯渡地下配套工程交通疏解施工项目	2	12	27	46
3	tanhfkq	风	文昌阁至东屯渡地下配套工程交通疏解施工项目	1	12	25	45
4	lianxlkq		文昌阁至东屯渡地下配套工程交通疏解施工项目				
5	tanjakq	双	文昌阁至东屯渡地下配套工程交通疏解施工项目			1	1
6	lihkq		文昌阁至东屯渡地下配套工程交通疏解施工项目	1	11	28	43
7	wuhkq		文昌阁至东屯渡地下配套工程交通疏解施工项目	1	8	25	35
8	wangjykq	勇	文昌阁至东屯渡地下配套工程交通疏解施工项目	2	12	26	50
9	songjgkq	刚	文昌阁至东屯渡地下配套工程交通疏解施工项目				
10	liuyzkq	志	文昌阁至东屯渡地下配套工程交通疏解施工项目	2	11	28	51

图 11　考勤统计页面

3.5　报表管理

报表管理模块中设置了轨道交通建设项目计量支付常用模板，通过计量申报、审核、审批数据可自动生成工程进度款计量申报表、进度计量汇总表、计量产值汇总表、施工图清单明细表、清单计量明细表、中间计量表等 12 种业主、监理、施工多方所需的报表，报表符合国家档案局要求可直接打印存档，界面如图 12 所示。

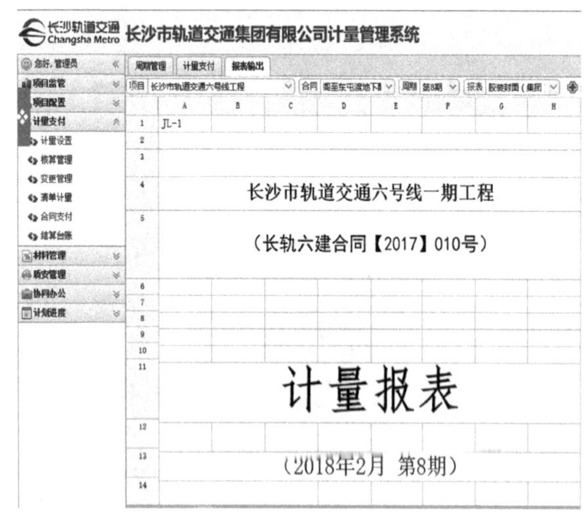

图 12　报表管理

3.6　系统设置

系统设置模块中设计了灵活、快捷、安全的系统配置功能，可针对不同组织机构、不同角色设置管理权限、管理流程、报表微调等功能。

（1）权限配置

轨道交通建设项目计量支付云平台可对每个用户进行自定义权限设置，将用户的权限与职级关联，例如可根据职责范围设置数据操作范围、数据查看范围及功能操作范围。

（2）审核流程

为更好地适应轨道交通建设的项目管理需求，平台设计了灵活的审核流程设计功能，该功能可满足从计量业务申报到审批人员的灵活设置，避免项目人员变动造成的业务流程变化，如图 13 所示。

（3）日志管理

系统工作日志管理，可以对用户在系统中的任意操作进行自动的记录，其中涉及日志详情、时间、用户名、IP 地址、操作源名称。通过记录操作行为，云平台会自动分析出监理计量审核时长，每条清单量的审核轨迹，同时通过快速筛选检索，为系统管理员提供良好的维护环境。

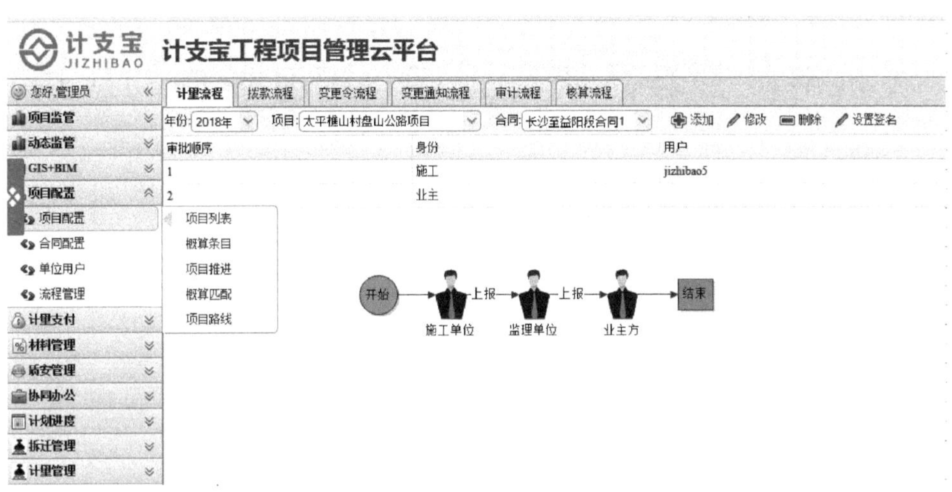

图 13　流程设置

4　结语

交通建设项目计量支付云平台目前已经投入使用，以信息化手段规范建设项目过程中的投资控制管理方法，加强项目计量支付业务管理，通过各阶段数据申报、审核、审批进行数据分析、云端计算，快速生成各项统计报表，并通过与移动终端的结合，实现了实用性的项目管理功能，大大提高了项目管理效能。

参考文献

[1] 高飞，郝清士. 基于移动化、云化的轨道交通工程建设管理信息化架构设计［J］. 信息化建设，2016（3）：37-39，41.

[2] GB 50861-2013，城市轨道交通工程工程量计算规范［S］.

浅析电能管理系统在城市轨道交通中的应用

崔晓坤
（天津市地下铁道集团有限公司）

摘　要：城市轨道交通是公用事业中的大户，电能消耗是轨道交通中主要的能源消耗，为进一步达到节能降耗的目的，在工程建设中配套电能管理相关技术措施是十分必要的。本文从电能管理系统的功能、组网模式、应用现状等方面对电能管理系统在城市轨道交通中的应用进行了论述。

关键词：城市轨道交通；电能管理系统

1　电能管理系统的必要性及意义

随着国内地铁建设的高速发展，车站的现代化水平不断提高，车站用能设备在数量和复杂程度上都发生了较大的变化。[1] 但用能设备的管理、维护和操作，管理体制和制度，管理队伍的建设却与节能型可持续发展经济的要求相距甚远。

目前，地铁能源管理工作主要通过定期巡检抄表、人工统计简单电能数据报表的方式开展，数据主要来源于低压配电监控系统和环控电控系统进线电度值，其精细程度尚未达到电能管理工作的精细化要求。在能源管理方面主要存在以下问题：

（1）自动化水平较低，电能分类分项工作难以开展；

（2）能源运行管理手段落后，人工抄表导致数据实时性较差，无法形成更细致的电能数据报表，对分散而复杂的能源设施和能耗使用状况不能及时有效客观地进行管理；

（3）缺乏科学有效的电能管理指标体系，既无法对设备运行效率进行评估，又难以评价电能管理工作和其他技术改进措施的能效效果；

（4）电能消耗数据的统计和分析工具缺失，难以快速实现时间维度上的趋势分析和不同站点之间空间维度上的横向对比分析。

随着运营线路的不断增加，地铁将面临更加精细的电能质量管理业务、更加庞大的数据分析，传统的电能管理模式不仅没有精细化管理的数据基础，也没有高效自动化管理的工具。为使车站用能设备管理能够适应现代化的要求，在确保乘客舒适性前提下，达到节能降耗的目标，应彻底改变过去粗放型的管理形态，进行科学的精细化管理。按照能源管理体系的要求，建立起车站现代化的能源综合管理和评估技术体系，在体制和技术上进行大胆的创新。因此，建设电能管理系统，成为当前最紧迫的工作。

2　电能管理系统的组成

电能管理系统一般由主站系统、子站系统和远程通信通道组成。

主站系统设置在控制中心，采用微机型设备，以太网组网形式，由数据库服务器、应用服务器、工作站、交换机等组成。

子站系统设置在沿线各车站变电所，由站级管理层、网络通信层、现场采集层组成。站级管理层主要设置电能管理装置，该装置通过通信网络搜集现场仪表内的各种电量信息，并通过远程通信通道上传给主站系统。现场采集层主要是各种带通信功能的数字仪表，设置在各变电所的控制信号盘、开关柜中。网络通信层采用以太网和现场总线通信方式，通信介质为屏蔽双绞线。

远程通信通道一般由通信专业提供，采用10Mbps或100Mbps以太网。

3 电能管理系统的目标及功能

电能管理系统主要目标是建立集成电能数据的完整数据采集平台，为地铁管理人员提供精细的电能管理数据，进而进行多维度分析，分析电能管理的漏洞，分析设备管理的漏洞，最终达到节能的目的。同时为政府、科研等单位了解的地铁电能消耗情况提供数据依据。建立计费系统，为后续的运营部门对商铺的电费收取提供系统解决方案。

电能质量管理系统的主要功能有[2,3]：

（1）实时监测和历史记录

系统可监测的电能质量指标，包括频率偏差、电压偏差、电压动态变化指标，例如电压波动、短时闪变、长时闪变、电压跌落、短时断电、长时断电、过电压；电压不平衡（负序分量）；谐波，例如电压及电流各次谐波、波形畸变率；其他测量量，例如线路有功功率、无功功率、谐波功率等。停电后，时钟继续走时，所有数据均应自动保存。

（2）自动抄收

能自动抄录电能表内正、反向有功电量（总、尖，峰、谷、平、需量），包括三相电压、电流、功率、功率因数、相位、有功电量、无功电量等。

远程实时、周期或定时抄收电仪表量数据、状态信息等。

（3）用电监测

具有装置故障和各种越限数据监测报警功能，支持图文、语音和短消息等报警形式；电压断缺相、电压逆相序、电流反极性、过负荷、电流不平衡等异常报警；电能量计量异常报警：示度下降、电能表停走、电能表飞走；终端异常报警：终端停（上）电。

所有事件发生时能记录现场的参数，供分析处理使用。

（4）智能监测设备管理

设备台账管理；设备维护管理；设备历史记录；远方参数设定。

（5）查询统计

负荷查询统计；电能质量监测点（监测设备）查询统计；历史记录查询统计。

（6）数据分析

数据分析界面：棒图、曲线、饼图、文字表格；统计电压合格率和负荷变动；线损统计分析功能和历史同期比较功能；自动分析三相不平衡；供电可靠率和供电质量的统计分析；监测量变化曲线绘制（主要包括电压、电流基波有效值曲线，有功功率变化曲线，无功功率变化曲线，功率因数变化曲线，系统频率曲线，负序分量变化曲线，正序分量变化曲线，不平衡度变化曲线，短时闪变曲线，长时闪变曲线，电压电流总谐波畸变率变化曲线，谐波电压，电流含有率变化曲线）。

（7）统计报表输出

包括电压合格率报表、电流量电压量的最大值和最小值及出现的时间、频率合格率报表、频率的最大值和最小值及出现的时间、短时闪变越限率报表、长时闪变越限率报表、不平衡度越限率报表、总谐波畸变越限率、奇次谐波越限率、偶次谐波越限率报表。

（8）高级数据分析

重点负荷分类统计、分析、管理；重点负荷对系统电能质量的影响分析；谐波对电能计量精度的影响分析；电能质量对继电保护等自动化装置动作行为的影响分析、统计。

4 组网模式

目前国内常规的电能管理系统有两种组网模式：

4.1 单独组网方式

此组网模式下，末端多功能表计（安装于40.5kV高压开关柜、400V低压开关柜）由各开关柜厂供应商负责安装、通信连接（电能管理供应商负责指导），表计安装完成后，一般预留通信接口给电能管理系统实现系统数据采集；电能管理系统数据采集设备再通过专用的数据传输通道（10Mbps）实现向中心平台的数据上传。

另外，为便于电调人员对系统的巡检与维护，有的电能管理系统在站级设立工作站，实现本站通信状态监测、系统报警展示及本站能耗展示等功能。

单独组网模式下，系统网络拓扑结构如图1所示：

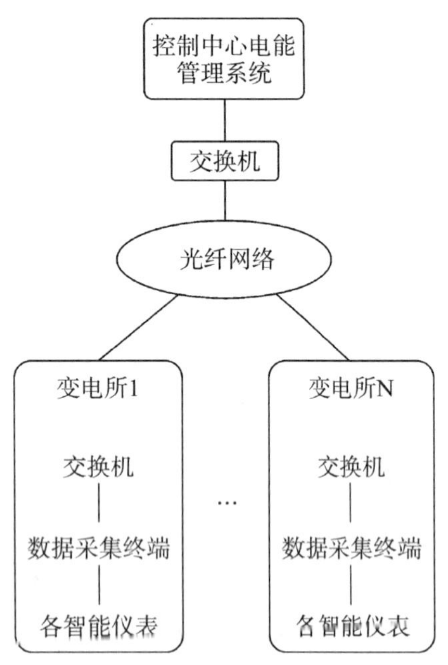

图1 单独组网模式网络拓扑结构

4.2 集成至PSCADA系统并纳入综合监控

此组网模式下，末端多功能表计（安装于40.5kV高压开关柜、400V低压开关柜、环控电控柜内）由各开关柜厂供应商负责安装、通信连接（电能管理供应商负责指导），表计安装完成后，一般预留通信接口给PSCADA系统实现系统数据采集；电能管理系统与PSCADA系统的数据接口有多种不同的方式可实现，一般分为硬件接口、软件接口两种方式。

硬件接口条件下，电能管理系统提供数据采集设备，与PSCADA系统提供的数据传输接口进行对接；电能管理系统再通过专用的数据传输通道（10Mbps）实现向中心平台的数据上传。

软件接口条件下，由PSCADA站级系统提供数据上传接口，双方约定接口规范后，各自负责接口开发与调试，最终完成接口对接，只有如此电能管理系统才能实现数据采集；PSCADA系统成熟度高，且为供电系统安全监控系统，一般情况下，不会为电能管理系统修改软件功能，因此软件接口方式应用不多。

PSCADA集成模式下系统网络拓扑结构如图2所示：

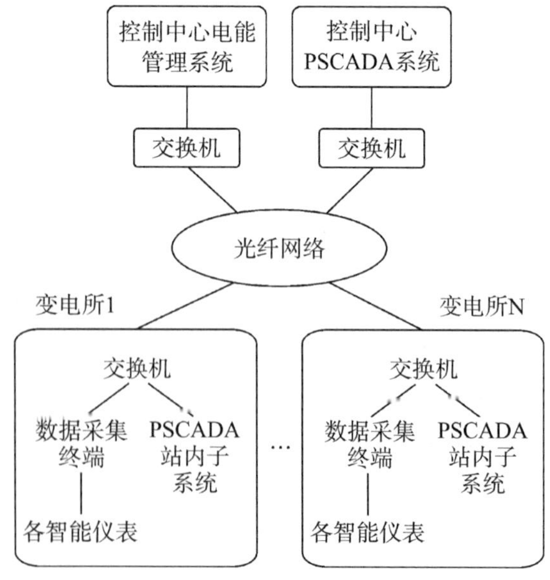

图2 PSCADA集成组网模式网络拓扑结构

4.3 组网方式对比

表1 组网方式对比表

	单独组网模式	PSCADA 集成组网模式
表计安装	开关柜厂商负责	开关柜厂商负责
末端接口方式	1. RS485 端口 2. 以太网口(PLC 或表计提供)	以太网口,由 PSCADA 通信管理机提供
数据采集、上传	1. 由开关柜厂提供的 PLC 负责采集,末端表计由柜厂负责调试 2. 电能管理系统与柜厂 PLC 对接 3. 电能管理系统与柜厂负责调试接口 4. 数据上传使用专用通道,10Mbps 带宽,按电能管理协议上传	1. 由 PSCADA 通讯管理机负责采集,末端表计由 PSCADA 负责通讯调试 2. 电能管理系统与 PSCADA 通讯管理机对接 3. PSCADA 开放数据传输接口,双方共同完成调试接口 4. 数据上传使用 PSCADA 专用通道,与 PSCADA 分享带宽,不低于 10Mbps,按电能管理协议上传
软件接口	电能管理系统内部接口,与第三方系统无关	电能管理系统与 PSCADA 系统对接,需接口开发、调试
安装调试	电能管理系统、柜厂联调	电能管理系统、柜厂、PSCADA 系统联调
运行维护 及 故障处理	电能管理系统厂商负责维护;并与开关柜供应商联合处理故障,对 PSCADA 系统无影响	电能管理系统、PSCADA 系统厂商负责维护,并共同完成故障排除处理,对 PSCADA 有影响

5 各城市地铁电能管理系统应用情况

5.1 北京地铁电能管理系统现状

北京地铁近几年建设的 6、7、8、9、14、15 号线，电能管理系统方案分两种：

方案一：6、8、15 号线，大兴线，机场线设置独立的电能管理系统主站，变电所内设置独立的电能管理装置。

方案二：考虑到独立设置的电能质量管理系统功能与 SCADA 系统有重叠，后续 7、9、14 号线电能管理系统采用 PSCADA 集成组网模式，相关功能由综合监控系统和变电所综合自动化系统实现。

监测范围：10kV 开闭所进线、变电所牵引变压器和配电变压器高压侧、0.4kV 进线、照明总馈线、广告照明总馈线、商业用电等回路。

北京正在建设城市级能源大数据平台，将各条线能源管理系统（包括电能管理系统）接入进行综合管理。

5.2 上海地铁电能管理系统现状

上海地铁在最近两年新建线路建立了电能管理系统，并同时对多条既有线路进行电能管理系统改造。上海地铁电能管理系统独立组网，并设置了一套轨道交通线路的综合电能管理系统，各线的电能管理系统主站均接入进行综合管理。

监测范围：牵引变电所和降压变电所的 35kV 中压馈线、0.4kV 环控系统、冷水机组、一般照明、广告照明、自动扶梯、商业开发等主要用电回路设置智能仪表；不经常使用的负荷回路，如维修负荷、防淹门、消防专用设备、事故状态下才使用的用电回路则没有考虑设置智能仪表。

5.3 广州地铁电能管理系统现状

广州地铁 2、8 号线延长线，广佛线一期、二期工程，7 号线一期，13 号线首期等工程，以及新建线路设置电能管理系统，采用 PSCADA 集成组网模式，计量仪表通过接入变电所综合自动化系统，将相关电能信息上传至电力监控（2、8号线延长线）或综合监控系统（广佛线）。

监测范围：变电所0.4kV开关柜进线、一般照明、广告照明、环控电控室馈线、自动扶梯、冷水机组、商业用电等馈线回路设置智能仪表。目前已运营的，除上述馈线回路设置计量仪表外，在牵引变压器、配电变压器高压侧设置独立计量仪表。

5.4 南京地铁电能管理系统现状

南京地铁已开通及在建线路的电能管理系统均采用独立组网方式，系统由主站系统、子站系统以及通信通道组成。此外，南京还设置了一套轨道交通线路的综合电能管理系统，各线的电能管理系统主站均接入该系统。

监测范围：0.4kV进线、0.4kV环控设备、冷水机组、照明（工作、广告、隧道、附属设备房）、电梯、扶梯、垂直电梯、潜水泵、排污泵、AFC、商业用电。环控电控室计量对象：大系统（空调机组、排风机）、小系统空调机组，水系统（冷冻泵、冷却泵、冷却塔风机）。

5.5 杭州地铁电能管理系统现状

杭州地铁在建3、5、6、7、8、9、10号线，杭绍线，杭临线，杭富线，杭海线电能管理系统均采用独立组网模式，系统由主站系统、子站系统以及通信通道组成。

监测范围：0.4kV开关柜的所有回路。

5.6 苏州地铁电能管理系统现状

苏州地铁2号线设置了电能管理系统，采用PSCADA集成组网模式，智能计量仪表通过与变电所综合自动化系统通信，将相关信息上传至主站综合监控系统。

监测范围：40.5kV开关柜馈线回路和0.4kV进线、一般照明、广告照明、环控、冷水机组、自动扶梯、商业用电等馈线回路。

6 各专业接口配合及设计分工

在不同的组网方式下，各专业接口配合情况见表2：

表2 各专业接口配合表

接口配合内容	单独组网模式	PSCADA集成组网模式
控制中心	综合监控专业负责实施	综合监控专业负责实施
通信通道	通信专业提供独立通道	综合监控专业负责实施
变电所相关接口	1. 与高压柜及0.4kV开关柜接口：表计和组网设备由开关柜厂商或电能管理厂商提供，开关柜厂商按要求负责表计及组网设备柜内安装 2. 与环控电控柜接口：由环控专业提供相关表计及组网设备，接口界面在电能质量管理屏通信端 3. 预留与其他子系统互联接口	1. 与高压柜及0.4kV开关柜接口：表计和组网设备由开关柜厂商或电能管理厂商提供，开关柜厂商按要求负责表计及组网设备柜内安装 2. 与环控电控柜接口：由环控专业提供相关表计及组网设备，接口界面在电能质量管理屏通信端 3. 预留与其他子系统互联接口 4. 变电所电能管理屏提供与综合监控的接口

一般根据电能管理系统的设置方式，决定该系统的设计原则：

（1）若设置能源管理系统，按照地铁设计规范（GB 50157-2013）规定要求应将电能管理系统纳入综合监控，并且由综合监控专业设计。

（2）若设置独立电能质量管理系统，控制中心主站由综合监控负责，变电所子系统由动照专业或变电所专业设计。

（3）若未设置能源管理系统且电能质量管理系统纳入综合监控系统，为减少接口配合，一般由综合监控设计。

7 总结

地铁车站电能管理系统能有效降低设备日常运作成本，提高异常状态下的反应能力，在车站运营、管理和保障作业中发挥着重要作用。通过对地铁车站用能过程实现实时管理，找出主要用能环节与设备无效能耗进行管理；对能耗历史数据的挖掘与能效优化策略验证；对技术节能措施的能源数据采集与分析比较验证，建立一个能耗综合管理和评估系统，并配套相关能源管理制度保障，以规范车站所有涉能部门和人员都能充分配合能耗综合管理与评估工作，对于地铁节能降耗具有较大的指导意义和实用价值，经济和社会效益显著。

参考文献

[1] 龙潭. 地铁能源管理系统［J］. 城市轨道交通研究，2010，13（2）：77-79.

[2] 刘海涛，韩文新，苏剑. 电能质量在线综合监测系统［J］. 电网技术，2006（52）：583-587.

[3] 井嵘. 电能质量综合监测及管理系统研究［D］. 济南山东大学，2006.

城市轨道交通基础设施维修智能管理系统

刘 欣
（天津轨道交通集团有限公司工务维修分公司）

摘　要：当前，随着信息化技术的发展，在城市轨道交通基础设施维修中，采用信息化的智能管理系统改进城市轨道交通的设备管理水平是必然趋势。现阶段，既有城市轨道交通基础设施维修管理系统尽管能够在一定意义上实现状态监控、故障记录、维修报表生成等功能，然而对于维修决策很难实现建模和优化，并且在实际的数据的智能处理和维修判断上也存在不足之处。因此，笔者主要针对这种情况，根据城市轨道交通系统的组成、运行和维修特点，设计了城市轨道交通基础设施维修智能管理系统。

关键词：城市轨道交通；基础设施；维修；智能管理系统

1　城市轨道交通基础设施维修智能管理系统特点分析

1.1　高度集成化

城市轨道交通基础设施的检测数据异构特征显著，在数据结构、数据体量和数据来源等方面都不尽相同，很难完成综合分析。该系统从时间、地理和设备3个维度对原始数据进行整合集成，并建立了城市轨道检测数据仓库。数据仓库实现了异构数据的融合与集成，使不同来源、不同格式的数据有了统一收集、管理和分析的平台，增强了系统的数据处理能力，同时为综合性的数据分析与决策支持奠定了基础。

1.2　多指标、全方位、综合性

系统融合轨道检测数据、巡检数据、钢轨探伤数据、接触网（轨）检测数据等全方位、多元化的基础数据，综合、全面地分析整个城市轨道交通线路的运营状态，同时建立了多指标综合量化评估体系，能够通过轨道状态评估、钢轨伤损状态评估及接触网（轨）状态评估等对城市轨道交通基础设施的运行状况做出综合全面的评价。

1.3　专业化、自动化、智能化

系统利用专业化的数据融合分析方法，尤其是大数据技术和机器学习技术，对检测维修数据进行深度分析，并以分析结果指导维修作业决策。如可以通过综合量化评估模型，基于设备病害对行车安全和舒适影响大小等因素，判断需要优先维修的区段；还可以智能监控周期性检查兑现情况，及时发现检查未覆盖区域。

1.4　可视化

如在病害重复分析中，以散点图的方式直观展示同类型病害沿线路里程在每个单元区段出现的频次，维修决策人员可以快速判断该类病害的频发地段，以便于制定维修计划；基于GIS服务的电子地图，可以直接在城市轨道交通线路图中标注设备安全质量问题，维修人员可以快速了解病害分布情况。

2　城市轨道交通基础设施维修智能管理系统关键技术

2.1　检测数据集成管理

以往的数据采集与管理系统往往只侧重某一些方面的检测数据，将其独立存储，缺乏实时性、灵动性、整体性，且由于对不同来源的数据重视程度不同导致记录不规范，甚至缺失。因此需要建立一个统一的、集成的数据管理平台，不仅能够有效汇集所有类型的检测数据，针对不同类型的数据采取不同的存储方式，提供统一的管理方案，同时还提供丰富易用的用户接口，保证数据收集的及时性、完整性及数据传输的便捷性。

该系统从时间、地理和设备3个维度对原始数据进行整合，并建立了城市轨道检测数据仓库。该数据仓库不仅全面融合了基础设施台账、轨道检测、钢轨探伤、轨道巡检、接触网（轨）检测、接触网（轨）巡检等专业检测系统的数据源，同时还支持检测波形、检测图像和检测报表等多种数据格式，增强了维修数据的管理能力。

2.2 设备状态综合分析评估

该系统融合了轨道几何检测、轨道外观巡检、钢轨探伤检查、接触网（轨）检测与巡检等数据，可全面分析评估整个城市轨道交通基础设施的服役状态。系统同时提供了智能、便捷的分析处理工具和易于理解、操作的用户界面，便于用户完成综合分析操作。以轨道几何动态检测数据处理分析为例，系统提供检测波形精细分析客户端，用户可以通过界面操作，指导系统自动完成轨道几何动态检测数据的精细分析，包括波形预处理（格式转换和干扰滤波）、波形里程智能校正、无效数据智能识别、历次波形对比及变化智能识别、自定义标准偏差筛选、幅值测量与数值统计等。

系统基于多源检测数据，通过层次分析法等数据建模技术，建立了以轨道几何状态、钢轨伤损状态及接触网（轨）状态等指标综合评价设备单元质量的评估模型。通过该评价评估模型不仅可以找出综合质量较差的设备单元，将其优先纳入维修计划，还能够跟踪设备单元质量变化趋势，确定更合理的检修周期和作业后质量跟踪验收方案。

2.3 维修作业决策支持

大数据技术和机器学习技术，为城市轨道交通基础设施养护维修决策提供支持。典型应用之一是通过综合量化评估，确定计划优先维修的病害区段。系统基于设备病害对行车安全和舒适影响大小的综合量化评估模型确定优先维修区段，附带历史病害详细信息，维修决策人员可以直观地判断维修病害主要原因和作业区段范围，填报维修方案和维修计划。另一个典型应用是监控周期性检查兑现情况，及时发现周期检查未覆盖区域，有效避免检查不到位和病害长期未处理持续恶化的情况发生，对于城市轨道交通安全运营具有重要作用。

2.4 综合可视化展示

新系统提供了一整套可视化展示模块，使系统收集的原始数据及系统分析结果等信息能够以图表的方式直观地展现给用户。除统计图表外，系统还引入GIS服务，根据地理位置信息及城市轨道交通路网情况，制作了电子地图。电子地图可以将城市轨道交通基础设施中的设备问题在城市轨道交通线路图中进行标注，包括病害类型、产生时间、维修作业历史及检修状态等信息，清晰直观地展示问题聚集区域。同时，记录的检修作业轨迹也可以作为工务维修人员工作考核的依据。

3 结语

城市轨道交通基础设施维修智能管理系统采用B/S和C/S结合的综合架构和大数据分析与机器学习等技术，在实现检修数据集成管理的基础上，为城市轨道交通基础设施养护维修工作提供良好的决策。并且，还能够实现可视化，对于设备资产、病害问题、状态等级等数据处理分析成果进行直观的展示。

参考文献

[1] 杨帅，刘云. 城市轨道交通基础设施管理系统的设计与实现［J］. 铁路计算机应用，2012（2）：52-54.

[2] 王乾宇. 浅谈城市轨道交通工务系统维修管理模式［J］. 科协论坛（下半月），2012（8）：126-127.

轨道交通运行安全与监测

鲁晓红
（天津市地下铁道运营有限公司）

摘　要：随着社会经济发展速度的加快，城市各项基础设施不断完善，尤其是近年来轨道交通的增多，极大地缓解了城市交通压力，同时提高了交通运输效率。在对以地铁为代表的城市轨道交通进行建设以及管理维护时，需要注意其运行环境和方式的特殊性，在充分发挥其所具有的性能优势同时，还需要注意运行安全性。在不断管理维护中积累经验，对影响运行安全的各类隐患进行分析，并利用计算机以及网络技术等构建安全监测系统，对轨道交通运行全程进行安全监控，随时掌握运行状态，及时排除所存在的安全隐患。

关键词：轨道交通；运行安全；监测系统

轨道交通在建设时具有非常强的系统性与复杂性，施工作业以及后期管理难度比较大，对技术手段的专业性有着非常高的要求。以提高轨道交通运行安全性为目的，在总结以往经验的基础上，构建功能完善的监测系统，利用其寻找运行全程内存在的安全隐患，及时采取措施消除，确保随时掌握轨道交通运行状态。

1　轨道交通运行安全重要性

在社会经济快速发展背景下，轨道交通逐渐成为各大城市的主要公共交通方式，不仅可以有效缓解城市交通压力，同时还可以提高交通效率，为人们提供更佳的交通体验。轨道交通运行方式以及环境的特殊性，决定了其与常规交通之间的差异，受各方面的影响更大，存在更多不易发现的风险，一旦管理不到位，很容易发生重大安全事故，必须对此方面高度重视。轨道交通作为影响较大的民生工程，在工程建设阶段，政府就需要提供保障，确保轨道交通可以为城市发展带来正面效应，进一步提高政府形象。同时政府也需要针对轨道交通的特点来制定相应的规章制度以及技术标准，来为城市轨道交通安全运行提供坚实基础。最为重要的是城市轨道交通关系着老百姓实际生活，交通运行安全性直接与人民安危以及财产安全挂钩，是人们关注的要点。为充分发挥出轨道交通所具有的便捷、经济以及高效优点，体现出运量大、速度快、准时、舒适等性能特点，务必从技术角度出发，做好轨道交通运行状态的监测，掌握其各项运行参数，及时消除安全隐患，提高其运行安全性与稳定性。[1] 另外，轨道交通运行安全性，也影响着运营企业的经济效益。面对庞大繁忙的城市轨道交通系统，需要制定事故应急预案，采取严格的安保措施，确保城市轨道交通企业可以安全运营。

2　轨道交通运行安全影响因素

2.1　管理系统

轨道交通系统性比较强，需要通过人员组织管理与设施维护来实现乘客的承运与送达，现在各运营企业已经按照市场要求以及自身特点制定了完善的运营管理模式，争取得到最大的社会效益与企业效益。在轨道交通运行管理工作中，最为重要的就是保证交通运行的安全性，秉承“安全第一，预防为主”基本原则，对轨道交通运行全程进行科学控制，排除一切因素带来的干扰，将安全事故扼杀在萌芽之中，全面做到防患于未然，从根源上来避免安全事故的发生。[2] 管理不到位是影响轨道交通运行安全性的主要因素之一，管理人员安全意识比较低，以及灵活应变能力较差，无法有效应对突发事件，再加上缺乏完善可行的安全规章制度，使得轨道交通运行安全风险增大。

2.2 供电系统

就我国轨道交通供电模式来看，基本上均由城市电网提供，通过对城市电网与轨道交通电网之间的转换，最后选择适当的电压等级向城市轨道交通系统内的各类用电设备进行供电。以区域来进行划分，供电系统共包括集中供电、分散供电以及混合供电三种形式；以电压进行划分，则可以分为二级电压供电与三级电压供电两种形式。供电系统自身原因也会对轨道交通运行安全性产生影响，汇总以往事故数据进行分析，如上级电源事故、母线人为接地、上级系统波动、绝缘零件损坏、异物短路以及瓷瓶表面脏等比较常见。[3]

2.3 机电系统

可从通信系统、信号系统、消防及火灾自动报警系统几个方面来进行分析，任何一个方面出现故障，均会影响城市轨道交通运行安全。通信系统作为企业管理、交通运行指挥、公共安全治理、服务乘客网络的综合平台，与列车行驶安全性、便捷性以及准时性等有着重要联系，尤其是在发生安全事故时，可以迅速地转变为防灾救援与事故处理的指挥系统，将各类资源的应用发挥到极致，将事故影响控制到最低。信号系统主要包括联锁装置与列车自动控制系统两部分，一般城市轨道交通车站只包括2条到发线，只具有乘客上下功能，未设置道岔，也不进行调车作业，为非联锁站。[4] 另外，每条线上还需要设置几个可进行调车作业的车站，尤其是存放较多车辆以及检修集中的部分，对于道岔、多股道部分则需要设置更多的信号机，并将各站点设计成联锁装置，确保列车运行的安全性。消防与火灾自动报警系统，其不直接参与到列车运行安全中，但是对于轨道交通运行安全性与稳定性来讲具有重要意义，在半封闭的地下建筑工程中起到至关重要的作用，确保在狭小空间内以最短的时间来灭火与救援，保护乘客以及工作人员的生命与财产安全。

2.4 车辆系统

作为城市轨道交通系统的关键部分之一，车辆系统涉及的专业内容比较多，包括材料、机电、电气控制以及机械控制等，需要确保每个专业系统运行的合理性，才可以确保整个列车运行的安全性。为维持轨道车辆良好运行状态，需要对其进行不定期的检修与维护，灵活运用各种先进技术与手段，掌握列车运行实时状态，通过科学预测，来确定各类故障发生的可能性，并安排人员进行维修，来提高轨道交通运行的可靠性。面对不同类型的交通运营车辆，需要依据实际情况制定最适宜的管理维护方案，通过对车辆行走部、制动系统、牵引系统以及车体系统等重要部分进行状态检修，减少各类运行故障的发生。[5] 很多情况下因为检修不及时或者不彻底，故障隐患发展迅速，最终形成安全事故，造成重大损失。

3 轨道交通运行安全管理方向

3.1 前期阶段预防

结合轨道交通运行特点以及管理要求，在前期设计与建设阶段应采取一定措施进行管理和控制，综合各项条件进行分析，预估评判可能会发生的安全事故，然后提前制定预防和应对策略，争取最大限度上对安全风险进行规避，减少事故的发生。在设计阶段，应就网络化运营特点相应地进行设计考虑，构建对应的运行监测系统，强调实时性与动态性，来为轨道交通运行管理提供服务支持。尤其是要对相似轨道交通系统的众多故障数据进行分析，在设计阶段进行方案调整，同时基于安全运营需求，建立相应的安全运营分析与辅助决策系统。通过对设计阶段的严格控制，来保证系统建设与设计的完全匹配，降低系统建设以及后期维护难度，以最少的投入达到最好的运营管理效果。另外，还应基于运行与维修历史数据，对比选择优秀供应商，保证整个轨道交通自身无任何隐患，便于后期实际运营的管理和控制。[6]

3.2 运营阶段维护

在轨道交通进入正式运营以前，还需要结合设计方案与工程建设情况，对系统运营可能遇到的事故进行预估，并从多方面出发进行风险评估，确定不同阶段列车运行存在的隐患，然后有针对性地制定管理和控制方案。在轨道交通正式投入运营以后，还需要做好实时运行监测，不断识别和更新风险源，根据实际情况对风险源进行有效控制，确保整个系统运行的可靠性。[7] 通过对运营阶段风险的有效规避，来减少安全事故的发生，是提高轨道交通安全管理效率的关键措施之一。

3.3 人员行为管理

轨道交通系统复杂性高，涉及的各专业比较多，存在大量的子系统，并且相互之间联系密切，任何一个环节出现问题，均有可能导致轨道交通出现安全问题。而要想保证整个系统所有环节均维持在最佳状态，则需要大量的人员共同协作完成对系统的控制和管理，这就体现了人员在整个安全管理工作中的重要性。人的行为不安全在很大程度上会造成轨道交通运行不安全，对以往事故数据进行统计，可以确定大部分故障是由保养不到位、操作不规范以及使用不规范等因素造成的。因此必须做好人员行为的管理，制定严格且科学可行的规章制度，制定标准的行为准则，来对人员行为进行规范，搭配奖惩制度，来降低人员因素对轨道交通运行安全带来的干扰。

4 轨道交通运行安全监测系统设计

4.1 系统设计原则

4.1.1 可靠性原则

设计安全监测系统来对轨道交通运行状态进行实时监测，向运营管理人员提供相应数据，是提高轨道交通安全管理效率的关键。因此务必保证此监测系统运行的可靠性与稳定性，不允许出现运行故障，造成实时监测中断，否则会给列车运行带来巨大的安全隐患。以地铁为代表的城市轨道交通，其运行受外界因素干扰较大，监测系统的存在可以更为及时地发现问题，并及时指挥列车做出反应，将安全风险降到最低。因此，在搭建轨道交通安全监测网络时，需要最大限度上来保证监测网络结构、线路以及通信设备的安全可靠。

4.1.2 网络扁平化原则

为满足城市发展要求，各轨道交通运营企业对安全方面的重视度不断提高，增加了相关方面的投入，用于列车安全监测的设备数量逐渐增多，网络结构复杂度也不断提高。这样做虽然可以提高列车运行安全管理效率，但是也会加大列车内有限空间的分配压力，结构数量与复杂度的增加，还会削弱网络自身的传输效率和利用率。因此在设计轨道交通运行安全监测系统时，需要遵循网络扁平化原则，增大设备容量，并对网络扩容进行简化处理，最大限度上减少节点数量，控制网络复杂程度，实现统一管理与维护，保证安全监测系统可以顺畅运行。[8]

4.1.3 高效性原则

技术水平的提高，决定了城市轨道交通列车速度不断加快，运行安全管理面临更大挑战。为了全面了解确认列车运行状态，需要以提高列车运行安全系数为根本，以更为及时、准确和全面的数据作为支持，对列车安全监测网络性能进行设计优化，消除以往系统数据传输速率和吞吐量方面的缺陷。

4.1.4 开放性原则

现在实际中应用的轨道交通安全监测系统种类较多，但是相互之间差异较大，包括结构、接口规范、功能、运行环境以及传输协议等。安全监测系统的设计需要遵循实用性原则，以传统监测网络为基础，来进行综合分析，确保其可以相互结合、相互兼容、取长补短，共同实现对系统的安全监控。并且，还需要遵循开放性原则，便于后期可根据需求来对系统进行二次开发以及扩展，以提高安全监测系统的实用性。

4.2 安全监测系统设计

4.2.1 安全监测要求

现在可选择相对成熟的类车通信网络，如LonWorks、CAN、WorldFIP、TCN等，它们均为总线型网络，实际运行安全难度低、设备成熟度高并且可靠性高，具有较强的抗干扰能力，可满足不同环境运行要求，能够完全满足环境复杂的地下轨道交通运行安全监测要求。[9] 但是在进行轨道交通安全监测交通设计时，需要就数据吞吐量与传输速率、网络利用率以及通信协议等方面进行分析，采取措施对所存在的缺陷进行调整优化。

4.2.2 监测网络设备

第一，安全监测接入节点设备。各车厢接入点由API与APII组成，其中API功能单元包括多个车体均衡性检测信号调理板、动力系信号调理板以及交换单元与电源单元。接入节点APII组成单元则包括走形系信号调理板、交换单元与电源单元。

第二，安全监测网络复合节点设备。复合节点需要将以太网接入节点所传数字信号进行数字化处理，并对转化后的数据进行特征提取，最后通过以太网传输给诊断服务器，工作流程如图1所示。其中，复合节点FP功能单元包括走形系统特征提取单元、车体均衡性特征提取单元、动力系统特征提取单元、制动系统提取单元、交换单元、电源单元以及汇聚控制单元。[10]

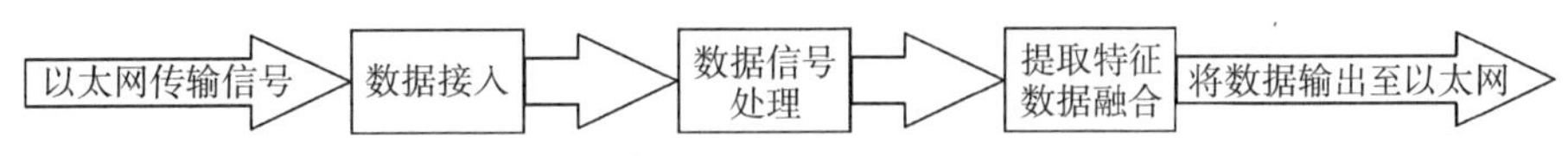

图1 复合节点工作流程

第三，安全监测网络数据中心。所包括的功能单元有诊断单元、电源单元、保护单元、存储单元、采集单元以及网管单元等。在整个安全监测系统内，数据中心起到非常关键的作用，必须保证具有较高的可靠性，需要将其作为设计要点加以控制。

4.2.3 系统软件平台

系统软件平台为计算机系统与管理人员进行交互的平台，为降低安全监测系统操作难度，设计时应保证系统软件平台具有良好的人机交互界面，可提高列车安全监测效率，并保证系统具有较强可靠性、可操作性以及可视性，为管理人员更及时地提供各项数据，提高轨道交通安全管理效率。一般可将软件平台设计成系统管理、数据查询、实时监测以及统计分析等几个模块，管理人员按照规范进行操作，根据各项信息确定设备运行的实时状态，对列车整体进行监控。

5 结语

轨道交通建设与运行均具有一定的特殊性，从运行安全性角度来分析，需要在不同阶段采取相应措施进行优化设计和运营控制，通过安全监测系统，利用系统平台获取所需的运行数据，做好列车实时监控，及时发现并消除各类安全隐患。

参考文献

[1] 孟祥印. 城市轨道交通建筑消防安全隐患分析及对策 [J]. 门窗，2017 (12)：202.

[2] 魏丹. 城市轨道交通工程管理策略分析 [J]. 四川水泥，2017 (12)：196.

[3] 唐鹏飞. 城市轨道交通安全设备设施配置研究 [D]. 广州：华南理工大学，2016.

[4] 刘荆. 城市轨道交通运行监测信息系统建设期质量管理研究 [D]. 北京：北京交通大学，2016.

[5] 杨红梅. 城市轨道交通运行风险评估 [D]. 重庆：重庆大学，2015.

[6] 吴超. 城市轨道交通列车运行安全建模与风险评估分析 [D]. 北京：北京交通大学，2015.

[7] 彭文龙. 城轨列车安全监测系统研究与设计 [D]. 北京：北京交通大学，2014.

[8] 束尧宸. 浅谈城市轨道交通的安全运行 [J]. 考试周刊，2012 (48)：193.

[9] 孙汉武. 铁路安全检查监测保障体系及其应用研究 [D]. 成都：西南交通大学，2010.

[10] 崔立秋. 城市轨道交通运营安全管理模式研究 [D]. 北京：北京交通大学，2009.

浅谈城市轨道交通时钟同步系统的测试方法

王　晟

（中铁电化集团北京电信研究试验中心有限公司）

摘　要：由于近年我国城市轨道的快速发展，轨道交通通信系统也向着多元化、大业务量化、快速化、精确化的趋势发展，随着国家与地方轨道交通公司的各种业务对时钟同步提出新的要求，以及时钟同步技术的不断发展，为了满足城市轨道各通信子系统、网络管理系统、乘客信息及今后可能存在的一些新业务对时间同步的要求，住房和城乡建设部出台了新的《城市轨道交通通信工程质量验收规范》（GB50382-2016），并于 2017 年 4 月 1 日正式实施。其中包含了对时钟系统的验收要求。同时也必须制定相应的测试规范。本文介绍并分析时钟同步设备相对应各项目是否满足技术条件的测试方法。

关键词：基准时钟；北斗系统 B；全球定位系统；守时精度；时间稳定度

1　城市轨道时钟同步系统现状

城市轨道时钟同步网作为城轨通信系统的一个部分，在城轨运营过程中为工作人员、乘客及全线机电系统提供统一的时间标准，同时为全线各机电通信的定时设备提供时钟同步信息，从而实现城轨全线统一的时间标准，提高运营效率和质量。时钟同步按控制中心一级母钟和车站/车辆段二级母钟两级组网方式设置，系统主要包括：GPS 信号接收单元、控制中心主/备一级母钟系统、车站（车辆段）主/备二级母钟、子钟、时钟系统网管终端、电源、接口设备及传输通道等。

2　轨道交通时钟同步网测试

针对住房和城乡建设部出台了新的《城市轨道交通通信工程质量验收规范》（GB50382-2016）及相关通信行业的关于时间同步网的技术条件要求和测试方法，简单举例介绍以下几个关键技术的测试项及测试方法。

2.1　功能测试

2.1.1　卫星接收机功能

2.1.1.1　卫星接收机馈线时延设置功能

（1）测试配置：

（2）测试步骤：

① 按图 1 搭建测试组网拓扑；

② 检查是否可以通过网管设置卫星接收机馈线时延；

③ 通过网管设置卫星接收机馈线时延补偿，利用时间分析仪测试时延补偿是否设置成功以及时延设置的范围；

④记录测试结果。

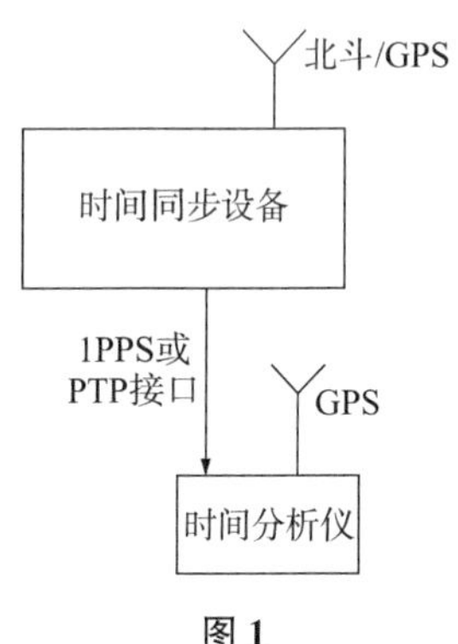

图 1

（3）预期结果：

被测设备应具有卫星接收机馈线时延设置功能。

2.1.1.2　多模卫星接收机倒换功能

（1）测试配置，如图 1；

（2）测试步骤：

① 按图 1 搭建测试组网拓扑；

②对于配置有双模或者多模接收机的被测设备，通过网管命令实现不同卫星接收机之间的倒换；

③ 通过网管检查多模接收机倒换是否成功，利用时间分析仪观测在倒换过程中设备是否异常；

④ 记录测试结果。

（3）预期结果：

应支持多模卫星接收机倒换功能。

2.1.2　时间参考源优先级设置及倒换功能

（1）测试配置：

（2）测试步骤：

① 依照图 2 搭建测试拓扑；

② 时间同步设备可同时从 PTN（通过 1PPS 跟踪仪表时间）和卫星接收机获取时间源信号；

③ 通过网管设置卫星接收机信号的优先级为 1，地面信号优先级为 2，在正常情况下，设备应锁定卫星接收机信号；

④ 通过网管将卫星接收机信号的优先级调低为 3，被测设备应锁定来自地面的时间信号；

⑤ 通过拔纤模拟地面时间信号故障，设备应倒换跟踪至卫星接收机信号；

⑥ 记录测试结果，包括设备支持设置的优先级数量、是否倒换正常等。

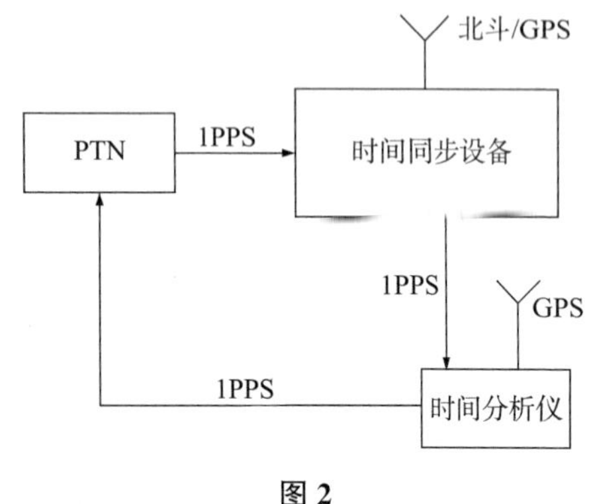

图 2

（3）预期结果：

设备应支持时间参考源优先级设置及倒换。

2.2　性能测试

2.2.1　绝对时间精度

2.2.1.1　跟踪北斗时 1PPS+ToD 接口绝对时间精度

（1）测试配置：

（2）测试步骤：

① 按上图 3 搭建测试组网拓扑；

② 时间同步设备稳定跟踪北斗卫星接收机 24 小时以上；

③ 通过时间分析仪测试时间同步设备 1PPS 接口的输出时间精度，测试时间大于 24 小时；

④ 记录测试结果。

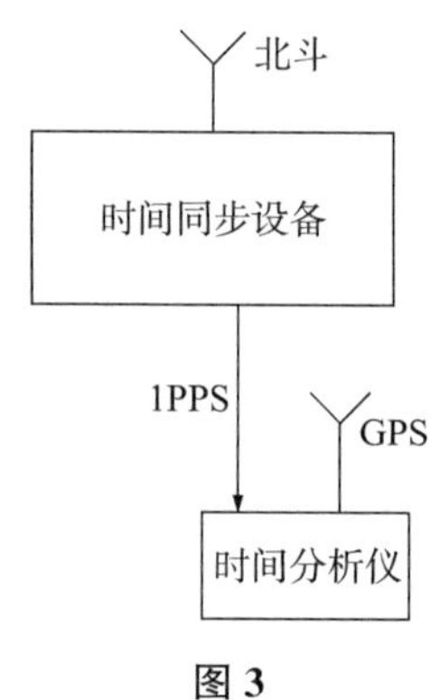

图 3

（3）预期结果：

被测设备在正常跟踪北斗情况下 1PPS 接口绝对时间精度应优于□150ns。

2.2.1.2　跟踪 GPS 时 1PPS+ToD 接口绝对时间精度

（1）测试配置：

（2）测试步骤：

① 按上图 4 搭建测试组网拓扑；

② 时间同步设备稳定跟踪 GPS 卫星接收机 24 小时以上；

③ 通过时间分析仪测试时间同步设备 1PPS

接口的输出时间精度，测试时间 24 小时；

④ 记录测试结果。

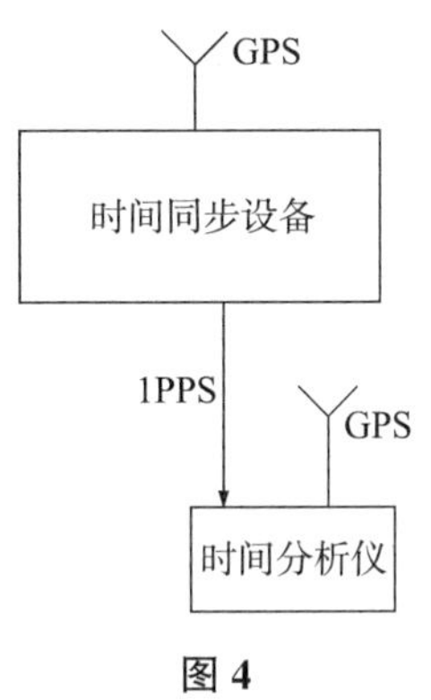

图 4

（3）预期结果：

被测设备在正常跟踪 GPS 情况下 1PPS 接口绝对时间精度应优于□150ns。

2.2.1.3　PTP 接口绝对时间精度

（1）测试配置：

（2）测试步骤：

① 按上图 5 搭建测试组网拓扑；

② 时间同步设备稳定跟踪 GPS 卫星接收机 24 小时以上；

③ 通过时间分析仪测试时间同步设备 PTP 接口（FE）的输出时间精度，测试时间 24 小时；

④ 记录测试结果。

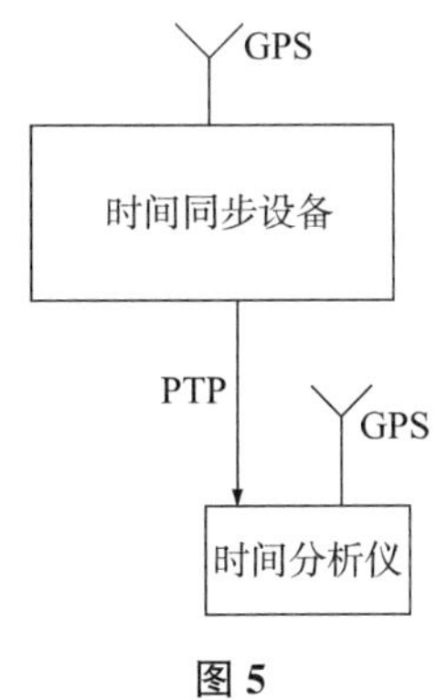

图 5

（3）预期结果：

被测设备在正常跟踪 GPS 情况下 PTP 接口绝对时间精度应优于□150ns。

2.2.2　时间稳定度

2.2.2.1　跟踪卫星定位系统情况下的时间稳定度

（1）测试配置：

（2）测试步骤：

① 按上图 6 搭建测试组网拓扑；

② 时间同步设备稳定跟踪 GPS 卫星接收机 24 小时以上；

③ 通过时间分析仪测试时间同步设备 1PPS 接口的输出时间精度，测试时间 24 小时；

④ 计算 1PPS 接口输出的时间稳定度。

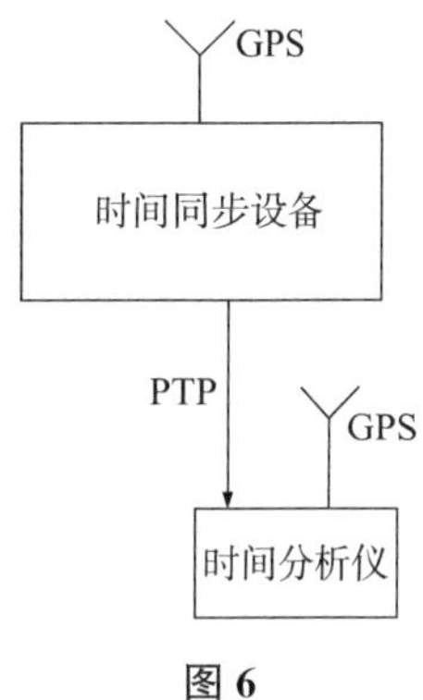

图 6

（3）预期结果：

在正常跟踪卫星定位系统的情况下，1PPS 接口输出信号的 MTIE/TDEV 应满足 1 级基准时钟漂移产生的要求（观察时间为 10000s）。

2.2.2.2　跟踪 1PPS+ToD 情况下的时间稳定度

（1）测试配置：

（2）测试步骤：

① 按上图 7 搭建测试组网拓扑；

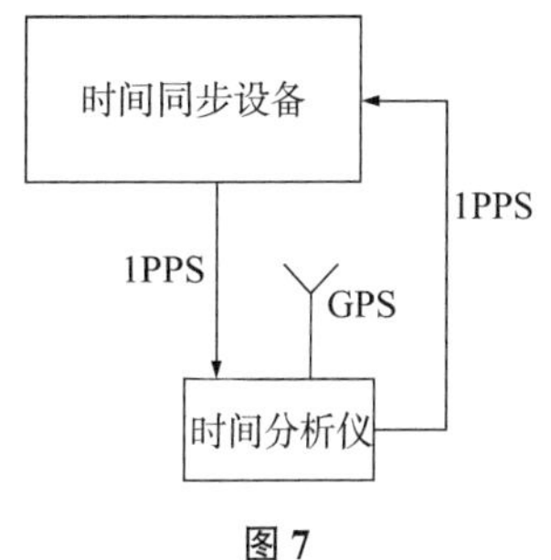

图 7

② 时间同步设备稳定跟踪时间分析仪的1PPS信号24小时以上；

③ 通过时间分析仪测试时间同步设备1PPS接口的输出时间精度，测试时间24小时；

④ 计算1PPS接口输出的时间稳定度。

（3）预期结果：

在正常跟踪1PPS信号时，1PPS接口输出信号的MTIE/TDEV应满足2级节点时钟漂移产生的要求（观察时间为10000s）。

2.2.3　守时精度

2.2.3.1　跟踪铯钟输入时的时间守时精度

（1）测试配置：

（2）测试步骤：

① 按上图8搭建测试组网拓扑；

② 时间同步设备未配置卫星接收机或未跟踪卫星接收机信号；

③ 时间同步设备跟踪来自铯钟的信号，并将其作为时间守时的频率信号；

④ 通过时间分析仪测试时间同步设备1PPS接口的输出时间精度，测试时间24小时；

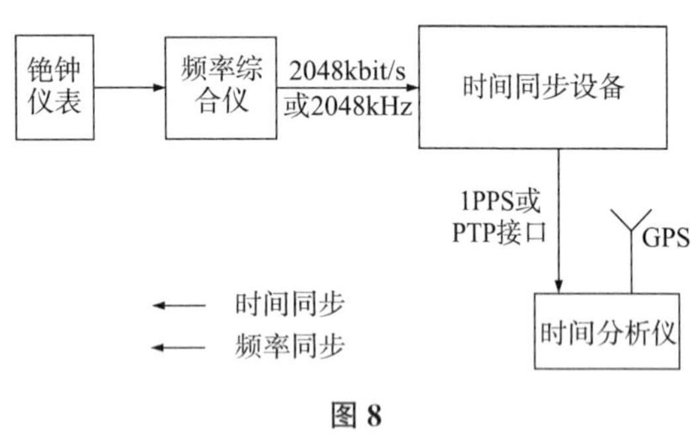

图8

（5）记录测试结果。

（3）预期结果：

在3天之内的守时精度应优于□1 □s。

2.2.3.2　内部时钟保持时的时间守时精度

（1）测试配置：

（2）测试步骤：

① 按上图9搭建测试组网拓扑；

② 时间同步设备正常跟踪卫星接收机24小时以上，然后关断卫星接收机信号；

③ 时间同步设备采用内部时钟保持作为时间守时的频率信号；

④ 通过时间分析仪测试时间同步设备1PPS接口的输出时间精度，测试时间24小时；

⑤ 记录测试结果。

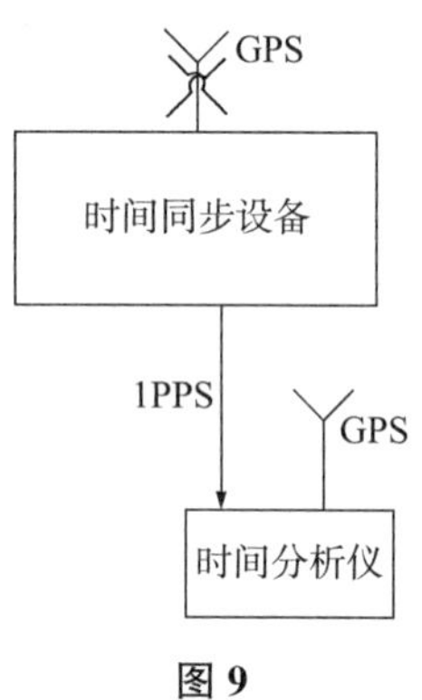

图9

（3）预期结果：

在8小时之内的守时精度应优于□250ns，在1天之内的守时精度应优于□1 □s。

2.3　系统测试

2.3.1　高精度时间同步传输信号的测试

（1）测试配置：

（2）测试步骤：

① 依照上图10构建测试拓扑；

② 配置被测设备（节点1）的时钟为跟踪来自时间分析仪的时间输入信号（例如1pps）；

③ 配置时间路径节点1→节点2→节点3→……→节点n，依次通过1588报文进行时间跟踪，经过的设备节点跳数为最大；

④ 配置节点1和节点n+1为BC或OC模式，中间节点为BC模式，在网络加载不低于80%的业务背景流量，通过时间分析仪测试末端被测设备（节点n）的时间输出信号精度（例如1PPS），测试时间不低于24小时。

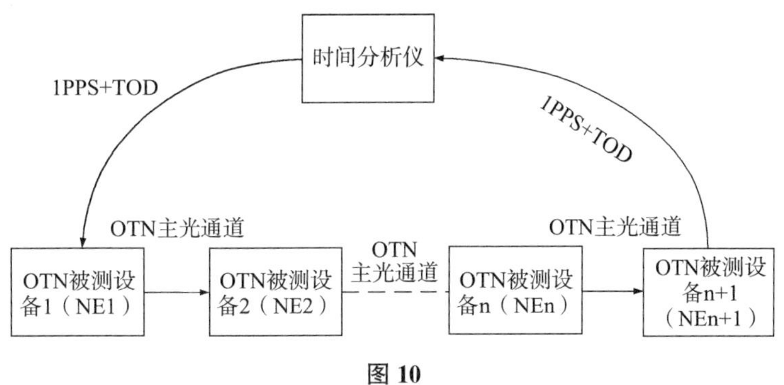

图 10

（3）预期结果：

时间同步精度优于 1μs。

3 结语

本测试方法从时钟同步网的功能、性能和系统等方面入手选择了部分典型的测试项目进行了详细说明。时间同步网近年来快速发展和成熟，随着城市轨道交通系统的规模不断扩大，时间同步网的测试已经显得愈加关键与重要。

参考文献

[1] 中华人民共和国住房和城乡建设部. GB50382-2016 城市轨道交通通信工程质量验收规范［S］.

[2] 中华人民共和国工业和信息化部. YD/T2022-2009 时间同步设备技术要求［S］.

[3] 中国移动通信集团公司. QB-B-016-2010 中国移动高精度时间同步 1PPS+TOD 接口规范［S］.

[4] 中国移动通信集团公司. QB-B-019-2010 中国移动 TD 系统高精度时间同步设备测试规范［S］.

[5] 李允博. 光传送网（OTN）技术的原理及测试［D］. 北京：人民邮电出版社，2013.

弹簧浮置板道床减振技术应用和注意的问题

孙伯旺

（天津轨道交通集团工程建设有限公司）

摘　要：城市轨道交通在全国蓬勃发展，促进了城市经济，极大地方便了人们出行。绿色环保是轨道交通的发展方向和特色，而重要建筑设施建设和人们的生活，对降低振动和噪声提出了更要的要求。本文通过对轨道交通噪声产生的原因进行分析，比较道床各种减振措施的效果，以及对弹簧浮置板道床减振降噪原理进行分析，阐明弹簧浮置板减振技术的良好效果。同时根据它在实际应用中出现的问题和对安全的影响，提出弹簧浮置板道床在施工和维修中应注意的问题。

关键词：弹簧浮置板；减振；应用

1　轨道振动与噪声产生原因

城市轨道交通振动与噪声根据其来源的不同可分为以下几种：

（1）轮轨接触振动噪声：由轮、轨相互作用引起的噪声；

（2）车辆设备自身引起的振动与噪声：牵引电机噪声、空压机噪声、传动制动噪声以及由受电弓和接触网（接触轨）相互摩擦引起的噪声等；

（3）空气动力噪声：车体与空气摩擦而形成的噪声，气流与管线等附属设施摩擦而形成的噪声。

本文主要对轮轨接触产生的振动和噪声进行分析。

轨道由钢轨、轨枕、联结零件、道岔、道床和路基、防爬设备等组成。作为整体性工程结构，它起着列车运行导向、承载机车车辆及其负荷的作用。在运营过程中，车辆设备自身诸多振动源与列车运行动态复合，通过车辆减振装置后到达车轮。由于轨道质量即使符合施工验收标准，运行养护保持在经常保养值以内，轨道各项参数包括轨距、水平、高低、轨向等仍存在着差异。因此，车辆本身和轨道实际状态，使车体在前行的同时，存在着细微复杂的水平和垂直方向的运动或趋势，由此存在动态垂直加速度和水平加速度，使列车产生摇摆晃动。列车车轮与轨道接触、摩擦，在列车高速运行状态下，车轮与轨道高频撞击，使轨道结构产生振动。同时，车轮的不圆顺、普通线路轨缝处和车轮之间的碰撞、列车通过道岔和导曲线时的横向撞击等等，都是轨道产生振动的原因。随着列车速度的提升，轮轨撞击的频度和力度会急剧加大。振动沿着钢轨（扣件）、轨道、道床、隧道结构传递，直到周边建筑物，影响到人群和重要设施。在列车运行过程中，轮缘侧与钢轨工作边一直保持摩擦状态，持续发出噪声。在曲线地段，列车完全靠轨道工作边导向改变方向，钢轨侧磨加剧。在钢轨顶面，车轮在轨顶上滚动的同时，由于曲线内股缩短，列车转向，车轮与轨面发生相对位移，在产生巨大噪声的同时，造成轨道波磨，并加剧轨道结构振动。

2　城市环境振动标准

《地铁设计规范》（GB50157—2013）[1] 规定，地铁振动污染防治设计应符合国家现行《城市区域环境振动标准》　（GB10070—

1988)[2] 的规定。城市各类区域铅垂向 Z 振级标准值列于下表 1。

表 1 城市各类区域铅垂向 Z 振级标准值

（单位：dB）

适用地带范围	昼间	夜间
特殊住宅区	65	65
居民、文教区	70	67
混合区、商业中心区	75	72
工业集中区	75	72
交通干线通路两侧	75	72
铁路干线两侧	80	80

注：1. 本标准值适用于连续发生的稳态振动、冲击振动和无规则振动。

2. 每日发生几次的冲击振动，其最大值昼间不允许超过标准值 10 dB，夜间不超过 3 dB。

3. “特殊住宅区”是指特别需要安宁的住宅区。

4. “居民、文教区”是指纯居民区和文教、机关区。

5. “混合区”是指一般商业与居民混合区或工业、商业、少量交通与居民混合区。

6. “商业中心区”是指商业集中的繁华地区。

7. “工业集中区”是指在一个城市或区域内规划明确确定的工业区。

8. “交通干线道路两侧”是指车流量每小时 100 辆以上的道路两侧。

9. “铁路干线两侧”是指距每日车流量不少于 20 列的铁道外轨 30 m 外两侧的住宅区。

10. 本标准适用的地带范围，由地方人民政府划定。

11. 本标准昼间、夜间的时间由当地人民政府按当地习惯和季节变化划定。

近年来，我国许多城市进行了大规模的城市轨道交通建设，出现了一些城市轨道交通振动对环境影响的问题。研究发现[3]，即使振动水平处于 65dB “特殊住宅区”振动限值之下，人们仍能感到振动并产生厌恶感；当振动水平处于 62dB 以下时，大部分居民感觉不到振动。

3 轨道交通减振措施

轨道交通减振，要从振源、能量吸收、改进振动传递等多方面进行。就能量吸收方面，主要通过扣减减振、轨枕减振、道床减振及其组合减振等方式，达到一般减振、中等减振、高等减振和特殊减振各等级的要求。

3.1 扣件减振

常见的减振扣件有先锋（Vanguard）扣件、轨道减振器、洛德（Lord）扣件、Z 减振扣件等。以洛德扣件为例，它是由 2 块上下粘贴在一起的铁垫板及弹条扣压件组成，利用橡胶压缩变形提供弹性，达到减振目的，其减振量为 5—6dB。[4] 其他如先锋扣件减振量为 12—16dB，Z 减振扣件减振量为 5—6dB，轨道减振器减振量为 9dB 左右。[4]

3.2 轨枕减振

轨枕减振分为弹性长轨枕和弹性短轨枕两种形式。

弹性短轨枕组成部分包括混凝土短轨枕、橡胶套靴、微孔橡胶垫板。地铁在运行时产生的振动，在经过扣件、铁垫板的上下层橡胶垫时吸收部分能量，然后传递给轨枕。弹性轨枕底部的微孔橡胶垫板会吸收消耗一定的能量，达到减振目的。其减振量为 10—12dB。[4] 因其结构比较简单，施工方便，工程造价较低，得到广泛应用。但这种减振措施也有如下缺点：对施工精度与施工技术要求高；弹性断枕与周围混凝土道床在持续动载作用下，道床易破损形成较大缝隙，不利于轨道几何形态的保持；轨距和轨底坡调整困难；养护更换困难；小半径曲线段波磨、侧磨严重；橡胶套容易进水，减振性能下降。施工中如果质量得不到精确控制，便有可能导致“轨枕空吊”的现象发生，对线路质量造成影响，并使减振降噪效果降低。图 1 为某城市地铁弹性短轨枕与道床松脱的现场照片。

图 1 弹性短轨枕与道床松脱的现场照片

弹性长轨枕是在轨枕端部、枕端两侧和枕下设置弹性垫层构成减振箱，通过弹性垫层弹性变形达到减振目的。相对于短枕形式，弹性长轨枕有利于保持轨道几何形态，同时减振效果好。

3.3 道床减振

道床减振措施主要是采用质量—弹簧系统，在道床下部与基础之间插入固有频率远低于击振频率的线性谐振器，通过道床惯性运动和线性谐振器变形消能，将道床结构振动大幅衰减后传递到隧道主体结构。

橡胶浮置板道床主要为预制浮置板，按照橡胶支座支承方式分为整体支承、线性支承与分布点支承三种形式。利用它可以达到中等减振效果，减振量为10—15dB[4]。缺点是橡胶本身阻尼太小，不能有效吸收浮置板的振动能量；橡胶支座隐于浮置板下，很难检修和更换；橡胶老化失去弹性后将失去减振作用；更换橡胶支座对列车运营会造成较大影响。

弹簧浮置板道床是将混凝土道床板浮置于钢弹簧隔振器上，构成质量—弹簧—隔振系统（图2：弹簧浮置板道床结构示意图）。隔振器内放有弹簧和黏滞阻尼材料，隔振器内的黏滞阻尼使钢弹簧具有三维弹性，增加了系统的各向稳定性和安全性，且能抑制和吸收振动。在地铁运营期间，钢轨将来自列车的作用力传递给道床板，道床板在惯性作用下经过钢弹簧隔振器重新分配后将力传递给道床下的基础及隧道结构，在此过程中由隔振器进行调谐、滤波、吸收能量，达到隔振减振的目的。在此过程中，浮置板始终处于悬浮微振状态。弹簧隔振器是整个减振系统系统的核心，它由钢弹簧隔振器、外套桶、调整垫片、锁定垫板、螺栓等部件组成。在套筒内填充高阻尼材料，与钢弹簧一起作用达到吸能减振目的。在每块浮置板端部设置剪力铰，它使浮置板连为整体，起到承受板端剪力的作用。弹簧浮置板道床隔振技术减振量在15dB[3] 以上，通常用于有特殊减振要求的地段。与橡胶浮置板相比的主要优点是固有频率低、隔振效果好、使用寿命长。其缺点是成本和工程造价高，通常作为特殊减振措施只用在对减振要求较高的区段。

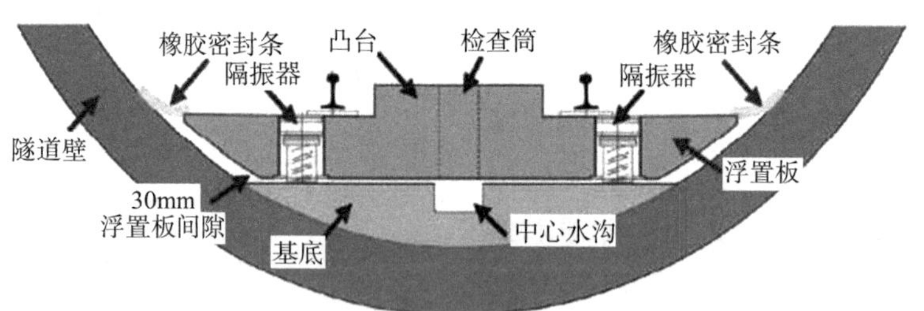

图2 弹簧浮置板道床结构示意图

通过对以上各种减振措施进行比较，弹簧浮置板道床减振措施在减振效果上最为明显，是城市轨道交通特殊区段减振降噪措施的首选。目前，它已在城市轨道交通建设中得到广泛的应用。

以上所述都是通过在道床结构的不同部位进行减振设计，达到减振降噪的目的。事实上，还应从提高轨道质量，提高机车自身减振性能方面加强减振降噪。

（1）提高轨道轨距、水平、高低、轨向精度，消除三角坑，会改善轮轨接触，从而降低振动和噪声。当然，提高维修精度等级，会大幅提高维修费用。

（2）要对钢轨定期进行打磨，通过打磨可修复或减轻轨面伤损，预防接触疲劳、波磨等病害的产生，有效改善轮轨匹配关系，降低振动和噪声，延长钢轨使用寿命。[5]

(3) 对车轮定期检查，及时更换磨耗不圆的车轮。

(4) 从列车构造方面改进设计，降低来自列车本身的振动和噪声。

4 弹簧浮置板道床施工、维护应注意的问题

弹簧浮置板道床虽然减振降噪效果明显，但是要特别注意施工质量控制和投入运营后的检查维护，否则会出现道床质量问题降低减振效果，甚至出现剪力铰折断现象，形成安全隐患。

4.1 施工中应注意的问题

4.1.1 浮置板道床施工工序复杂，精度要求高，其中基标设置、基底混凝土顶面标高和平整度、浮置板轨排组装、轨道几何尺寸调整和浮置板顶升是施工中的技术控制重点。要特别注意保证基底顶面的标高及平整度符合要求，基底混凝土初凝后，立即对隔振器位置的混凝土面标高进行复测，一旦超出误差允许范围应做打磨补平处理。尤其是隔振器两侧25cm范围内的基底面的标高及平整度，直接影响隔振器的安装和减振效果。

4.1.2 顶升施工前用扁口錾对隔振器顶面和套筒周围多余的混凝土浮浆、钢轨和浮置板上垃圾进行清理；与此同时，在板缝、板两侧缝上安装密封条，用橡胶密封条将所有浮置板周围的缝隙密封（管片与浮置板边缘、板缝），以确保浮置板进入工作状态后，杂物不能进入。

4.1.3 隔振器内套筒安装时要保证内套筒居中，安放平稳，对底部不平整处进行局部打磨整修，不允许出现内套筒摇摆现象，否则会影响弹簧受力，从而降低了隔振器的使用寿命。

4.1.4 弹簧减振器是钢弹簧浮置板道床的核心，要确保各项指标检测符合设计要求。弹簧减振器布置位置要严格符合设计要求，布置不匀超过允许范围，就会造成投入运行后动态不平衡，在降低减振效果的同时，会增加浮置板端部剪力，使剪力铰容易折断；如果布置在钢轨范围或邻近钢轨，将会给维修检查造成很大麻烦。

4.1.5 剪力铰用于承受板端剪力，约束板端垂直和横向错动，保持弹簧浮置板道床的整体性。剪力铰原件质量和安装位置准确至关重要。有研究实验表明，无剪力铰情况下，车轨动力响应在板端处均较其他位置处明显偏大，其中，板端处钢轨振动幅值较非板端处增大了57.6%。[6] 将剪力铰设置于浮置板板端位置，可减小板端轨道整体刚度的不连续性，可有效约束板端错动，控制钢轨振幅，从而减小车轨动力响应。因此，剪力铰虽然不是浮置板道床的核心部件，却是非常重要的部件。正是由于剪力铰的抗弯抗剪作用，钢轨才不会直接受到弯矩和剪力的作用。由于浮置板之间的距离只有30mm，钢轨扣件间距600mm，因此板间剪力主要是由剪力铰承担。因此，剪力铰质量和施工质量直接关系到行车安全，至关重要。埋入式剪力铰埋置在道床内，检查维修不便，损坏后无法更换；上承式剪力铰容易因动载长期作用造成剪力铰和道床损坏或锚固松动，因此施工中必须严格控制。某城市弹簧浮置板道床区段出现多处剪力铰折断，不排除剪力铰刚度、强度、抗剪能力方面存在不足。

4.1.6 浮置板地段与普通整体道床之间的刚度存在质的区别，在两种道床形式交界处，一方面在浮置板一侧，通过加密浮置板端头的隔振器来增加浮置板道床刚度，减少与其他道床的刚性差异，另一方面要注意两种道床高程控制，要保证钢轨平顺。

4.2 钢弹簧浮置道床的检修维护

要使钢弹簧浮置道床系统保持正常的工作状态，达到减振降噪的目的，就要对浮置板道床做好检查维护工作。

4.2.1 日常巡检

弹簧浮置板道床轨道的日常巡检为每日例行检查，主要靠目测检查。主要内容包括以下内容：

4.2.1.1 道床结构的外观。检查是否有新增裂缝或破损；轨枕四周混凝土、外套筒、观察筒周围混凝土是否开裂。

4.2.1.2 排水沟排水。如果排水不畅，浮置板隔振器很容易受地下水的浸泡，在列车反复碾压下，易造成隔振器阻尼剂流失及失效，降低减振效果，一定程度上也会导致轨道线路状态不稳定，影响运营安全。

4.2.1.3 沉沙坑内是否有杂物。浮置板地段沉沙井内的杂物高度超过200mm时要及时清理，避免杂物进入浮置板板底。

4.2.1.4 外套筒筒盖、观察筒筒盖、筒盖螺栓是否良好，是否有异常锈蚀和破损现象。

4.2.1.5 密封条状况。在运营中，密封条会随着浮置板的振动受到拉力，如果出现撕裂或破损，要及时用同型号密封条修复更换，以免有杂物，特别是坚硬杂物如石子、螺母等进入浮置板底部导致浮置板道床失去隔振性能，甚至形成安全隐患。

4.2.1.6 轨道检查。注意浮置板板缝两侧及与非浮置板过渡部分的螺旋道钉是否松动、扣件弹条是否变形或断裂、板端附近是否出现“空吊”等问题。如果频繁出现以上问题，在进行维修保养的同时，要特别注意对剪力铰进行检查。对内置式剪力铰要用内窥镜检查是否有剪力铰折断弯曲；对外置式剪力铰，要注意剪力铰与道床的连接螺栓是否松动失去作用，一旦出现此类情况必须及时采取补救措施，否则容易造成断轨而危及行车安全。

4.2.2 定期检查

定期检查是对浮置板道床面标高和弹簧隔振器及其他方面的抽查，定期检查周期为一年。

4.2.2.1 道床面标高检查是对道床上埋设的观测点进行定期监测，这是长期检测项目。出现局部沉降严重时，浮置板、隔振器受力不均，会对使用受命及减振效果产生不利影响。标高观测值与初始值相差2mm[7] 以上时就要查找原因及时处理。

4.2.2.2 弹簧隔振器检查是对各部件是否损坏失效和锈蚀的抽查。主要检查内套筒弹簧是否处于支撑状态，调平垫片是否有压溃现象，各金属部件锈蚀，阻尼材料性能是否发生变化。以上出现问题要及时更换相应部件或进行除锈，如果问题较为严重，要及时整体更换同型号隔振器内套筒。

4.2.2.3 排水系统的抽查。主要是通过观察筒检查浮置板道床排水沟是否堵塞，铁篦子是否完好，板底缝隙是否有杂物和积水等。

4.2.2.4 对剪力铰进行抽查。检查相邻浮置板板缝两端是否发生水平和高低错位，出现错位大于3mm[8] 时要及时查找原因，如果剪力铰折断及时采取补救措施。

4.2.3 特殊检查

当钢弹簧浮置道床地段出现振动加大、列车车厢内噪声异常、运营中晃车加大、道床出现异常较大的变形等特殊现象时，需要立即对相应地段的钢弹簧浮置道床进行特殊检查，查明原因并采取相应措施。

4.2.3.1 对主体结构沉降与变形进行检查。如果是隧道沉降原因，可通过调整调平垫片抬升浮置板道床，调平轨道。如果沉降较大，可通过在隔振器内套筒下焊接钢板加调整垫片方式进行调整。

4.2.3.2 检查浮置道床板底缝隙是否有杂物或积水。通过抬高浮置板，用内窥镜观察板底，发现杂物取出即可。如果存有积水，疏通排水系统。

4.2.3.3　检查板底是否积水，隔振器是否长期浸泡水中导致阻尼材料流失或降低阻尼效果，是否有弹簧断裂、部件是否锈蚀、基底定位销是否失效，对失效隔振器及时更换，但禁止对连续3个及以上隔振器同时更换。

4.2.3.4　检查轨道几何尺寸，是否存在超限处所；是否有扣件丢失或失效现象。

5　结语

各种减振方式相比，钢弹簧浮置板减振技术具有减振效果明显、维修量少等优点。通过合理的施工组织，可有效地克服其施工周期长的缺陷，尽管其工程造价比较高，但是在城市轨道交通建设中特殊减振地段仍然是最佳选择。目前在北京、天津、广州等城市轨道交通建设中得到大量应用。只要在建设施工中注意施工质量控制，投入运营后加强检查维护，弹簧浮置板道床必将发挥它减振效果明显的优势。

参考文献

[1] 中华人民共和国住房和城乡建设部. GB50157-2013 地铁设计规范［S］.

[2] 国家环境保护局. GB10070—1988 城市区域环境振动标准［S］.

[3] obstin. 城市轨道交通减振降噪技术发展现状［EB/OL］. https://wenku.baidu.com/view/cf3c5dad767f5acfa0c7cd0b.html, 2016-03-25.

[4] 孙洪强. 简析城市轨道交通减振降噪措施［J］. 现代城市轨道交通, 2012（04）.

[5] 铁总运〔2014〕357号 高速铁路钢轨打磨管理办法［S］.

[6] 蒋吉庆，王永安，魏纲，等.《基于剪力铰的浮置板轨道减振性能优化分析［J］. 中国铁道科学, 2017（04）.

[7] 北京九州一轨隔振技术有限公司. JZYG-03-BZ-201604-003 钢弹簧浮置板运营养护维修标准［S］.

[8] 上海同研城铁减振技术有限公司. 钢弹簧浮置板道床养护维修技术手册［Z］.

BIM 技术在轨道交通上的应用

张小彦
（天津市地下铁道集团有限公司）

摘　要：伴随 BIM 技术的崛起与发展，BIM 技术在轨道交通上的应用已从单阶段过渡到多阶段，呈现出综合应用的发展态势，透过 BIM 三维建模技术在城市轨道工程的专项应用，BIM 技术的优势可在轨道工程中得到完美呈现，提供工程方案的 3D 模拟、各种管道线路的检测筛查，对工程中的总体检筛工作、优化工作、工程量以及工程材料进行精确的统计，足见 BIM 技术在轨道工程中的重要作用。由于各项数据的精确性提高了，相应的工程周期也会随之变短，工程管理效率也一并提高，工程质量也是得到了最大的保障，提高整体经济效益。

关键词：BIM 技术；轨道交通；应用分析

1　引言

BIM 三维建模技术在轨道交通中的应用在我国仍然处于发展的初期，可是呈现出的发展趋势是不可预估的。大规模、系统化、深入应用的城市主要是北上广等一线城市，当前 BIM 技术仍在试用与探究阶段的城市主要有深圳、南宁、厦门、重庆、哈尔滨等二三线城市。

2　轨道交通在建设上的难题与 BIM 技术投入的优势

国内的轨道交通建设所需规模都比较庞大，所需周期也较长（通常都在 4—7 年），所涉及的专业与技术能多达 20 个。为此，专业之间产生的冲突与矛盾也需要及时协调，工作量较为庞大。此外，鉴于轨道交通工程容易遭受各类环境因素的制约，需要非常多的实时变改，其中牵涉到的各类专业与相应部门，需要进行不断的专业调整与协调，整个工程的设计过程呈现的是动态式的。

鉴于轨道交通工程的显著特征，尽管建设周期长、线路长，但地下空间狭小，周边环境复杂，为施工带来较大难度与考验。首先，轨道交通工程建设中，沿轨道线的种种外部接口都是异常繁复的，受建设空间的制约，综合设备管线铺设工作困难重重。此外，针对设计与施工现场的实际架构的协调工作就会耗费非常多的人力、物力，致使总体工作效率不高，同时平添更大的出错率。同时，由于前阶段轨道工程的总体建设效率没上来又造成后阶段投入安装与调试设备的时长过短，因此，竣工投入运行以后，为了达到运营管理安全的严格标准，必须全年无休的运行，维护操作只可在夜间进行，如若出现一丝故障必将在社会上引起轩然大波。

轨道交通工程的施工工期都是非常紧张的，一般都是好几条线道在同期规划与施工，施工阶段也有先后顺序，给投资方管理工作增加了颇大的难度。在此背景下，就急需寻求一套有效的管理体系，提高施工建设与运营期的总体工作效率。

通过使用 BIM 技术，参建各方将与轨道工程项目有关的数据信息保存在公共 BIM 数据平台上，然后参建各方之间可透过 BIM 三维建模技术对各类相关专业进行应用与管理，从而便可在虚拟中建构一套最优化协调的管理模式。值得注意的是，此虚拟平台是在参建各方原有数据基础上构建的，属于一个公共的可视平台，能真正意义上实现各类专业数据信息的合理共享与无缝接洽，便于系统管理。

当前轨道交通工程各阶段都处于分离管理的状态，传统的二维设计提供的信息量不够大，施工建设中缺乏一些关键信息，因而为轨道工程竣工后的运维管理工作带来了颇大的挑战性。而BIM三维建模技术的投入应用，能非常快地理清眼前的已知窘迫难题，如数据记录、传承问题。BIM技术可在设计阶段构建轨道工程的3D建筑模型，接着录入施工中工程相关的土建、机电设施等具体数据信息，构建一个整合各阶段管理的可视化与一体化的系统管理公共平台，有效地实现运维一体化的数字化管理。

3 设计阶段对BIM技术的使用

BIM技术通过其拥有的协调性，并与AutodeskRevit软件进行充分的协同合作，并将各地的各个领域专业人才通过网络汇聚到一起进行共同设计。并且相关工作人员能够通过软件分配的权利进行相应操作获取相关信息，比如图纸查看、进度查询、各部位详细信息等数据的调用与查看。另外，通过BIM技术的有效结合，能够将设计初期直接覆盖到整个设计期结束。通过BIM技术与AutodeskNavisworks软件的共同使用，可以利用创建的模型观察到管线的设计方案，进行检查与相关改动；其他部分的设计也都可以利用BIM技术模型进行相应分析与改进，降低在实际施工过程中可能出现的风险与返工几率。通过对BIM的利用，设计期变得轻松与准确，并能够利用其设计模型对常见问题进行分析与改进，杜绝问题的出现，进而提高施工效率的同时也提升了施工质量。

4 施工阶段对BIM技术的运用

在施工建设阶段，运用设计阶段的BIM三维模型，并结合时间的演变，通过虚拟模型实施施工工艺的模拟性操作，并利用BIM技术的可观性，能够更加直观地查看整个施工过程并发现问题、解决问题。

在项目的管理系统中，可实现对各个项目的参与方、运营方实施使用条件的审核，并根据实际数据创建BIM完工模型；各部件的供应商将自家的产品数据信息与设备数据的接口等其他各类信息全部录入其中；同时各方的参与者都通过数据信息，利用网络创建自己的平台信息进行共享。各个项目的参与方利用相互之间的协调性，有效地提升了施工进度与效果。

4 BIM技术在后期维护上的运用

通常在轨道交通工程中，可以以BIM技术为基础，建立设施资产与运维一体的管理系统。此系统运用优化调整后的BIM三维模型数据信息，把设施资产管理与运维管理集合到公共3D可视平台上，接着融入互联网技术，利用自身开发出的手持设施与数据芯片，实行现场的实时管理。其优势体现在：实现设备的3D模型及其使用说明、运作具体参数、保养与维护周期等的整合与关联，减少翻阅纸质文件的繁复；实现运维工作单据、维修工作人员与所需维修部件的实际库存的管理关联；突发情况的紧急工单，应急工作人员与应急物资的配备管理关联，提高轨道交通实时运营中的可靠性与工作人员的突发情况处事能力。

6 BIM技术的实施

利用BIM技术将轨道交通的整个项目工程期进行模拟创建。并通过现代化数字信息技术创建一个完整、真实、符合实际的轨道交通工程现代化数据库，此数据库不但包括建筑物自身的全部构件信息、相关设备详细信息，同时也包括非构件对象的详细信息。因此，通过对此数据平台的有效管理与使用，轨道交通数据库信息的现代化水平有了质的飞跃并极大地提高了设备间的集成化程度。

BIM的应用、设备运营的集成化服务，依靠AutodeskRevit软件和BIM技术应用过程中的其他常用软件，不断地提升其数据的传输质量与数据信息的传输总量。充分运用前置任务传送来的相关信息，对 BIM 应用进行相关完善，积极有效地提升工作效率。另外，工程项目小组在设计、施工、维护等多个环节结合 BIM 进行相关数据研究分析，并创建出 BIM 相关技术标准、BIM 相应数据标准、BIM 软件接口标准；并通过 AutodeskRevit 一系列软件实施二次开发研究，并利用 BIM 模拟技术对设计、施工、运营等全过程实施监控与维护。

7 结语

国内的轨道工程所需投资不菲，建设要求严格，管理方面难度系数较高是引进有效的管理技术的。BIM 技术非常适用于当前国内的轨道交通工程。为此，BIM 技术的研发者不应该只满足于当前的技术成果与更新，还应当放眼于其他方面，争取在轨道交通的应用中取得更进一步的发展，造福国民百姓。

参考文献

[1] 张江波. 轨道交通 BIM 技术应用与发展 [J]. 河南科技，2016（05）：120-123 .

[2] 张志永. BIM 技术在轨道交通工程设计中的应用探究 [J]. 山东工业技术，2016（13）：126.

[3] 周鹏光，黄杰. BIM 技术在轨道交通工程中的应用探索 [J]. 中国公路，2015（21）：138-144.

深圳地铁 11 号线轨道技术创新及应用

杨文茂　王仕春　周华龙
(中铁二院工程集团有限责任公司)

摘　要：深圳地铁 11 号线是深圳地铁三期工程中首条开通运营的地铁线路，也是目前国内一次性建成线路最长、速度最快的城市轨道交通线路，其轨道状态的优劣至关重要。为提高铺轨质量，减少线路病害，重点对轨枕、道岔、减振道床等主要轨道部件进行了优化设计，采用了双块式轨枕工艺技术、道岔寿命延长技术、点支撑橡胶浮置板、减振型预制轨道板工艺技术等一系列新技术，经运营实践检验，效果较好。本文主要介绍上述新技术的研究及应用情况。

关键词：深圳地铁 11 号线；双块式轨枕；道岔寿命延长技术；点支撑橡胶浮置板；减振型预制轨道板

1　概述

深圳地铁 11 号线工程起于深南大道北侧福田枢纽，终于碧头站，是贯穿珠江东岸的港—深—莞—穗都市发展带的重要联系通道。线路全长 51.9km，其中地下线长 39.8km，高架线长 10.8km，过渡段长 1.3km。

全线设车站 18 座（换乘站 10 座）。其中，地下站 14 座，高架站 4 座。线路设计最高速度为 120km/h，初、近、远期均采用 8 辆编组的快速 A 型车。线路于 2016 年 6 月 28 日正式通车运营。

11 号线是深圳地铁三期工程中的"排头兵"，也是目前国内一次性建成线路最长、速度最快的城市轨道交通线路。为提高轨道质量，确保线路的安全性及舒适性，减少轨道病害，在充分调研国内既有地铁轨道服役状态的基础上，对轨枕、道岔、减振道床主要轨道部件进行了优化设计。采用了双块式轨枕工艺技术、道岔寿命延长技术、点支撑橡胶浮置板、减振型预制轨道板工艺技术等一系列新技术。本文主要对以上新技术的研究和实际应用情况进行阐述。

2　双块式轨枕工艺技术

2.1　传统轨枕存在的问题

目前，国内城市轨道交通一般地段常用的无砟轨道包括短轨枕式无砟道床、长轨枕式无砟道床两种，这两种道床结构应用广泛，设计、施工技术相对成熟，但在多年的应用过程中，逐步暴露出了各自的问题：

短轨枕式无砟轨道突出的问题是轨距、轨底坡不易保证，导致运营中轮轨关系不良，影响列车的平稳性和舒适性，并增加钢轨打磨和扣件调整等养护维修工作量。尤其是在地下段及工期紧张的情况下更是如此。

长轨枕式无砟轨道突出的问题是其与道床板分界面上的大量裂纹以及轨枕对道床板的分割作用，影响结构的整体性和耐久性，并增加无砟轨道裂纹修补等养护维修工作量。且轨枕下混凝土不易捣固，容易出现轨枕空吊现象。

2.2　双块式轨枕结构设计

鉴于地铁应用中传统的短轨枕和长轨枕式无砟轨道存在的问题，有必要研究一种新型的轨道形式，来解决以上问题，减少运营期间的无砟轨道病害。

为解决短轨枕式无砟轨道和长轨枕式无砟

轨道结构的固有缺陷，本线在设计过程中，引入高铁双块式轨枕工艺技术，并结合地铁特点加以优化，在保证其基本性能的基础上，优化配筋方式以降低造价。以此为思路设计了双块式轨枕整体道床。

双块式轨枕主要由短轨枕、桁架钢筋组成。两块短轨枕通过桁架钢筋连接为一体，于短轨枕块内另外设置构造纵筋和箍筋。轨枕块混凝土强度等级为C50；桁架钢筋采用CRB550级钢筋，采用钢筋网焊接成型机械加工，电阻点焊进行连接。如图1所示。

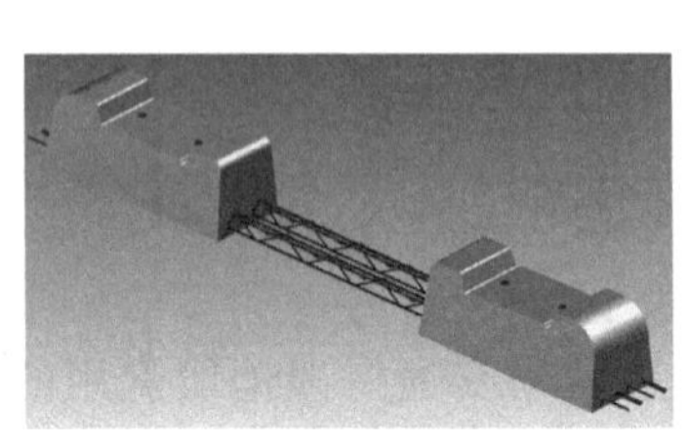

图1　地铁双块式轨枕整体道床

双块式轨枕既有短枕结构的轻盈，又保持了长枕式道床整体性好的特点，首次应用于深圳地铁11号线地下车站及区间。

2.3　双块式轨枕使用效果

目前，深圳地铁11号线已通车运营近2年，运营实践表明，采用双块式轨枕的整体道床，其轨底坡、轨距均保持较好，轨枕空吊现象较少，轨向、高低、水平等线路几何状态明显优于既有的长枕、短枕式整体道床。

3　道岔寿命延长技术

3.1　传统地铁道岔存在的问题

据调查，国内已运营地铁所用的各类道岔线型种类较多，这些道岔都存在一个共同的问题，就是应用在折返线上时，转辙器尖轨使用寿命都不长，主要表现在尖轨端部与跟端磨耗较大。如图2所示。

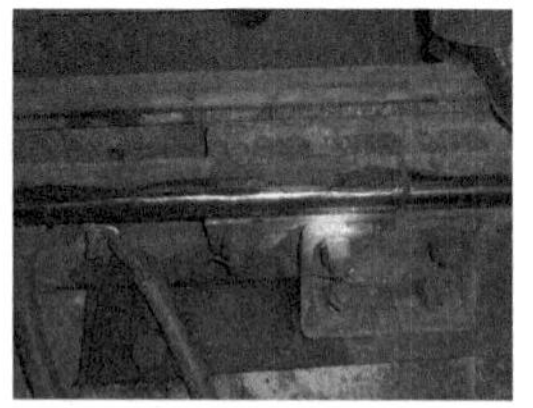

图2　既有线道岔尖轨磨耗情况

据不完全统计，上海地铁先后采用了3种曲尖轨9号道岔，截至2005年9月其折返线上9号道岔尖轨的使用寿命一般在6—12个月，局部只有3—4个月；北京地铁先后采用了2种曲尖轨和直尖轨9号道岔，其折返线上道岔尖轨的使用寿命在12个月左右；广州地铁1—3号线的折返线基本上都采用了9号直尖轨道岔，其中1号线于1998年10月建成通车，其折返线上转辙器尖轨的使用寿命12—18个月；深圳地铁二期工程基本上采用9号直尖轨道岔，其折返线上转辙器尖轨的使用寿命12—18个月。

通过以上调查数据可看出，目前既有的9号道岔的尖轨使用寿命相对较短。因此，有必要优化传统的道岔结构，以提高尖轨的耐磨性能和使用寿命。

3.2　道岔寿命延长技术的研究

本线道岔设计时把延长尖轨的使用寿命作为重点。主要采取的措施为尖轨线型优化、岔区刚度均匀化。

3.2.1　尖轨线型优化

道岔尖轨借鉴重载道岔中的增加尖轨厚度的方法，结合尖轨线型的布置，选择适当的尖轨冲击角，导曲线半径 R 取200m，采用相离半切线型，相离值30mm，切点在74mm，尖端理论厚度2mm，距实际尖端143mm处开始补充刨切，实际尖端藏尖3mm。如图3所示：

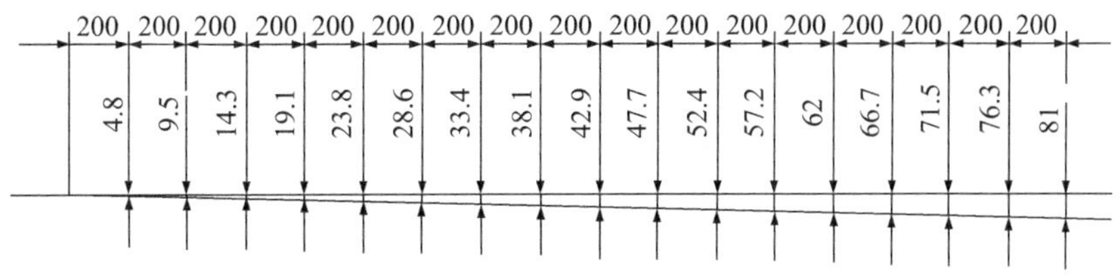

（a）本线9号道岔尖轨

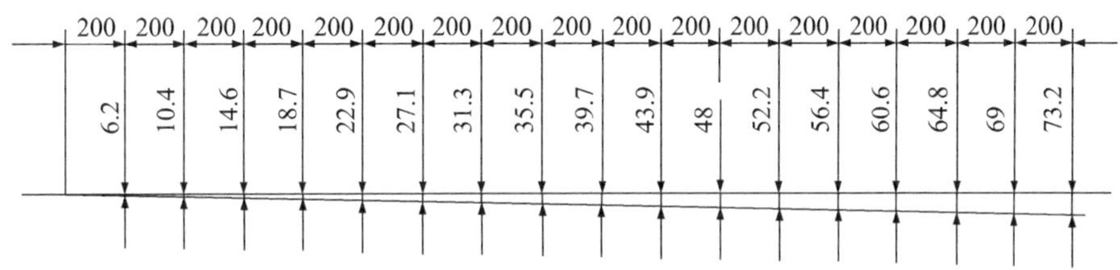

（b）传统9号道岔尖轨

图3　本线9号道岔与传统9号道岔尖轨线型对比

从图3中可以看出，本线所采用线型的尖轨的粗壮度在14mm以前明显优于传统线型，可大幅增强尖轨的整体耐磨性。

3.2.2　岔区刚度均匀化

列车过岔时，作用在一股道上的轮载通过岔枕、垫板传至另一股道钢轨上，使另一股道上的钢轨具有帮轨作用。同时，岔区存在基本轨、尖轨、翼轨及心轨等多种钢轨形式，其抗弯刚度各不相同，加上间隔铁等因素的影响，使得道岔区轨道刚度沿线路纵向分布不均匀。因此需要对道岔区轨道刚度的分布规律进行研究，并采取均匀化措施，以保证列车过岔时的平顺性。[1]

结合道岔结构按区段处理，通过分析直向、侧向过岔时，岔区轨道整体刚度的分布规律，给出了道岔扣件板下胶垫刚度的分区段划分表，如表1所示。

均匀化前后直向过岔、侧向过岔轨道整体刚度分布规律对比如图4所示。

表1　9号道岔板下胶垫刚度区段划分

胶垫所在岔枕编号	单位长度板下胶垫刚度（kN/mm）	备注
5—19	75	转辙器区基本轨和尖轨共用垫板用
20—21	63	间隔铁所在岔枕垫板用
22—26	70	导曲线部分基本轨和尖轨共用垫板用
1—4，27—35，55—57	80	普通垫板用
36—41，50—54	66	导曲线尾部及辙叉区两轨共用垫板用
42—49	60	固定辙叉区垫板用
41—46	75	护轨区垫板用

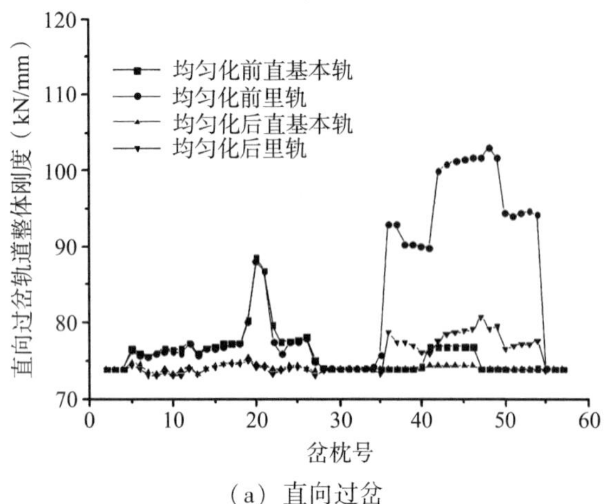

（a）直向过岔

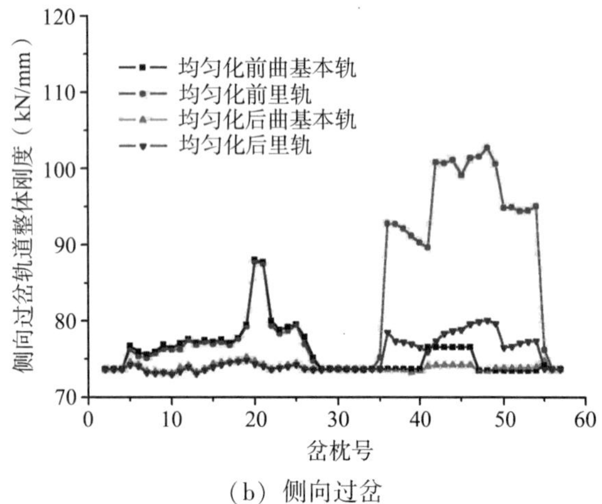

（b）侧向过岔

图 4 均匀化前后岔区轨道整体刚度对比

从图 4 中可以看出，优化设计后，岔区刚度基本均匀。岔区刚度的均匀化，能有效减少列车过岔时的动力不平顺，减缓岔区轮轨冲击作用，提高道岔的使用寿命。

3.3 道岔寿命延长技术的应用

道岔寿命延长技术于 2012 年 12 月通过专家评审，2013 年 9 月在深圳地铁 2 号线上进行了换铺实验；换铺后，尖轨磨耗情况大幅改善，道岔尖轨的实际使用寿命为 1.5 年以上（原来该处道岔尖轨使用 1 年左右即需更换）。

2015 年，该技术首次大规模应用于深圳地铁 11 号线的所有折返线、出入线道岔。目前该线路已通车运营近 2 年，运营实践表明，该技术可提高道岔尖轨使用寿命至少 50%以上。

4 点支撑橡胶浮置板工艺技术

4.1 点支撑橡胶浮置板技术的研究背景

目前，国内地铁在特殊减振地段（减振需求>10dB 地段），一般采用金属弹簧浮置板系统。虽然具有固有频率低的优点，但由于固有频率附近的振动会被放大，因此金属弹簧减振器必须额外添加阻尼材料以抑制共振。额外添加阻尼材料会带来二次问题，如液态阻尼存在溢出的问题，而固态阻尼有效果欠佳的短板等。除此以外，额外添加的阻尼还增加了减振器的制作成本和价格。

点支撑橡胶浮置板以橡胶材料作为隔振元件。与金属弹簧不同的是，橡胶材料本身即具有较好的阻尼特性，无须额外添加阻尼剂，杜绝了由于阻尼剂外泄而造成的浮置板病害。另一方面，橡胶材料制作简单、成本较低，其综合造价较金属弹簧每公里可节约 300 万元。

鉴于上述情况，本文设计了点支撑橡胶浮置板轨道结构，并首次应用于深圳地铁 11 号线。

4.2 点支撑橡胶浮置板系统设计

点支撑橡胶浮置板以橡胶隔振器作为减振元件，与轨道板形成“质量—弹簧”体系，以达到减振目的。结构自上而下分别为钢轨、扣件、轨枕、轨道板、橡胶弹簧、基底。

其中轨道板长 4690m、宽 3000mm、板缝 70mm、厚 411mm、采用 C40 混凝土现浇。扣件铺设数量每公里为 1680 对（扣件纵向间距 595mm）。

以橡胶弹簧作为隔振元件。每块轨道板设 3 对橡胶弹簧，橡胶弹簧套筒预埋在轨道板内，与轨道板形成一体，弹簧间距为 1.785m。橡胶弹簧静刚度取 11kN/mm，动静刚度比<1.3。

基底采用 C35 混凝土满铺浇筑，两侧设 300mm 宽道床侧沟。

轨道板通过圆形凸台进行限位，凸台直径为 0.5m。限位凸台内配螺旋筋及“L”型竖向钢筋。点支撑橡胶浮置板结构如图 5 所示。

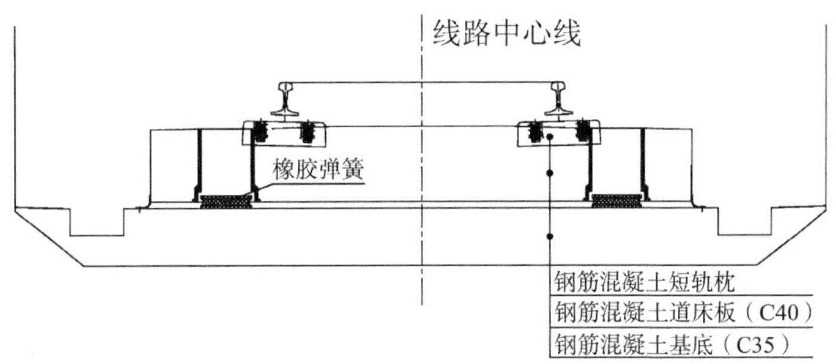

（a）横剖面图

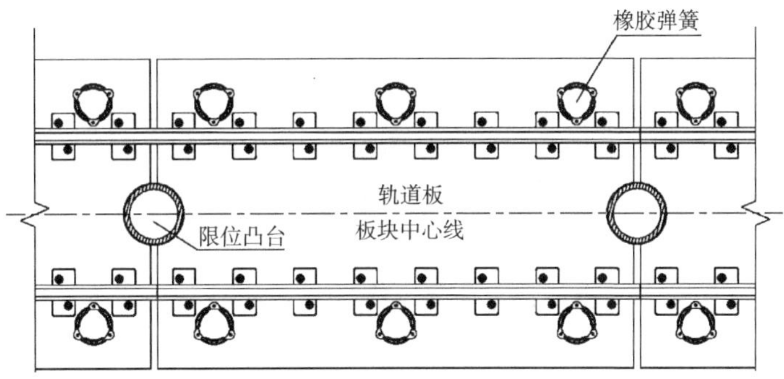

（b）平面图

图 5　点支撑橡胶浮置板平面布置图

4.3　点支撑橡胶浮置板系统的实际减振效果

2016 年 5—7 月，在深圳地铁 11 号线试运营期间，对铺设点支撑橡胶浮置板地段的振动情况进行了测试。测试结果表明：点支撑橡胶浮置板减振效果可达 15.4dB，能有效削弱频率在 18Hz 以上的列车振动。

点支撑橡胶浮置板与普通整体道床条件下的隧道壁分频振级实测结果对比如图 6 所示。

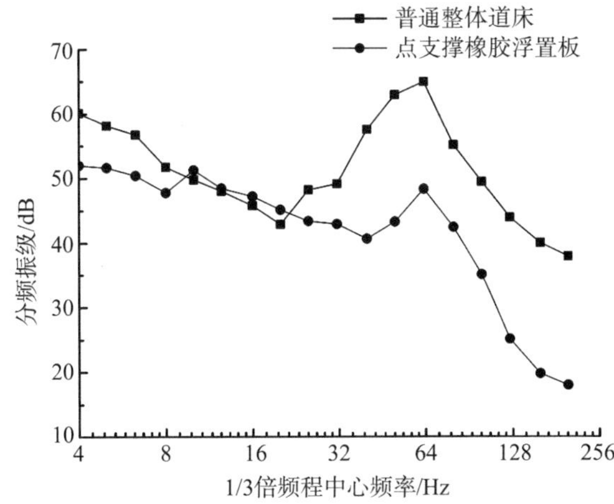

图 6　普通整体道床及点支撑橡胶浮置板条件下的隧道壁分频振级对比

5　减振型预制轨道板工艺技术

5.1　减振型预制轨道板工艺技术的研究背景

由于城市轨道交通线路一般在人口居住密集的城区范围内敷设，环境保护要求高，减振型轨道结构系统应用较多。其中较为常用的隔离式减振垫浮置板道床，一般采用现浇法施工，存在“施工进度较慢，施工精度较难控制，养护维修较困难”等问题，不能适应目前我国城市轨道交通快速发展的需求。

本线在设计过程中，引进高铁先进的板式无砟轨道技术，并根据城轨系统的特点和要求对其进行优化和再创新，设计了减振型预制轨道板道床，并首次于 11 号线机场站、机场和机场北区间（里程：DK31＋700—DK33+000），共计约 2.6km 单线长度范围内，进行了试铺。

5.2　减振型预制轨道板结构设计

减振垫预制轨道板道床，其结构自上而下分别为：钢轨、扣件、预制轨道板、CA 砂浆调整层、隔离式减振垫、基底。如图 7 所示。

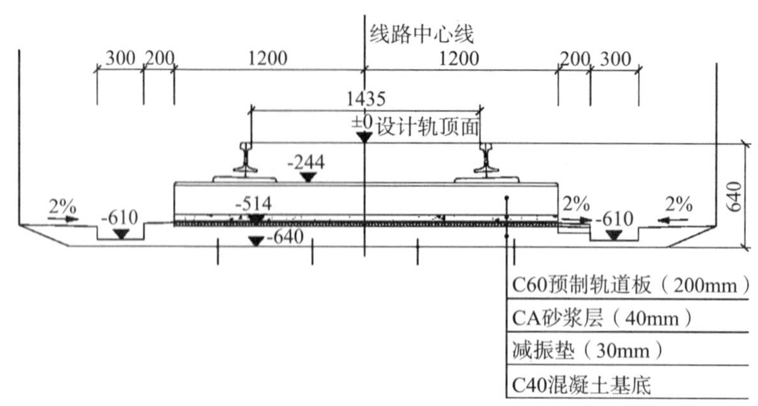

（a）横剖面图

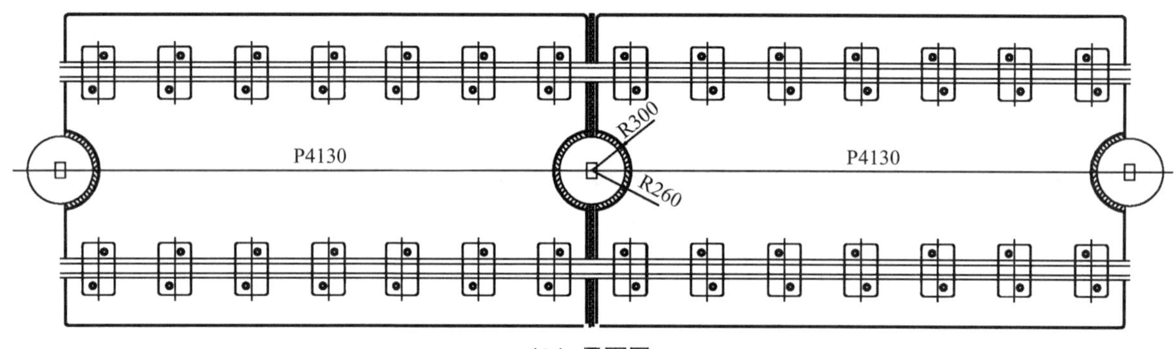

（b）平面图

图 7　减振型预制轨道板道床结构

其中，轨道板长 4130m、宽 2400mm、厚 200mm，采用 C60 混凝土预制板。板内钢筋等级为 HRB400，主筋采用 φ14mm 和 φ12mm 的Ⅲ级钢筋，其他构造筋采用 φ12mm 的Ⅲ级钢筋。轨道板采用厂内预制，其主要形式尺寸允许偏差如表 2 所示。

表 2　预制轨道板形式尺寸允许偏差

项目	允许偏差（m）	项目	允许偏差（m）
长度	±5	平面度（承轨面部分）	+1，0
宽度	±3	预埋位置	±1
厚度	+3，0	普通钢筋位置	±5
翘曲	±3	道床板标记线	±1
预埋绝缘套管平面中心距	±1	半圆形缺口直径	±3

调整层采用 CA 砂浆，CA 砂浆由乳化沥青、水泥、细骨料、水和外加剂经特定工艺搅拌制得。其中，乳化沥青应采用沥青或改性沥青进行生产，并与高分子聚合物乳液混合。水泥采用强度等级不低于 42.5 的硅酸盐水泥或快硬硫铝酸盐水泥，细骨料采用石英质河沙或机制砂。外加剂包括减水剂、铝粉、消泡剂、引气剂等。CA 砂浆配合比应遵循如下基本规定：

（1）水泥用量宜在 300 kg/m^3—400 kg/m^3。

（2）水灰比宜不大于 0.75。

（3）乳化沥青（含聚合物乳液）与水泥的比值宜在 0.6—1.4。

隔离式减振垫采用设计刚度为 0.02 ± 0.005N/mm^3 的满铺减振垫[2]，要求其动静刚度比应小于 1.3[3]。基底采用 C40 混凝土现浇。轨道板两端设半径 R = 300mm 的半圆形缺口，板与板之间通过圆形凸台进行限位。

5.3 减振型预制轨道板技术特点及使用效果

目前，11 号线已通车运营近 2 年，预制轨道板减振垫道床服役状态较好，减振效果达标，基本达到设计预期。从现场铺设及后期运营维护过程中来看，减振型预制板轨道具有以下优点：

（1）预制板由工厂机械化生产，整洁美观，制造精度、生产效率高，易于保证轨道几何形位，行车舒适度高。

（2）预制板的采用，可减少现浇施工量，降低人为因素、环境因素、管理因素对工程质量、施工安全的影响。

（3）预制板具有可更换性，尤其在不良地质条件下，为道床的整体更换，提供了可行性。

线路开通后，经第三方测试，在车速 101.2km/h 条件下，减振型预制轨道板道床的减振效果达 11.8dB，满足高等减振（振动超标 5—10dB）的减振需求。

6 总结

深圳地铁 11 号线在轨道结构设计中，充分吸取了国内相关地铁工程的实践经验，采用了一系列新技术、新工艺，力求技术先进、经济合理。其主要特点如下：

（1）首次研发并应用了适用于城市轨道交通系统的双块式轨枕工艺技术。该技术克服了传统短轨枕存在的轨距、轨底坡不易保证的缺点，以及传统长轨枕存在的枕下混凝土不易捣固、轨枕易空吊的问题，可有效确保线路几何状态良好，减少了道床病害的产生和发展；

（2）首次研究并应用了道岔寿命延长技术，通过优化尖轨线型、岔区刚度均匀化等措施，大幅改善了尖轨磨耗情况，提高道岔使用寿命 50%以上，大幅节约了运营维护成本；

（3）首次研发并应用了点支撑橡胶浮置板系统，其减振效果达 15.4dB，在保证减振效果与金属弹簧浮置板相当的前提下，单线每千米可同比节约投资约 300 万元，性价比高。

（4）研发并应用了减振型预制板工艺技术，其制造精度和生产效率高，有效降低了人为因素、环境因素、管理因素对工程质量及安全的影响，道床整洁美观，减振效果较好。

以上技术的研究和应用，大幅提高了 11 号线的铺轨质量，保证了线路的高平顺性和高舒适性，减少了运营期间的养护维修工作量，较好地适应了本线线路长、速度高、运量大的特点，对国内地铁骨干线网的轨道结构设计具有较好的参考和借鉴意义。

参考文献

[1] 费维周. 道岔区刚度均匀化方法的研究［J］. 铁道工程学报，2013（7）：28-33.

[2] 杨文茂 .120km/h 地铁减振垫浮置板动力学特性分析及减振垫刚度取值的研究［J］. 铁道标准设计，2014，58（11）：28-32.

[3] 中华人民共和国住房和城乡建设部. CJJ/T 191-2012 浮置板轨道技术规范［S］. 北京：中国建筑工业出版社，2013.

地微动法在某地铁区间勘察中的应用

郭红梅
(北京城建勘测设计研究院有限责任公司)

摘　要：某地铁区间由于复杂的周边工程环境，受场地拆迁影响，许多钻孔永久无法施工，形成地质信息盲区，为工程施工留下较大隐患。普通物探方法受到地面各种噪音干扰而达不到精度要求。天然源面波法（地微动法），具有方便快捷、低成本、不破坏环境等特点，适用于城市复杂场地环境。将微动技术与测区处原有的地质钻探资料相结合，可以得到较精确的地下构造的二维地质剖面，弥补无法钻探造成的地层资料的缺失。

关键词：复杂场地环境；微动勘探；地质信息盲区；地质剖面

1　引言

目前，我国各大城市道路交通条件严重恶化，车均道路面积每年以10%—15%的速度下跌，因此，发展城市快速轨道交通，在市中心区修建地下铁道，以代替地面汽车交通，不仅可以缓解地面道路阻塞和居民乘车难的问题，还有利于城市环境保护，而且也是唯一可行的办法。中国城市轨道交通建设已进入黄金发展期，未来十年，中国轨道交通市场将建7395km地铁线，总价值达3.8万亿元，截至2020年，中国将有33个城市配有177条地铁线。

轨道交通工程作为大型线状地下工程，长距离穿行于城市交通要道和人口密集区域，且周边工程环境复杂，建筑物、构筑物、轨道交通设施、桥梁、隧道、道路、管线、地表水体等分布其间。常规钻探受场地拆迁、地下管线、下穿铁路、高速路、建（构）筑物等条件限制，部分区域钻探工作条件恶劣，有的钻孔永久无法施工完成，形成地质信息盲区，为工程施工留下隐患。而传统的地质雷达、瞬变电磁、电阻率法等物探手段受城市地下管线干扰及场地条件的限制，探测准确性较差。地微动物探技术是利用自然界和人类活动所产生的震动，并从中获取面波的频散特性以推断地下速度结构，它有效利用了环境噪音，减少了人工震源所带来的不便，非常适合应用于城市的复杂环境。由面波频散曲线推断地层横波速度结构，利用微动勘测方法得出的勘测结果准确性和分辨率都比较高。将微动技术与少量钻孔结合，可以得到较精确的地下构造的二维地质剖面，弥补无法钻探造成的地层资料的缺失。

2　工程概况

北京地铁6号线西延工程金安桥站和苹果园站区间沿阜石路及京门铁路南侧东西向敷设，右线下穿特钢厂区、民宅、喜隆多商场（原奥特莱斯商场）、阜石路辅路及阜石路高架，特钢厂区、民宅多为1—3层老房屋，喜隆多商场为地上4层，地下1层建筑物，地下室埋深约3.4m，距离本区间右线结构顶板约13.4m。线路下穿多条市政管线，其中包含两条大管径热力管线。受场地拆迁影响，本区间右XK0+900—右XK1+600段、左XK0+900—左XK1+480段钻孔无法施工，右线长度约700m，左线长度约580m，本区间共计19个钻孔无法施工。拟采用天然源面波法（地微动法），并通过测区处原有的地质断面资料，连接地质岩性和物理指标间的关系，将断面上一点的资料，扩展到物探测线上，构成物探、地质相结合的“点、线、面”综合勘察布局。[1]

微动探测方法利用提取所测场地的土层变化曲线，反演出土层速度和土层结构。微动勘探作为基于天然源的面波勘探方法，具有方便快捷、低成本、不破坏环境等特点，适用于城市复杂场地环境，数据采集方便快捷，速度分层准确可靠。

本次在喜隆多商场西边停车场南侧布置2个面波点，在停车场外布置4个面波点，编号为WT01-WT-06，已施工的钻孔编号为VI-JP20，将微动技术与少量钻孔结合，可以得到较精确的地下构造的二维地质剖面。

3 主要技术原理及方法

天然源面波法也称微动法，从微动信号中提取瑞利面波的频散特性，最后通过对频散曲线反演来推测地下的横波速度分布。随着现代化工业的发展，在城市的喧闹区需要详细地了解地下的地质结构，普通物探方法受到地面各种噪音干扰而达不到精度要求。天然源面波法由于采用天然信号震源，受随机信号干扰较小，越来越得到人们的认可。

地球表面时刻都处在一种微弱的震动状态下，地球表面的这种连续的微弱震动称为微动。微动的形变位移一般 10^{-4}—10^{-3}cm，因此人感觉不到。微动信号主要源自两方面：一是人类的日常活动，包括各种机械振动、道路交通等。这些活动产生的信号频率一般大于1Hz，属于高频信号源。通常，这类微动信号也被称作常时微动。二是各种自然现象，包括海浪对海岸的撞击，河水的流动，风、雨、气压的变化等。这些现象产生的信号频率一般小于1Hz，属于低频信号源。通常，这类微动被称作长波微动。微动没有特定的震源，震动来自观测点的四面八方，携带有丰富的地球内部信息。研究表明，世界各地的微动频谱形态大体相近。但微动在时间和空间上存在高度变化、无规律性、无重复性的特点。微动的频谱特性反映了微动在时间和空间上的变化，因此微动信号是用来研究地下横波速度结构的重要参数。微动是由体波（P波和S波）和面波（瑞雷波和勒夫波）组成的复杂震动，其中面波的能量占信号总能量的70%以上。所以，常常利用微动中的面波信息研究地下横波速度结构。

从理论上来讲，可以将微动看作一种稳定的随机过程，是随时间和位置适量而变化的一种自然现象，可将某一时间段的微动记录作为稳定随机过程的样本函数来看待。同时，可用时间与空间上的平稳随机过程进行描述。天然源面波（微动）勘探方法就是以这种平稳随机过程理论为依据的，由微动信号中提取面波的频散曲线，然后通过对频散曲线的反演，得到地下横波的速度结构。微动振幅很小，因而，必须提高地震仪的放大倍数，从而增大微动信号，但是，这种放样不仅放大了有用的地震信号，同时更放大了噪声，使得有用的微动信号被淹没。因此，天然源面波勘探的基础就是由天然源信号中提取面波信号，即由天然源信号推断地下构造的问题就是如何从天然源信号中提取面波的问题。所谓提取面波，就是求出面波的周期（或频率）与相速度的关系。

4 地微动物探技术的特点

地微动探测方法具有勘测精度高、所需设备简单、造价低等优点，利用提取所测场的土层变化曲线，反演出土层速度和土层结构。[2]

（1）利用3个以上的地震仪器就可以进行现场勘测，假如利用7个地震仪器，可以摆放成同心正三角形，那么仅仅需要3天左右的时间就可以实现对地下横波速度的测试。[3]

（2）微动技术非常适合应用于城市的复杂

环境，市区繁忙的交通不仅不影响观测，还为浅层微动勘探提供了丰富的高频信号源。

（3）微动勘探不需要人工激发的震源，对周围环境不产生任何影响，仅需在测试时采取较短时间的交通管控，有利于生态环境保护。

（4）由面波频散曲线推断地层横波速度结构，利用微动勘测方法得出的勘测结果准确性和分辨率都比较高。将微动技术与少量钻孔结合，可以得到较精确的地下构造的二维地质剖面。

（5）与人工震源相比，微动的主要成分是低频震动，这样再利用具有良好低频特性的数据采集系统，就可以显著加大勘探深度。

5 资料处理与成果解释

天然源面波资料的处理一般分为两阶段：（1）野外处理，即在现场对所采集的记录进行预处理（主要检查资料是否达到勘察深度），发现未满足勘察目的，立即补测，严格控制第一手资料的质量。（2）对所采集的资料进行内业整理解释，最后进行综合归纳总结并绘制等速度剖面图，并做出地质剖面与解释成果。

通过对测区面波和地质资料的综合分析，获得测区各岩层的分布情况如下：（1）杂填土，在测区其厚度为1—5m，横波波速小于200m/s。（2）第四系冲积砂或土，其厚度为0—5m，横波波速为200m/s—280m/s。（3）第四系冲积卵石，厚度大于40m，横波波速为260m/s—600m/s。从面波频散曲线的形态分析，在埋深约12m内，面波频散曲线极值比较单一，频散点密度大，面波视速度随深度增大呈直线上升趋势，推测该段卵石充填物较多，充填物成分以中细砂为主。在埋深12—23m范围内，面波频散曲线极值比较单一，频散点密度一般，面波视速度大部分随深度增大也呈直线上升趋势，局部段频散曲线会出现小拐点（厚度小于2m），拐点位置面波频散曲线极值增多，频散点密度大，推测该段卵石大部分充填物一般或较少，充填物成分以中细砂为主，而在拐点位置，推测为小夹层或透境体，成分以砂层或土层为主。从埋深约23m至基岩面，面波频散曲线极值的变化呈互层分层（频散曲线极值多且密度大，与频散曲线极值较单一且密度一般交替分布）走势，面波视速度在频散曲线极值较单一处随深度增大而增大；而频散曲线极值多，其面波视速度不随深度增大而增大。据此推测该段卵石充填物较多，且充填物中黏粒和细颗粒含量增多，局部段存在砂层或土夹层，且其厚度大于2m。因其面波视速度大于400m/s，故判断夹层很密实或处于半胶结状态。（4）古近系基岩，从频散曲线形态分析，在面波频散曲线极值比较单一，频散点密度一般，面波视速度随深度增大而增大，其基岩的岩性以砂岩或砾岩为主；而频散曲线极值多且密度大，面波视速度随深度增大变化不明显，其基岩的岩性以泥岩为主。（5）把天然源面波绘制的频散曲线成果图中的地层编号进行分类合并，并绘制了物探—地质成果剖面图，剖面图中的地层代号⑤对应频散曲线成果图中的地层编号②和③，地层代号⑦对应频散曲线成果图中的地层编号④和⑤，地层代号⑨对应频散曲线成果图中的地层编号⑥和部分⑦，地层代号 对应频散曲线成果图中的地层编号部分⑦，基岩对应频散曲线成果图中的地层编号⑧。详见面波点WT01频散曲线资料解译图及二维地质剖面图。

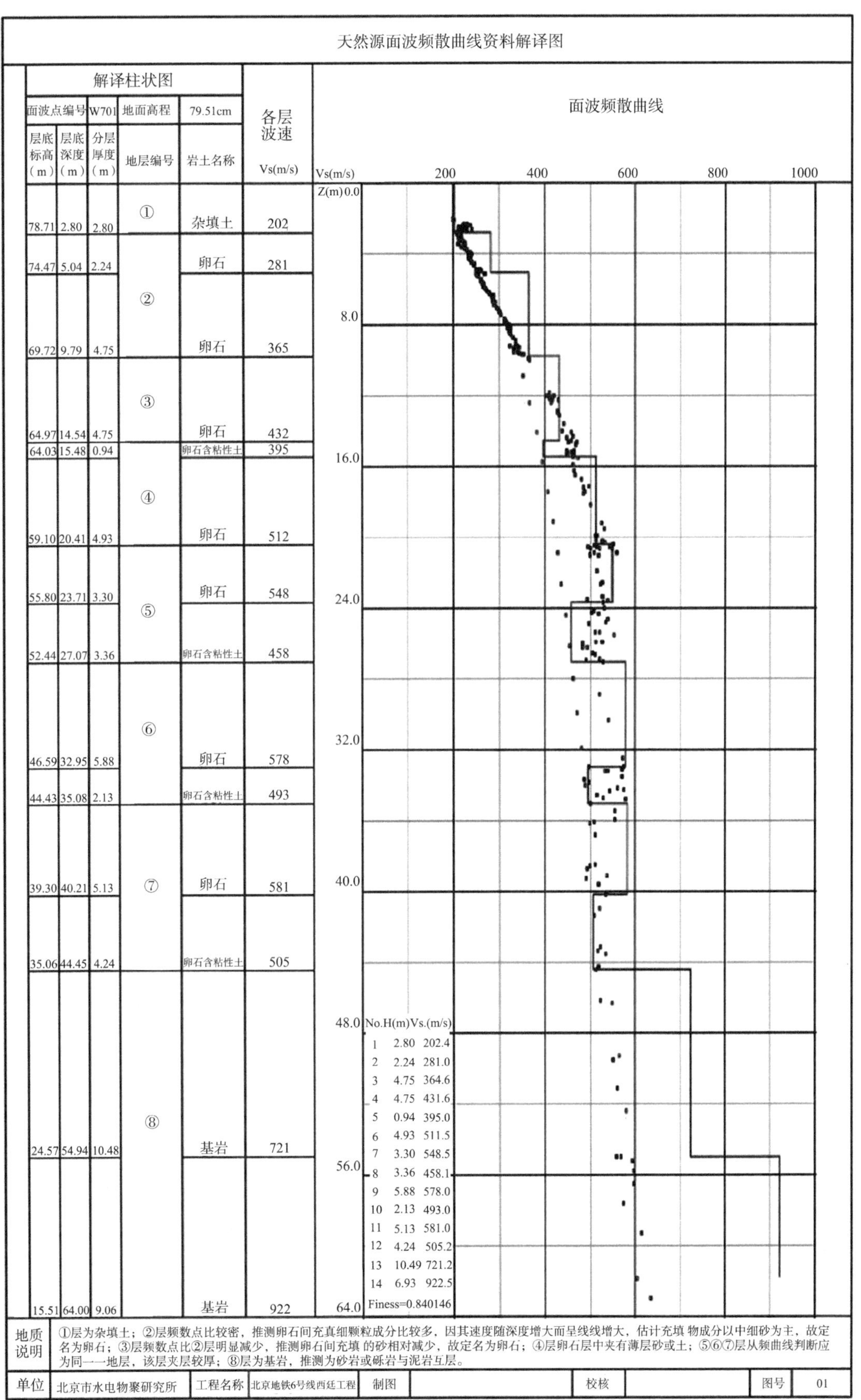

天然源面波频散曲线资料解译图

解译柱状图						各层波速
面波点编号		W701	地面高程	79.51cm		
层底标高(m)	层底深度(m)	分层厚度(m)	地层编号	岩土名称		Vs(m/s)
78.71	2.80	2.80	①	杂填土		202
74.47	5.04	2.24	②	卵石		281
69.72	9.79	4.75		卵石		365
64.97	14.54	4.75	③	卵石		432
64.03	15.48	0.94		卵石含粘性土		395
59.10	20.41	4.93	④	卵石		512
55.80	23.71	3.30	⑤	卵石		548
52.44	27.07	3.36		卵石含粘性土		458
46.59	32.95	5.88	⑥	卵石		578
44.43	35.08	2.13		卵石含粘性土		493
39.30	40.21	5.13	⑦	卵石		581
35.06	44.45	4.24		卵石含粘性土		505
24.57	54.94	10.48	⑧	基岩		721
15.51	64.00	9.06		基岩		922

地质说明：①层为杂填土；②层频数点比较密，推测卵石间充真细颗粒成分比较多，因其速度随深度增大而呈线线增大，估计充填 物成分以中细砂为主，故定名为卵石；③层频数点比②层明显减少，推测卵石间充填 的砂相对减少，故定名为卵石；④层卵石层中夹有薄层砂或土；⑤⑥⑦层从频曲线判断应为同一一地层，该层夹层较厚；⑧层为基岩，推测为砂岩或砾岩与泥岩互层。

单位	北京市水电物聚研究所	工程名称	北京地铁6号线西廷工程	制图		校核		图号	01

图 1　面波点 WT01 频散曲线资料解译图

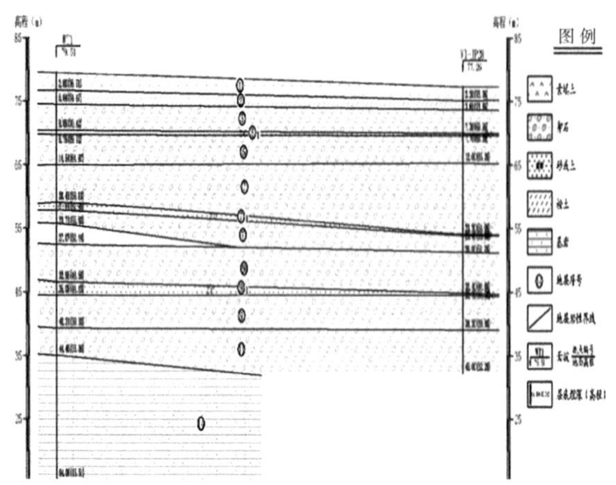

图 2　二维地质剖面图（面波点与已施钻孔相结合）

6　结论

地微动物探探测不受场地条件限制，可在交通繁忙、建筑物密集、钻探难以实施的闹市区或地质信息盲区进行有效探测，特别适用于城市复杂场地环境。微动探测方法的小半径台阵一般能到达 30—50m 的探测深度，能很好地满足城市轨道交通工程的探测深度要求。地微动物探探测是一种无损、经济、高效的地球物理探测手段，是城市地铁探测的首选方法，也是最佳方法。物探成果判释时，应考虑其多解性，区分有用信息与干扰信号，必要时应采用多种方法探测，进行综合判释，并应有已知物探参数或一定数量的钻孔验证。

参考文献

[1] 北京地铁 6 号线西延工程勘察 01 合同段金安桥站—苹果园站区间详细勘察报告［R］. 北京城建勘察设计研究院有限责任公司，2016.

[2] 张建清，等. 微动勘探技术在城市轨道交通勘察中的应用［J］. 人民长江，2016，47（1）.

[3] 孟爱青. 微动勘测技术在土木工程领域的应用分析［J］. 山西建筑，2016，42（4）.

城市轨道交通车站运营管理中新技术的应用

张小春
（天津市地下铁道运营有限公司）

摘　要：随着地铁网络化运营效益的日益深化，地铁运营管理工作的标准和难度也随之提高，为了提高车站运营管理工作效率，优化现场处置，科学合理地利用既有信息和资源，本文从在线考试系统应用、巡更系统应用、车站设备故障管理系统应用、VR 技术在培训中的应用及列车模拟驾驶系统应用等方面对新技术在城轨交通运营管理中的应用进行了介绍，可为轨道交通运营管理提供一些借鉴和参考。

关键词：在线考试；巡更；设备故障管理系统；虚拟现实；应用

1　项目概况

截至 2017 年 12 月，天津轨道交通运营线路共有 5 条，包括地铁 1、2、3、6 号线及 9 号线（津滨轻轨），线网覆盖 10 个市辖区，运营里程 166 公里，共设车站 112 座。

随着网络化运营程度的日益加深，在日常车站管理、员工培训、设备故障报修等方面也面临更大的困难，天津地铁借助新技术，积极探索和创新，开发和推广了一系列应用平台，取得了较好的实用效果，本文选取部分应用系统进行介绍。

2　在线考试系统的应用

“在线考试系统”是针对一线员工业务能力的提升而开发的，集练习和考试于一身的、基于局域网模式的自动化软件，如图 1 所示。该系统可以灵活设定考试参数（考试时间、及格分数），根据员工不同的岗位及各岗位需要掌握各方面知识的比例从题库中随机抽题，能够判断答案的正确性，给出得分和错题记录，并对考试成绩进行统计和分析，该软件可用于任何安装有 Windows 操作系统的 PC 机上。

系统采用 B/S 架构与 C/S 架构相结合的开发模式。B/S 架构即系统的前台——车务中心在线考试系统，以浏览器为基础，大大简化了客户端电脑载荷，减轻了系统维护与升级的成本和工作量，便于系统推广，降低了开发的总体成本。C/S 架构即系统的后台——车务中心后台管理系统，直接与服务器连接，没有中间环节，处理速度快，具有较强的事务处理能力，可以应用于复杂的业务流程，易满足复杂的个性化要求。

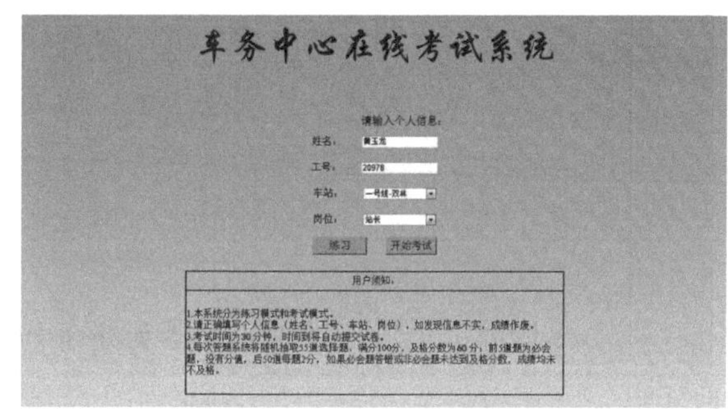

图 1　在线考试系统示意图

系统主要包括前台在线考试子系统、后台考试管理子系统，具体架构如图 2：

前台在线考试系统：主要实现随机抽题、自动判分、错题提示三大功能。采用基于数据库函数的二次随机选题算法，使选题速度达到 0.08 秒。系统使用模式主要分为考试模式与练习模式，练习模式可以促进员工业务知识的提升，考试模式可以对其掌握程度进行测试。

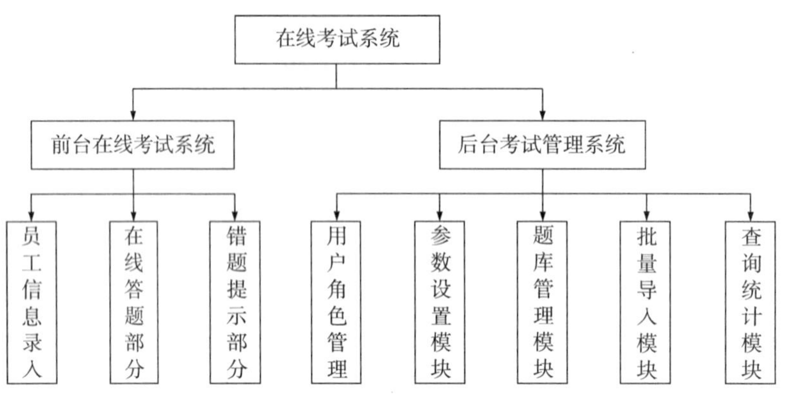

图 2　在线考试系统架构图

后台考试管理系统：主要实现用户角色管理、参数控制、题库维护、批量导入、查询与统计六大功能。系统直接管理数据库，控制着整个系统的正常运行，要求较高的安全性、稳定性、正确性，软件要达到可用、实用、适用。

该系统使用后具有以下明显特点：

（1）考试的灵活性。该软件是一款基于局域网的软件，便于在部门或车站组织实施；

（2）模式的多样性。该系统提供了多种模式，可通过练习模式提升业务理论水平，或通过考试模式对学习情况进行总结。

（3）题库的扩充性。通过预留接口可以扩充乘务、职级等方面的题库。

（4）考试的公平与公正性。系统为随机抽取题目，自动为员工打分，可以排除人为因素的影响，保证考试结果的公平与公正。

（5）系统的联动性。前台只保留答题部分，界面简洁、大方。考试时间通过后台系统参数设置获取。前后台保持一致，联动正确。

该系统自 2011 年 12 月投入使用后，按期完成了新员工上岗取证培训及考核，每年约完成 2000 名值班员、站务员日常重温培训及年度达标测试，节约了大量的人力、物力，简化了传统的培训模式，节约了出题及批改时间，取得了良好的效果。

3　巡更系统的应用

在车站运作管理中，每日对运营前设备的巡视检查、运营期间客流设备及人员的巡视检查和夜间停运后的巡视工作都是根据车站安排开展，巡视线路、点位及频次不固定，有时候甚至遗漏和不到位，给运营管理工作带来一定隐患。为有效解决这个问题，根据车站运营规定，制定了“定点、定线、定时和定内容”的巡更管理系统。

巡更管理系统主要依靠移动自动识别技术，对巡视人员在巡更巡检中的时间、地点及巡视情况自动准确记录下来，是对巡视工作的科学化、规范化管理的体现，是人防加技防的管理手段。该系统主要包括巡更棒、通讯座、巡更点、管理软件等。

该系统的使用，主要包括巡更点位及线路的设计、巡更要求、巡更系统数据的采集及管理、巡更结果的考核。

（1）巡更线路及巡更点设定原则。各站结合站型特点，合理制定巡视线路，巡视线路中巡更点的设置应涵盖除房间（车控室、卫生间除外）内的所有可视区域，包括车站出入口、安检点、车控室、站厅、站台、通道、小站台、卫生间等，原则上巡更点位置应在摄像头监控范围内。如图 3 为某车站一区域巡视点位及线路。

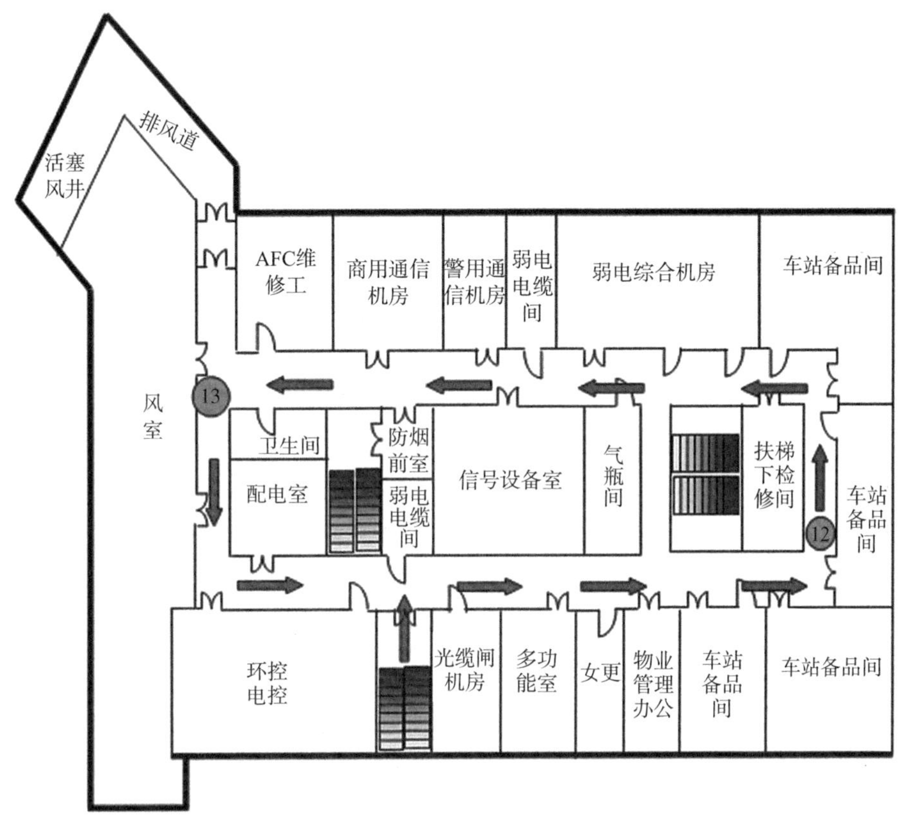

图3　某区域巡更点位及线路示意图

(2) 巡更要求确定。各站结合实际情况，根据值班站长、安全员岗位一日工作流程，制定巡更作业计划，巡视期间应明确巡视内容及要求，尤其是对重点区域、重点房间可采取拍照、摄像等方式，做好巡视记录及信息的及时准确上报。

(3) 巡更数据采集及管理。巡视数据采取三级管理的模式，由各站进行原始数据的搜集、整理、导出和上传；各站区负责汇总数据，对巡视问题做出及时整改，并将汇总后的数据提交部门；部门级主要负责对站区管理情况进行监查，对车站巡视情况进行抽查，并将未按规定巡视情况纳入考核管理范畴。

通过巡更系统的使用，极大地规范了车站日常运营管理监督不到位、巡视不到位的问题，及时发现和解决了很多影响行车、客运的情况，同时车站人员通过巡视，也不断探索和总结了日常巡视工作的要点，对于车站整体运营管理工作起到了极大的提升和促进作用。

4　车站设备故障管理系统

对于地铁车站而言，每天要负责车站各类机电设备故障信息的确认和报修，传统的报修管理模式主要依据电话报修加人工记录，故障修复及数据统计需要人工录入电子表格，耗时费力，容易出现人为疏漏且维修进度无法及时跟进，因此，推广基于OA办公软件的故障维修信息管理系统势在必行，各地城市地铁已都积极推动此项系统的使用。

车站设备维修信息系统主要包括基础设置、报表管理、维修工作、施工计划申报、施工实施管理等模块。其主要功能是完成施工人员信息设置、权限管理；对故障报修情况进行记录、跟进，实时查看修复状态和维修结果；通过报表管理可以对各设备系统故障率、设备故障薄弱环节等进行分析；通过设备计划申报及实施管理，可以方便地管理每周正常施工计划、临时施工计划及紧急抢修计划。该系统主要模块如图 4 所示：

图 4 设备维修信息系统界面

该系统的有效运行，极大地解决了设备故障报修、维修中存在的故障数据统计不全、维修不及时及设备故障率不准确等问题，提高了设备修复响应时间及故障恢复时间，同时也节约了办公成本。

5 VR 系统在培训中的应用探讨

虚拟现实技术（Virtual Reality，简称 VR），利用计算机生成一种模拟环境，是一种多源信息融合的、交互式的三维动态视景和实体行为的系统仿真，可以使用户沉浸到该环境中。目前主要是运用三维虚拟与仿真技术模拟出轨道交通施工设计、设备操作与维护、员工培训与演练等。

该技术目前应用较多的是在列车模拟驾驶方面，天津地铁建设有一套“列车真车+仿真线路环境”的列车模拟驾驶系统，该系统主要用于新司机理论培训后的上车练习，可实现新司机检车、静态调试、模拟正线驾驶、站台停车及突发情况应急处置等功能，虽然对于员工实操技能的快速掌握有较大帮助，但该系统与真实的司机作业环境仍有一定差距，对于司机通过曲线、上下坡道及正线的驾驶体验，正确掌握列车的驾驶性能、了解区间及线路技术指标、开展列车客运服务设施操作帮助作用不大，因此司机驾驶练习仍以真车和实际线路的驾驶为主。

当前安全形势日益加剧的情况下员工的应急处突能力显得尤为重要，因此，通过 VR 技术模拟各类突发情况，由员工穿戴可视头盔等装置，可真实模拟出车站火灾、反恐防爆、大面积停电等情况，提高车站演练的真实性和员工的心理素质。

综上，VR 技术方兴未艾，该技术与轨道交通运营管理工作的结合还处在探索和尝试阶段，在积极推广和应用的过程中，应合理分析其利弊，发挥其在场景模拟中的不可替代性，而在安全性及可靠性方面还应以本地的实际情况为主。国内铁路行业也利用 VR 技术开展了相关探索和应用，如 2017 年春运期间，南昌铁路局在南昌西站、福州站、厦门站等重点车站推出了 VR（虚拟）全景导航；湖北汉口、武汉火车站也在微博、微信首次提供 VR 站内 360 度全景导航功能，值得学习和推广。

数据挖掘在轨道交通设备维修管理中的应用

张　睿

（浙江浙大中控信息技术有限公司）

摘　要：维修管理作为轨道交通运营的主要工作之一，与运营效率和运营效益息息相关。本文研究了传统的设备维修管理及数据挖掘在维修管理中的应用，并通过对数据挖掘若干方法描述，解析了数据挖掘与设备维修结合的应用场景。随着维修管理的需要不断提高，突破传统的维修管理模式，积极寻找基于大数据的智能解决方案，将是必然的发展方向。

关键词：智慧轨道交通；设备维修；数据挖掘

1　引言

据不完全统计，截至 2016 年底，全国共有 30 个城市开通运营城市轨道交通，在建线路总长达 5636 公里，运营线路总长度达 4152 公里；城轨交通全年完成客运量总计 160.9 亿人次，全国城市平均日客运量达 158.1 万人次，其中，北京、上海、广州的日均客运量均在 600 万人次以上，轨道交通已经成为一线城市公共交通的主要方式。[1]

列车运行是轨道交通乘客服务的载体，而任何设备的故障造成的列车延误，均可能导致轨道线路联动性输运能力下降，继而导致大面积乘客出行受阻，并造成轨道交通服务质量下降、运营成本增加和公司整体社会经济效益的降低等。[2] 维修管理作为保障轨道交通机电设备正常运行的必要手段，是运营公司的主要工作之一。如何提高维修管理的效率，完善维修管理组织制度，是值得思考的问题。

2　传统的设备维修管理

2.1　设备维修管理方法

轨道交通行业作为一个资产密集型行业，合理、安全地管理、维护和使用设备，并有效地延长设备使用寿命、降低设备维护成本、提高设备使用的经济效益是轨道交通运营的重要工作。

设备维修方法包括即时维修 BM（Breakdown Maintenance）、预防维修 PM（Preventive Maintenance）、改善维修 CM（Corrective Maintenance）、维修预防 MP（Maintenance Prevention）、生产维修 PM（Productive Maintenance）、全员生产维修 TPM（Total Productive Maintenance）。其中，轨道交通常见的维修方式有 PM 和 CM 两种。

2.2　预防维修 PM

PM 是指通过对重要设备的定期巡查，提前发现设备的异常，预先修理，从而达到延长设备适用寿命的目的。

预防维修包括以下两个方面的内容：

（1）设备日常维护（检查、清洁、润滑）；

（2）重要设备进行定期检查，发现异常时提前修理。

在预先维修中，根据设备的利用率与设备的故障率判断设备是否属于重要设备，其方法如下：

（1）计算设备利用率：

$$设备利用率=\frac{开机时间（月）}{工作小时（月）}\times 100\%$$

（2）计算设备故障率：

$$设备故障率=\frac{故障停机时间（月）}{工作运转时间（月）}\times 100\%$$

（3）根据设备利用率和设备故障率分值表（表1）计算重要设备分值（计算结果见表2）：

重要设备分值=设备利用率分值×设备故障率分值

（分值≥36的为重要设备）

表1　常见设备利用率和设备故障率分值表

设备利用率	分值	设备故障率	分值
0%—10%	1	0%-1%	1
11%—20%	2	1.1%—2%	2
21%—30%	3	2.1%—3%	3
31%—40%	4	3.1%—4%	4
41%—50%	5	4.1%—5%	5
51%—60%	6	5.1%—6%	6
61%—70%	7	6.1%—7%	7
71%—80%	8	7.1%—8%	8
81%—90%	9	8.1%—9%	9
91%—100%	10	9.1%—10%	10

表2　重要设备分值与设备利用率和设备故障率对应表

	故障率									
利用率	1	2	3	4	5	6	7	8	9	10
1	1	2	3	4	5	6	7	8	9	10
2	2	4	6	8	10	12	14	16	18	20
3	3	6	9	12	15	18	21	24	27	30
4	4	8	12	16	20	24	28	32	36	40
5	5	10	15	20	25	30	35	40	45	50
6	6	12	18	24	30	36	42	48	54	60
7	7	14	21	27	35	42	49	56	63	70
8	8	16	24	32	40	48	56	64	72	80
9	9	18	27	36	45	54	63	72	81	90
10	10	20	30	40	50	60	70	80	90	10

2.3　改善维修CM

CM是指针对机电设备的频繁、周期故障和先天缺陷，记录日常检查结果和发生故障的详细情况，对故障发生源进行有效的改善，改正设备的缺陷。

2.4　设备维修管理的工作组织

以某城市地铁线路为例，维修人员按照专业划分，分为车辆组、基建组、车站组等（在车辆组下设车间工班、车辆段工班等；在基建组下设工务工班、铁路保护工班、通号工班、供电工班等；在车站组下设机电工班、自动化工班等），并另设技术支持与决策部门，如图1所示。

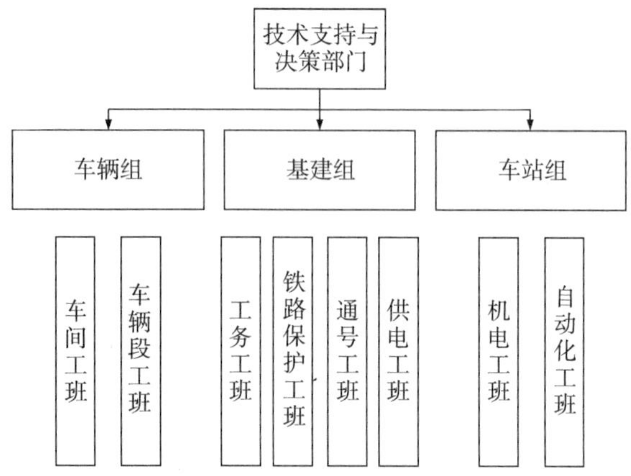

图1　运营维修组织

现场机电设备异常时，由现场管理人员向技术支持与决策部门提交工单信息，由技术支持与决策部门根据现场反馈的故障描述进行初步分析后，向所属的维修组/工班进行派发。

2.5　设备维修管理的备品备件管理

设备维修离不开备品备件的管理，不论是大型设备（例如地铁列车转向架）还是细小配件（例如全自动售票机发卡模块中的皮带），其既有的库存量都时刻影响着设备维修的成功与否。一般地，将各种备品备件满足基本维修需求的库存量定义为安全库存量。安全库存（Safety Stock，简称SS）又称保险库存，是指为了防止不确定性因素而预计的缓冲库存，安全库存用于满足提前期需求。目前，大多数情况下，备品备件的安全库存量是由维修人员基于以往的工作经验制定的，没有针对性的依据，且在项目建设阶段提供的备品备件，也往往无法满足实际的维修需求。

2.6 设备维修的需求层次分析

根据现有的设备维修需求，并结合数据挖掘在其他行业的应用的经验，提出设备维修需求的三个层次：

● 基于固定维修计划和既有经验的备品备件安全库存定义

现实的运营管理过程中，设备的维护周期往往因为地铁环境的潮湿、震动和人为误操作等负面因素的影响，导致与设备生产厂家推荐的维护周期存在一定的差异；不同的地铁线路，由于使用的产品不同、应用的环境不同、维护计划和方式不同，均会导致备品备件的需求在不同的项目中，存在很大的差异。根据既有经验的安全库存定义有可能无法满足真实的需求。

● 基于数据挖掘动态调整的计划维修和安全库存定义

在机电设备的维护管理过程中，详细的维护管理过程均以工单或其他形式被记录。在这些以时间为主线的维修记录中，往往隐藏了大量的规则，有的体现了维修时间的周期性，有的体现了维修事件的相互关联性，这些潜在的规则往往直接影响着维修计划的制定和备品备件的使用量。如何有效地使用这些规则，是本文后续的讨论内容。

● 基于专家系统的智能维修管理

提出了专家系统，该系统替代了原有的人工故障初审→现场验证的环节。针对轨道交通的动态运行环境和历史轨迹，由专家系统根据规则库中的故障预测模型，对可能发生故障细节进行预测、核对、分析，并最终对故障进行推荐分类，并提供预防性的维修方案。基于专家系统的智能维修管理模式，将革新性地改变现有的设备维修模式。

3 数据挖掘在设备维修中的应用

3.1 数据挖掘

数据挖掘（Data mining），又译为数据采矿，它是数据库知识发现（KDD）中的一个步骤。数据库知识发现的过程包括数据准备、数据选取、数据预处理、数据变换、确定知识发现目标、选择算法、数据挖掘、模式解释和知识评价，其中数据挖掘是一个关键步骤，聚焦于从大量的数据中通过算法搜索隐藏于其中信息的过程。数据挖掘通常通过统计、在线分析处理、情报检索、机器学习、专家系统和模式识别等诸多方法来实现上述目标。

目前，应用最为广泛的数据挖掘过程模型是 CRISP-DM（Cross-IndustryStandard Process for Data Mining）。CRISP-DM 将整个数据挖掘分为以下 6 个阶段：业务理解（BusinessUnderstanding）、数据理解（DataUnderstanding）、数据准备（Data Preparation）、建立模型（Modeling）、方案评估（Evaluation）和方案实施（Deployment）。其数据挖掘过程模型见下图 2：

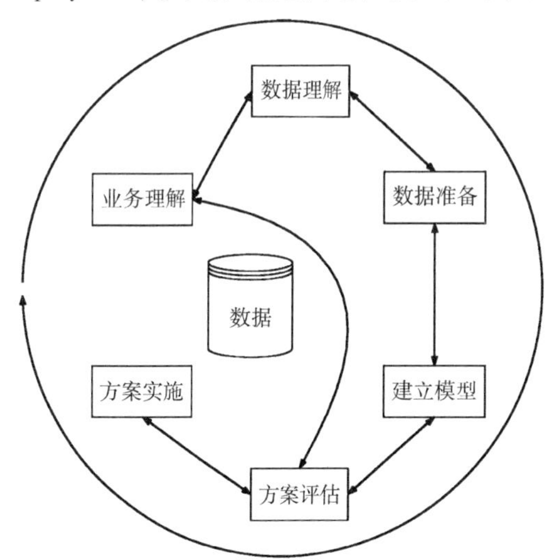

图 2 CRISP-DM 数据挖掘过程模型

● 业务理解：明确本次数据挖掘要解决的问题，评估是否具备数据挖掘的主观和客观条件，包括人力资源、数据资源、计算机资源等管理和技术角度评估。

● 数据理解：围绕业务理解搜集原始数据，明确数据含义，清晰数据的差异，通过技术手段实现数据的一致化和集成化；明确数据来源，集成不同数据来源的数据；进行质量评估和调整（对现有数据的异常程度及缺失情况等进行综合评价），采用正确的方法填补缺失数据；

● 数据准备：包括变量变换和派生、数据精简、数据筛选等；

● 建立模型：选择适合于分析项目的数据模型，确定模型的评价指标和评价函数；

● 方案评估：从模型实际应用的角度，通过分析和总结数据挖掘的过程，对所得数据模型的合理性和实用性进行评价；

● 方案实施：通过制订和实施监管计划，确保数据挖掘结论的合理应用。

3.2 数据挖掘的常见方法

常见的数据挖掘方法包括如下几类：

● 分类（Classification）：分类是找出数据库中的一组数据对象的共同特点并按照分类模式将其划分为不同的类，其目的是通过分类模型，将数据库中的数据项映射到某个给定的类别中。可以应用到分类、趋势预测中。

● 回归分析（Regression）：回归分析反映了数据库中数据的属性值的特性，通过函数表达数据映射的关系来发现属性值之间的依赖关系。它可以应用到对数据序列的预测及相关关系的研究中。

● 估计（Estimation）：与分类类似，不同之处在于分类是描述离散型变量的输出并有确定数目的类别，而估计处理连续值的输出。

● 预测（Prediction）：通常预测是通过分类或估计起作用的，也就是说，通过分类或估值得出模型，该模型用于对未知变量的预言。预言的目的是对未来未知变量的预测，这种预测是需要时间来验证的，即必须经过一定时间后，才知道预言的准确性。

● 关联规则（Association rules）：关联规则是隐藏在数据项之间的关联或相互关系，即可以根据一个数据项的出现推导出其他数据项的出现。关联规则的挖掘过程主要包括两个阶段：第一阶段为从海量原始数据中找出所有的高频数组；第二阶段为从这些高频项目组产生关联规则。

● 聚类（Clustering）：类似于分类，但与分类的目的不同，是针对数据的相似性和差异性将一组数据分为几个类别。属于同一类别的数据间的相似性很大，但不同类别之间数据的相似性很小，跨类的数据关联性很低。

3.3 预测方法在维修管理的应用

实际设备维修过程中，设备故障率随时间推移呈现如图3所示的浴盆模型曲线形状。维修期内的设备故障状态分三个阶段：

● 初始故障期：故障率由高到低，故障主要由材料缺陷、设计制造质量差、装配失误、操作不熟练等原因导致。

● 偶发故障期：故障率低且较稳定，故障主要由维护不妥或操作失误造成。是设备的最佳工作期。

● 损耗故障期：故障率急剧上升，设备磨损严重，有效寿命结束。

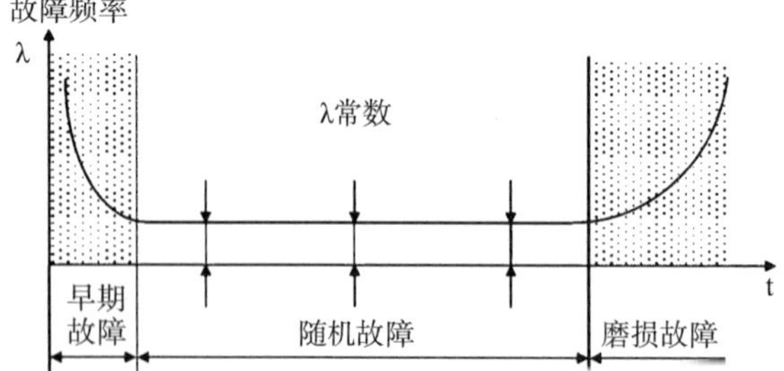

图3 备故障率随时间推移的浴盆模型

应用于轨道交通的机电设备往往使用寿命较长、人工操作较少，且随着时间推移，由操作不熟练导致的设备故障发生率迅速降低。因此，在设备维修管理阶段往往重点在偶发故障期。随着设备的使用时间变长，设备的故障率（λ）不断累加，直至发生故障（事件X），可以用如下公式对该场景进行描述：

$$F(t)=\int_0^T \lambda \times \triangle t\text{（故障率随时间累积）}$$

$$X=\begin{cases}1 & F(t)\geq 1\text{（设备发生故障）}\\0 & F(t)<1\text{（设备不发生故障）}\end{cases}$$

其中：T是故障的积累常数

预测方法的分析目标就是确定时间积累常数T。

通过对设备故障事件集合 $X=\{x_1, x_2 \cdots x_n\}$ 的统计，故障发生的时间集合为 $T=\{t_1, t_2 \cdots t_n\}$，每次发生故障的间隔时间 $\Delta T=\{\Delta t_1, \Delta t_2 \cdots \Delta t_{n-1}\}$，$\Delta t_i = t_{i+1}-t_i$，根据集合中的数据，剔除异常值后，可计算平均间隔时间 Δt 如下：

$$\Delta t=\frac{\sum_{i=0}^{m}\Delta t_i}{m}\text{（剔除异常数据后，留 }m\text{ 项）}$$

至此，计算出的 Δt 可以作为维修计划制定的参考依据，在既有维护计划上，进一步提高维护效率和针对性，减少维修成本和提高设备使用时间以创造更多的经济效益。

3.4 关联规则在设备维修中的应用

在设备维修管理时，会出现另一种常见的故障关联现象（这里是指A事件发生后，B事件也随之发生）。例如，隧道风机电流越限时，经常伴随轴温过高报警或振动报警等。上述的规则是可以凭借基本的设备理解即可以获得的，但更多的隐藏的规则无法直观地得出，需要通过数据挖掘的关联规则发现方法进行具体分析。

在众多的关联规则的算法中，Apriori算法是最有影响力的挖掘布尔关联规则频繁项集的算法，是数据库关联规则挖掘中应用最广泛的算法之一。Apriori是一种宽度优先算法，采用逐层搜索的迭代方法来生成频繁项集。通对对事务数据库的多次扫描来计算项集的支持度，发现所有的频繁项集从而生成关联规则。[2]

设定事务数据库D如表3所示，事务数据库包含共10个事务，6个项目，设定最小支持度为30%，即最小支持计数为3。

表3 某事务数据库D

事务标识 Tid	项目 Items	事务标识 Tid	项目 Items
Tid1	ABDEF	Tid6	BCEF
Tid2	BCEF	Tid7	C
Tid3	BC	Tid8	BDEF
Tid4	CDE	Tid9	CDE
Tid5	ACEF	Tid10	EF

Apriori算法的执行过程如下：

（1）扫描数据库D统计每个项的支持计数，由每个项组成C1。此时C1＝｛｛A｝，｛B｝，｛C｝，｛D｝，｛E｝｝，他们的支持数就是他们出现在事务数据库中的次数。其中每个项集的支持度计数分别为2、5、7、4、8、6，候选1–项集如表4所示。

表4 候选1–项集C1

Items	Sup
A	2
B	5
C	7
D	4
E	8
F	6

（2）比较候选支持度计数和最小支持度计数（最小支持度计数为3）；从C1中选出支持计数不小于最小支持度计数的项组成频繁1项集L1。由于项A只在数据库中出现2次，小于最小支持数，因此1–项频繁项集为L1＝｛｛B｝，｛C｝，｛D｝，｛E｝，｛F｝｝，每个项集的支持度计数分别为5、7、4、8、6，频繁1–项集如表5所示。

表5　频繁1-项集L1

Items	Sup
B	5
C	7
D	4
E	8
F	6

(3) 由L1自连接得到C2，然后扫描数据库D获取C2中每个二项集的支持计数。C2 = {{BC}，{BD}，{BE}，{BF}，{CD}，{CE}，{CF}，{DE}，{DF}，{EF}}，其中每个2项集的支持计数分别为3、2、4、4、2、5、3、4、2、6，候选2项集C2如表6所示。

表6　候选2-项集C2

Items	Sup
{B，C}	3
{B，D}	2
{B，E}	4
{B，F}	4
{C，D}	2
{C，E}	5
{C，F}	3
{D，E}	4
{D，F}	2
{E，F}	6

(4) 从C2中挑选出支持计数不小于3项集组成L2。2-项频繁项集集合L2 = {{BC}，{BE}，{BF}，{CE}，{CF}，{DE}，{EF}}，L2如表7所示。

表7　频繁2-项集L2

Items	Sup
{B，C}	3
{B，E}	4
{B，F}	4
{C，E}	5
{C，F}	3
{D，E}	4
{E，F}	6

(5) 由L2，L2得到C3。在这一步中，只有当项集中两个项的k-2项相同时，两个项才会连接，此时的k值为3。然后扫描数据库D获取C3中每个三项集的支持计数。候选3-项集C3 = {BCE、BCF、BEF、BDE、CEF、CDE、DEF}，如表8所示。

表8　候选3-项集C3

Items	Sup
{B，C，E}	2
{B，C，F}	2
{B，E，F}	4
{B，D，E}	2
{C，E，F}	3
{C，D，E}	2
{D，E，F}	2

(6) 利用Apriori算法所具有的性质（包含一个频集的任一非空子集都是频集）对C3进行剪枝删除操作，并从C3中挑选出支持计数大于等于3的项集组成L3。在C3中{BDE}的子集是{BD}不是频繁项集，因此根据Apriori算法性质，项集{BDE}也不是频繁项集，将其从C3中剔除。同理，将{CDE}和{DEF}也删除。接着根据支持度计数，得到L3，L3 = {{BEF}，{CEF}}，如表9所示。

表9　频繁3-项集L3

Items	Sup
{B，E，F}	4
{C，E，F}	3

(7) 先确定4项集C4的元素，再确定4-项频繁集L4，由于在L3中{B，E，F}和{C，E，F}前k-2项不同，因此不能进行连接，即C4 = øÆ，算法结束。

事务数据库D搜索得到的最终结果为：

1-项频繁项集集合：L1 = {{B}，{C}，

{D}，{E}，{F}}；

2-项频繁项集集合：L2={{BC}，{BE}，{BF}，{CE}，{CF}，{DE}，{EF}}；

3-项频繁项集集合 L3={{BEF}，{CEF}}[3]

至此，获得事务数据库中 A、B、C、D、E、F 中的关联规则。

在实际使用过程中，由于受到样本数据质量和数量的影响，挖掘出的规则具有一定的局限性，因此挖掘出的规则的普遍性需要进一步验证。

4 结束语

以上，结合数据挖掘中的预测与关联规则方法，对维修管理的应用场景进行了简单的描述。

在实际应用中，数据挖掘的方法多种多样，已经在金融、零售、保险等各行各业充分应用，并获得了很好的效果。在轨道交通运营管理中，设备维护的智能化也必将随着计算机应用技术的发展不断深入。如何转变传统的维修模式，已经成为一个越来越突出的问题。数据挖掘作为一个非常重要的研究课题，会为设备维修管理提供更新的方法与更多的视角。

参考文献

[1] 中国城市轨道交通协会. 城市轨道交通 2016 年度统计和分析报告 [R].

[2] 饶婷. 轨道交通列车延误的客运组织研究 [J]. 中国科技纵横，2014 (11)：266-267，269.

[3] Bakker V，Bosman M G C，Molderink A，et al. Demand side load management using a three step optimization methodology [C]. //*Smart Grid Communications (SmartGridComm)*，2010 *First IEEE International Conference on*. IEEE，2010：431-436.

[4] 白晶. Apriori 算法及其在智能小区用电分析中的应用研究 [D]. 北京：华北电力大学，2013.

地铁通风空调节能调控优化及人工智能技术应用分析

陈佳伟
（浙江浙大中控信息技术有限公司）

摘　要：目前国内地铁车站通风空调系统全年用电量在 100 万 kw · h 以上，占运营能耗 30%—45%，绝大部分地铁公司都开始展开针对地铁站通风空调系统节能技术、措施方面的研究。2016 年前开通的地铁线路在前期设计规划时只考虑了普通的集中控制技术，没有部署专用的节能控制系统，因此无法做到整个通风空调系统的节能调控，导致车站通风空调系统能耗相对较高，因此新的节能调控措施一直是各地地铁公司的关注重点。

关键词：地铁通风空调；节能调控优化；人工智能

1　背景

1.1　地铁通风空调系统耗能状况

随着我国经济的发展，国家机关办公建筑和大型公共建筑高耗能的问题日益突出。目前国内地铁车站通风空调系统全年用电量在 100 万 kw · h 以上，占运营能耗 30%—45%，绝大部分地铁公司都开始展开针对地铁站通风空调系统节能技术、措施方面的研究。2016 年前开通的地铁线路在前期设计规划时只考虑了普通的集中控制技术，没有部署专用的节能控制系统，因此无法做到整个通风空调系统的节能调控，导致车站通风空调系统能耗相对较高，因此新的节能调控措施一直是各地地铁公司的关注重点。

1.2　人工智能技术发展

随着大数据及人工智能的技术发展，通过大数据挖掘及机器学习神经网络算法解决非线性关联的应用越发普遍，如谷歌针对数据中心通风空调系统的人工智能技术应用降低了 40% 的电能消耗。

2　地铁通风空调系统节能调控优化

地铁通风空调系统分为风系统及水系统两部分，水系统冷源产生的冷量经管路传输到达风系统空调器后与空气发送热交换将空气冷却，再由风机送入站内空间。通风空调系统运行原理如图 1 所示。

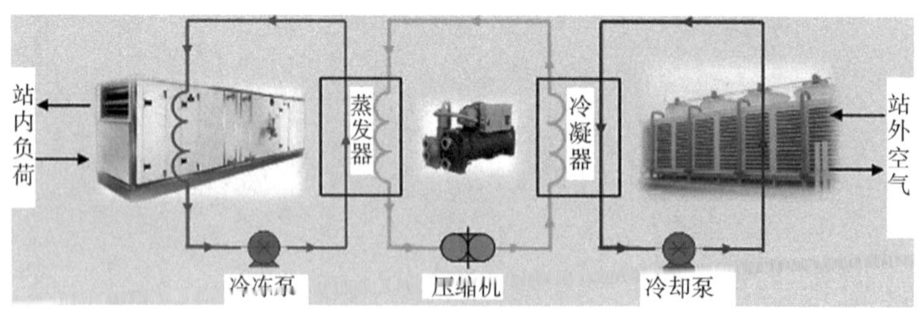

图 1　地铁通风空调系统原理图

2.1　风系统

普通地铁站地下站车站受空间因素影响，室内空气流通只能通过风机设备进行换气操作，由于常年运行，风机设备运行能耗占据整个通风空调系统总能耗的 85% 以上。根据作用范围，风系统分为大系统和小系统。

通风空调大系统泛指站厅、站台共超过2000㎡的公共范围，是所有乘客直接感受站内环境舒适度的第一场所，也是空调系统末端冷负荷最大的地方。其主要组成如图2所示。

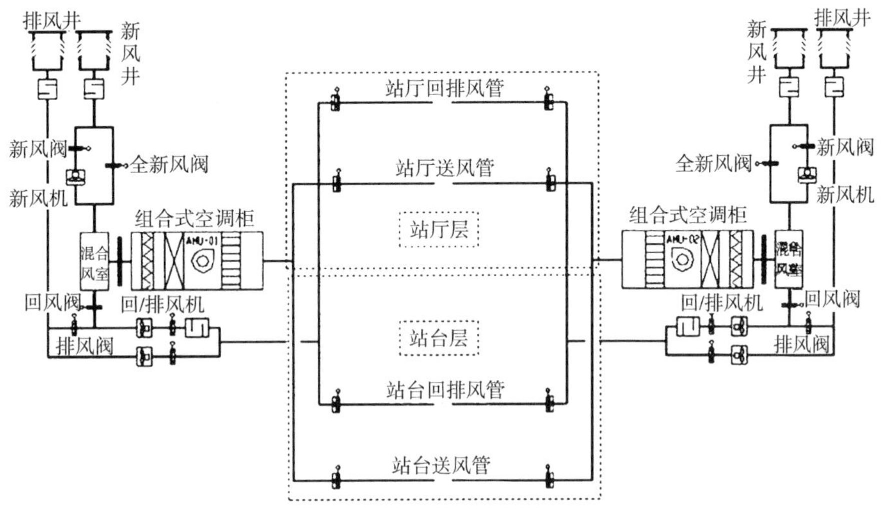

图2　地铁通风空调大系统

一直以来，大系统的精细化节能调控作为各地地铁运营公司重点关注方向，也尝试了较多的方式来优化电能消耗。其主要难点在于大系统作为承接室外与隧道系统的通道，其环境质量所受影响因素甚多，包括出入口渗透风、客流量变化、围护结构导热、站内设备发热、屏蔽门漏风、站内积水等，任一单一因素的变化可引起空调末端负荷的不规律扰动。其次，由于大系统空间大，空调送排风管路长，系统调控滞后时间可长达20分钟，传统的简单模式调控无法实现预调控，导致系统动态跟踪性能差，站内环境温湿度控制效果不理想，系统能耗高。以下从几个常用控制环节提出一些新的优化调控方法。

（1）新风量计算及新风机控制

根据车站公共区二氧化碳浓度计算系统所需新风量，进而调节小新风机运行频率（变频条件下）或进行启停控制，保证站内公共区空气清新，CO_2 浓度不高于1.5‰。

通过 CO_2 浓度来计算新风量（参考值），可以参照 $L_w=\frac{Z}{y_N-y_w}$。式中 L_w 为所需的新风量 m^3/h；Z为室内产生的 CO_2 量，单位为L/h，每个乘客产生的 CO_2 为22L，即Z＝客流量×22（L/h）；y_N 为室内 CO_2 允许体积分数，单位为 L/m^3（标准规范为1.5 L/m^3）；y_w 为室外新风中 CO_2 的体积分数，单位为 L/m^3，常规情况下对于一般的农村和城市范围的室外 CO_2 体积分数可取0.33L/m^3—0.5 L/m^3，常取0.4L/m^3。

新风机频率根据风机额定送风量（输入固定值，根据设计文件设定）及新风量需求、站内公共区 CO_2 浓度进行调节。当站内 CO_2 浓度低于800ppm时停止新风机，高于800ppm时新风机频率 $f=\frac{L_w}{L}\times50$ Hz，L为风机额定送风量。

（2）换气次数控制

对于不同的使用场所和室外环境，计算得出的换气次数差别很大，硬性规定换气次数的下限值，会间接限制空调送风温差，增加空调能耗。对于采用一次回风全空气系统的地铁车站，最小换气次数 N_0 应确保在采用高效空气过滤器的情况下，室内有害物浓度达标。所有空调机组、排热风机的调控基础为保证在最小换气次数之上运行，即风机的送排风量需要满足最小换气次数要求，风机频率不得低于最小某一定值。

最小换气次数计算公式如下：

$$N_0 \geqslant \frac{G_V}{C} = \frac{P_d}{H \times C} D_L$$

式中，G_V 为室内单位体积有害物产生量，单位为 mg/（m^3·h）；C 为室内允许含尘质量浓度，0.25 mg/m^3；P_d 为人员密度根据客流变化调整，单位为人/立方米；D_L 为人均产尘量，取 10 毫克/（人·小时）；H 为建筑层高，一般取 3m；

实际换气次数为空调机组送风量（回排风机排风量）/（站厅+站台面积×3m），实际换气次数不低于最小换气次数。在满足最小换气次数及环境温湿度要求的情况下，风机尽量以低的频率运行，例如正常情况下风机以 40Hz 运行，按满足最小换气次数要求以 25Hz 运行，其降低的能耗可达到 70%以上。

（3）变露点温度调节

根据混风温度计算当前混风室内空气的露点温度，从而将计算所得露点温度作为空调箱两通阀设定值，通过改变两通阀开度动态调节空调箱露点，改变出风温度，实现变露点调节功能。此调节方式很大程度上可解决地铁车站内环境温度与湿度之间的平衡问题，避免湿度过大导致站内空气凝露现象的发生。

（4）空调、回排风机频率调节

在满足最小换气次数的前提下，根据出风温、湿度及风速、站内公共区负荷计算空调机组所需送风量及送风频率。

组合式空调器初始运行频率为 25Hz，回排风机频率与之匹配。空调输送冷量=（回风焓值-送风焓值）×G≥［（室内焓值-设定焓值）×公共区体积×1.2］+Q 全热量。G 为空调送风量=风速×送风管截面积（适用于有风速仪系统）或 G=空调额定送风量×空调频率/50（无风速仪），风速可由风速仪测取相对较准确，空调额定送风量为已知常量。由 G 可得出空调风速或频率，作为空调频率 PID 调节模块设定值，完成空调频率调节。

通风空调小系统主要作用于站内设备、管理用房，相对环境及冷负荷较稳定，一般采用普通回风温度 PID 调节即可满足调控需求。

2.2 水系统

水系统为整个车站通风空调系统提供冷量来源，承担站内冷负荷与站外空气交换的作用。其系统结构图如图 3 所示。

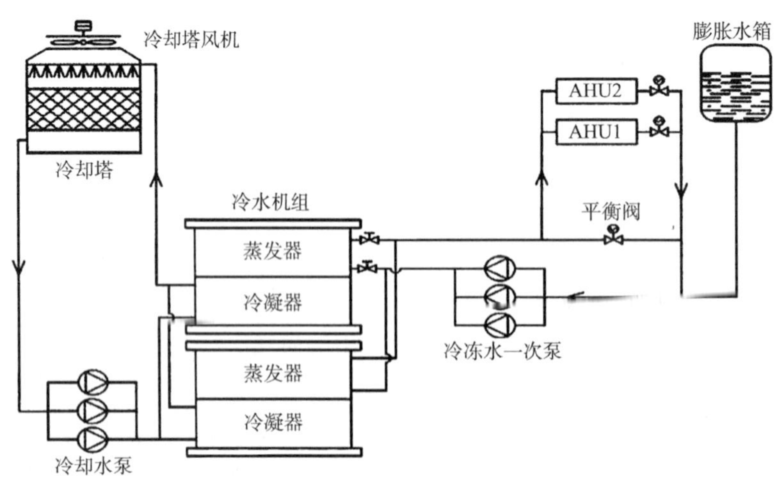

图 3 地铁通风空调水系统

涉及冷水机组制冷量、冷冻泵输送冷量，空调表冷器消耗冷量、冷却塔散热量之间的平衡，其调控难点在水系统内部冷量平衡及与空调器末端消耗冷量之间的匹配。在地铁设计当中考虑到后期客流增加往往将空调系统负荷预留余量较大，因此在初期定流量运行过程当中容易供大于求，造成一定能量浪费。

在常规的水系统调控中将水系统分为3个控制部分，即冷冻水侧、冷水机组、冷却水侧。冷冻水侧采用供回水恒温差PID调节冷冻泵频率的方式，控制管道内冷冻水流量；冷机一般根据机组负荷进行加减载控制；冷却水侧通过控制冷却塔高低速或改变冷却泵频率的方式实现对供回水恒温差的控制。3个独立控制部分，无法保证水系统内冷量传输平衡，导致整个水系统对空调末端负荷变化反应慢、跟随性能差。例如降低了冷却泵的运行频率，减少了冷却泵耗能，却导致冷却水温较高，冷水机组压缩机高负荷低效运行。由于冷机功耗远远大于冷冻泵功耗，因此水系统整体能耗不降反升。在控制方案中需考虑水系统整体的能效比，以提高能源利用率为重点。

通常冷水机组冷凝侧（冷却水侧）负荷变化引起的能耗变化效应大于蒸发侧（冷冻水侧），因此在通常情况下尽可能优先调节冷却泵及冷却塔等设备，保证冷却水温满足冷水机组运行效率。以配备高低速冷却塔，一机一泵一塔的地铁线路为例，空调季正常情况下冷却塔风机初始启动处于低速运行状态；当冷却回水温度高于35℃或冷却供回水温差≥5℃时，持续时间超过5分钟时，冷却塔风机切换至高速运行；当冷却回水温度低于35℃且冷却供回水温差<5℃时，持续时间超过5分钟冷却塔风机切换至低速运行。

地铁车站当中往往配置2—3台冷水机组，通常根据运营时间定时启停，控制逻辑单一，运行过程当中运行台数不能随着整个通风空调系统负荷动态调整。在新线或节能改造控制系统中可考虑冷水机组自动加减载功能。其基本逻辑如下：

由于负荷调节需要，2台机组仅需开1台时，根据机组的累计运行时间开启时间短的机组；当冷水机组运行台数为1，负载率大于90%且车站温度高于控制目标值时，开启第二台冷机；当冷水机组运行台数为2，负载率均小于40%时，可关闭其中一台累计运行时间长的冷水机组；冷水机组开启台数的转换可根据上述条件自动完成，同时可由操作人员手动完成。

3 AI技术在通风空调领域应用分析

近年来人工智能技术发展迅速，在多个领域进行了应用，例如智能手机语音识别、安防方面人脸识别、自动驾驶、AlphaGo人机对弈等等，极大程度上方便了生活。在工业控制领域人工智能也取得了相当多的应用成果，AGV自动仓储、智能巡检机器人等，谷歌旗下Deepmind公司更是将人工智能技术与数据中心空调系统控制结合起来，降低了40%的能耗费用支出。据谷歌数据中心工程师Jim Gao的文章描述，其采用神经网络机器学习方法对数据中心复杂的空调系统进行建模，该神经网络研究的要素包括了服务器总负载、水泵、冷却塔、冷水机组、干式冷却器、湿球温度、户外湿度、风速、风向等多达19个变量。

基于地铁通风空调系统的复杂性，以及多个控制环节之间的相互作用，目前地铁车站BAS系统或MMC系统很难预测改变控制系统配置参数带来的环境舒适度及系统能效影响。考虑到实际地铁站运营过程中通风空调系统的控制难点，可以利用现有控制系统传感器数据，借助机器学习方法来开发有助于理解通风空调系统参数和整体能效之间关系的数学模型。而准确的通风空调系统效率（COPs）模型可以让控制系统无须现场复杂调试配置参数即可优化运行配置。目前可供神经网络对地铁通风空调系统效率建模的参数关系包括：空调系统末端负荷与COPs的关系，冷水机组投运数量与COPs的关系，冷却塔投运数量与COPs的关系，冷却塔出水温度与COPs的关系，冷冻泵运行频率与COPs的关系，COPs与室外干、湿球温度的关系，空调器、风机运行频率与COPs的关系，车站客流量与COPs的关系，等等。

机器学习方法可利用现有传感器数据来模拟通风空调系统能源利用率，并告诉运维人员如何优化系统能效，包括模拟系统的参数配置评估、能效评估，确定优化方案并通过控制系统输出等。

4 结语

当前，国内宁波地铁2号线已对通风空调系统进行了节能改造，杭州地铁5、6号线等将节能调控系统列入招标要求，广州地铁新线统一落实通风空调节能调控方案，国家“十三五”规划要求交通运输行业单位运输周转量能耗下降6.5%，作为耗能大户地铁通风空调系统节能已由行业趋势成为必然。文中所述调控优化方法在广州地铁4号线南延线BAS系统项目中经过验证，取得了预期的调控效果。但受制于传统通风空调系统，无法预测各个因素影响下通风空调系统能效变化趋势，但随着人工智能技术在地铁通风空调系统的衍生应用，新的智能化节能控制系统将进一步提升空调系统的能源利用率。

参考文献

[1] 顾庆宜. 北京地铁复八线通风空调系统综合节能改造 [J]. 都市快轨交通，2012，25 (5).

[2] 赵荣义，范存养，薛殿华，钱以明. 空气调节 [M]. 北京：中国建筑工业出版社，2009.

[3] Richard Evans，Jim Gao. *DeepMind AI Reduces Google Data Centre Cooling Bill by* 40% [R]. https：//deepmind. com/blog/deepmind-ai-reduces-google-data-centre-cooling-bill-40，2016-7-20.

用 GIS 识别道路事故高发路段

黄立新[1]，马立昆[2]

（1 中咨集团河北分公司；2 中咨集团河北分公司）

摘　要：为了有效地减少由于交通事故造成的经济损失和死亡人数，识别事故高发路段变得尤为重要。GIS 以其强大的空间分析功能被应用在各个领域，本文介绍了如何利用 GIS 识别道路事故高发路段。

关键词：GIS；事故；聚类

1　引言

随着城市化进程的加快，汽车保有量在大城市迅猛增长，交通事故数也随着大幅上升，给社会和人民造成巨大的经济损失，现在由交通事故所导致的死亡已经超过战争。因此，减少道路交通事故的发生可以有效地减少经济损失和死亡人数。为了减少道路交通事故的发生，首先要找出事故高发路段，然后对事故高发路段进行研究分析，以找出事故发生的原因，进而提出解决方案。本文讲述了如何用 GIS 来识别事故高发路段。

2　算法

要识别事故高发路段，首先要搜集所要研究路段的事故数据。然后利用 GIS 找出事故聚类路段，计算每个事故聚类路段的事故率。最后找出事故高发路段。具体流程如图 1 所示。

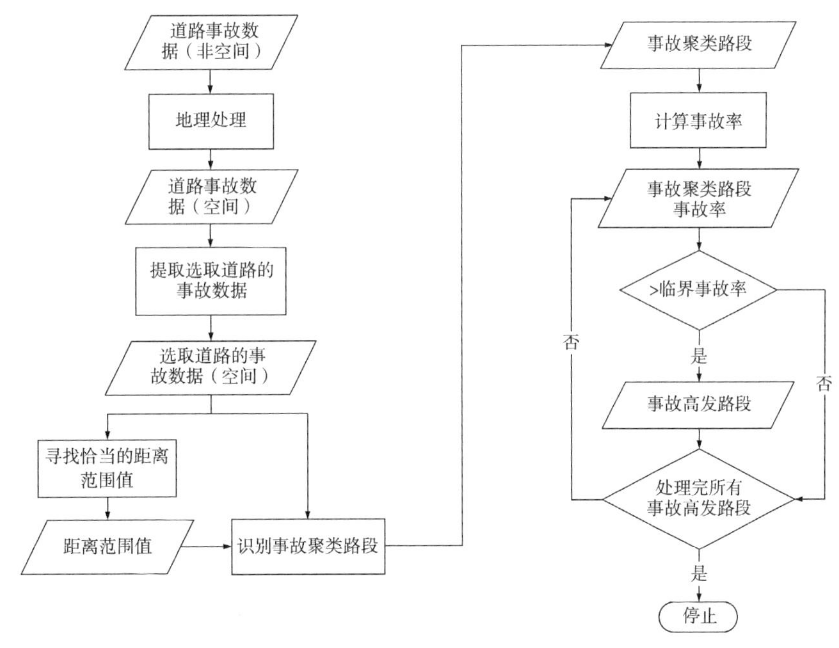

图 1　识别事故高发路段流程图

因为 GIS 提供的空间分析功能是建立在空间数据上的，而搜集来的事故数据通常是非空间的，所以将非空间数据转换为空间数据是整个过程的第一步。GIS 提供了相应的工具来完成数据转换。识别道路聚类路段在整个过程中是非常重要的一步，该步骤是找出事故相对聚集的路段。事故聚集被定义为在某个路段内，所有相邻事故间的距离小于某个设定的距离范围值。GIS 提供了一组工具来完成这一步。获得事故聚类路段后，就要计算每个事故聚类路段的事故率。最后将每个路段的事故率和相应的临界事故率进行比较，以获得事故高发路段。

3 实施

识别事故高发路段的第一步是将非空间事故数据转换为空间事故数据，因为每条事故记录一般都包含事故位置数据，该位置一般用事故所在路段上的桩号来表示，可以利用 Esri ArcGIS 中提供的线性参考工具进行该转换。线性参考工具需要路线参考图层和事件表。路线参考图层包含相关道路的起终点位置信息，该信息被用来定位事故在道路上的位置；事件表包含事故的位置信息。有了以上两组数据，便可以将非空间事故数据转换为空间事故数据。

识别事故高发路段的第二步是识别事故聚类路段。传统的方法是选择一段固定长度的路段区间，把该路段区间排列在所研究的道路上，同时将每个路段区间内的事故个数统计下来，这样就可以得到所研究道路上的等距离路段的事故数。[1] 例如，如果研究路段的起终点桩号是从 0.0 公里到 6.8 公里，而且所选取的路段区间长度是 0.5 公里，该路段区间开始位置是从 0.0 公里到 0.5 公里，下一个位置是从 0.6 公里到 1.0 公里，以此类推，直到覆盖完整个研究道路。该方法至少有两个缺点：第一是不同的路段区间长度会得出不同的结果；第二是路段区间边界可能会将事故高聚类路段分为两部分（边界效应），即事故高聚类路段分布在两段路段区间。对于第二个缺点有个解决办法，就是让该路段区间在所研究的道路上从起点到终点浮动。[1] 应用以上的例子，该路段区间开始位置是从 0.0 公里到 0.5 公里，下一个位置将是从 0.1 公里到 0.6 公里，以此类推。该解决办法虽然在一定程度上可以解决所存在的问题，但是整个过程变得复杂，而且计算量变大。

路段区间长度是随着所研究道路的事故分布情况而变化的，确定相应的路段区间长度对于找出事故聚类路段是非常重要的。Esri ArcGIS 提供了空间聚类分析工具，该工具可以帮助分析事件点在空间上的聚类程度，如果某个特定距离范围内的平均相邻事件点数高于/大于整个研究区域内事件点的平均密度，该距离的分布将被视为聚类。距离范围值的选取决定了聚类区间的长短和聚类区间的个数。距离范围值越大，也就是说聚类区间越长，聚类区间的个数也就相应得越小，聚类也就越不明显。距离范围值越小，聚类区间的个数也就相应的越多，聚类仍然不明显。多距离空间聚类分析（Ripley's k 函数）[2] 工具可以帮助找到最佳的用于确定聚类的距离范围值。Ripley's k 函数可以写成以下形式：

$$L(d)=\sqrt{\frac{A\sum_{i=1}^{n}\sum_{j=1,\ j\neq i}^{n}k(i,\ j)}{\pi n(n-1)}} \tag{1}$$

式中：

$L(d)$ 代表 K 函数的一种变换；

d 代表距离范围值；

n 代表总事件点数；

$k(i,\ j)$ 代表权重。

Esri ArcGIS 的空间统计工具中包含多距离空间聚类分析工具，该工具输出中包含了 K 观测值与 K 预期值的差值。如果特定距离的 K 观测值大于 K 预期值，则与该距离的随机分布相比，该分布的聚类程度更高。如果 K 观测值大于置信区间高限值，则该距离的空间聚类具有统计学上的显著性。K 差值峰值出现的地方就可能是聚类过程显著的位置。图 2 显示出不同道路 K 差值峰值出现在不同位置。从图纸能够可以看出，样例道路 1 的 K 差值峰值出现在 K

预期值大约为 150 米处，而样例道路 2 的 K 差值峰值出现在 K 预期值大约为 500 米处。

找到道路的距离范围值后，可以利用 Esri ArcGIS 的数据管理工具中的整合工具和空间统计工具中的收集事件工具找出不同的事故聚类路段。每个事故聚类路段包含不同的事故个数，它的长度各不相同。由于事故在 GIS 中用点来表示，因此每个事故聚类路段都包含不同的点数，这些点都相对地聚集在一起。通过 Esri ArcGIS 的数据管理、转换和线性参考工具，可以把聚集的事故点转换成相应的线性路段，每个线性路段的长度和起终点桩号都可以被计算出来，这为后续处理奠定了基础。图 3 显示了识别聚类路段的模型图。

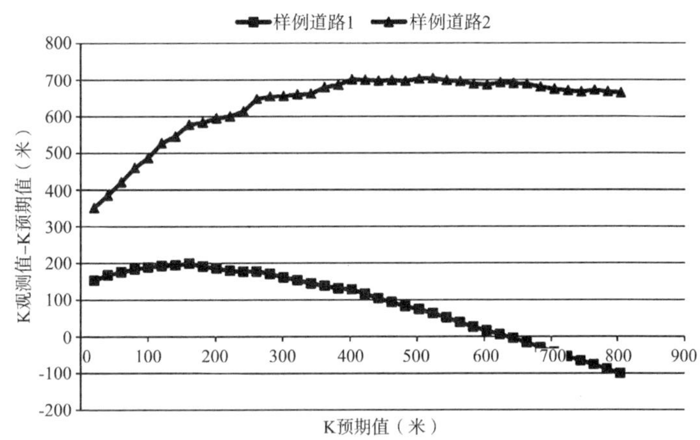

图 2　样例道路 K 差值图

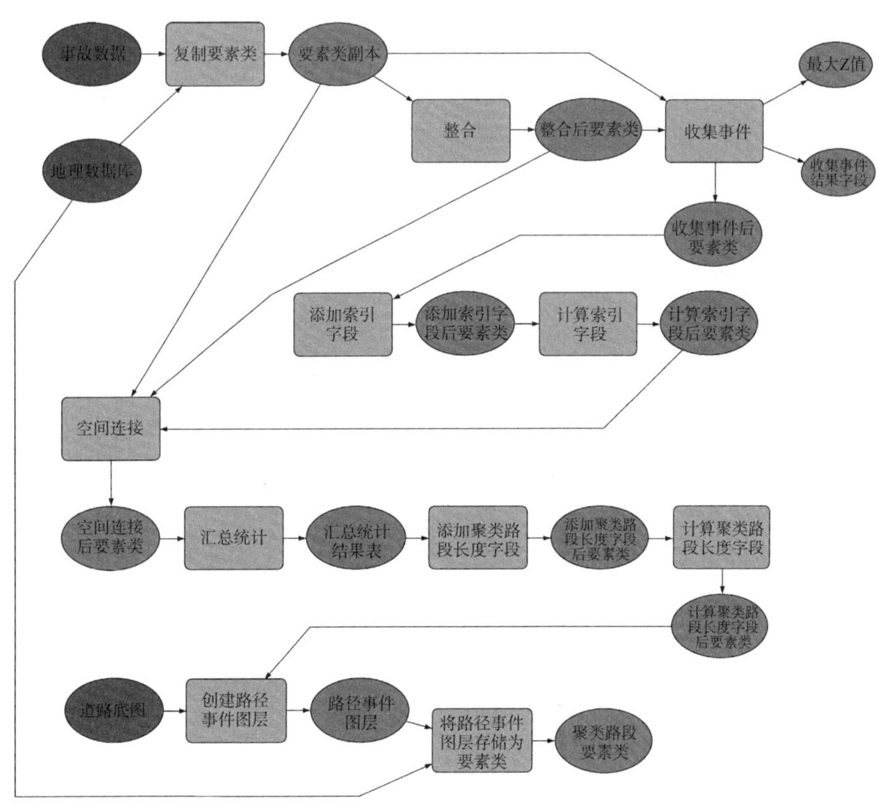

图 3　识别聚类路段模型图

识别事故高发路段的第三步是找出事故高发路段。单凭事故聚类路段的绝对事故数来衡量某路段是否为事故高发路段通常是不准确的。比如，有两个路段，一个长 100 米，另一个长 500 米，如果两个路段各在同一个时期内各发生 10 起事故，很显然，100 米长的路段事故率要高于 500 米长的路段。再比如，有两个一样长的路段，一个路段的日平均交通量为 2000 辆车，另一个路段的日平均交通量为 8000 辆车，如果两个路段各在同一个时期内各发生 40 起事故，很明显，日平均交通量为 2000 辆车的路段事故率要高于日平均交通量为 8000 辆车的路段。事故率通常被用来衡量和比较路段上的事故发生的严重程度，用百万车英里事故数表示。路段的事故率不仅考虑了事故数，而且考虑了路段的长度、时间段的长度和路段的交通量，如下式所示[1]：

$$R_{se}=\frac{A\times1000000}{365\times T\times V\times L} \quad (2)$$

式中：

R_{se} 代表路段事故率，用每百万车英里事故数表示；

A 代表研究时间段内的事故数；

T 代表研究时间段的长度，用年或年份表示；

V 代表研究时间段内的年平均日交通量；

L 代表路段长度，用英里表示。

还有另外一种方法可用来衡量路段是否为事故高发路段，它叫事故率质量控制法。该方法使用了统计学检验来确定某个路段的事故率是否大于相似路段的平均事故率，如果大于，那么该路段就被认为是事故高发路段。事故率质量控制法中使用的统计学检验是基于普遍接受的假设：事故的发生近似于泊松分布。该方法可以用下式表示[1]：

$$R_c==R_a+K\sqrt{\frac{R_a}{M}}+\frac{1}{2M} \quad (3)$$

式中：

R_c 代表临界事故率，用每百万车英里事故数表示；

R_a 代表平均事故率，用每百万车英里事故数表示；

K 代表概率因子；

M 代表百万车。

注意式中的 K 值决定于概率值，也就是当某个事故率不能够被合理地解释为事故是随机发生的概率。该值取法决定于路段所处的地区，如果路段在乡村地区，K 值一般取 1.645，它对应于概率值 0.95；如果路段在城市地区，K 值一般取 3.291，它对应于概率值 0.995。平均事故率指的是较大区域的具有相似特征路段在特定时间段内的平均事故率，平均事故率的时间段一般取三年。当应用事故率质量控制法时，事故聚类路段的事故数不能太小，否则计算出来的事故率可能不符合实际情况。例如，美国佛罗里达州交通部规定最小路段事故数为 8。通过上述方法可以计算出每个事故聚类路段的事故率，然后用事故率给每个事故聚类路段排序，这样就可以找出事故高发路段，并且可以依据事故率的大小制定优先级，帮助交通部门利用有限资金先研究和解决事故最高发路段。

4　结语

GIS 中的聚类分析工具可以确定最优的聚类分析中所涉及的距离范围值，而距离范围值的选取决定了聚类分析结果的好坏，有了距离范围值，可以得到事故聚类路段，最后找出事故高发路段。由于距离范围值是随着所研究道路的事故分布情况变化而变化的，选取不同的道路长度会导致所选取道路的事故分布发生变化。因此，在实际应用中，应根据基实际情况，选取恰当的道路长度，以保证聚类分析结果与实际情况相符。

参考文献

[1] *Federal Highway Administration* (*FHWA*). *Highway safety Improvement Program* [R]. US Department of Transportation, FHWA, 1981: FHWA-TS-81-218.

[2] Esri. 多距离空间聚类分析（Ripley's *K* 函数）[EB/OL]. 2010-9-17 [2011-3-1]. http://help.arcgis.com/zh-cn/arcgisdesktop/10.0/help/index.html.